Beate Althammer

Das Bismarckreich 1871-1890

Ferdinand Schöningh

Paderborn | München | Wien | Zürich

Die Autorin:
Beate Althammer, geb. 1964. Studium der Geschichte, Wirtschaftsgeschichte und Politikwissenschaft in Zürich und Trier, 2000 Promotion. Seit 2002 wissenschaftliche Mitarbeiterin im Sonderforschungsbereich 600 „Fremdheit und Armut. Wandel von Inklusions- und Exklusionsformen von der Antike bis zur Gegenwart" an der Universität Trier. Publikationen u.a.: Herrschaft, Fürsorge, Protest. Eliten und Unterschichten in den Textilgewerbestädten Aachen und Barcelona 1830-1870, 2002; (Hrsg.:) Bettler in der europäischen Stadt der Moderne. Zwischen Barmherzigkeit, Repression und Sozialreform, 2007.

Bibliografische Information der Deutschen Nationalbibliothek

Die Deutsche Nationalbibliothek verzeichnet diese Publikation in der Deutschen Nationalbibliografie; detaillierte bibliografische Daten sind im Internet über http://dnb.d-nb.de abrufbar.

Gedruckt auf umweltfreundlichem, chlorfrei gebleichtem
und alterungsbeständigem Papier ∞ ISO 9706

(Verlag Ferdinand Schöningh GmbH, Jühenplatz 1, D-33098 Paderborn)
ISBN 978-3-506-76354-9

Printed in Germany.
Herstellung: Ferdinand Schöningh, Paderborn
Einbandgestaltung: Atelier Reichert, Stuttgart

UTB-Bestellnummer: 978-3-8252-2995-5

Inhaltsverzeichnis

Zur Reihe *Seminarbuch Geschichte*

Die Reihe *Seminarbuch Geschichte* vermittelt kompakt und kompetent historisches Basiswissen. Sie trägt den aktuellen Entwicklungen an Universität und Schule Rechnung: den bereits eingeleiteten Studienreformen, dem gewandelten Erfahrungshorizont der Studierenden, ihren veränderten Lern-, Lese- und Recherchegewohnheiten sowie den damit verbundenen Herausforderungen für Lehrende an Schulen und Universitäten. Diese neuartigen Bedürfnisse berücksichtigt das *Seminarbuch Geschichte* in dreifacher Hinsicht.

Erstes Kennzeichen ist der Dreiklang aus inhaltlicher Analyse, Forschungsperspektiven und Quellenpräsentation in den einzelnen Kapiteln: Diese drei Informationsebenen werden in Lehrbüchern in der Regel getrennt oder nur teilweise behandelt. Inhaltliche Darstellung, zentrale Forschungsmeinungen und einschlägige Quellen werden unmittelbar aufeinander bezogen und miteinander verzahnt; knappe, aber grundlegende Literatur- und Quellenhinweise runden die Kapitel ab, so dass sich einzelne Themen rasch vertiefen lassen. Besonders einschlägige oder innovative Titel werden dabei kurz charakterisiert. Begleitet wird dies ggf. durch Hinweise auf wichtige WWW-Ressourcen. Diese Internetadressen sind ab sofort abzurufen unter http://www.seminarbuch-geschichte.de. Sie werden dort in regelmäßigen Abständen aktualisiert.

Zweitens wird die behandelte Epoche aus verschiedenen Blickwinkeln beleuchtet; zu nennen sind in erster Linie Wirtschaft und Soziales, Kultur und Alltag, Politik und Staat. In diesem Rahmen setzt jeder Band eigene Akzente. Der Zugang erlaubt es zugleich, in die methodische Bandbreite des Faches Geschichte einzuführen. Die Reihe bietet daher nicht nur inhaltliche, sondern auch – konkretisiert an Beispielen des jeweiligen Abschnitts – methodische Grundlagen. Diese Mischform unterscheidet das *Seminarbuch Geschichte* fundamental vom heute verfügbaren Literaturangebot.

Drittes Merkmal ist schließlich das moderne Layout, das die beschriebene Darstellungsform anschaulich unterstützt. Der Text ist in Haupt- und Marginalspalte gesetzt, um eine rasche Orientierung zu erleichtern. Jeder Band enthält neben zahlreichen Abbildungen und Tabellen zwei Karten sowie ein Datengerüst mit den wichtigsten Ereignissen der jeweiligen Epoche.

München, im Oktober 2006
Nils Freytag

Einleitung

Der vorliegende Band handelt von den zwei Jahrzehnten zwischen der Gründung des Deutschen Reichs 1871 und dem Abtritt des ersten Reichskanzlers Otto von Bismarck im Jahr 1890. Bismarck war zweifellos der bedeutendste Protagonist dieser Schlüsselphase deutscher Geschichte, der die Reichsgründung entscheidend vorantrieb und das politische System sowie die politische Kultur des ersten deutschen Nationalstaats nachhaltig prägte. Wie selbstverständlich steht denn auch sein Name als Epochenbezeichnung im Titel des Bandes. Die folgenden Kapitel wollen jedoch keine auf den ‚großen Mann' fixierte Politikgeschichte bieten. Entsprechend der Gesamtkonzeption der Reihe vermitteln sie vielmehr einerseits einen knappen Überblick über zentrale politische, aber auch wirtschaftliche, soziale und kulturelle Entwicklungen dieser zwanzig Jahre. Andererseits sollen exemplarisch neuere geschichtswissenschaftliche Ansätze, Themenfelder und Forschungskontroversen vorgestellt werden.

Angesichts der relativen Kürze des behandelten Zeitraums geraten dabei eher die dynamischen als die relativ konstanten Momente in den Blick, eher die Ereignisse als die sich nur langsam verändernden Strukturen, Lebensformen und Mentalitäten. Die Gesellschaft der Bismarckära wurzelte tief im 19. Jahrhundert, und das Jahr 1871 bedeutete keineswegs in jeder Hinsicht eine Zäsur. Noch weniger war das Jahr 1890 eine markante Bruchstelle, weshalb denn auch die meisten Überblicksdarstellungen den zeitlichen Bogen von 1871 bis 1914 oder 1918 spannen. Wenn aber wie hier das ‚Bismarckreich' als gesonderte Epoche betrachtet wird, so scheint es sinnvoll, ihre spezifischen Merkmale in den Vordergrund zu rücken. Dies ist umso mehr angebracht, als die Reichsgründungszeit trotz aller Kontinuitätslinien eine Phase des beschleunigten Wandels war, weit über die Ebene der politischen Verfassung hinaus. Die Wirtschaft boomte in den Gründerjahren, die Binnenmigration intensivierte sich enorm, die Städte wuchsen rasant, Wissenschaft und Technik erzielten Durchbrüche, die den Alltag, die Umwelt und das Weltverständnis der Menschen veränderten. Diese Dynamik beflügelte optimistische Zukunftserwartungen, sie erzeugte jedoch auch gravierende Spannungen. Die Begeisterung über die gewonnene Einheit war von Beginn an gepaart mit Enttäuschungen über die konkrete Ausgestaltung des Reichs. Die nationale Identitätsfindung ging mit der Konstruktion von Feindbildern einher. Die Liberalisierung und Mobilisierung der Gesellschaft nährte Ängste vor sozialer Desintegration und weckte konservative Gegenkräfte, insbesondere nachdem der Wirtschaftsboom in eine schwere Wirtschaftskrise umgeschlagen war.

Der Schwerpunkt des Buches liegt auf den inneren Entwicklungen und Widersprüchen des frühen Kaiserreichs. Nach dem einführenden ersten Kapitel, das dem Akt der Reichsgründung selbst gewidmet ist, folgen sechs Kapitel, die sich mit dem politischen System und den politischen Parteien, dem Zusammenwachsen der deutschen Einzelstaaten zu einer Nation, den ausgrenzenden Tendenzen gegenüber konfessionellen und nationalen Minderheiten, den Wirtschaftskonjunkturen und ihren Folgen, der Arbeiterbewegung und der ‚sozialen Frage' sowie Innovationen im Bildungswesen und in den Wissenschaften befassen.

Die Reichsgründung betraf jedoch nicht nur die deutsche Gesellschaft. Aus mehreren Kriegen hervorgegangen, verschob sie die internationalen Kräfteverhältnisse empfindlich. In der Mitte Europas entstand eine industrielle und militärische Großmacht, die in der Lage war, die Nachbarstaaten ernsthaft zu beunruhigen und darüber hinaus bei der imperialistischen Aufteilung ferner Kontinente mitzuspielen. Das achte Kapitel behandelt die Stellung des Deutschen Reichs innerhalb des europäischen Mächtesystems, während das neunte die Anfänge seiner kolonialen Expansion beleuchtet.

Über die Gründung des Kaiserreichs und ihren Protagonisten Bismarck ist seit jeher äußerst kontrovers geurteilt worden, und das historiographische Bild der Epoche ist nach wie vor im Fluss. Manche Streitpunkte werden bereits in den entsprechenden thematischen Abschnitten aufgegriffen. Im letzten Kapitel soll die rückblickende Bewertung der Ära dann in gebündelter Form aufgerollt werden. Um den Reichsgründer entfaltete sich vor allem in den Jahrzehnten nach seinem Tod ein regelrechter Kult, er wurde zur mythischen Figur und sein politisches Werk zu einem einzigartigen Höhepunkt preußisch-deutscher Geschichte stilisiert. Auf der anderen Seite gab es schon früh auch radikale Kritiker, in deren Augen Bismarck fatale Weichen stellte, die direkt in die Katastrophen des 20. Jahrhunderts führten.

In den 1970er Jahren erreichte die negative Bewertung Bismarcks und des von ihm geformten Kaiserreichs ihre schärfste Zuspitzung. Seither sind die Einschätzungen differenzierter geworden, was nicht zuletzt mit der Ausweitung der historischen Forschung auf neue Themenfelder und methodische Herangehensweisen zu tun hat. Die neuere Forschung zeigt, dass die Gesellschaft der Bismarckzeit vielseitiger und teils ‚moderner' war, als es das ältere Bild vom autoritären Obrigkeitsstaat wahrhaben wollte, und dass sie sich in vieler Hinsicht gar nicht so wesentlich von den westeuropäischen Nachbargesellschaften unterschied. Es ist ein facettenreicheres, komplexeres und zugleich ambivalenteres und diffuseres Bild der Epoche entstanden, das sich pauschalen Urteilen entzieht. Dieser Band versucht, einen Einblick in ihre Vielgestaltigkeit zu verschaffen, ohne darüber das klassische Prüfungswissen zu vernachlässigen.

Literatur

Neuere übergreifende Darstellungen zum Kaiserreich:

Berghahn, Volker R.: *Das Kaiserreich 1871-1914. Industriegesellschaft, bürgerliche Kultur und autoritärer Staat*. Stuttgart 2003. [= Gebhardt. Handbuch der deutschen Geschichte, 10. völlig neu bearbeitete Auflage, Bd. 16]

Halder, Winfried: *Innenpolitik im Kaiserreich 1871-1914*. Darmstadt 2003. [Lehrbuchartige Einführung zu den wichtigsten innenpolitischen Entwicklungen]

Mommsen, Wolfgang J.: *Das Ringen um den nationalen Staat. Die Gründung und der innere Ausbau des Deutschen Reiches unter Otto von Bismarck 1850 bis 1890*. Berlin 1993. [= Propyläen Geschichte Deutschlands, Bd. 7,1]

Nipperdey, Thomas: *Deutsche Geschichte 1866-1918*, Bd. 1: *Arbeitswelt und Bürgergeist*; Bd. 2: *Machtstaat vor der Demokratie*. München 1990, 1992. [Gesamtdarstellung, die auch gesellschaftliche und kulturelle Entwicklungen umfassend berücksichtigt]

Ullmann, Hans-Peter: *Das Deutsche Kaiserreich 1871-1918*. Frankfurt am Main 1995, 6. Aufl. 1999. [Gut lesbares Suhrkamp-TB]

Ullrich, Volker: *Die nervöse Großmacht 1871-1918. Aufstieg und Untergang des deutschen Kaiserreichs*. Frankfurt am Main 1997. TB-Neuausgabe mit einem Nachwort „Neue Forschungen zum Kaiserreich" 2007. [Flüssig geschriebener Überblick]

Wehler, Hans-Ulrich: *Deutsche Gesellschaftsgeschichte*, Bd. 3: *Von der „Deutschen Doppelrevolution" bis zum Beginn des Ersten Weltkrieges, 1849-1914*. München 1995. [Gesamtdarstellung mit starker Gewichtung der sozialökonomischen Strukturen und Prozesse]

Reichsgründung 1.

Die Gründung des Kaiserreichs von 1871 gehört zu den klassischen Periodisierungsmarken in der deutschen Geschichtsschreibung. Zahllose Bücher setzen zeitlich mit ihr ein, und in Aufsatzbänden, die gehäuft nach der Wende von 1989/90 unter Titeln wie „Scheidewege der deutschen Geschichte" oder „Wendepunkte deutscher Geschichte" erschienen sind, ist sie stets vertreten.[1] Solche Titel implizieren, dass es sich bei den behandelten Ereignissen nicht um bloß oberflächliche Bewegungen im Strom der Zeit handelte, sondern dass mit ihnen grundlegendere, langfristig folgenreiche Weichenstellungen verbunden waren. Historische Wenden vollziehen sich allerdings selten schlagartig an einem einzelnen Punkt, und die Frage, was unter der Reichsgründung im Sinne einer folgenreichen Weichenstellung zu verstehen ist, lässt sich denn auch unterschiedlich beantworten. Sie war einerseits ein exakt datierbarer Gründungsakt. Andererseits war sie ein langwieriger Prozess, der viele Jahre vor 1871 begonnen hatte und mit dem formellen Akt noch nicht abgeschlossen war. Vielmehr musste auf die ‚äußere' die ‚innere' Reichsgründung – also die Ausgestaltung der politischen Ordnung und die Konsolidierung eines nationalen Selbstverständnisses – erst noch folgen. In diesem Kapitel soll zunächst in aller Kürze die Vorgeschichte resümiert werden, um dann die Reichsgründung als punktuelles Ereignis, das sich in der zeremoniell inszenierten Kaiserproklamation von Versailles verdichtete, und die unmittelbaren zeitgenössischen Reaktionen etwas näher zu beleuchten.

Der Weg zur nationalen Einheit 1.1

Der Deutsche Bund

Die Reichsgründung setzte einen vorläufigen Schlusspunkt hinter jahrzehntelange Debatten um eine Neuordnung des deutschen Raums, die bis in das frühe 19. Jahrhundert zurückreichten, bereits die Revolution von 1848/49 geprägt hatten und schließlich in den ‚Einigungskriegen' von 1864, 1866 und 1870/71 kulminiert waren. Der Deutsche Bund, der nach den napoleonischen Kriegen und dem Untergang des Heiligen Römischen Reichs Deutscher Nation auf dem Wiener Kongress von 1814/15 als lockere Staatenförderation konstituiert worden war, hatte schon bald nicht mehr als dauerhafte Lösung überzeugen können. Vor allem zwei Entwicklungen stellten ihn infrage. Zum einen entsprach er nicht der Idee des modernen Nationalstaats, die im 19. Jahrhundert zunehmend an Ausstrahlungskraft gewann. Vielmehr galt er der erstarkenden bürgerlich-liberalen Nationalbewegung als anachronistisches Bollwerk der Reaktion. Der Deutsche Bund verfügte weder über eine Zentralregierung noch über ein nationales Parlament, sondern lediglich über eine ständige Gesandtenkonferenz in Frankfurt am Main. Zudem war sein Gebiet nicht im nationalstaatlichen Sinn geschlossen: Mehrere der ihm angehörenden Territorien unterstanden ‚ausländischen' Herrschern, während umgekehrt die östlichen Provinzen Preußens sowie die riesigen süd- und südosteuropäischen Teile der Habsburgermonarchie nicht zum Bundesgebiet zählten. Die zweite Entwicklung, die den Bestand des Deutschen Bundes infrage stellte, war die sich zuspitzende Rivalität zwischen diesen beiden stärksten Mitgliedern. Die alte Kaisermacht Österreich führte zwar bis zuletzt das Präsidium. Aber sie sah ihre herkömmliche Führungsrolle immer mehr durch das politisch und ökonomisch aufstrebende Preußen herausgefordert.

Großdeutsche und kleindeutsche Entwürfe

Wie die ‚deutsche Frage' gelöst werden würde, blieb bis weit über die Jahrhundertmitte hinaus offen. Seit der Revolution von 1848/49 standen im Wesentlichen vier Alternativen im Raum. Die erste, welche die Frankfurter Nationalversammlung anfänglich angestrebt hatte, war ein großdeutscher Nationalstaat unter Einbeziehung der deutschen Territorien Österreichs. Die zweite, die die Wiener Regierung in der Schlussphase der Revolution ins Spiel gebracht hatte, sah den Eintritt der gesamten Habsburgermonarchie in einen erweiterten Bund vor, also ein riesiges mitteleuropäisches Reich, in dem Österreich dominiert hätte. Die dritte Möglichkeit, die die Nationalbewegung zunehmend bevorzugte und die auch die Berliner Regierung 1849/50 schon einmal ernsthaft anvisiert hatte, war eine preußisch geführte kleindeutsche Union ohne Österreich. Nachdem die Revolution besiegt war und die konträren Vorstellungen Preußens und Österreichs im Herbst 1850 bis an den Rand eines militärischen Konflikts geführt hatten, einigten sich die deutschen Regierungen 1851 auf die Wiederherstellung des Deutschen Bundes in der vorrevolutionären Form. Alle alternativen Entwürfe schienen vorerst chancenlos. Als vierte Option rückte in der Folge eine Reform der bestehenden Bundesinstitutionen auf die Tagesordnung, die jedoch ebenfalls nicht zustande kam.

König Wilhelm I. von Preußen

Wilhelm wurde 1797 als zweiter Sohn von König Friedrich Wilhelm III. und Königin Luise geboren. Als Jugendlicher kämpfte er in den ‚Befreiungskriegen' von 1813-1815 gegen Frankreich, und sein Leben lang blieb er dem preußischen Soldatentum eng verbunden. Seit 1829 war er mit Prinzessin Augusta von Sachsen-Weimar verheiratet. Als sein kinderloser älterer Bruder Friedrich Wilhelm IV. geistig erkrankte, übernahm er 1858 die Regentschaft. Nach dessen Tod wurde er 1861 König. Während der Revolution von 1848/49 hatte sich Wilhelm wegen seines rigorosen Vorgehens als Truppenkommandeur den Spitznamen ‚Kartätschenprinz' eingehandelt. Aber in den 1850er Jahren weckte er Hoffnungen auf eine politische Liberalisierung. Tatsächlich endete mit seinem Regierungsantritt die Reaktionszeit, es begann die sogenannte Neue Ära. Der Verfassungskonflikt machte den Hoffnungen der Liberalen jedoch schon bald ein vorläufiges Ende. Bei seiner Proklamation zum Deutschen Kaiser 1871 war Wilhelm fast 74 Jahre alt. Dennoch regierte er noch 17 Jahre bis zu seinem Tod im März 1888. Ihm folgte sein ältester Sohn als Friedrich III., der aber bereits schwer krank war und nach nur 99 Tagen starb.

1858

1888

Berufung Bismarcks zum Ministerpräsidenten

Bewegung kam in die deutsche Frage erst wieder in den 1860er Jahren. Ein wichtiger Katalysator war der preußische Verfassungskonflikt. Denn als sich der seit 1860 schwelende Machtkampf zwischen Regierung und liberal dominiertem Abgeordnetenhaus um die Mittelbewilligung für eine Heeresreform zuspitzte, berief Wilhelm I. im September 1862 Bismarck zum neuen Ministerpräsidenten. Zu diesem Zeitpunkt war allerdings nicht absehbar, dass ausgerechnet Bismarck einem deutschen Nationalstaat zum Durchbruch verhelfen würde. In seiner bisherigen Karriere war er vielmehr als entschiedener Konservativer und als Gegner selbst des regierungsamtlichen Unionsprojekts von 1849/50 aufgefallen. Liberal und national gesinnte Kreise reagierten denn auch verbittert auf seine Ernennung zum Ministerpräsidenten. Aus Sicht des 1859 gegründeten, eigentlich kleindeutsch-preußisch orientierten Nationalvereins etwa erschien der konservative Junker Bismarck als „der schärfste und letzte Bolzen der Reaction von Gottes Gnaden".[2] Seinem Ruf als kompromissloser Hardliner wurde er im Verfassungskonflikt vollauf gerecht, indem er die

Parlamentsrechte schlicht ignorierte und ohne ordentlich verabschiedetes Budget regierte. Zugleich begann er aber wider Erwarten auf die nationale Karte zu setzen. Das lag nicht an seiner Bekehrung zu den Idealen der Nationalbewegung, sondern an realpolitischem Kalkül. Um Österreich als innerdeutschen Rivalen auszustechen, Preußens Position im europäischen Mächtesystem zu festigen und zugleich die Schubkraft der nationalen Idee nutzbringend im Sinne der preußischen Machtsteigerung zu mobilisieren, optierte Bismarck für die deutsche Einigung unter preußischer Führung, als sich die Gelegenheit hierzu eröffnete. Dass die Einigung durch drei Kriege zustande kam, hatte er nicht von langer Hand geplant. Aber er war bereit, dieses Instrument im günstigen Moment einzusetzen.

Otto von Bismarck

Otto von Bismarck wurde 1815 auf Gut Schönhausen bei Tangermünde in der Mark Brandenburg geboren. Sein Vater war ein adliger ehemaliger Offizier, seine Mutter stammte aus einer bildungsbürgerlichen Familie. Nach Jurastudium und nicht vollendeter Referendarzeit entschied er sich zunächst gegen den Staatsdienst und kehrte auf die Familiengüter zurück, wo er ein ungebundenes Leben als Landjunker führte, bis er 1847 Johanna von Puttkamer heiratete. Im selben Jahr begann seine politische Laufbahn als Mitglied des Vereinigten Preußischen Landtags. Von 1851 bis 1859 war Bismarck preußischer Gesandter beim Bundestag in Frankfurt, anschließend in Sankt Petersburg und Paris. Mit seiner Berufung zum preußischen Ministerpräsidenten und Außenminister 1862 sollte er für drei Jahrzehnte zur Schlüsselfigur der preußisch-deutschen Politik werden. Seit 1867 amtierte er als Kanzler des Norddeutschen Bundes respektive des Deutschen Reichs, behielt daneben aber fast durchgehend auch seine preußischen Ministerposten. Auf Wilhelm I., der ihn 1865 in den Grafen- und 1871 in den Fürstenstand erhob, übte Bismarck starken Einfluss aus. Nach dem Tod des alten Monarchen schwand seine Macht jedoch. Unverträglichkeiten mit dem jungen Wilhelm II., der im Dreikaiserjahr 1888 auf seinen Großvater und seinen Vater folgte, führten im März 1890 zum Rücktritt von allen Ämtern. Bismarck starb am 30. Juli 1898.

Krieg gegen Dänemark 1864

Im ersten Krieg von 1864 gegen Dänemark, den Österreich und Preußen noch gemeinsam führten, ging es um die Herzogtümer Schleswig und Holstein. Beide unterstanden dem dänischen König, wobei Holstein zugleich dem Deutschen Bund angehörte. Die widerstreitenden dänischen und deutschen Ansprüche auf die Herzogtümer waren schon 1848 zu einem Waffengang eskaliert, der jedoch keine Entscheidung gebracht hatte. Eine neue dänische Verfassung vom November 1863, die Schleswig enger an Dänemark anzubinden versuchte, bot den Anlass für einen deutschen Truppeneinmarsch. Nach der militärischen Niederlage musste der dänische König seine Rechte an den Herzogtümern zugunsten Österreichs und Preußens aufgeben.

Krieg gegen Österreich 1866

Der gemeinsame Erfolg stabilisierte die preußisch-österreichischen Beziehungen nicht, vielmehr mündeten die rasch ausbrechenden Differenzen über den künftigen Status Schleswigs und Holsteins im zweiten Krieg von 1866. Er begann Mitte Juni als von Österreich beantragte Bundesexekution gegen Preußen, die alle bedeutenderen deutschen Staaten unterstützten. Schon am 3. Juli errangen die preußischen Truppen in der Schlacht bei Königgrätz einen überwältigenden Sieg. Hiermit war der Aufstieg des Hohenzollernstaats zur deutschen Hegemonialmacht besiegelt. Er annektierte mehrere bis dahin souveräne Bundesmitglieder, die sich auf die Gegenseite geschlagen hatten, nämlich das Königreich Hannover, Kurhessen, das Herzogtum Nassau und die freie Stadt Frankfurt, zudem den Zankapfel Schleswig-Holstein. Die Habsburgermonarchie erlitt zwar keine territorialen Verluste abgesehen von Venetien, das an das mit Preußen verbündete Italien abzutreten war. Aber sie musste im Prager Frieden vom 23. August 1866 der Auflösung des Deutschen Bundes und einer Neuordnung Deutschlands ohne ihre weitere Mitwirkung zustimmen.

Annexionen

Der Norddeutsche Bund 1867

Diese Neuordnung erfolgte umgehend in Gestalt des Norddeutschen Bundes von 1867, dessen bundesstaatliche Struktur die Reichsgründung bereits wesentlich vorprägte. Auch die noch abseits stehenden süddeutschen Staaten – Bayern, Württemberg, Baden sowie die südlich des Mains gelegenen Teile Hessen-Darmstadts – band Preußen enger an sich. Dies geschah einerseits durch ‚Schutz- und Trutzbündnisse', die eine Angleichung der Militärverfassung und im Fall von feindlichen Angriffen eine gegenseitige Beistandspflicht unter preußischem Oberbefehl festschrieben. Andererseits bildete der erneuerte Zollverein eine starke Klammer. Der 1834 unter preußischer Führung gegründete Zollverein, dem nach und nach alle deutschen Staaten mit Ausnahme Österreichs sowie der Hansestädte Hamburg und Bremen – letztere sollten erst 1888 folgen – beigetreten waren, hatte bereits in den vorangegangenen Jahrzehnten die ökonomische Integration maßgeblich vorangetrieben. Die Reform von 1867/68 verknüpfte ihn nun mit den Institutionen des Norddeutschen Bundes: Seine neu geschaffenen Organe, der Zollbundesrat und das Zollparlament, waren faktisch um süddeutsche Vertreter erweiterte Sitzungen von Norddeutschem Bundesrat und Reichstag. Trotzdem war die politische Vereinigung von Nord und Süd hiermit noch nicht ausgemacht. Sie ging erst aus dem dritten Krieg gegen Frankreich hervor.

Die spanische Thronkandidatur

Zum Anlass für den längsten und blutigsten der drei Einigungskriege entwickelte sich die Thronvakanz in Spanien, wo im September 1868 eine Revolution Königin Isabel II. gestürzt hatte. Als die provisorische Regierung des krisengeschüttelten Landes nach einem neuen Monarchen Umschau hielt, gehörte auch Leopold von Hohenzollern-Sigmaringen, ein Prinz aus der katholischen Nebenlinie des preußischen Königshauses, zu den Angefragten. In Frankreich hatte der Machtzuwachs Preußens seit 1866 ohnehin schon erhebliche Irritationen erregt, und dass eine Ausdehnung der hohenzollernschen Einflusssphäre auf die iberische Halbinsel für das Kaiserreich Napoleons III. kaum hinnehmbar sein würde, war offenkundig. Dennoch drängte Bismarck den zögerlichen Prinzen und König Wilhelm zur Annahme des Madrider Angebots. Die Nachricht von der Thronkandidatur Leopolds löste Anfang Juli 1870 in Paris einen Eklat aus: Sowohl die Staatsführung als auch die öffentliche Meinung reagierten äußerst heftig. In dieser hochgespannten Situation und angesichts der Stellungnahmen aus anderen Hauptstädten, die zum Einlenken im Interesse der Friedenswahrung rieten, bestand das preußische Königshaus nicht auf dem spanischen Abenteuer. Am 12. Juli erklärte Leopolds Vater den Verzicht.

Hiermit hätte der Streit eigentlich beigelegt werden können. Die napoleonische Regierung blieb jedoch misstrauisch, wollte außerdem ihren diplomatischen Erfolg noch krönen und beauftragte den französischen Botschafter, von dem in Bad Ems weilenden preußischen König eine förmliche Garantie für den Verzicht zu erwirken. Dieses Ansinnen lehnte Wilhelm ab. Bismarck, der den Rückzug der Kandidatur nicht befürwortet hatte, verwandelte die Ablehnung in eine schroffe Beleidigung, indem er den telegraphischen Bericht aus Bad Ems – die berühmt gewordene ‚Emser Depesche' – in einer zuspitzend redigierten Fassung an die Presse weitergab. Außerdem informierte er mehrere europäische Regierungen über die Vorgänge. Die französische Staatsführung sah sich düpiert und unternahm einen folgenschweren Schritt: Am 14. Juli 1870 beschloss der Ministerrat die Mobilmachung, am nächsten Tag stimmte das Parlament den Kriegskrediten zu, am 19. Juli folgte die Kriegserklärung.

In der historischen Forschung ist viel darüber diskutiert worden, warum sich die Pariser Führung zur Kriegserklärung hinreißen ließ. Lag die Verantwortung bei Bismarck, der sie gezielt provozierte, um die deutsche Einigung auf militärischem Weg zu vollenden und Frankreich als einen Gegner preußischen Machtgewinns zu schwächen? Oder waren es die französischen Entscheidungsträger, die aus nichtigem Anlass einen Krieg vom Zaun brachen, um den Aufstieg Preußens zu blockieren und das Prestige des napoleonischen Regimes zu stabilisieren? Oder stolperten beide Regierungen ungewollt in den Krieg, angetrieben von der Eigendynamik des diplomatischen Schlagabtauschs, der national erregten öffentlichen Meinung und dem Drängen der Militärs, die jene Seite im strategischen Vorteil sahen, die zuerst mobilisiert haben würde? Für alle Standpunkte finden sich Indizien. Beide Staatsführungen hatten wohl nicht längerfristig auf den Krieg hingearbeitet, waren in der Julikrise aber auch nicht um Deeskalation bemüht, sondern gewillt, es auf einen Waffengang ankommen zu lassen.

Der Deutsch-Französische Krieg

Unbestreitbar erklärte jedenfalls die französische Regierung den Krieg, womit Preußen sich in der Rolle des Angegriffenen befand. Das war günstig hinsichtlich der Haltung der übrigen europäischen Mächte sowie des innerdeutschen Meinungsklimas, und vor allem ließ es den süddeutschen Staaten kaum eine andere Wahl, als ihren Bündnispflichten nachzukommen. Dank einer sehr raschen Mobilmachung mithilfe der Eisenbahn und einer überlegenen Artillerie konnten die deutschen Truppen zügig auf französisches Territorium vorstoßen. Eine wichtige Etappe war die Schlacht bei Sedan am 1. September 1870, die mit der Kapitulation einer der französischen Hauptarmeen und der Gefangennahme Napoleons endete. Trotzdem gab sich Frankreich noch nicht geschlagen. Das napoleonische Regime, das angesichts des militärischen Desasters rasch allen Rückhalt verloren hatte, wurde am 4. September durch eine republikanische Regierung der Nationalen Verteidigung ersetzt. Sie führte den Kampf fort, da die von Preußen gestellten Friedensbedingungen unannehmbar schienen. Mit französischen Partisanenangriffen und deutschen Vergeltungsmaßnahmen setzte nun eine tendenzielle Entgrenzung des Krieges ein, der die Zivilbevölkerung immer stärker in Mitleidenschaft zog. Erst nach weiteren schweren Niederlagen und als die Situation in dem seit Mitte September belagerten Paris unerträglich geworden war, suchte die französische Führung um Verhandlungen nach. Am 28. Januar 1871 kam ein Waffenstillstand zustande, am 26. Februar folgte der Vorfrieden von Versailles, am 10. Mai der endgültige Frieden von Frankfurt am Main.

Neue Trends in der Kriegsforschung

Das Forschungsinteresse am Krieg von 1870/71 ist in den letzten Jahren merklich aufgelebt. Während in der älteren Literatur diplomatische und militärische Aspekte im Vordergrund standen, hat sich der Fokus nun auf die gesellschaftlichen Erfahrungen und Verarbeitungen des Geschehens verlagert. Wie erlebten und deuteten ‚gewöhnliche' Menschen den Krieg? Welche Unterschiede gab es nach regionaler Herkunft, sozialer Schicht, Konfession, politischer Orientierung oder Geschlecht? Wie weit reichte die Mobilisierung für den Krieg in die Zivilbevölkerung hinein, welche Auswirkungen hatte er auf Wirtschaft und Alltagsleben? Glichen die Erfahrungen noch denen aus früheren Kriegen, oder zeigten sich schon Momente einer industrialisierten und totalisierten Kriegsführung, die auf das 20. Jahrhundert voraus wiesen? Vor allem aber hat die neuere Forschung die Bedeutung des Krieges für die gesellschaftliche Verankerung von nationalen Selbst- und Fremdbildern untersucht. Wie wurde der Krieg im gesellschaftlichen Diskurs legitimiert, wie sinnstiftend interpretiert, wie wurden deutsche Tugenden und Werte, für die es zu kämpfen galt, definiert, welche Eigenschaften dem französischen ‚Erbfeind' zugeschrieben? Für die Beantwortung solcher Fragen ist ein breites Spektrum an Quellen herangezogen worden, von der Publizistik über Briefe, Tagebücher und Lieder bis hin zu visuellen Darstellungen, die vor allem die auflagenstarke illustrierte Presse zeitnah zu den Ereignissen in Umlauf brachte.

Für Frankreich war der verlorene Krieg ein Trauma. Die Sieger diktierten harte Bedingungen, nämlich die Abtretung des Elsass und großer Teile Lothringens, Reparationszahlungen von fünf Milliarden Francs sowie eine Besatzung der östlichen Landesteile, bis die Reparationen beglichen waren. Darüber hinaus war die Nation im Inneren tief zerrissen: Am 18. März begann der Aufstand der Pariser Commune, den französische Truppen blutig niederschlugen. Für Deutschland hingegen endete der Krieg im Triumph, und auf der Woge der Siegeseuphorie entstand das Kaiserreich. Aus dem dynastischen Problem einer Thronkandidatur war ein deutscher Nationalkrieg geworden, der weit über die herkömmlichen bürgerlichen Trägerschichten der Nationalbewegung hinaus Rückhalt für die nationalstaatliche Einigung mobilisierte. „Es gibt jetzt keine Preußen, Bayern, Württemberger mehr, sondern nur begeisterte, von dem freudigsten Vaterlandsgefühl erfüllte Deutsche.“[3] So beschrieb die *Augsburger Allgemeine Zeitung* bereits zu Kriegsbeginn die öffentliche Stimmung. Die ‚Waffenbruderschaft‘ zwischen preußisch-norddeutschen und süddeutschen Truppen schien die Wunden des ‚Bruderkriegs‘ von 1866 zu heilen, zumal sie sich als außerordentlich erfolgreich erwies. Allerdings überdeckte die Siegeseuphorie die inneren Konfliktlinien der deutschen Gesellschaft nur partiell. So allgemein, wie es die Einheitsrhetorik der Publizistik wollte, war die Begeisterung über den Krieg und seine Folgen effektiv nicht. Das verhinderte nur schon der Umstand, dass er auch auf deutscher Seite enormes Leiden verursachte. Er hinterließ sehr viele Tote und Verwundete, und mit dem Waffenstillstand war das Sterben nicht vorbei: Im Gefolge von Truppenbewegungen und Gefangenentransporten breitete sich eine schwere Pockenepidemie aus, die noch weit mehr Opfer als der Krieg selbst forderte.

Literatur

Neue Literatur zum Deutsch-Französischen Krieg:

Becker, Frank: *Bilder von Krieg und Nation. Die Einigungskriege in der bürgerlichen Öffentlichkeit Deutschlands 1864-1913*. München 2001.

Becker, Josef (Hg.): *Bismarcks spanische „Diversion“ 1870 und der preußisch-deutsche Reichsgründungskrieg. Quellen zur Vor- und Nachgeschichte der Hohenzollern-Kandidatur für den Thron in Madrid 1866-1932*. 3 Bde. Paderborn u.a. 2003-2007. [Kommentierte Quellenedition eines führenden Verfechters der These, dass Bismarck den Krieg gezielt provoziert habe]

Buschmann, Nikolaus: *Einkreisung und Waffenbruderschaft. Die öffentliche Deutung von Krieg und Nation in Deutschland 1850-1871*. Göttingen 2003.

Förster, Stig/Nagler, Jörg (Hg.): *On the Road to Total War. The American Civil War and the German Wars of Unification, 1861-1871*. Cambridge 1997.

Mehrkens, Heidi: *Statuswechsel. Kriegserfahrung und nationale Wahrnehmung im Deutsch-Französischen Krieg 1870/71*. Essen 2008.

Rak, Christian: *Krieg, Nation und Konfession. Die Erfahrung des deutsch-französischen Krieges von 1870/71*. Paderborn u.a. 2004.

Seyferth, Alexander: *Die Heimatfront 1870/71. Wirtschaft und Gesellschaft im deutsch-französischen Krieg*. Paderborn u.a. 2007.

Wetzel, David: *Duell der Giganten. Bismarck, Napoleon III. und die Ursachen des Deutsch-Französischen Krieges 1870/71*. Paderborn u.a. 2005. [Zuerst englisch 2001. Diplomatiegeschichte, die die französischen Verantwortlichkeiten in den Vordergrund rückt]

1.2 Die Kaiserproklamation von Versailles

Novemberverträge

Die gemeinsamen Siege vom Sommer 1870 schufen ein günstiges Klima für die nationale Einigung, aber die süddeutschen Widerstände gegen einen Anschluss an das preußisch dominierte Norddeutschland brachen nicht sofort zusammen. Es bedurfte noch zäher diplomatischer Verhandlungen, bis die Einigungsverträge im November unterschriftsreif waren.[4] Bismarck dirigierte sie von Versailles aus, wo das deutsche Heer sein Hauptquartier aufgeschlagen hatte. Hierbei ging es nun auch um die Kaiserfrage: Im Norddeutschen Bund stand dem preußischen König das Präsidium zu, und nach der Vereinigung mit den vier süddeutschen Staaten sollte er in dieser Funktion den Titel eines Kaisers führen. Der Kaisertitel knüpfte an die Tradition des Heiligen Römischen Reichs Deutscher Nation an. Er zielte darauf ab, das neue Reich historisch zu legitimieren und zwar gerade mit Blick auf Süddeutschland, wo die Erinnerung an das 1806 untergegangene Alte Reich stets lebendig geblieben war. Dennoch taten sich manche der deutschen Fürsten und insbesondere Ludwig II. von Bayern schwer mit der Aussicht auf einen Hohenzollernkaiser. Wenn der Kaisertitel seine legitimierende Funktion erfüllen sollte, schien aber Ludwigs persönliche Initiative unabdingbar, regierte er doch das nach Preußen mächtigste deutsche Königreich. Schließlich konnte er – nicht zuletzt mittels beträchtlicher preußischer Geldzahlungen – dazu bewegt werden, Wilhelm I. die Kaiserwürde anzutragen. Das geschah Anfang Dezember brieflich, denn selbst nach Versailles reisen mochte Ludwig nicht. Alle regierenden Fürsten und freien Städte schlossen sich seinem Antrag an, womit zumindest nach außen hin Einmütigkeit erreicht war.

Beteiligung der Volksvertreter

Die Volksvertretungen waren von den Vorbereitungen zur Reichsgründung nicht völlig ausgeschlossen, obgleich sie eine sekundäre Rolle spielten. Der Norddeutsche Reichstag und die süddeutschen Parlamente mussten den Einigungsverträgen zustimmen, was noch im Dezember geschah. Nur die bayerische Abgeordnetenkammer hinkte hinterher, sie konnte sich erst am 21. Januar dazu durchringen. Außerdem schickte der Norddeutsche Reichstag eine Delegation mit einer Adresse nach Versailles, die König Wilhelm ebenfalls um Annahme der Kaiserwürde bat. Der Auftritt dieser Delegation am 18. Dezember war insofern etwas pikant, als Reichstagspräsident Eduard Simson sie anführte. Simson hatte nämlich schon jener Deputation angehört, die im April 1849 Friedrich Wilhelm IV. die Kaiserwürde im Namen der

Frankfurter Nationalversammlung angetragen hatte. Damals hatte der preußische König das Ansinnen entschieden abgelehnt. Der Kontext war nun jedoch ein völlig anderer: Diesmal herrschte keine revolutionäre Situation, und die Initiative ging nicht von einer Volksvertretung aus. Vielmehr schloss sich der Reichstag nur dem von Bismarck eingefädelten Antrag der Fürsten an und vermied dabei sorgfältig jede weitere Anspielung auf den Präzedenzfall von 1849.

Differenzen um den Kaisertitel

Wilhelm I. war trotzdem alles andere als begeistert von dem Plan, ihn zum Kaiser zu machen. Die Assoziation mit der Revolution spielte dabei eine Rolle. Vor allem aber fühlte er sich zu eng mit dem preußischen Königtum verbunden, als dass er einen deutschen Kaisertitel für erstrebenswert gehalten hätte. Nicht nur der Titel an sich, sondern auch seine genaue Fassung verstimmte ihn: Wenn schon Kaiser, dann wollte Wilhelm als Kaiser von Deutschland tituliert werden, analog zu seinem Titel als König von Preußen. Bismarck hingegen beharrte auf der Bezeichnung Deutscher Kaiser, da diese keine territorialen Hoheitsrechte implizierte und deshalb für die übrigen regierenden Fürsten eher akzeptabel war. Eigentlich war die Frage bereits entschieden: Die parlamentarisch verabschiedeten Regierungsabkommen, aufgrund derer das Deutsche Reich offiziell zum 1. Januar 1871 ins Leben trat, nannten den Titel ‚Deutscher Kaiser'. Dennoch dauerten die Querelen noch bis zum Vorabend der Kaiserproklamation, die den Gründungsakt zeremoniell abrunden sollte, an.

Militärischer Charakter der Kaiserproklamation

Am 18. Januar 1871 war es endlich so weit. Im Spiegelsaal des Schlosses von Versailles inszenierte das siegreiche deutsche Heer die Erhebung seines Oberbefehlshabers zum Kaiser. Der Akt hatte ein stark militärisches Gepräge. Anwesend waren praktisch nur Offiziere und Truppendelegationen. Auch Wilhelm, die Fürsten und hohe zivile Staatsbeamte wie Bismarck erschienen in Uniform. Für die Wahl von Ort und Zeitpunkt waren zwar in erster Linie pragmatische Gründe ausschlaggebend gewesen: Bismarck wollte die Kaiserproklamation so rasch wie möglich über die Bühne bringen, ehe sich neue Widerstände formieren konnten. Deshalb fand sie im Versailler Hauptquartier statt, noch bevor die Waffenstillstandsverhandlungen begonnen hatten. Dennoch musste der Akt auf die Franzosen wie eine gezielte Demütigung wirken. Während in der belagerten Metropole Paris der Hunger wuchs, proklamierten die Deutschen direkt vor ihren Toren ein neues Kaiserreich.

Abbildung 1: Wilhelm Camphausen, „Vergeltung. 1807; 1870". Links bittet Königin Luise Napoleon I. vergeblich um eine Milderung des Friedens von Tilsit; rechts muss Napoleon III. nach der Schlacht von Sedan als Gefangener vor Luises Sohn Wilhelm I. treten.

Der Schauplatz

Der Schauplatz Versailles hatte zwangsläufig eine hochgradig symbolische Bedeutung. Der Ort stand in besonderer Weise für Glanz und Größe der französischen Geschichte. Die vom ‚Sonnenkönig' Ludwig XIV. errichtete prächtige Schlossanlage diente zwar seit der Revolution von 1789 nicht mehr als Residenz. Sie war aber in den 1830er Jahren zu einem monumentalen Nationalmuseum umgestaltet worden, gewidmet *À toutes les gloires de la France*, wie eine Inschrift kündete. Während sich die Kaiserproklamation an diesem Ort in französischer Perspektive als unverzeihliche Provokation darstellte, versinnbildlichte sie in der Deutung deutscher Kommentatoren eine ausgleichende Gerechtigkeit für frühere französische Übergriffe. Die Gewaltakte des Schlossbauherren, der das Elsass geraubt und die Pfalz verwüstet hatte, sowie des ersten Napoleon, der für den Untergang des Alten Reichs und eine existenzielle Krise Preußens verantwortlich gewesen war, bildeten dabei die vorrangigen Bezugspunkte. Nun hatten sich die Machtverhältnisse gründlich gewandelt, und Versailles erhielt als ‚Erinnerungsort' eine ganz neue Konnotation.

Das Datum

Auch das Datum hatte eine besondere Bedeutung: Am 18. Januar 1701 hatte sich Kurfürst Friedrich III. von Brandenburg in Königsberg die Königskrone aufs Haupt gesetzt. An diesem Gründungstag der Hohenzollernmonarchie fand seither jeweils die

Versailles als Erinnerungsort

Mit dem historiographischen Konzept der *lieux de mémoire* werden wirkliche und geistig-imaginäre ‚Orte' untersucht, an denen sich nationale Geschichtsbilder und geschichtspolitische Deutungskämpfe kristallisieren. Es geht auf Pierre Nora zurück, der in den 1980er Jahren ein großes Inventar von zentralen Fixpunkten des kollektiven Gedächtnisses der Franzosen initiierte, darunter Baudenkmäler, Schlagworte, Feiertage, Institutionen und legendäre Gestalten. In Anlehnung an das französische Vorbild ist unter der Leitung von Etienne François und Hagen Schulze auch ein mehrbändiges Werk zu deutschen Erinnerungsorten entstanden. Versailles figuriert in beiden Sammlungen. Es ist ein Ort, der in beiden Nationalgeschichten einen hohen Symbolwert hat und zugleich zur Chiffre für die deutsch-französische ‚Erbfeindschaft' wurde. Dass Frankreich den deutschen Festakt von 1871 als Demütigung in Erinnerung behielt, zeigte sich spätestens am 28. Juni 1919: Nun war derselbe Spiegelsaal Schauplatz der Unterzeichnung des Versailler Vertrages, der dem im Ersten Weltkrieg besiegten Deutschen Reich harte Friedensbedingungen diktierte.

Verleihung des damals gestifteten Ordens vom schwarzen Adler statt. Den spezifisch preußischen Symbolgehalt des Datums rückte der evangelische Geistliche Bernhard Rogge während der kirchlichen Feier, die den Akt im Spiegelsaal einleitete, in den Vordergrund: Er präsentierte die Reichsgründung als neuen Höhepunkt im unaufhaltsamen Aufstieg des preußischen Königtums, der ebenso von Gott gewollt sei wie der Niedergang Frankreichs.

Quelle

Rede des Feldpredigers Rogge:

„Lob und Dank sei Dir, dem ewigen Könige, aus dessen Hand und von dessen Gnade unsere Fürsten die Krone und die Königliche Würde empfangen haben, in deren Glanz wir heute fröhlich sind. Wie laut verkündigt es uns diese Stunde, daß es ein Königthum von Gottes Gnaden ist, auf dessen 170jährige Geschichte wir heute mit freudigem Danke zurückblicken. [...] In dem Werke, das sich heute in dieser Stunde und an dieser Stätte vor unsern Augen vollziehen soll, sehen wir das Ziel erreicht, auf das Gottes Vorsehung in der Geschich-

Quelle

te unseres Vaterlandes und Königshauses seit jener Krönung von Königsberg, deren wir heute gedenken, uns hingewiesen hat. In diesem Werke sehen wir die Hoffnungen erfüllt, an denen alle Deutschen Herzen selbst in den dunkelsten Zeiten der Entfremdung und Entzweiung festgehalten haben, in diesem Werke sehen wir die Schmach gesühnt, die von dieser Stätte und von diesem Königssitze aus dereinst auf unser Deutsches Volk gehäuft worden ist. Was unsere Väter in der Erhebung der Befreiungskämpfe vergeblich sich ersehnt haben, wofür die Deutsche Jugend in edler Begeisterung geschwärmt, was die Sänger jener Tage in immer neuen Weisen umsonst gesungen, was die Lieder und Sagen unseres Volkes nur als einen fernen Traum uns verkündet haben: wir sehen es heute zur Wirklichkeit geworden, sehen das Deutsche Reich wieder auferstanden in alter Herrlichkeit, ja in einer Macht und Größe, die es vielleicht nie zuvor besessen hat".[5]

Der Rest des Festaktes verlief eher nüchtern. Wilhelm hielt eine kurze Ansprache, in der er die Annahme der Kaiserwürde für sich und seine Nachfolger erklärte. Darauf verlas Bismarck eine Proklamation an das deutsche Volk im selben Sinn. Beide sprachen, wie Rogge, von einer ‚Wiederherstellung' des Reichs, konstruierten also eine Kontinuitätslinie zwischen 1806 und 1871. Im Gegensatz zum Feldprediger verzichteten sie jedoch auf die Glorifizierung Preußens, betonten vielmehr den einmütigen Willen der deutschen Fürsten und freien Städte, der zur Erneuerung der Kaiserwürde geführt habe. Mit einem vom Großherzog von Baden angestimmten Hochruf, in den die versammelte Menge einstimmte, war die Beförderung Wilhelms zum Kaiser abgeschlossen. Insgesamt dauerte der Festakt kaum eine Stunde.

Die Kaiserproklamation im Bild

Die Zivilbevölkerung erfuhr von dem Geschehen erst im Nachhinein. Dass sich die Szene im Spiegelsaal von Versailles trotzdem tief in das kollektive Gedächtnis der Deutschen eingrub, lag an ihrer medialen Verbreitung. Vor allem die berühmten, massenhaft reproduzierten Werke des Historienmalers Anton von Werner prägten das Bild von der Reichsgründung nachhaltig. Der Künstler war eigens zum Festakt aus der Heimat herbeigerufen worden und fertigte noch vor Ort Skizzen und Entwürfe an, die er später zu mehreren Gemälden ausarbeitete. Trotz diverser Unterschiede zwischen den Bildfassungen transportierten sie alle dieselbe Botschaft: Sie feierten die Reichsgründung als von monarchischer Obrigkeit und Militär getragenen Akt. Wilhelm erscheint als Heerkaiser umringt von Fürsten und Prinzen, umweht von Regimentsfahnen; vor dem Podest figuriert an prominenter Stelle Bismarck mit dem Proklamationstext in der Hand. Selbstredend präsentierten sie die Kaiserproklamation als harmonisches, von preußischen wie nichtpreußischen Offizieren und Soldaten einmütig bejubeltes Ereignis.

Abbildung 2: Anton von Werner, Entwurf zum Gemälde „Die Proklamierung des Deutschen Kaiserreiches", 1871.

Tatsächlich waren die Zwistigkeiten unter den Anwesenden allerdings nicht ausgeräumt. Dem bayerischen Prinzen Otto war „unendlich weh und schmerzlich" zumute, als er „unsere Bayern sich da vor dem Kaiser neigen" sehen musste.[6] Wilhelm selbst hatte sich mit seiner neuen Rolle noch immer nicht so recht abgefunden. Und Bismarck blickte, wie der preußische Kronprinz notierte, während des Festakts „ganz grimmig verstimmt“ drein.[7] Die zähen Verhandlungen mit den süddeutschen Regierungen hatten ihn mitgenommen, ebenso ein tiefes Zerwürfnis mit Generalstabschef Helmuth von Moltke, mit dem er sich seit Wochen über die Kompetenzverteilung zwischen politischer und militärischer Führung sowie über das taktische Vorgehen zur Beendigungen des Krieges stritt. Hinzu war dann noch das Tauziehen um die Titelfrage gekommen. Kurz nach dem Festakt schrieb Bismarck an seine Frau: „diese Kaisergeburt war eine schwere [...]. Ich hatte als Accoucheur mehrmals das dringende Bedürfniß eine Bombe zu sein und zu platzen daß der ganze Bau in Trümmer gegangen wäre.“[8] Die Begeisterung über die schließlich doch noch gelungene Geburt hielt sich unter den in Versailles direkt Beteiligten effektiv in Grenzen, und auch in der Heimat waren die Reaktionen durchmischt.

Literatur

Zu Versailles im Historienbild und als Erinnerungsort:

François, Etienne/Schulze, Hagen (Hg.): *Deutsche Erinnerungsorte*. 3 Bde. München 2001. Darin: Schulze, Hagen: *Versailles* (Bd. 1, S. 407-421).

Gaehtgens, Thomas W.: *Anton von Werner: Die Proklamierung des Deutschen Kaiserreiches. Ein Historienbild im Wandel preußischer Politik*. Frankfurt am Main 1990.

Nora, Pierre (Hg.): *Les lieux de mémoire*. 3 Bde. in 7 Teilbänden. Paris 1984, 1986, 1992. Darin: Pommier, Edouard: *Versailles, l'image du souverain* (Bd. II/2, S. 193-234); Himelfarb, Hélène: *Versailles, fonctions et légendes* (Bd. II/2, S. 235-292); Gaehtgens, Thomas W.: *Le musée historique de Versailles* (Bd. II/3, S. 143-168).

1.3 Reaktionen

Liberale

„Meine Augen gehen immer herüber zu dem Extrablatt und die Tränen fließen mir über die Backen. Wodurch hat man die Gnade Gottes verdient, so große und mächtige Dinge erleben zu dürfen? Und wie wird man nachher leben? Was zwanzig Jahre der Inhalt alles Wünschens und Strebens gewesen, das ist nun in so unendlich herrlicher Weise erfüllt!“[9] Mit diesen überschwänglichen Worten reagierte der Historiker Heinrich von Sybel im Januar 1871 auf die vollbrachte Reichsgründung. Er war ein führender

Repräsentant der sogenannten borussischen Schule der Geschichtsschreibung, die es in den vorangegangenen Jahrzehnten als historische Mission Preußens dargestellt hatte, die deutsche Einheit zu verwirklichen. Aus ihrer Perspektive war eine notwendige geschichtliche Entwicklung an ihr glückliches Ziel gelangt. Sybel und andere Vertreter der borussischen Schule wie Heinrich von Treitschke schrieben nicht nur viel gelesene historische Werke, sondern betätigten sich auch als einflussreiche Publizisten und Parlamentarier. Sie dachten gemäßigt liberal, aber entschieden national und gehörten damit der breiten Strömung innerhalb des Liberalismus an, die sich im Lauf der 1860er Jahre immer mehr mit Bismarcks politischem Kurs angefreundet hatte. Für ihn sprach sein Erfolg: Bismarck erwies sich als Vollstrecker von Preußens deutscher Aufgabe.

Eine wichtige Etappe auf dem Weg der Annäherung war die Beendigung des preußischen Verfassungskonflikts im Gefolge des militärischen Siegs von 1866 gewesen: Auf einen entsprechenden Regierungsantrag hin hatte die Mehrheit des preußischen Abgeordnetenhauses Bismarck Indemnität gewährt, das heißt sein vierjähriges Regieren ohne parlamentarisch verabschiedetes Budget nachträglich akzeptiert. Das war ein beiderseitiges Signal der Kompromissbereitschaft gewesen. Allerdings war es über die Indemnitätsvorlage zur Spaltung der preußischen Liberalen gekommen: Die Befürworter des Arrangements mit Bismarck trennten sich von der Fortschrittspartei und gründeten die Nationalliberale Partei. Während die Fortschrittsliberalen in einer oppositionellen Haltung verharrten, waren die Nationalliberalen gewillt, manche liberalen Prinzipien vorerst hintanzustellen, um im Bündnis mit Bismarck die nationale Einheit zu erreichen. Dass das im Zeichen erfolgsorientierter ‚Realpolitik' – ein Begriff, den der Liberale August Ludwig von Rochau nach den Erfahrungen von 1848/49 geprägt hatte – eingegangene Zweckbündnis wie ein Verrat an früheren Überzeugungen wirken konnte, war den Nationalliberalen bewusst. In ihrem Gründungsprogramm vom Juni 1867 betonten sie deshalb, dass sie die „Freiheitsbedürfnisse des Volks" keineswegs aus den Augen verlieren würden. Denn ebenso wie ein geeinter Nationalstaat unabdingbare Voraussetzung für eine freiheitliche innere Entwicklung sei, könne die Einheit umgekehrt nicht ohne Freiheit bestehen.[10]

Einheit und Freiheit waren also zwei untrennbar miteinander verkoppelte Zielvisionen, und sie bestimmten auch die Haltung der Liberalen zum Reich von 1871. Ihr Glück war nicht ganz vollkommen. Es waren nicht die gewaltsamen Umstände der Reichsgründung, die es trübten, denn pazifistisch gesinnt war die liberale Nationalbewegung noch nie gewesen. Ihre Exponenten hatten sich großteils schon lange vor 1864 davon überzeugt, dass nur ein Nationalkrieg äußere wie innere Widerstände gegen einen deutschen Nationalstaat überwinden und ihm eine gesicherte Position in Europa verschaffen könne. Dass das Reich ein kleindeutscher Nationalstaat ohne Österreich war, bereitete der überwiegenden Mehrheit der Liberalen ebenfalls keine Probleme. Im Gegenteil, aus ihrer Sicht war Preußen längst zur attraktiveren deutschen Führungsmacht avanciert und die Trennung von der multinationalen, katholischen, als rückständig wahrgenommenen Habsburgermonarchie ein unvermeidlicher Schritt. Zwar sprachen auch Liberale von einer ‚Wiedergeburt' des Kaiserreichs. Aber sie wollten keine Anknüpfung an die römisch-universale Reichstradition des Mittelalters und erst recht nicht an das habsburgische Kaisertum der Frühen Neuzeit, das ihnen als Phase des Niedergangs in der deutschen Geschichte erschien. Das neue Reich sollte vielmehr stark, national homogen und protestantisch geprägt sein. Heinrich von Treitschke bestritt sogar eine „Blutsverwandtschaft" mit Österreich, da dort „das deutsche Culturelement" unter der Herrschaft der Habsburger und der katholischen Kirche völlig verkümmert sei.[11] Obwohl die meisten nicht so weit gingen, waren die Liberalen der Reichsgründungszeit doch überwiegend kleindeutsch eingestellt.

Wenn sie dennoch nicht ganz zufrieden waren, so lag das an der inneren Reichsverfassung, die der Zielvision politischer Freiheit nur mangelhaft entgegenkam. Trotz solcher Wermutstropfen begrüßten die Liberalen das Reich aber insgesamt als den lang ersehnten Nationalstaat, und viele waren ebenso ergriffen wie Heinrich von Sybel. Mit der nationalen Einheit war ihr innigster Wunsch erfüllt, und die noch bestehenden Defizite, so glaubten sie optimistisch, würden sich im Lauf der Zeit beheben lassen.

Konservative

Konservative Kreise taten sich zunächst weit schwerer mit Bismarcks Einigungspolitik. Die Idee der Nation war ihnen fremd, ja sie hielten sie für gefährlich, denn eng mit ihr assoziiert war das revolutionäre Konzept der Volkssouveränität und somit die Negierung des monarchischen Prinzips. Viele Konservative waren entsetzt, dass Bismarck, der doch einer der ihren war, nun plötzlich mit der Nationalbewegung paktierte und die hergebrachte Ordnung mittels einer ‚Revolution von oben' grundlegend umstürzte. Allerdings führten die militärischen Siege auch im konservativen Lager zu einer Aufspaltung der Meinungen. Teile vor allem der preußisch-protestantischen Konservativen unterstützten nun Bismarcks Kurs. Eine religiös-monarchische Interpretation der Reichsgründung, wie sie Feldprediger Rogge in Versailles vorgetragen hatte, bot ihnen eine ideologische Brücke. Der Hauptstrom des Konservativismus blieb jedoch vorerst skeptisch und söhnte sich erst gegen Ende der 1870er Jahre mit dem Bismarckreich aus.

Revolution von oben

In der Historiographie wird Bismarcks Reichsgründungspolitik häufig als ‚Revolution von oben' tituliert, eine Bezeichnung, die bereits die Zeitgenossen verwendeten.[12] Sie war revolutionär, weil sie sich gewaltsamer Mittel bediente, zentrale Postulate der Revolution von 1848/49 realisierte, die Verbindung zur alten Kaisermacht Österreich kappte und im Zuge der Annexionen von 1866 sogar legitime deutsche Dynastien entthronte. Eine Revolution von oben war die Reichsgründung, weil sie nicht vom Volk ausging, sondern von der preußischen Staatsmacht. Allerdings wäre sie ohne die Schubkraft der nationalen Idee nicht möglich gewesen, und gerade sein Paktieren mit der Nationalbewegung machte Bismarck in konservativen Augen zum Revolutionär. Nicht nur Konservative empfanden die Reichsgründung als Revolution von oben. Nationalliberale verwendeten den Begriff im positiven Sinn: Diese Revolution habe einzigartige Fortschritte gebracht und so zugleich eine zerstörerische Revolution von unten überflüssig gemacht. Karl Marx und Friedrich Engels beurteilten von ihrem Londoner Exil aus die deutsche Entwicklung ebenfalls als fortschrittliche Revolution von oben, allerdings mit konträrer Schlussfolgerung: Bismarck habe unbeabsichtigt die bürgerlich-kapitalistische Revolution vollendet und so den Weg für den Aufstieg des Sozialismus gebahnt. Wenn die heutige Historiographie die Reichsgründung als Revolution von oben bezeichnet, dann in erster Linie, um das Paradoxe an ihr auszudrücken: Bismarck bediente sich revolutionärer Mittel zur Erreichung von konservativen Zielen, mobilisierte dabei jedoch Kräfte der Moderne, die das Reich mit prägten.

Die preußisch-protestantische Überformung des Reichs, die manchen Konservativen die Akzeptanz erleichterte, erschwerte sie andererseits all jenen, die auf eine großdeutsche Lösung gesetzt hatten oder jedenfalls die preußische Vorherrschaft ablehnten. Dazu gehörten Teile der süddeutschen Liberalen, süddeutsche und sächsische Demokraten, konservative Anhänger einzelstaatlicher Dynastien sowie große Segmente der Katholiken.

Katholiken

Unter den Katholiken gab es jedoch regionale Unterschiede. In den preußischen Westprovinzen etwa manifestierte sich schon 1866 und noch mehr 1870/71 eine beträchtliche preußisch-deutsche Siegeseuphorie. Die katholischen Abgeordneten im Norddeutschen Reichstag betonten nachdrücklich ihre Freude darüber, dass, wie es einer ihrer Sprecher formulierte, „unter unseren Augen die Tore des Kyffhäusers sich öffnen und [...] wir den Morgengruß des erwachenden deutschen Kaiserreiches vernehmen werden."[13] Sie waren also bereit, Wilhelm I. als legitimen Erben des mittelalterlichen Kaisers Friedrich Barbarossa, der der Legende zufolge im Kyffhäuser auf seine Rückkehr wartete, anzuerkennen. Trotz vieler Vorbehalte im Einzelnen konnte von einer generellen Ablehnung des kleindeutschen Reichs seitens der Katholiken keine Rede sein.

Viel ausgeprägter war die Abneigung unter süddeutschen Katholiken. Zur konfessionellen Distanz kamen hier weit verbreitete antipreußische Ressentiments, die der Krieg von 1866 massiv verstärkt hatte, und zwar auch in protestantischen Regionen. In den Jahren vor 1870 stand die öffentliche Meinung Süddeutschlands einem Anschluss an den Norddeutschen Bund überwiegend ablehnend gegenüber. Das kam anlässlich der Zollparlamentswahlen von 1868 unmissverständlich zum Ausdruck, in denen die antipreußischen Kräfte triumphierten. Entsprechend gering war zunächst die Neigung, bei einem Krieg gegen Frankreich mitzumachen, der im Erfolgsfall voraussehbar doch nur die ‚Verpreußung' Deutschlands vorantreiben würde. Aber letztlich sahen weder die Regierungen noch die Landtage eine Möglichkeit, sich zu verweigern. Dazu trug nicht zuletzt ein Stimmungsumschwung in der Öffentlichkeit bei: Auch in Süddeutschland schlug die nationale Begeisterung seit dem Sommer 1870 hohe Wellen, die partikularistischen und antipreußischen Kräfte gerieten in die Defensive, der kleindeutsche Nationalstaat gewann an Akzeptanz.

Dennoch blieb in Teilen der süddeutschen Gesellschaft die Ablehnung fundamental. Aus einer konservativ-katholischen Weltsicht heraus verdammte etwa Edmund Jörg, Herausgeber der *Historisch-politischen Blätter für das katholische Deutschland* und Mitbegründer der Bayerischen Patriotenpartei, Anfang 1871 das neue Kaiserreich. Dieses habe nichts mit dem ehrwürdigen alten Kaisertum zu tun, basiere vielmehr auf dem revolutionären Nationalitätsprinzip und kopiere damit Frankreich, statt zu einer echt christlich-germanischen Ordnung zurückzukehren. Das neue

Kaisertum sei, wie dasjenige Napoleons, ein bloß angemaßter Titel für das Haupt eines Nationalstaats, der sich um das Überkommene nicht schere und von dem, so die düstere Prognose, noch große Gefahren ausgehen würden. Denn da es ein „unvollendeter Nationalstaat" sei, werde das neue Reich nicht zur Ruhe kommen, vielmehr versuchen, sich alle Gebiete deutscher Nationalität einzuverleiben. Zudem habe der Krieg, aus dem es hervorging, durch seine neue Qualität – die Qualität eines Volks- oder Rassenkrieges, wie auch Publizisten anderer weltanschaulicher Lager diagnostizierten – einen unversöhnlichen Hass aufgerissen, der böse Folgen zeitigen müsse. Das Konzept des Nationalstaats, das die Liberalen so begeisterte, erfüllte Jörg also nicht nur mit tiefstem Unbehagen, weil es die hergebrachte Ordnung missachtete, sondern vor allem auch deshalb, weil er mit ihm eine Epoche der entfesselten Gewalt heraufziehen sah.

Quelle

Kritische Stimmen zur Reichsgründung

Edmund Jörg, 1871: „Der Volks- oder Racenkrieg aber, der zwischen Deutschland und Frankreich entbrannt ist, macht Alles neu, stellt alle Verhältnisse auf den Kopf und läßt befürchten, daß die Humanität und Civilisation des neunzehnten Jahrhunderts im letzten Drittel desselben in ein neues eisernes Zeitalter umschlage." [14]

Wilhelm Liebknecht, 1872: „Ein Staat wie das Bismarcksche Preußen-Deutschland ist durch seinen Ursprung mit fatalistischer Notwendigkeit dem gewaltsamen Untergang geweiht. Das Schicksal des französischen Empire, dessen sklavische, jedenfalls nicht verbesserte Kopie es ist, kündet ihm seine Zukunft. Auf dem Schlachtfeld geboren, das Kind des Staatsstreichs, des Krieges und der Revolution von oben, muß es ruhelos von Staatsstreich zu Staatsstreich, von Krieg zu Krieg eilen und entweder auf dem Schlachtfeld zerbröckeln oder der Revolution von unten erliegen. Das ist Naturgesetz."[15]

Sozialisten

Ähnlich fundamental fiel die Kritik seitens eines Teils der sozialistischen Arbeiterbewegung aus. Auch sie war zunächst gespalten in ihrer Haltung zu Bismarcks Politik. Der 1863 von Ferdinand Lassalle gegründete Allgemeine Deutsche Arbeiterverein (ADAV), dessen regionale Schwerpunkte in Preußen und Norddeutschland lagen, sah die kleindeutsche Entwicklung recht positiv. Die von Wilhelm Liebknecht und August Bebel 1869 in Eisenach gegründete Sozialdemokratische Arbeiterpartei (SDAP) hingegen, die in sächsischen und süddeutschen demokratischen Traditionen wurzelte, war strikt antipreußisch gesinnt. Zwar orientierten sich die sozialdemokratischen Parteiführer partiell an der Marxschen Theorie; sie mochten aber der Reichsgründung noch nicht einmal eine ungewollt fortschrittliche Funktion zugute halten. Ihre Stellungnahmen gegen den Krieg, ihre Solidarisierung mit der Pariser Commune und weitere als umstürzlerisch qualifizierte Äußerungen brachten Liebknecht und Bebel im Frühjahr 1872 eine Verurteilung wegen Hochverrats ein. Den Prozess nutzten sie, um ihre Einstellung vor großem Publikum kundzutun. Liebknechts Ausführungen gipfelten in der Behauptung, dass das Reich infolge seiner gewaltsamen Gründung notwendig dem gewaltsamen Untergang geweiht sei. Obwohl er den preußischen Militarismus und nicht den Nationalismus für das Hauptübel hielt, war seine Diagnose gar nicht so weit von derjenigen des konservativ-katholischen Edmund Jörg entfernt.

Nationale Minderheiten

Aus einer nochmals anderen Richtung verurteilten die nationalen Minderheiten das Deutsche Reich, in dem sie sich ungefragt wiederfanden: die Polen der östlichen Provinzen Preußens, die Dänen Schleswigs sowie die Elsässer und Lothringer. Sie lehnten nicht den deutschen Nationalstaat an sich ab, wohl aber ihre eigene Zwangseingliederung in denselben, und zwar gerade weil sie selbst in nationalen Kategorien dachten. Wie ein Abgeordneter der polnischen Minderheit im Frühjahr 1871 vor dem Reichstag ausführte, würden die Polen die Freude der Deutschen über die erreichte Einheit wohl begreifen, ja sie würden sie sogar teilen: „Denn wir finden in dem gedachten Einigungswerke Deutschlands die kräftigste Bestätigung eines Prinzips, für dessen Aufrechterhaltung wir von jeher stets aufgetreten sind und aus dem wir unsere unverjährbaren Rechte herleiten; ich meine das Nationalitätsprinzip." Die Deutschen dürften nun aber „das für sich selbst einmal anerkannte Prinzip auch anderen Nationalitäten gegenüber nicht verleugnen".[16] Dass dies dennoch geschah, war aus dem Blickwinkel der Minderheiten eine empörende Inkonsequenz.

Die von ganz unterschiedlichen Standpunkten her erhobenen Vorbehalte gegenüber dem Reich in seiner 1871 realisierten Form markierten innere Konfliktlinien, die trotz des weitverbreiteten Jubels über den gewonnen Krieg und trotz aller Einheitsrhetorik fortlebten. Sie sollten in den folgenden Jahrzehnten noch heftige Verwerfungen produzieren.

Reaktionen des Auslands

Relevant für die weitere Entwicklung waren aber nicht nur die Reaktionen im Inneren, sondern ebenso die des Auslands. Die Reichsgründung verschob die internationalen Kräfterelationen empfindlich. Preußen, bislang die schwächste unter den fünf europäischen Großmächten, expandierte zu einem Nationalstaat, der mit 41 Millionen Einwohnern alle mit Ausnahme Russlands übertraf. Anders als der nur lockere und durch den preußisch-österreichischen Dualismus gelähmte Deutsche Bund bildete dieser Nationalstaat eine potentiell angriffsfähige Einheit. Dass die Nachbarn eine solche Machtballung hinnehmen würden, war nicht selbstverständlich. Schließlich war die Bundesakte von 1815 integraler Bestandteil der Beschlüsse des Wiener Kongresses gewesen und ihre Aufhebung somit keine rein innerdeutsche Angelegenheit. Die ersten Anläufe zur Neugestaltung Deutschlands in der Revolutionszeit 1848-1850 waren denn auch nicht zuletzt am Veto der europäischen Mächte gescheitert. Als der zweite Anlauf im Sieg über Frankreich kulminierte, konnte das auch von außen betrachtet als gefährlicher Umsturz erscheinen. So erklärte etwa Benjamin Disraeli, damals konservativer Oppositionsführer im britischen Unterhaus: „This war represents the German revolution, a greater political event than the French revolution of last century. [...] The balance of power has been entirely destroyed".[17] Auf die Frage, wie sich die europäische Staatenwelt mit dem neuen Machtfaktor in ihrer Mitte arrangierte, wird in den letzten Kapiteln dieses Buches noch näher zurückzukommen sein.

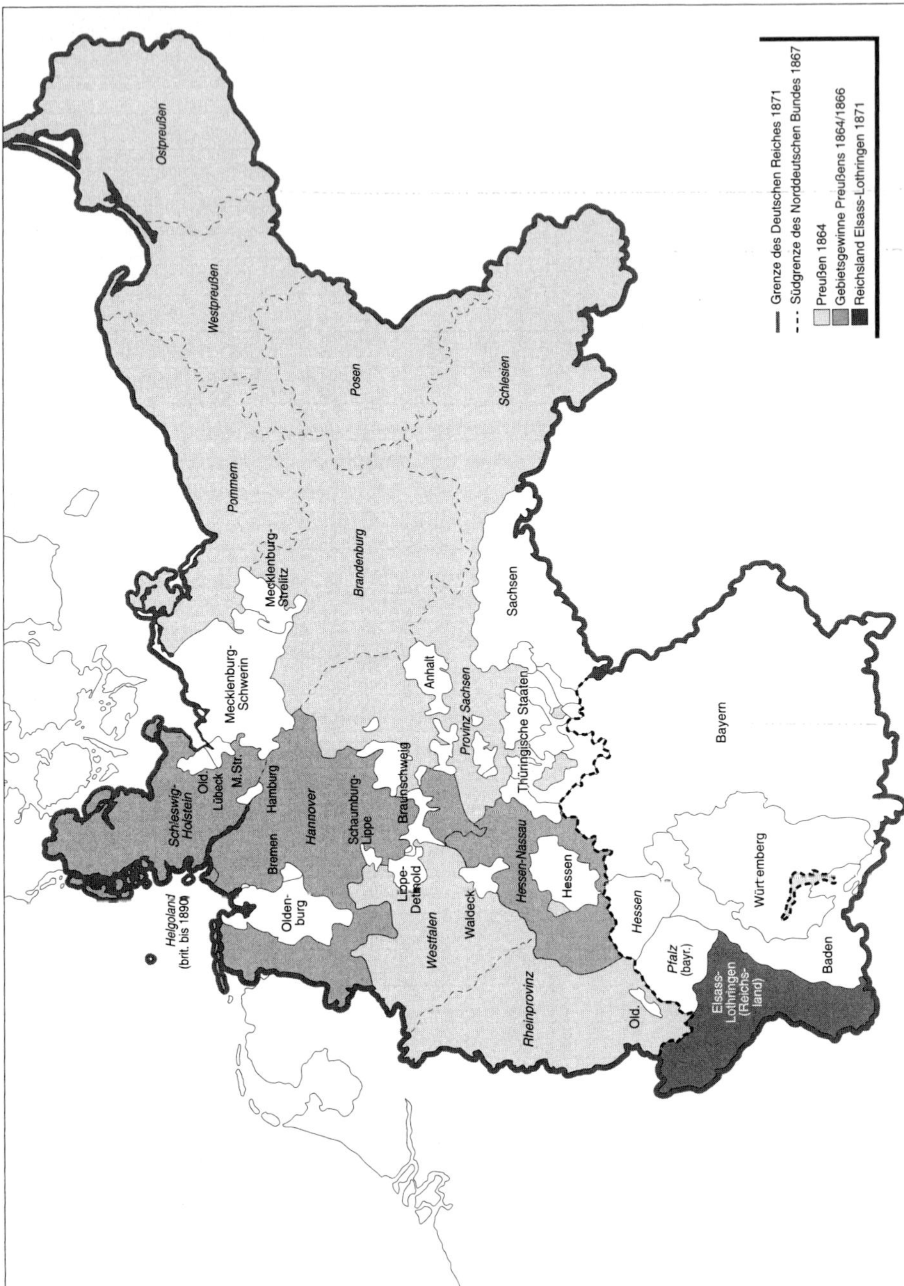

Karte 1: Die deutsche Einigung 1864-1871

Literatur

Überblicke zur Reichsgründungszeit:

Brandt, Harm-Hinrich: *Deutsche Geschichte 1850-1870. Entscheidung über die Nation.* Stuttgart/Berlin/Köln 1999.

Lenger, Friedrich: *Industrielle Revolution und Nationalstaatsgründung (1849 bis 1870er Jahre)*. Stuttgart 2003. [= Gebhardt, Bd. 15]

Siemann, Wolfram: *Gesellschaft im Aufbruch. Deutschland 1849-1871.* Frankfurt am Main 1990.

Biographien des ‚Reichsgründers':

Engelberg, Ernst: *Bismarck*, Bd. 1: *Urpreuße und Reichsgründer.* Berlin 1985; Bd. 2: *Das Reich in der Mitte Europas.* Berlin 1990. [Recht positiv wertende Darstellung eines führenden DDR-Historikers]

Gall, Lothar: *Bismarck. Der weiße Revolutionär.* Frankfurt am Main/Berlin/Wien 1980, TB-Neuausgabe München 2002. [Damals wegweisende und noch immer wichtige kritische Biographie]

Pflanze, Otto: *Bismarck*, Bd. 1: *Der Reichsgründer.* München 1997; Bd. 2: *Der Reichskanzler.* München 1998. [Zuerst englisch in 3 Bänden, Princeton 1990. Voluminöse Lebensbeschreibung mit psychohistorischem Ansatz]

Ullrich, Volker: *Otto von Bismarck.* 3. Aufl. Reinbek bei Hamburg 2005. [Knappe Einführung]

Das politische System 2.

In den jahrzehntelangen Auseinandersetzungen um die deutsche Frage war es nicht nur um die äußere Gestalt eines künftigen Nationalstaats gegangen, sondern immer auch um seine innere Ordnung. Sollte er eine zentralisierte oder föderale Struktur haben, das monarchische oder das parlamentarische Prinzip überwiegen? Mit der Reichsgründung trat eine Verfassung in Kraft, die diese Fragen vorerst beantwortete und den Rahmen des politischen Systems bis 1918 absteckte. Wie sich der Rahmen mit Leben füllen, wie sich die Kräfterelation zwischen den verschiedenen verfassungsmäßigen Organen in der Praxis entwickeln würde, stand damit aber noch nicht fest. In diesem Kapitel wird zunächst die Reichsverfassung von 1871 vorgestellt, dann die parteipolitische Zusammensetzung des Reichstags. Schließlich wird darauf einzugehen sein, welche realen Einflussmöglichkeiten die Volksvertretung hatte und wie das politische System des Bismarckreichs in historischer Perspektive zu beurteilen ist.

Die Verfassung 2.1

Als der Reichstag am 14. April 1871 das „Gesetz betreffend die Verfassung des Deutschen Reiches“ mit nur sieben Gegenstimmen annahm, entschied er nicht über eine neu erarbeitete Konstitution. Vielmehr handelte es sich im Wesentlichen um die Verfassung des Norddeutschen Bundes, die, wie es die Einigungsverträge vom November 1870 festgelegt hatten, bloß geringfügig angepasst worden war. Die eigentliche verfassungsgeschichtliche Zäsur vollzog sich also bereits 1867. Die Verfassung von 1867 wiederum ging auf einen stark von Bismarck persönlich geprägten Entwurf zurück. Allerdings hatte der konstituierende Reichstag des Norddeutschen Bundes den Entwurf damals eingehend debattiert und einige wichtige Änderungen durchsetzen können. Auch hatte schon der Entwurf Rücksichten auf das genommen, was einerseits den im Reichstag tonangebenden Liberalen, andererseits den Regierungen der Einzelstaaten zuzumuten war. Die Verfassung verkörperte somit einen Kompromiss zwischen preußischen Machtinteressen, liberalen Grundsätzen und einzelstaatlichen Souveränitätsbedürfnissen.

Föderale Reichsstruktur

Anders als der Deutsche Bund von 1815 war das Deutsche Reich – wie bereits der Norddeutsche Bund – ein geschlossenes Gebilde, dessen Territorium sich mit dem seiner nunmehr 25 Mitgliedstaaten deckte. Dies waren vier Königreiche (Preußen, Bayern, Sachsen, Württemberg), sechs Großherzogtümer (Baden, Hessen, Mecklenburg-Schwerin, Mecklenburg-Strelitz, Sachsen-Weimar, Oldenburg), fünf Herzogtümer (Braunschweig, Sachsen-Meiningen, Sachsen-Altenburg, Sachsen-Coburg-Gotha, Anhalt), sieben Fürstentümer (Schwarzburg-Rudolstadt, Schwarzburg-Sondershausen, Waldeck, Reuß älterer und jüngerer Linie, Schaumburg-Lippe, Lippe) und drei freie Städte (Hamburg, Bremen, Lübeck). Hinzu kam noch das von Frankreich annektierte Gebiet, das unter der Bezeichnung Reichsland Elsass-Lothringen integraler Bestandteil des Reichs war, aber einen Sonderstatus behielt und nicht als souveränes Mitglied zählte.

Quelle

Präambel der Verfassung des Deutschen Reichs:

„Seine Majestät der König von Preußen im Namen des Norddeutschen Bundes, Seine Majestät der König von Bayern, Seine Majestät der König von Württemberg, Seine Königliche Hoheit der Großherzog von Baden und Seine Königliche Hoheit der Großherzog von Hessen und bei Rhein für die südlich vom Main belegenen Theile des Großherzogtums Hessen, schließen einen ewigen Bund zum Schutze des Bundesgebietes und des innerhalb desselben gültigen Rechtes, sowie zur Pflege der Wohlfahrt des Deutschen Volkes. Dieser Bund wird den Namen Deutsches Reich führen und wird nachstehende Verfassung haben.“ [18]

Die Präambel der Verfassung hielt fest, dass das Reich auf einem „ewigen Bund“ zwischen Fürsten beruhe, eine Formulierung, die sich an die Bundesakte von 1815 anlehnte und eine Anerkennung des Prinzips der Volkssouveränität wie überhaupt jede Bezugnahme auf den Willen der Nation vermied. Inhaber der Souveränität blieben die regierenden Dynastien und freistädtischen Senate. Zwar mussten sie weit mehr Rechte abtreten, als unter dem Deutschen Bund je denkbar gewesen wäre. Aber das Reich blieb föderal geprägt: Die Einzelstaaten bestimmten weiterhin eigenständig über ihre inneren Verfassungen, sie behielten ihre Regierungen, Landtage und Verwaltungen, sie regelten in eigener Kompetenz einen Großteil der für das Alltagsleben ihrer Bevölkerungen relevanten Belange, und die praktische Umsetzung von reichseinheitlichen Bestimmungen behielten sie ebenfalls weitgehend in der Hand. Deutlich zeigte sich der föderale Charakter auch im Staatsangehörigkeitsrecht. Die Verfassung etablierte zwar ein gemeinsames „Indigenat". Das bedeutete, dass die Angehörigen eines Mitgliedstaats in allen anderen prinzipiell als Inländer zu behandeln waren und einen Anspruch darauf hatten, die jeweilige Staatsangehörigkeit zu erwerben. Diese blieb jedoch an den Einzelstaat gebunden. Dementsprechend enthielt die Reichsverfassung keinen Katalog staatsbürgerlicher Grundrechte, deren Garantie weiterhin Sache der einzelstaatlichen Verfassungen sein sollte.

Reichskompetenzen

Andererseits gingen jedoch gewichtige Zuständigkeiten an das Reich über. Dazu gehörten Politikfelder, die im Zuge der sozioökonomischen Modernisierung immer bedeutender wurden, wie große Teile der Wirtschafts-, Verkehrs-, Freizügigkeits- und Sozialgesetzgebung. Ebenfalls an das Reich – und das heißt faktisch an Preußen – fielen gerade solche Kompetenzen, die herkömmlich für die staatliche Souveränität standen, nämlich die Außenpolitik, das Militärwesen und die Marine. Wie schwer die Abtretung dieser Kompetenzen manchen Einzelstaaten fiel, zeigte sich in den Verhandlungen vom Herbst 1870, als die süddeutschen Regierungen und vor allem die bayerische auf sogenannten Reservatrechten beharrten: Bayern behielt das Recht auf eigene diplomatische Vertretung und eine selbständige Armee, die zumindest in Friedenszeiten dem Oberbefehl des Landesmonarchen unterstand. Auch bei der Erhebung von Verbrauchssteuern oder der Post- und Telegrafenverwaltung konnten die Süddeutschen einige Ausnahmen durchsetzen. Diese Zugeständnisse an den Partikularismus erbosten die liberalen Vorkämpfer eines einheitlichen Nationalstaats zutiefst. Trotzdem war das Reich mehr Bundesstaat als lockerer Staatenbund, und die unitarische Tendenz schritt in den folgenden Jahrzehnten mit dem Ausbau der Reichsgesetzgebung stetig voran.

Die Verfassung benannte keine Hauptstadt, aber angesichts der Dominanz Preußens konnte keine ernsthafte Debatte darüber aufkommen, wo sich die Reichsinstitutionen ansiedeln würden: Berlin avancierte zum politischen Zentrum Deutschlands. Vier zentrale Organe waren es, die hier das Reich repräsentierten und seinen politischen Kurs bestimmten: der Bundesrat, der Kaiser, der Kanzler und der Reichstag.

Der Bundesrat

Der Bundesrat war die Vertretung der 25 verbündeten Staaten und somit der formale Träger der Reichssouveränität. Er setzte sich nicht aus gewählten Abgeordneten zusammen, sondern – in Kontinuität zum Bundestag des Deutschen Bundes und ähnlich wie noch der heutige Bundesrat – aus Bevollmächtigten der Regierungen. Beschlüsse fasste er in der Regel nach dem Mehrheitsprinzip bei gestaffelter Stimmenzahl: Von den insgesamt 58 Stimmen standen Preußen 17 zu, Bayern sechs, Sachsen und Württemberg je vier, Baden und Hessen je drei, Mecklenburg-Schwerin und Braunschweig je zwei. Alle übrigen Staaten verfügten über je eine Stimme, während Elsass-Lothringen bis 1911 gar nicht vertreten war. Die Stellung Preußens, das immerhin 60 Prozent der Bevölkerung und 64 Prozent des Territoriums auf sich konzentrierte, war demnach auf den ersten Blick nicht übermächtig: Theoretisch konnte es leicht überstimmt werden.

Faktisch hatte der mit Abstand stärkste Mitgliedstaat aber dennoch eine hegemoniale Position. Seine Vertreter lenkten die Beschlüsse des Bundesrats nur schon dadurch, dass die Vorlagen in aller Regel aus den preußischen Ministerien stammten, denn eigenständige Reichsministerien existierten vorerst nicht. Die Bevollmächtigten der anderen Staaten erhielten sie oft erst kurz vor der Beratung, so dass sie kaum Gelegenheit hatten, alternative Anträge auszuarbeiten. Auch gelang es ihnen in der Praxis nur selten, Mehrheiten gegen Preußen zusammenzubringen, das über vielfältige Möglichkeiten zur Einflussnahme und Druckausübung verfügte. Hinzu kam, dass bei Verfassungsänderungen Mehrheitsentscheide mit nur 14 Stimmen blockiert werden konnten. Dass eine so geringe Stimmenzahl für das Veto genügte, war zwar einerseits ein Zugeständnis an die süddeutschen Staaten, die sich so gegen weitere Kompetenzverlagerungen auf das Reich absichern wollten. Es gab aber auch Preußen die Möglichkeit, missliebige Beschlüsse notfalls allein zu unterbinden.

Der Bundesrat hatte sowohl legislative als auch exekutive Funktionen. Er wirkte einerseits wie eine zweite Parlamentskammer, indem er alle vom Reichstag verabschiedeten Gesetze ebenfalls zu billigen hatte, bevor sie in Kraft treten konnten. Andererseits übernahm er Regierungsaufgaben, indem er etwa Ausführungsbestimmungen zu Reichsgesetzen erließ. Obwohl der Bundesrat somit eigentlich eine Schlüsselposition im Verfassungssystem besetzte, spielte er faktisch keine so prominente Rolle. Er entwickelte nur selten eigene Initiativen und wurde fast nie zum Ort grundlegender Richtungsentscheidungen. In ihm saßen in der Regel keine führenden Regierungsmitglieder, sondern weisungsgebundene Diplomaten oder Ministerialbeamte. Zudem tagte er hinter verschlossenen Türen, so dass die Öffentlichkeit ihn kaum wahrnahm. Zwar konnte der Bundesrat als Stimme der Einzelstaaten nicht übergangen werden, aber die maßgebliche Schaltstelle der Reichspolitik war er nicht.

Der Kaiser

Die zweite zentrale Reichsinstanz, der Kaiser, war personaluniert mit dem preußischen Monarchen, und die Kaiserwürde unterlag somit derselben Erbfolge wie die preußische Krone. Das Präsidium des Bundes stehe, wie es die Verfassung formulierte, dem König von Preußen zu, der den Namen Deutscher Kaiser führe. Das klang zwar zunächst so, als sei er bloß Vorsitzender in einem Kreis gleichrangiger Fürsten, aber tatsächlich war er weit mehr. Der Kaiser vertrat das Reich völkerrechtlich nach außen, erklärte in seinem Namen Krieg, schloss Frieden sowie andere zwischenstaatliche Verträge, beglaubigte und empfing Gesandte, verfügte also weitgehend über die Außenpolitik und den diplomatischen Dienst. Er war Oberbefehlshaber von Reichsheer und Marine und hatte im Rahmen seiner militärischen Kommandogewalt extensive Entscheidungskompetenzen bei der militärischen Planung, der Stellenbesetzung, der Organisation und dem Einsatz der Truppen, konnte zudem in Gefahrensituationen den Ausnahmezustand verhängen.

Im innenpolitischen Bereich stand dem Kaiser die Einberufung, Eröffnung und Schließung von Bundesrat und Reichstag zu sowie die Verkündigung der Reichsgesetze, gegen die er jedoch kein Vetorecht besaß. Gemeinsam mit dem Bundesrat konnte er den Reichstag vorzeitig auflösen und dadurch Neuwahlen einleiten. Vor allem aber ernannte und entließ der Kaiser allein die Reichsbeamten einschließlich des Reichskanzlers. Der Kanzler war somit ganz vom Monarchen abhängig. Das gilt auch für Bismarck, obwohl es in der Regierungszeit Wilhelms I. nicht so evident wurde. Der zur Zeit der Reichsgründung bereits betagte Kaiser ließ seinem Kanzler viel Spielraum und vertraute in aller Regel dessen politischem Urteil. Trotz oder gerade wegen seiner tagespolitischen Zurückhaltung genoss er in der Bevölkerung hohes Ansehen, und ungeachtet seiner anfänglichen Abneigung gegen die Kaiserwürde entwickelte er sich zu einer das Reich verkörpernden Integrationsfigur. Sein Sohn Friedrich III., von dem viele Zeitgenossen eine aktiver gestaltende Haltung im liberalen Sinn erhofften oder befürchteten, hinterließ in seiner nur dreimonatigen Herrschaftszeit 1888 kaum Spuren. Dass die Verfassung dem Reichsmonarchen prinzipiell weitreichende Interventionsmöglichkeiten bot, sollte erst unter Wilhelm II. richtig zum Tragen kommen, der mit dem Ehrgeiz antrat, ein ‚persönliches Regiment' zu führen.

Der Reichskanzler

In der Ära Bismarck war jedoch der Reichskanzler die maßgebliche Instanz des politischen Systems, sowohl hinter den Kulissen als auch in der öffentlichen Wahrnehmung. Aufgrund der formal nicht festgeschriebenen, aber faktisch fast durchgehenden Verbindung mit den Ämtern des preußischen Ministerpräsidenten und Außenministers hatte er eine außerordentliche Machtfülle, die die preußische Dominanz im Reich absicherte. Der Kanzler leitete die Geschäfte des Bundesrats, wodurch er die wichtigsten exekutiven Funktionen monopolisierte. Er musste zwar zumindest die größeren Einzelstaaten in Entscheidungen einbeziehen, gab aber – in Abstimmung mit dem Kaiser und den preußischen Ministerien – den Kurs weitgehend vor. Für den Bundesrat sprach der Kanzler auch im Reichstag, wo es mehrheitsfähige Koalitionen anzubahnen galt. Alle Bundesratsmitglieder konnten hier auftreten, aber nur der Kanzler war dazu verpflichtet, den Volksvertretern Rede und Antwort zu stehen. Er war damit zugleich der einzige verantwortliche Reichsminister. Die dem Kanzler unterstellten Staatssekretäre erlangten mit Ausbau der Reichsbürokratie zwar allmählich mehr Eigenständigkeit als Vorsteher von Reichsämtern und konnten ihn in gewissen Funktionen vertreten. Sie bildeten aber kein dem Reichstag Rechenschaft schuldiges Ministerkollegium. Ein solches hatten die Liberalen bei den Verfassungsberatungen vergeblich durchzusetzen versucht. Sie hatten aber immerhin erreicht, dass alle Verfügungen des Kaisers – soweit er sie nicht im Rahmen besonderer Prärogative wie der militärischen Kommandogewalt traf – zu ihrer Gültigkeit der Gegenzeichnung des Kanzlers bedurften, der hierdurch die politische Verantwortlichkeit, auch vor dem Reichstag, übernahm.

Der Reichstag

Diese Verantwortlichkeit als Leiter der Regierungsgeschäfte bedeutete jedoch nicht, dass der Kanzler vom Vertrauen der Parlamentsmehrheit abhängig gewesen wäre: Stürzen konnte sie ihn nicht. Dennoch war der Reichstag keineswegs irrelevant, denn kein Gesetz einschließlich des Reichshaushalts konnte ohne seine Zustimmung in Kraft treten.

2.2 Parteien und Wahlen

Das Wahlrecht

Die Reichsverfassung verankerte das allgemeine, gleiche, direkte und geheime Wahlrecht, das bereits im Norddeutschen Bund gegolten hatte: Es ließ alle über 25-jährigen deutschen Männer, mit wenigen Ausnahmen wie etwa Armenunterstützungsempfänger, als Wähler zu. Das demokratische Wahlrecht war eine frappierende Anknüpfung an die Revolution von 1848/49 und im damaligen Europa ungewöhnlich. Es kontrastierte auch auffallend mit den Wahlrechten der Einzelstaaten. Zwar hatten sie mittlerweile fast alle – bis auf die beiden Mecklenburgs – konstitutionelle Ordnungen mit gewählten Volksvertretungen. Aber das Wahlrecht war durchweg nach sozialen Kriterien beschränkt oder, wie im Fall des preußischen Dreiklassenwahlrechts, ungleich gewichtet. Das demgegenüber ausgesprochen egalitäre Reichstagswahlrecht war nicht etwa von den Liberalen durchgesetzt worden, sondern ging auf Bismarcks Entwürfe zurück. Er hoffte auf die konservativ-monarchische Gesinnung der einfachen Bevölkerung: Ihre Stimmen sollten ein Übergewicht der Liberalen, die bislang in erster Linie von Vermögensqualifikationen profitiert hatten, verhindern.

Das passive Wahlrecht, also das Recht zur Kandidatur, war formell ebenfalls unbeschränkt, allerdings faktisch dadurch stark eingegrenzt, dass die Reichstagsabgeordneten keine Diäten bezogen. Nur wer genügend eigene Mittel besaß oder von seiner Partei finanziert wurde, konnte folglich ein Mandat übernehmen. Die Verfassung legte die Legislaturperiode auf drei Jahre fest. Bei der Reichstagswahl vom März 1871 waren 382 Abgeordnete zu wählen, und zwar sämtlich direkt in Einmannwahlkreisen: Wenn im ersten Wahlgang kein Kandidat die absolute Mehrheit erzielte, folgte eine Stichwahl zwischen den beiden Bestplatzierten. 1874 kamen 15 Wahlkreise für Elsass-Lothringen hinzu. In der Folge blieb die anfänglich einigermaßen gleichgewichtige Wahlkreiseinteilung unverändert, was städtisch-industrielle Ballungsräume mit einem überproportionalen Bevölkerungszuwachs längerfristig immer deutlicher benachteiligte.

Wahlbeteiligung und Politisierung der Massen

An der ersten Reichstagswahl beteiligten sich nur 51 Prozent der Berechtigten, aber die Partizipation nahm rasch zu: Schon 1887 lag sie bei 77,5 Prozent, und bis 1912 sollte sie sogar auf 85 Prozent klettern. Das verweist auf eine fortschreitende Politisierung der Bevölkerung, die die Parteien zur Anpassung zwang. Wenn sie auf dem entstehenden politischen Massenmarkt bestehen wollten, konnten sie nicht bei der hergebrachten Honoratiorenpolitik bleiben, wie sie noch zur Zeit der Reichsgründung üblich war. Keine der großen parteipolitischen Richtungen, abgesehen von den sich gerade erst formierenden Sozialisten, verfügte um 1871 über eine breit abgestützte organisatorische Basis. Der Begriff Partei meinte weniger eine feste Organisation als vielmehr ein lockeres Netzwerk Gleichgesinnter. Dessen Kern bildeten die Parlamentsfraktionen. Außerhalb der Parlamente traten die Parteien in der Regel nur während der Wahlkämpfe hervor, in Form von örtlichen Komitees oder Vereinen, die ihren Kandidaten im jeweiligen Wahlkreis unterstützten. Ferner artikulierten sich die Parteien über die ihnen verbundene Presse. Ansonsten verließen sie sich auf die persönlichen Beziehungen zwischen lokal einflussreichen Honoratioren, und solange das Wahlrecht begrenzt gewesen war, hatte dies vollauf genügt. Erst das demokratische Reichstagswahlrecht zwang dazu, einen Massenanhang zu mobilisieren und einzubinden. Der Wandel von der Honoratioren- zur Massenpolitik setzte in der Bismarckära ein, charakteristisch sollte er jedoch vor allem für die Wilhelminische Zeit werden.

Die Parteien

Die Parteienkonstellation, die den Reichstag prägte, hatte sich bereits vor 1871 weitgehend herausgebildet. Vier große politische Strömungen, die mehr oder weniger fest in unterschiedlichen ‚sozialmoralischen Milieus' wurzelten, hatten sich seit den 1840er Jahren etabliert: der Liberalismus, der Konservativismus, der politische Katholizismus und zuletzt der Sozialismus. Angesichts der Bismarckschen Einigungspolitik hatten sich 1866/67 zwei der Strömungen gespalten: Von den Fortschrittsliberalen trennten sich die Nationalliberalen, von den Konservativen die Freikonservativen, die ab 1871 unter dem Namen Deutsche Reichspartei firmierten. Andererseits wuchsen mit der Reichsgründung die in den Einzelstaaten bislang teils unter abweichenden Bezeichnungen auftretenden Gruppierungen ähnlicher Richtung allmählich zusammen. Es waren somit sechs Parteien, die auf Reichsebene eine relevante Rolle spielten.

Parteien und sozialmoralische Milieus

In einem zum Klassiker gewordenen Aufsatz aus dem Jahr 1966 hat der Soziologe M. Rainer Lepsius die These vertreten, dass das über lange Zeit relativ stabile deutsche Parteiensystem in vier ‚sozialmoralischen Milieus' wurzelte: dem bürgerlich-städtisch-protestantischen, dem agrarisch-protestantischen, dem katholischen und dem proletarisch-sozialistischen.[19] Lepsius ging es darum, den Aufstieg des Nationalsozialismus zu erklären. Er sah eine zentrale Ursache darin, dass die deutsche Gesellschaft während der Formationsphase des Parteiensystems im Übergang zur Moderne aufgrund von spezifischen Problem- und Konfliktüberlagerungen in besonders rigide voneinander abgeschottete Milieus zerklüftet gewesen sei. Das habe eine mangelnde Koalitionsfähigkeit und Problemlösungskapazität der eng an die Milieus gebundenen Parteien bewirkt und schließlich zur Erosion ihrer Integrationskraft geführt. Unterdessen beurteilt die Forschung diese Annahmen als teils zu schematisch, aber das Milieu-Konzept hat sich als enorm anregend erwiesen und ist intensiv weiterentwickelt worden. Seine Stärke im Vergleich etwa zum Klassenbegriff liegt in seiner Multidimensionalität: Es bezieht politische Loyalitäten nicht nur auf sozioökonomische, sondern auch auf kulturelle Trennlinien etwa zwischen Konfessionen oder regionalen Sondertraditionen zurück, deren Zusammenspiel ein sozialmoralisches Milieu erst hervorbringt.

Die Liberalen

Die dominierende Kraft im Reichstag bildeten zunächst die Liberalen, und zwar in erster Linie die Nationalliberalen. Ihrer Fraktion schloss sich nach der Wahl von 1871 fast ein Drittel aller Abgeordneten an. Zusammen mit den übrigen Liberalen – neben der Fortschrittspartei handelte es sich primär um die allerdings nur kurzlebige Liberale Reichspartei – kamen sie auf die absolute Mehrheit. Die Liberalen einten einige übergreifende Ziele: Dazu gehörten die Stärkung der Parlamentsrechte, die Garantie von Rechtsgleichheit, Rechtssicherheit und individueller Freiheit sowie die Etablierung einer marktliberalen Wirtschafts- und Gesellschaftsordnung. Jenseits solcher Grundüberzeugungen war der Liberalismus aber seit jeher heterogen gewesen, und so blieben denn auch nach der Spaltung von 1866/67 weitere Richtungskämpfe nicht aus.

Bis Ende der 1870er Jahre nahmen die Nationalliberalen als stärkste Fraktion eine Schlüsselstellung im Reichstag ein. Zuerst formiert hatten sie sich in Preußen, aber sie fanden auch Rückhalt in anderen Regionen und vor allem in den 1866 annektierten neupreußischen Gebieten. So stammten mehrere ihrer bedeutendsten Führer wie Rudolf von Bennigsen oder Johannes Miquel aus dem ehemaligen Königreich Hannover. Die Partei sammelte die gemäßigt liberalen Kräfte, die im Interesse der nationalen Einigung und einer Einflussnahme auf die innere Ausgestaltung des Reichs zur Kooperation mit Bismarck gewillt waren, eine Haltung, die sich zunächst auszahlte. Im Jahrzehnt zwischen 1867 und 1877, der sogenannten liberalen Ära, errangen die Nationalliberalen die Funktion einer inoffiziellen Regierungspartei, die die Gesetzgebung maßgeblich prägte.

Die Frage, wie weit die regierungsfreundliche Kompromissbereitschaft gehen dürfe oder müsse, provozierte aber immer wieder Spannungen, die mit Bismarcks innenpolitischer Wende von 1878/79 eskalierten: Nachdem der Kanzler bis dahin seinerseits auf die Zusammenarbeit mit den Nationalliberalen gesetzt hatte und vielen ihrer Vorstellungen entgegengekommen war, vollzog er nun einen konservativen Kurswechsel, unter anderem in der Wirtschaftspolitik. Angesichts dieser irritierenden Situation brach die Fraktion auseinander. Im Juli 1879 verließen sie zuerst mehrere Abgeordnete vom rechten Flügel, unter ihnen langjährige nationalliberale Leitfiguren wie Heinrich von Treitschke. Im Jahr darauf folgte eine größere Gruppe vom linken Flügel, darunter ebenfalls prominente Wortführer wie Eduard Lasker oder Ludwig Bamberger. Die linken Sezessionisten nannten sich anfänglich Liberale Vereinigung und fusionierten 1884 mit der Fortschrittspartei zur Deutsch-Freisinnigen Partei. Seit diesem doppelten Aderlass waren die Nationalliberalen nachhaltig geschwächt. Ende der 1880er Jahre gelang ihnen zwar ein kurzlebiger Neuaufschwung, indem sie nunmehr als nationalkonservative Kraft auftraten und sich in den ‚Kartellwahlen' von 1887 mit den Konservativen abstimmten. Aber schon 1890 brach ihre Sitzzahl wieder massiv ein.

Die Fortschrittsliberalen waren in der Reichsgründungszeit deutlich hinter die Nationalliberalen zurückgefallen, und sie taten sich auch mit der Ausdehnung über das alte Preußen hinaus schwerer. Sie standen für ein konsequentes Festhalten an liberalen Prinzipien, was sie fast durchgehend in die Rolle einer Oppositionspartei versetzte. Bismarck behandelte sie entsprechend feindselig. In der liberalen Ära kooperierten sie zwar oft mit den Nationalliberalen, trafen Wahlabsprachen mit ihnen und verhalfen vielen liberal inspirierten Gesetzen zum Durchbruch. Aber tendenziell drifteten die beiden Fraktionen weiter auseinander. Anfang der 1880er Jahre profitierten die Linksliberalen vorübergehend vom nationalliberalen Niedergang: In den Wahlen von 1881 errangen Fortschritt und Liberale Vereinigung gemeinsam über 100 Sitze. Von Dauer war der Zuwachs jedoch nicht, schon 1887 erlebten sie ein regelrechtes Wahldesaster. Die Linksliberalen litten darunter, dass sie zwar einerseits gegen die Regierung opponierten, sich aber zugleich rigoros von den anderen Oppositionskräften, nämlich dem katholischen Zentrum und den Sozialisten, abgrenzten. So zerrieben sie sich zwischen mehreren Fronten.

Ihre Wähler rekrutierten die Liberalen aller Schattierungen vornehmlich in bürgerlich-städtisch-protestantischen Schichten. Sie pflegten zwar das Selbstverständnis, einzig wahre Träger der Nation zu sein, also eben gerade nicht in einem spezifischen Milieu zu wurzeln. Faktisch schwand ihre Anziehungskraft jedoch. Demokratische und soziale Strömungen waren im deutschen Liberalismus eher schwach ausgeprägt mit der Folge, dass die älteren Verbindungen zur Arbeiterschaft zusehends verloren gingen. Der in den 1860er Jahren noch vorhandene Rückhalt in katholischen Regionen brach Anfang der 1870er Jahre mit dem Kulturkampf weg. In bäuerlichen und kleinbürgerlichen Kreisen entwickelten sich die Konservativen zunehmend zur Konkurrenz. Nach der Ausnahmesituation der Reichsgründungszeit, in der die Liberalen als Vorkämpfer der nationalen Idee Wähler weit jenseits ihrer Stammklientel gewonnen hatten, schrumpfte die soziale Basis zusammen. Zwar blieb der Anteil aller Wahlberechtigten, die liberal stimmten, relativ konstant; aber die Liberalen partizipierten unterproportional an der Mobilisierung neuer Wähler im Zuge der steigenden Wahlbeteiligung. Von der absoluten Mehrheit, die sie vor 1877 im Reichstag gehabt hatten, waren sie 1890 bereits weit entfernt, und die Erosion schritt in der Folge weiter voran.

Die Konservativen

Auch die Konservativen bildeten keinen monolithischen Block. Allerdings gelang es ihnen mittelfristig besser, die 1866/67 aufgebrochene Spaltung zu überbrücken, und ihre Vertretung im Reichstag blieb konstanter. Zentrale Werte und Ziele, die das konservative Lager einten, waren das monarchische Prinzip, die Verteidigung von Religion und Moral, die Bewahrung der hergebrachten sozialen Ordnung sowie der Landwirtschaft als stabilisierendes Fundament der Gesellschaft. Was die Konservativen zunächst entzweite, war die Frage, inwieweit man sich mit der Moderne arrangieren müsse, ja manche ihrer Erscheinungen vielleicht sogar nutzen solle, so wie es Bismarcks Revolution von oben vorexerziert hatte.

Der Flügel der Konservativen, der Bismarcks Einigungspolitik bejahte, hatte sich in der freikonservativen Reichspartei zusammengefunden. Ihre führenden Repräsentanten waren zumeist Adelige, teils aber auch großbürgerliche Industrielle und Beamte. Trotz ihrer sozialen Exklusivität ließ sie durchaus Reformbereitschaft erkennen und stimmte im Reichsgründungsjahrzehnt vielfach gemeinsam mit den Liberalen für wichtige Gesetzesprojekte. Obwohl zahlenmäßig nicht sehr stark, bildete sie in dieser Phase einen verlässlichen und unverzichtbaren Eckpfeiler für die parlamentarische Mehrheitsbildung im Sinne Bismarcks.

Die traditionalistisch gesinnten Altkonservativen, deren Rückgrat die ostelbischen Gutsbesitzer bildeten, verharrten hingegen zunächst in Distanz zum Kanzler und lehnten namentlich dessen taktisches Bündnis mit den Nationalliberalen ab. Über ihr wichtigstes Presseorgan, die berüchtigte *Kreuzzeitung*, ritten sie in den 1870er Jahren immer wieder scharfe Attacken gegen die Regierungspolitik. In der zweiten Hälfte der 1870er Jahre aber versöhnten sie sich allmählich mit Bismarck. Das lag einerseits daran, dass dieser ihnen mit seiner konservativen Wende entgegenkam, andererseits aber auch daran, dass sie sich selbst modernisierten. Ein wichtiger Schritt war die Gründung der Deutschkonservativen Partei im Jahr 1876, die sich ausdrücklich zur nationalen Einheit und zur Reichsverfassung bekannte. Sie absorbierte neben den preußischen Altkonservativen diverse Gruppierungen anderer Reichsteile, aber ihr Stammland blieb der agrarische Nordosten. Besser als den Freikonservativen gelang es den Deutschkonservativen, ihre Wählerbasis zu verbreitern, teils dank der Macht der Gutsherren im ländlichen Ostelbien, die das Wahlverhalten der von ihnen abhängigen Bevölkerung oft zu beeinflussen vermochten. Infolge kräftiger Mandatsgewinne der Deutschkonservativen avancierten die konservativen Fraktionen in den 1880er Jahren zeitweise zum stärksten politischen Block im Reichstag, der die Regierungspolitik nun meist ziemlich geschlossen unterstützte.

Gleichzeitig entwickelte sich im konservativen Parteienspektrum ein neues Phänomen, indem kleinere populistische Organisationen entstanden. Sie reagierten auf das demokratische Wahlrecht und die Politisierung der Massen, und insofern gaben sie dem Konservativismus modernisierende Impulse. Andererseits appellierten sie mit einer radikal antiliberalen, antikapitalistischen und antisemitischen Propaganda an Ressentiments gegen die Moderne. Vorreiterin dieser Richtung war die 1878 gegründete Christlich-Soziale Arbeiterpartei des Berliner Hof- und Dompredigers Adolf Stoecker, die für eine Stärkung von Religion und evangelischer Kirche focht, zugleich aber soziale Forderungen vertrat und dabei einen vehementen Antisozialismus und Antisemitismus pflegte. Stoecker mobilisierte eine erhebliche Gefolgschaft vor allem im Kleinbürgertum und hatte Unterstützer bis in höchste Hofkreise. Seine Bewegung schloss sich bald, nun unter dem Namen Christlich-Soziale Partei, als autonomer Flügel den Deutschkonservativen an. Ende der 1880er Jahre kamen mehrere unabhängige antisemitische Splitterparteien mit anderen regionalen Schwerpunkten hinzu, die das kleinbürgerliche und bäuerliche Protestpotenzial ansprachen. Ihre Wahlerfolge blieben begrenzt, aber 1890 zogen immerhin fünf und 1893 sogar 16 Abgeordnete der Antisemitenparteien in den Reichstag ein.

Die Wähler der Konservativen aller Richtungen waren, ebenso wie die der Liberalen, überwiegend protestantisch, und diese konfessionelle Beschränkung prägte sich umso stärker aus, je mehr das katholische Zentrum an Gewicht gewann.

Das Zentrum

Der politische Katholizismus hatte die besten Voraussetzungen, um auf dem entstehenden politischen Massenmarkt zu reüssieren, denn er konnte auf einem bereits fest integrierten sozialmoralischen Milieu aufbauen. Pfarrer und geistliche Kongregationen, kirchliche Institutionen, Feiern und Rituale sowie ein dichtes Netz aus katholischen Vereinen und Presseorganen hielten es zusammen. Nach einem ersten Aufschwung in den 1840er Jahren hatte der politische Katholizismus jedoch zunächst wieder an Boden verloren. In den 1860er Jahren wählten Katholiken noch keineswegs unbedingt nach konfessionellen Kriterien. Das änderte sich erst im Zuge der Reichsgründung.

Seit dem Sommer 1870 unternahmen katholische Honoratiorenkreise verstärkte Organisationsbemühungen, die zunächst Erfolge bei den Wahlen zum preußischen Abgeordnetenhaus brachten. Hier hatte schon früher eine Fraktion dezidierter Katholiken unter der Bezeichnung Zentrum bestanden, die sich nun neu konstituierte. Mit demselben Namen und Programm traten sie zur Reichstagswahl 1871 an: Zentrales Ziel war die Verteidigung der Freiheit der Kirche, das heißt ihrer unabhängigen Stellung neben dem Staat, und ihres gesellschaftlichen Einflusses gegenüber den säkular-liberalen Zeittendenzen. Trotz großdeutscher Sympathien vieler Katholiken lehnte das Zentrum die kleindeutsche Reichsgründung nicht ab, setzte sich aber für dezentrale Strukturen ein. Und trotz konservativer Grundausrichtung befürwortete es, ähnlich wie die Liberalen, eine starke rechtsstaatliche Ordnung mit konstitutionellen Garantien für Vereinigungs-, Versammlungs- und Pressefreiheit, moderne Errungenschaften, von denen die Katholiken als Minderheit nur profitieren konnten. Ansonsten aber war die weltanschauliche Distanz zum Liberalismus groß.

Der Kulturkampf der 1870er Jahre vertiefte die weltanschaulichen Gegensätze und die Abneigung, die viele Katholiken dem preußisch-kleindeutschen Nationalstaat gegenüber ohnehin schon empfanden. Die als existenzielle Bedrohung empfundenen Angriffe auf die Kirche schweißten das katholische Milieu noch enger zusammen und politisierten es. Zahlreiche Wahlkreise der katholischen Regionen entwickelten sich nun zu festen Hochburgen des Zentrums, in denen Kandidaten anderer Parteien dauerhaft chancenlos blieben. Gerade auch Kandidaten katholischer Konfession, die sich nicht zum dezidierten Katholizismus des Zentrums bekannten, hatten fortan einen schweren Stand: 1871 war bloß die Hälfte der katholischen Reichstagsabgeordneten der Zentrumsfraktion beigetreten; mit Zuspitzung des Kulturkampfes aber blieben ihr nur noch vereinzelte fern. Nach einem Höhepunkt 1874 ging der Stimmenanteil des Zentrums zwar wieder leicht zurück. Dennoch schöpfte es das katholische Wählerpotenzial zu einem hohen Grad aus und bildete durchgehend eine der stärksten Reichstagsfraktionen.

Das Zentrum war eine klassenübergreifende Milieupartei, in deren Führungszirkeln bürgerliche Honoratioren, Geistliche und Adelige dominierten, deren Wählerbasis sich aber aus allen Schichten rekrutierte. Das machte seine Stärke aus, erzeugte jedoch auch innere Spannungen, die selbst der Kulturkampf nicht gänzlich überdecken konnte. In den 1870er Jahren begann sich ein sozialkatholischer Flügel zu formieren, der die Anliegen der Arbeiter stärker berücksichtigt sehen wollte. Mancherorts, wie etwa im erzkatholischen Aachen, kam es sogar zu Kampfkandidaturen von sozialkatholischen Wortführern gegen die offiziellen Zentrumskandidaten. Trotz solcher Belastungen erwies sich das katholische Milieu als extrem robust. Den sozialistischen Arbeiterparteien gelang es bis über die Bismarckzeit hinaus nicht, in die katholischen Hochburgen einzubrechen.

Die Arbeiterparteien

Eigenständige Arbeiterparteien hatten sich in Deutschland vergleichsweise früh, bereits in den 1860er Jahren gebildet. Sie lösten sich vom linken demokratischen Flügel des Liberalismus ab, der damit im Gegensatz zum Katholizismus seine klassenübergreifende Integrationskraft zusehends verlor. Um 1870 waren die Sozialisten aber noch schwach und zudem in zwei Parteien gespalten. Sie unterschieden sich in ihrer Einstellung zur kleindeutschen Reichsgründung, aber auch in Organisation und Taktik. Der ADAV war zentralistisch-hierarchisch strukturiert und glaubte, mithilfe des allgemeinen Wahlrechts sowie des bestehenden Staats durchgreifende Reformen erreichen zu können. Die SDAP hingegen war dezentral-kollegial organisiert, von der Marxschen Theorie inspiriert und hatte sich der Internationalen Arbeiterassoziation angeschlossen. Nach scharfen Auseinandersetzungen gelang 1875 die Vereinigung beider Organisationen zur Sozialistischen Arbeiterpartei Deutschlands (SAP), wobei sich die Eisenacher Richtung weitgehend durchsetzte. Das Gothaer Programm von 1875 visierte eine sozialistische Wirtschafts- und Gesellschaftsordnung im Rahmen eines direktdemokratischen Volksstaates an. Trotz des revolutionären Ziels bekannte sich die

Partei zu friedlichen Mitteln und beteiligte sich am parlamentarischen Prozess.

Allerdings verfolgten die sozialistischen Abgeordneten einen fundamentalen Oppositionskurs, was zusammen mit ihrer strikten Isolierung seitens der anderen Fraktionen dazu führte, dass ihre Parlamentsarbeit vorerst keine gesetzgeberischen Spuren hinterließ: Für sie war der Reichstag in erster Linie eine Agitationsbühne und nicht ein Ort, der reale Gestaltungsmöglichkeiten geboten hätte. Von allen Reichstagsfraktionen erlebte die sozialistische das spektakulärste Wachstum: 1871 waren gerade mal zwei Sozialisten gewählt worden, 1890 waren es schon 35. Noch massiver expandierte ihr Stimmenanteil: Mit fast 20 Prozent waren sie 1890 zur wählerstärksten Partei aufgestiegen. Das schlug sich nicht voll in Mandaten nieder, weil absolute Mehrheiten für die gesellschaftlich geächteten Sozialisten besonders schwer zu erzielen waren. Andererseits profitierten sie auch von der Ausgrenzung: Ähnlich wie das Zentrum, von dem sie ansonsten Welten trennten, konnte sich die Sozialistische Partei auf ein eingeschworenes sozialmoralische Milieu stützen, zu dessen Verfestigung gerade der Druck von außen wesentlich mit beitrug. Ihre Hochburgen lagen vornehmlich in den städtisch-industriellen Ballungsräumen des protestantischen Deutschland.

Regionale Protestparteien

Schließlich saßen einige kleinere Parteien kontinuierlich im Reichstag, die trotz geringer Mandatszahl bedeutsam waren, weil sie regional starke Oppositionsbewegungen repräsentierten. Dazu zählten einerseits die partikularistischen Parteien, namentlich die Anhänger der Hannoveraner Welfendynastie, andererseits die Vertretungen der nationalen Minderheiten, also der Polen, Dänen und Elsass-Lothringer. Die regionalen Protestparteien standen dem katholischen Zentrum nahe, mit dem sie oft Wahlabsprachen trafen. Diese Kooperation verstärkte zwar das Image des Zentrums, national unzuverlässig zu sein, machte es aber vollends zu einer Kraft, an der sich kaum vorbeikommen ließ.

Schwierige Mehrheitsbildung

Die Mehrheitsbildung im Reichstag war zusehends problematisch. In der liberalen Ära fanden sich vielfach die liberalen Fraktionen mit den Freikonservativen zusammen, um Gesetzesvorhaben durchzubringen. Das ging mehr oder weniger gut, solange auch Bismarck den liberalen Kurs befürwortete. Mit der Wende von 1878/79 und der Schwächung der Nationalliberalen schwand jedoch die Grundlage für konstruktive Koalitionen. Bismarck hatte gehofft, dass nach Abflauen des Kulturkampfs eine konservative Mehrheitsbildung unter Einschluss des Zentrums möglich werden würde. Diese Rechnung ging aber nicht auf. Denn die Katholiken blieben eigensinnig und stimmten nur punktuell im Sinn der Regierung, während die Konservativen

Tabelle 1: Ergebnisse der Reichstagswahlen 1871-1890: a) Anteil der abgegebenen Stimmen in Prozent, b) Mandatszahl

	1871		1874		1877		1878		1881		1884		1887		1890	
Partei:	a)	b)	a)	b)	a)	b)	a)	b)	a)	b)	a)	b)	a)	b)	a)	b)
– Nationalliberale	30,1	125	29,7	155	27,2	128	23,1	99	14,7	47	17,6	51	22,2	99	16,3	42
– Fortschrittspartei	8,8	46	8,6	49	7,7	35	6,7	26	12,7	60	–	–	–	–	–	–
– Liberale Vereinigung	–	–	–	–	–	–	–	–	8,4	46	–	–	–	–	–	–
– Deutsch-Freisinnige	–	–	–	–	–	–	–	–	–	–	17,6	67	12,9	32	16,0	66
– Deutsche Volkspartei	0,5	1	0,4	1	0,8	4	1,1	3	2,0	9	1,7	7	1,2	–	2,0	10
– Sonstige Liberale	7,2	30	1,0	3	2,5	13	2,7	10	–	–	–	–	–	–	–	–
– (Deutsch-) Konservative	14,1	57	6,9	22	9,7	40	13,0	59	16,3	50	15,2	78	15,2	80	12,4	73
– Deutsche Reichspartei (Freikonservative)	8,9	37	7,2	33	7,9	38	13,6	57	7,4	28	6,9	28	9,8	41	6,7	20
– Zentrum	18,6	63	27,9	91	24,8	93	23,1	94	23,2	100	22,6	99	20,1	98	18,6	106
– Sozialisten	3,2	2	6,8	9	9,1	12	7,6	9	6,1	12	9,7	24	10,1	11	19,7	35
– Welfen	1,4	6	1,4	4	1,6	4	1,7	10	1,7	10	1,7	11	1,5	4	1,6	11
– Polen	4,5	13	3,8	14	4,0	14	3,6	14	3,8	18	3,6	16	2,9	13	3,4	16
– Dänen	0,7	1	0,7	1	0,4	1	0,3	1	0,3	2	0,3	1	0,2	1	0,2	1
– Elsass-Lothringer	–	–	4,5	15	3,7	15	3,1	15	3,0	15	2,9	15	3,1	15	1,4	10
– Antisemiten	–	–	–	–	–	–	–	–	–	–	–	–	0,2	1	0,7	5
– Sonstige	2,0	1	1,0	–	0,4	–	0,3	–	0,3	–	0,2	–	0,6	2	1,0	2
Insgesamt	**100,0**	**382**	**100,0**	**397**	**100,0**	**397**	**100,0**	**397**	**100,0**	**397**	**100,0**	**397**	**100,0**	**397**	**100,0**	**397**
Wahlbeteiligung:	**51,0%**		**61,2%**		**60,6%**		**63,4%**		**56,3%**		**60,6%**		**77,5%**		**71,6%**	

allein und selbst mithilfe der wankelmütigen Nationalliberalen zwischen 1881 und 1887 bei weitem keine Mehrheit erreichten. In dieser Phase lagen Reichstag und Regierung im Dauerclinch. Bismarck reagierte mit polemischer Parlaments- und Parteienschelte, die auch Teile der öffentlichen Meinung aufgriffen und die dem Ansehen des Reichstags schadete. Erst die Wahlen von 1887 brachten nochmals eine regierungsfreundliche Mehrheit aus Nationalliberalen, Frei- und Deutschkonservativen im sogenannten Kartellreichstag.

Bismarck drohte in Konfliktsituationen wiederholt mit vorzeitiger Auflösung des Reichstags, und zweimal, 1878 und 1887, machte er die Drohung wahr. Öfters spielte er sogar mit dem Gedanken einer staatsstreichartigen Verfassungsänderung. Ernsthaft in Erwägung zog er eine solche aber wohl erst Anfang 1890, als sich selbst die Kartellparteien zunehmend widerspenstig zeigten und die Wahlen vom 20. Februar erneut eine oppositionelle Mehrheit produzierten. Dem Kanzler fehlte nun mehr denn je der Rückhalt im Reichstag, von dem er zwar formell nicht abhängig war, ohne den er aber dennoch nicht regieren konnte. Wilhelm II. war nicht bereit, auf Staatsstreichpläne einzugehen: Nicht das Parlament, sondern Bismarck musste im März 1890 abtreten. Dies bedeutete allerdings nicht, dass der junge Kaiser dem Parlamentarismus gegenüber aufgeschlossener gewesen wäre. Auch in der Wilhelminischen Zeit sollte das Verhältnis zwischen Regierung und Reichstag schwierig bleiben.

Abbildung 3: „Der erste deutsche Reichstag“. Holzstich aus der Zeitschrift Ueber Land und Meer, 1871. Der Reichstag tagt hier noch in den Räumen des preußischen Abgeordnetenhauses.

2.3 Stellung des Reichstags

Am 21. März 1871 eröffnete Wilhelm I. den ersten gesamtdeutschen Reichstag feierlich mit einer Thronrede im Berliner Schloss. Zu diesem Zeitpunkt standen noch keine eigenen Räumlichkeiten für ihn bereit, weshalb er anfänglich im Gebäude des preußischen Abgeordnetenhauses tagte. Das Nationalparlament ergriff aber sofort die Initiative für einen repräsentativen Neubau: Nach Plänen des Architekten Paul Wallot entstand das monumentale Reichstagsgebäude am damaligen Königsplatz, das jedoch erst 1894 fertig gestellt werden sollte. Während der Bismarckzeit mussten sich die Abgeordneten mit einem Provisorium in der ehemaligen Königlichen Porzellan-Manufaktur an der Leipzigerstraße begnügen, die bis zum Herbst 1871 eilig umgebaut wurde. Die Neubaupläne wie auch das durchaus stattliche und zentral gelegene Provisorium signalisierten schon rein äußerlich, dass der Reichstag eine wichtige Institution im Verfassungsgefüge war. Im politischen Leben des Kaiserreichs erlangte er eine große Bedeutung: Die Wahlen mobilisierten breite Bevölkerungskreise; die Abgeordneten tagten unter reger Anteilnahme des auf der Tribüne zugelassenen Publikums; die Presse berichtete ausführlich über die Debatten. Durch diese öffentliche Präsenz trug der Reichstag maßgeblich zur Nationalisierung der Politik bei. In ihm wurde zwar heftig gestritten, aber nichtsdestotrotz machte er das Reich als politische Einheit erfahrbar.

Seine reale Macht war allerdings begrenzt. Wichtigste Kompetenz des Reichstags war die Verabschiedung aller Gesetze einschließlich der jährlichen Haushaltsvorlagen. Kein Gesetz trat ohne seine Zustimmung in Kraft, aber ebenso wenig ohne die des Bundesrats. Er konnte auch selbst Gesetze vorschlagen, soweit die betreffende Materie in die Zuständigkeit des Reichs fiel, vom Kanzler Auskunft und Rechenschaft verlangen, zudem so gut wie jede politische Frage thematisieren und damit an die Öffentlichkeit brin-

Abbildung 4: „Auf der Reichstagstribüne“. Holzstich aus der Zeitschrift Daheim, 1879.

gen. Die Verfassung garantierte eine ungehinderte Berichterstattung sowie die Immunität der Abgeordneten, was diesen selbst schärfste Kritik an der Regierung erlaubte. Der Reichstag übte mithin über die Gesetzgebung hinaus wichtige Kontrollfunktionen aus. Andererseits hatte er keine Möglichkeit, den Kanzler zu irgendetwas zu zwingen, ihn zu stürzen oder Einfluss auf die Ernennung eines Nachfolgers zu nehmen. Die Bürokratie und das Militär blieben seinem Zugriff weitgehend entzogen, ebenso die Diplomatie und die Außenpolitik. Diese Domänen wies die Verfassung der monarchischen Gewalt zu, und entgegen anfänglicher Hoffnungen der Liberalen gelang es nicht, die Parlamentsrechte allmählich auszuweiten.

Begrenzte Kompetenzen des Reichstags

Um die Rechte des Reichstags kam es wiederholt zu heftigen Konflikten, die sich am Militäretat entzündeten. Sie bildeten gewissermaßen eine Neuauflage des preußischen Verfassungskonflikts der 1860er Jahre: Erneut ging es nicht darum, dass das Parlament die Notwendigkeit eines starken Heeres infrage gestellt hätte, sondern um die Wahrung des parlamentarischen Budgetrechts und damit zugleich eines indirekten Mitspracherechts in militärischen Angelegenheiten. Das brisante Thema war nach Gründung des Norddeutschen Bundes zunächst mittels eines Provisoriums vertagt worden: Der Reichstag hatte den Militärhaushalt auf vier Jahre bewilligt, unter Festlegung der Friedenspräsenzstärke des Heeres auf ein Prozent der Bevölkerung und einer Pauschalsumme pro Soldat. Dieses Provisorium wurde 1871 nochmals verlängert, die Konfrontation damit aber nur verschoben. Die Reichsverfassung sah zwar ausdrücklich vor, dass die Friedenspräsenzstärke gesetzlich festzulegen sei, anerkannte also die diesbezügliche Kompetenz des Parlaments. Die Regierung wollte aber ein unbefristetes Gesetz, ein Äternat durchsetzen, während der Reichstag eine nur einjährige Festlegung anstrebte. Letzteres hätte ihm die Chance geboten, alljährlich neu zu debattieren und Kürzungen als Druckmittel einzusetzen, eine Zugriffsmöglichkeit auf das Militär, die die Regierung unbedingt ausschließen wollte.

Kompetenzkonflikte um das Militär

Als der Militäretat 1874 auf die Tagesordnung kam, setzte das Tauziehen um ihn vor allem die Liberalen einer inneren Zerreißprobe aus. Der linke Flügel der Nationalliberalen beharrte gemeinsam mit der Fortschrittspartei auf der jährlichen Bewilligung. Der rechte Flügel hingegen plädierte für ein Arrangement mit Bismarck, einerseits um die Stellung der Nationalliberalen als informelle Regierungspartei nicht zu gefährden, andererseits im Interesse der deutschen Militärmacht, die eine langfristige Planungssicherheit erfordere. Schließlich wurde ein mehrheitsfähiger Kompromiss gefunden, nämlich ein Septennat, das die Heeresstärke auf sieben Jahre festschrieb.

In der Folge erneuerte der Reichstag das Septennat mehrfach, aber stets erst nach heftigen Auseinandersetzungen. Besonders im Winter 1886/87 kam es wieder zu einem zähen Ringen. Außenpolitische Spannungen, die Bismarck allerdings gezielt hochspielte, heizten die Debatte zusätzlich auf. Angesichts der als bedrohlich wahrgenommenen Lage waren die Linksliberalen sowie das Zentrum dazu bereit, eine aufgestockte Heeresstärke auf immerhin drei Jahre zu bewilligen. Bismarck bestand jedoch auf dem Septennat und ließ, als sich die Mehrheit verweigerte, den Reichstag vorzeitig auflösen. Die Neuwahlen, die in einem national erregten Klima stattfanden, brachten den regierungsfreundlichen Kartellreichstag hervor, der ein erneutes Septennat bewilligte.

Außerkonstitutionelle Stellung des Militärs

In der Forschung sind die Heeresgesetze oft als markante Niederlage des Reichstags gewertet worden, zuweilen gar als ein weitgehender Verzicht auf das Budgetrecht. Denn indem er das Septennat akzeptierte, sei der größte Brocken der Reichsausgaben für eine Zeitdauer von mehr als zwei Legislaturperioden seiner Bewilligung entzogen worden. Effektiv beschnitt das Septennat zwar nicht das Budgetrecht, denn es betraf nur die Heeresstärke, während die Ausgaben im Rahmen der jährlichen Haushaltsberatungen abzusegnen waren. Aber das Finanzvolumen war durch die Heeresstärke doch großteils festgelegt und jedenfalls der Versuch gescheitert, die parlamentarische Kontrolle über die Armee auszudehnen. Diese blieb weitgehend im extrakonstitutionellen Bereich, unter der Kommandogewalt des Monarchen und seiner militärischen Berater, womit sie nicht nur dem Zugriff des Parlaments, sondern auch dem der zivilen Regierungsinstanzen entrückt war.

Die konservative Wende 1878/79

Als weitere folgenreiche Niederlage des Parlaments wird gemeinhin die konservative Wende von 1878/79 gesehen, die zweifellos eine bedeutende Wegmarke darstellte: Bismarcks innenpolitischer Kurswechsel und der durch ihn zumindest beförderte Niedergang der Nationalliberalen verringerte die Chancen für eine Fortentwicklung der Verfassungsordnung im liberal-parlamentarischen Sinn. Die Möglichkeit einer stärkeren Beteiligung der politischen Parteien an der Regierungsverantwortung hatte sich noch wenige Monate zuvor angedeutet: 1877 hatte Bismarck einem der führenden Nationalliberalen, Rudolf von Bennigsen, das Amt des preußischen Innenministers angeboten. Die Verhandlungen scheiterten jedoch. Der kurz darauf einsetzende politische Kurswechsel schwächte nicht nur die Nationalliberalen nachhaltig, sondern schlug sich auch in der Regierung nieder: Mehrere liberal gesinnte preußische Minister und leitende Staats- beziehungsweise Reichsbeamte, die während der liberalen Ära in Kooperation mit dem Parlament wichtige Reformprojekte auf den Weg gebracht hatten, mussten ihre Posten räumen. Zwar erlangten die Nationalliberalen später, wie im Kartellreichstag von 1887, zuweilen erneut eine machtnahe Position. Aber seinen prägenden Einfluss auf die innere Ausgestaltung des Reichs hatte der Liberalismus eingebüßt.

Die Wende von 1878/79 ist deshalb von manchen Historikern als zweite oder innere Reichsgründung bezeichnet worden, als eine Neugründung unter konservativen Vorzeichen.[20] Vor allem die kritische historische Sozialwissenschaft der 1960er/70er Jahre hat sie als einschneidende Zäsur bewertet, die die Machtlosigkeit des Parlaments besiegelt und den autoritären Obrigkeitsstaat mit langfristig fatalen Folgen konserviert habe. Dies ist in erster Linie den Manövern Bismarcks und seiner konservativen Standesgenossen angelastet, zugleich aber auch als Versagen des liberalen Bürgertums interpretiert worden: Nachdem dieses schon 1866 einen Teil seiner politischen Ideale zurückgestellt hatte, habe es nun endgültig kapituliert.

Bonapartistischer Scheinkonstitutionalismus?

Angesichts der herausgehobenen Position des Monarchen, der extrakonstitutionellen Stellung des Militärs, der Macht des Kanzlers und der beschränkten Parlamentsrechte haben manche Autoren dezidiert bestritten, dass überhaupt von einer konstitutionellen Ordnung gesprochen werden könne. Hans-Ulrich Wehler etwa charakterisierte in seinem damals viel beachteten Kaiserreichbuch von 1973 das politische System als „autokratischen, halbabsolutistischen Scheinkonstitutionalismus“, wobei Bismarck hinter der Fassade der Verfassung faktisch ein „bonapartistisches Diktorialregime“ ausgeübt habe.[21] Solche Interpretationen sind zwar nie auf ungeteilte Zustimmung gestoßen. So wollte etwa Wolfgang J. Mommsen die Herrschaftsordnung von 1871 immerhin als halbkonstitutionelles System oder als „System umgangener Entscheidungen“ gelten lassen, das selbst nach 1878/79 noch wandlungsfähig gewesen sei.[22] Insgesamt aber ging die Geschichtswissenschaft der 1970er Jahre stark davon aus, dass das politische System des Kaiserreichs in grundlegender Weise vom konstitutionellen Entwicklungspfad Westeuropas abwich und dass sich diese Abweichung 1878/79 verfestigte.

Bezeichnungen wie Scheinkonstitutionalismus, Bonapartismus oder Cäsarismus, die damals en vogue waren, gehen bereits auf zeitgenössische Kritiker zurück. Der in ihnen enthaltene Vorwurf, dass die Bismarcksche Schöpfung das napoleonische Kaisertum kopiere, war in der Reichsgründungszeit weit verbreitet und kam aus ganz unterschiedlichen ideologischen Richtungen. In der von Karl Marx und Friedrich Engels geprägten Bedeutung zielt der Begriff des Bonapartismus im Kern auf die Instrumentalisierung von modernen, populistischen Herrschaftstechniken und namentlich des allgemeinen Wahlrechts seitens eines autoritären Herrschers: Durch den Appell an die Massen habe Napoleon III. sein aus einem Staatsstreich hervorgegangenes Kaisertum plebiszitär legitimiert und zugleich den Oppositionswillen des liberalen Bürgertums gebrochen, das sich aus Furcht vor dem Proletariat an das Regime anlehnte. Übertragen auf das Bismarckreich impliziert die Charakterisierung als bonapartistisches Herrschaftssystem folglich, dass das allgemeine Wahlrecht keine wirkliche Demokratisierung einleitete, sondern der Konservierung des autoritären Obrigkeitsstaats diente, weil es den bürgerlichen Liberalismus unter Druck setzte.

Tatsächlich reagierten die zeitgenössischen Liberalen äußerst skeptisch auf die Einführung des allgemeinen Wahlrechts, das zu dieser Zeit außer in Frankreich fast nirgends galt. Bismarck kommentierte diese Skepsis 1867 vor dem Norddeutschen Reichstag ironisch mit der Bemerkung, es handle sich keineswegs um „ein tief angelegtes Komplott gegen die Freiheit der Bourgeoisie in Verbindung mit den Massen zur Errichtung eines zäsarischen Regiments".[23] Effektiv hatte Bismarck sehr wohl das napoleonische Beispiel vor Augen gehabt. Trotz mancher Parallelen zum französischen Kaiserreich passt das Bismarcksche Herrschaftssystem aber insgesamt schlecht in das Bonapartismus-Modell, und die Forschung ist denn auch mittlerweile von ihm abgerückt. Der offensichtlichste Unterschied ist, dass Bismarck kein Cäsar, sondern ein vom Monarchen abhängiger Beamter war. Aber auch das Wahlrecht funktionierte in der Praxis völlig anders. Napoleon sicherte eine genehme Zusammensetzung des Parlaments durch offizielle, vom Verwaltungsapparat massiv privilegierte Kandidaten. So weit gingen die Herrschenden im Bismarckreich nie. Zwar versuchten sie ebenfalls, das Stimmverhalten zu beeinflussen, etwa durch das Engagement ihrer Beamten vor Ort zugunsten der bevorzugten Kandidaten. Die geheime Stimmabgabe war nicht immer wirksam garantiert, was auch lokalen Honoratioren oder Arbeitgebern die Möglichkeit bot, Druck auf die Wähler auszuüben. Berüchtigt war darüber hinaus Bismarcks verdeckte Öffentlichkeitsarbeit, die bis hin zu finanziellen Zuwendungen an willfährige Zeitungsredaktionen aus dem sogenannten Reptilienfonds reichte. Aber insgesamt respektierte die Regierung

Abbildung 5: Bismarck lässt die mit subventionierten ‚Reptilien' durchsetzte Presse nach seiner Pfeife tanzen. Karikatur aus der englischen Satirezeitschrift Punch, 1889.

Busy Bismarck Piping To The Reptile Press.
(*Punch*, Jan. 19, 1889.)

die Freiheit der Wahlen. Zu groben Manipulationen, wie sie im napoleonischen Frankreich und manch anderen Staaten üblich waren, kam es nicht. Das Wahlergebnis fiel denn auch oftmals anders aus, als von Bismarck gewünscht. Er hatte das politische System zwar wesentlich geformt, aber ein allmächtiger Strippenzieher war er nicht.

Europäische Gemeinsamkeiten

In jüngster Zeit hat die Forschung verstärkt die gesamteuropäischen Züge in der verfassungshistorischen Entwicklung des 19. Jahrhunderts herausgearbeitet.[24] Die preußisch-deutsche Herrschaftsordnung erscheint demnach nicht mehr als pseudokonstitutionelle Abweichung von einem ‚normalen' Pfad in die Moderne, sondern als Variante des zeittypischen monarchischen Konstitutionalismus. Der Kaiser hatte keineswegs absolutistische Vollmachten, er verfügte nur in gewissen Bereichen über Vorrechte, die in anderen europäischen Monarchien ähnlich weit gingen. Der Reichstag bestimmte zwar nicht die Regierung, es herrschte also kein parlamentarisches System wie in Großbritannien oder im republikanischen Frankreich. Damit stellte das Deutsche Reich jedoch keine Ausnahme dar. Vielmehr war eine spannungsvolle Gewaltenteilung zwischen monarchisch ernannter Exekutive und gewählter Volksvertretung eher die Regel, obgleich die Parlamente etlicher Nachbarstaaten graduell mehr zu sagen hatten. Bismarck war gewiss eine herausragende Gestalt, aber weder Diktator noch Exponent eines Militärregimes. Der ‚eiserne Kanzler' trat zwar stets in Uniform im Reichstag auf, womit er seine Distanz zu den bürgerlich gekleideten Parlamentariern unterstrich. Aber trotz dieses martialischen Auftretens und trotz gelegentlichen Liebäugelns mit Staatsstreichmethoden respektierte er die verfassungsmäßige Ordnung, verteidigte auch entschieden den Primat der politischen Führung gegenüber den Militärs, während Putsche in anderen Teilen Europas nicht völlig unbekannt waren.

War das politische System entwicklungsfähig?

Weiterhin kontrovers diskutiert wird die Frage, inwieweit das politische System des Kaiserreichs entwicklungsfähig war und sich über das Ende der Bismarckära hinaus tatsächlich fortentwickelte.[25] Dass die politische Partizipation immer breitere Kreise zog, ist prinzipiell unbestritten. Uneinigkeit herrscht hingegen darüber, inwieweit hiermit auch eine Demokratisierung der politischen Kultur im Sinne einer Verankerung von demokratischen Werthaltungen verbunden war. Weitgehender Konsens hat sich darüber ausgebildet, dass das Gewicht des Reichstags innerhalb des Verfassungsgefüges tendenziell zunahm, also trotz konservativer Wende keinesfalls von seiner Machtlosigkeit gesprochen werden sollte. Sehr umstritten bleibt hingegen die optimistische These, dass dieser Machtgewinn auf eine ‚stille' Parlamentarisierung zugelaufen sei. Als Faktoren, die dem entgegenstanden, werden nach wie vor die milieugebundene Zerklüftung des Parteiensystems sowie die frühzeitige Einführung des allgemeinen Wahlrechts hervorgehoben, da sie die Bildung von regierungsfähigen und -willigen Parteienkoalitionen behindert hätten. Obgleich sich das politische System am Ende der Bismarckära somit wohl kaum auf gutem Weg zur parlamentarischen Demokratie befand, zeichnete es sich doch durch eine beträchtliche Dynamik aus, und insofern ist das noch in den 1970er Jahren dominierende Bild eines konservativ erstarrten Obrigkeitsstaats stark revidiert worden.

Literatur

Literatur zu Parteien, Wahlen und politischem System:

Anderson, Margaret Lavinia: *Practicing Democracy. Elections and Political Culture in Imperial Germany*. Princeton 2000. [Innovative Studie zur Praxis der Reichstagswahlen an der gesellschaftlichen Basis]

Arsenschek, Robert: *Der Kampf um die Wahlfreiheit im Kaiserreich. Zur parlamentarischen Wahlprüfung und politischen Realität der Reichstagswahlen 1871-1914*. Düsseldorf 2003.

Gall, Lothar (Hg.): *Otto von Bismarck und die Parteien*. Paderborn u.a. 2001.

Gall, Lothar (Hg.): *Regierung, Parlament und Öffentlichkeit im Zeitalter Bismarcks. Politikstile im Wandel*. Paderborn u.a. 2003.

Goldberg, Hans-Peter: *Bismarck und seine Gegner. Die politische Rhetorik im kaiserlichen Reichstag*. Düsseldorf 1998. [Untersucht den Redestil Bismarcks und drei seiner prominentesten Kontrahenten: August Bebel, Eugen Richter und Ludwig Windthorst]

Ritter, Gerhard A: *Die deutschen Parteien 1830-1914. Parteien und Gesellschaft im konstitutionellen Regierungssystem*. Göttingen 1985. [Schmales einführendes TB]

Sperber, Jonathan: *The Kaiser's Voters. Electors and Elections in Imperial Germany*. Cambridge 1997. [Analysiert das Wahlverhalten mit statistischen Methoden]

Innere Nationsbildung 3.

Abstraktheit der Nation

Das Reich war mit seiner Gründung äußerlich geeint, aber die innere Nationsbildung stand noch bevor. Nicht nur gab es vehemente Anhänger und Gegner des kleindeutschen Nationalstaats. Vielmehr standen ihm große Teile der Bevölkerung ziemlich indifferent gegenüber. Zwar hatte die Idee der Nation schon vor 1870 über ihre ursprünglichen bürgerlichen Trägerkreise hinaus ausgestrahlt, und der Krieg gegen Frankreich versetzte ihr einen starken Popularisierungsschub. Aber der vorrangige Orientierungspunkt für Selbstverständnis und politische Loyalität war sie nicht unbedingt. Je nach sozialer Schicht, Beruf, Konfession, Geschlecht, Alter oder individuellen Erfahrungen verorteten sich die Menschen ganz unterschiedlich in der Gesellschaft, und die kleinräumige Lebenswelt, die Gemeinde, die Region respektive der Einzelstaat bildeten hierbei den unmittelbaren Bezugsrahmen, während das Reich fern und abstrakt war.

Wie entstehen Nationen?

Die Frage, warum der Nationalstaat im Europa des 19. Jahrhunderts zum leitenden politischen Ordnungsmodell aufstieg und wie sich Gefühle der nationalen Zugehörigkeit in heterogenen Bevölkerungen generalisierten, hat die historische Forschung in den letzten Jahrzehnten intensiv beschäftigt. Die Nationalisierung der europäischen Gesellschaften hatte einerseits mit Modernisierungsprozessen zu tun: Sie setzte ein gewisses Maß an überregionaler Kommunikation und Mobilität, an politischer Partizipation und Bildung voraus, Veränderungen, die umgekehrt das Bedürfnis nach neuen Identifikationsmöglichkeiten und einer neuen Legitimation staatlicher Herrschaft hervorbrachten. Damit die nationale Idee solche Bedürfnisse befriedigen konnte, waren andererseits aktive Vermittlungsleistungen notwendig: Die Nation, die im Alltagsleben nicht unmittelbar evident, sondern eine ‚vorgestellte Gemeinschaft'[26] war, musste stets aufs Neue vergegenwärtigt werden mittels Erzählungen, Bildern, Ritualen und Symbolen, deren gesellschaftliche Aneignung die Vorstellung von der Nation wiederum mit prägte. Nationen, so der Grundkonsens der neueren Forschung, ergeben sich nicht naturwüchsig aus einer gemeinsamen Sprache,

Abstammung oder Geschichte, obwohl sie an solche vermeintlich objektiven Faktoren anknüpfen. Sie werden vielmehr diskursiv konstruiert und sind folglich nie eindeutig fixierte Einheiten.

Nationsbildungsprozesse lassen sich auf verschiedenen Ebenen beobachten. Die Reichstagswahlen trugen maßgeblich dazu bei, das Reich als politische Einheit im Bewusstsein breiter Bevölkerungskreise zu verankern. Sozialisationsinstanzen wie Schule oder Militär spielten eine wichtige Rolle, ebenso die Massenmedien, das Vereinswesen, Kunst und Literatur und vieles mehr. In diesem Kapitel sollen nur zwei Aspekte etwas näher beleuchtet werden: einerseits die durch Gesetzgebung vorangetriebene Herausbildung eines nationalen Rechts- und Wirtschaftsraums; andererseits die symbolische Inszenierung der Nation mittels Feiern und Denkmälern. In einem dritten Abschnitt wird schließlich danach zu fragen sein, wie sich der Nationalismus qualitativ veränderte, nachdem er sich nicht mehr auf eine Zukunftsutopie bezog, sondern auf einen real existierenden Nationalstaat.

3.1 Rechtsvereinheitlichung und staatliche Verwaltung

Bestrebungen zur Rechtsvereinheitlichung waren eng mit dem Prozess der Staatsbildung an sich verbunden und reichten zeitlich viel weiter zurück als der moderne Nationalstaat. Allerdings war es auch im 19. Jahrhundert noch nicht selbstverständlich, dass innerhalb eines Staates einheitliches Recht herrschte. So lebten in Preußen im Gefolge der sukzessiven territorialen Expansion regional ganz unterschiedliche Rechtstraditionen fort, die nur partiell durch neuere gesamtstaatliche Gesetze überlagert worden waren. Auch mit der Reichsgründung entstand nicht schlagartig ein homogener deutscher Rechtsraum. Besonders den Liberalen war er ein dringendes Anliegen, er gehörte unmittelbar zu ihrer Konzeption des nationalen Verfassungsstaats. So forcierte der Reichstag denn auch vor allem in der Phase liberaler Dominanz bis 1877 die Produktion von reichsweit gültigen und zugleich dezidiert liberal geprägten Rechtsnormen. Viele davon verabschiedete bereits der Reichstag des Norddeutschen Bundes, sie gingen dann praktisch unverändert auf das Reich über.[27]

Freizügigkeit und Rechtsgleichheit

An erster Stelle zu nennen sind Gesetze, welche die Bedeutung des in der Verfassung verankerten gemeinsamen Indigenats konkretisierten. Das Gesetz über die Freizügigkeit vom November 1867 bestimmte, dass jeder Angehörige eines Bundesstaats sich im ganzen Reichsgebiet uneingeschränkt aufhalten und niederlassen, Grund erwerben und ein Gewerbe betreiben könne. Hiermit entfielen nicht nur Mobilitätshemmnisse zwischen den Einzelstaaten, sondern auch innerhalb derselben, denn vor allem auf Gemeindeebene hatten bislang vielerorts noch massive Restriktionen bestanden. Nun durften die Gemeinden nur noch wenigen, eng umgrenzten Personenkategorien die Niederlassung verweigern und keine Einzugsgelder oder ähnliche Gebühren mehr von neu Zuziehenden verlangen. Flankiert wurde das Recht auf Freizügigkeit durch das Passgesetz von Oktober 1867, das die Pflicht, amtliche Reisedokumente mit sich zu führen, abschaffte, und zwar für Inländer und Ausländer. Damit folgte Deutschland dem internationalen Trend zum Abbau von Migrationskontrollen, der sich erst ab der Wende zum 20. Jahrhundert wieder umkehren sollte. Weitere Gesetze der späten 1860er Jahre beseitigten die in manchen Einzelstaaten noch existierenden obrigkeitlichen Beschränkungen der Eheschließung, die das Selbstbestimmungsrecht namentlich der Unbemittelten tangiert hatten, sowie rechtliche Diskriminierungen aus konfessionellen Gründen, was insbesondere die endgültige Gleichstellung der Juden bedeutete.

Armenfürsorge und Unterstützungswohnsitz

Eng verknüpft mit der Freizügigkeit war die Neuregelung der Zuständigkeit für die Armenfürsorge, die mit Gesetz vom Juni 1870 erfolgte. Die älteren heimatrechtlichen Bestimmungen der meisten deutschen Staaten hatten den Gemeinden die Unterstützung ihrer verarmten Mitglieder zugewiesen und ihnen zugleich eine rigide Abschottung gegenüber Ortsfremden gestattet: Für Zugezogene war es extrem schwierig gewesen, vollwertige Gemeindemitglieder zu werden und so eine Anwartschaft auf Unterstützung zu erlangen. Im Fall der Verarmung drohte folglich stets die Abschiebung. Das Gesetz von 1870 führte das Prinzip des Unterstützungswohnsitzes ein, das in Preußen in ähnlicher Form schon seit 1842 galt. Es bestimmte, dass die Unterstützungspflicht für neu Zugezogene bereits nach zweijährigem Aufenthalt an die Wohngemeinde überging. Armenrechtliche Abschiebungen waren also nur noch innerhalb dieser Frist möglich, sollten zudem möglichst durch Finanztransfers zwischen den Gemeinden ersetzt werden. Bayern und Elsass-Lothringen blieben allerdings aus dem Geltungsbereich des Gesetzes ausgeklammert.

Wirtschaft und Verkehr

Weitere wichtige Reformen betrafen die Wirtschaftspolitik. Die im Juni 1869 verabschiedete Gewerbeordnung beseitigte letzte Reste zünftiger Regulierungen und liberalisierte den Zugang zum Gewerbebetrieb durchgreifend. Ein Befähigungsnachweis war für die allermeisten Gewerbe nicht mehr erforderlich. Innungen blieben zwar erlaubt, aber bloß als Vereine mit freiwilliger Mitgliedschaft und ohne irgendwelche Privilegien. Nachdem bereits der Zollverein ein einheitliches Zollsystem und der Deutsche Bund 1861 ein allgemeines Handelsgesetzbuch geschaffen hatte, folgte in der Reichsgründungszeit die Harmonisierung der Maße, der Gewichte und schließlich der Zahlungsmittel: Bis Mitte der 1870er Jahre löste die auf dem Goldstandard basierende Mark die diversen Landeswährungen ab. Der Ausbau einer einheitlichen Verkehrsinfrastruktur trug ebenfalls zum wirtschaftsräumlichen Zusammenwachsen der Einzelstaaten bei. Bereits die Verfassung bestimmte, dass Post und Telegrafie direkt durch das Reich verwaltet würden, außer in Bayern und Württemberg, die auf Ausnahmen bestanden hatten. Die Reichspost vereinfachte und beschleunigte nicht nur die Kommunikation, sie brachte das Reich auch symbolisch bis in die hinterste Provinz, denn sein Wappen schmückte nunmehr Briefmarken und Postämter. Die Eisenbahnen – meist ursprünglich private Gesellschaften, die seit den späten 1870er Jahren zunehmend verstaatlicht wurden – blieben zwar entgegen Bismarcks Plänen unter Kontrolle der Einzelstaaten, aber das Reich sorgte immerhin für gewisse vereinheitlichende Normen.

Justizwesen

Schließlich war das Justizwesen ein bedeutendes Feld der Rechtsvereinheitlichung. Den Anfang machte 1870 das Strafgesetzbuch. Es folgten Gerichtsverfassungsgesetz, Straf- und Zivilprozessordnung, die der Reichstag Ende 1876 verabschiedete. Die Gerichtsbehörden blieben in der Hand der Einzelstaaten, aber ihr organisatorischer Aufbau, die Qualifikation und unabhängige Stellung der Richter sowie das gerichtliche Verfahren waren seit 1879 reichsweit harmonisiert. Im selben Jahr begann das Reichsgericht in Leipzig als oberste Instanz seine Arbeit. Länger dauerte es, bis ein Zivilgesetzbuch verabschiedet werden konnte. Die Liberalen erreichten zwar bereits 1873 eine Verfassungsänderung, der zufolge auch das bürgerliche Recht, das ursprünglich den Einzelstaaten überlassen bleiben sollte, in die Kompetenz der Reichsgesetzgebung überging. Fertig gestellt war das neue Bürgerliche Gesetzbuch aber erst 1896.

Vereins- und Presserecht

Nicht in allen Bereichen, für die laut Verfassung das Reich zuständig war, gelang eine Rechtsvereinheitlichung im liberalen

Sinn. Das gilt zumal für das Presse- und Vereinsrecht. Ein Vereins- und Versammlungsgesetz kam erst 1908 zustande mit der Folge, dass bis dahin die teils sehr restriktiven einzelstaatlichen Bestimmungen in Kraft blieben. Das 1874 verabschiedete Reichspressegesetz erweiterte die Pressefreiheit zwar, blieb aber dennoch hinter den Vorstellungen der Liberalen zurück. So konnte die Polizei weiterhin Presseerzeugnisse ohne vorherige richterliche Anordnung vorübergehend beschlagnahmen, wenn sie darin Majestätsbeleidigungen oder Aufreizungen zu strafbaren Handlungen zu erkennen vermeinte. Gravierende Defizite waren aus liberaler Sicht ferner, dass ein Zeugnisverweigerungsrecht für Redakteure fehlte und Pressevergehen nicht vor Schwurgerichten verhandelt werden sollten. Die Reichstagsmehrheit nahm das Pressegesetz trotzdem an, verabschiedete aber gleichzeitig eine Resolution, wonach das Zeugnisverweigerungsrecht und die Frage der Schwurgerichte in den noch ausstehenden Justizgesetzen zu berücksichtigen seien. Auch das konnte jedoch nicht durchgesetzt werden.

Bilanz der liberalen Ära

Obwohl manche liberalen Wünsche unerfüllt blieben, was zumal die Fortschrittspartei frustrierte, brachte das Reichsgründungsjahrzehnt ein insgesamt beeindruckendes Reformwerk hervor. Der Reichstag schuf eine Wirtschafts-, Sozial- und Rechtsordnung, die auch im internationalen Vergleich ausgesprochen modern war. Teile der Historiographie vor allem der 1970er/80er Jahre haben zwar unterstellt, dass das liberale Bürgertum bloß optimale Rahmenbedingungen für die kapitalistische Produktionsweise realisiert und zugunsten dieses ökonomischen Interesses auf eine Umgestaltung des Herrschaftssystems verzichtet habe.[28] Aber diese Deutung greift zu kurz. Weder ging es nur um die Freiheit der Kapitalisten, noch rückten die Liberalen von ihrem Anspruch auf politische Machtteilhabe ab. Es trifft allerdings zu, dass die Reformen der liberalen Ära auf einem Kompromiss zwischen liberalem Bürgertum und staatlicher Exekutive beruhten, denn gegen letztere wären sie nicht durchzusetzen gewesen. Reformorientierte Beamte im Reichskanzleramt und in den preußischen Ministerien trugen wesentlich zum Gelingen der Gesetzesprojekte bei. Die konstruktive Haltung der preußischen Bürokratie wurde dadurch begünstigt, dass die Reichsgesetzgebung vielfach an frühere preußische Regelungen anknüpfte, also nicht in jeder Hinsicht völlig neu war. Trotzdem tat der Reichstag weit mehr, als Regierungsvorlagen abzunicken oder aber eine bourgeoise Interessenpolitik zu betreiben. Vielmehr nutzte er die gebotenen Chancen, um das Reich aktiv im liberalen Sinn mit auszugestalten.

Die Reichsbürokratie

Die fortschrittlichste Gesetzgebung nützt nichts, wenn sie nur auf dem Papier steht. Ihre praktische Umsetzung war von einer flächendeckenden Verwaltung abhängig, über die das Reich selbst nicht verfügte. Anfänglich bildeten das Kanzleramt und das 1870 eingerichtete Auswärtige Amt die einzigen Reichsbehörden. Nach und nach kamen weitere Reichsämter mit eigenen Verwaltungsstäben hinzu, so unter anderen das Reichseisenbahnamt (1873), das Kaiserliche Gesundheitsamt (1876), das Reichsjustizamt (1877), das Reichsamt des Innern und das Reichsschatzamt (beide 1879). Aber diese Zentralbürokratie konzentrierte sich ganz auf Berlin, einen über die Hauptstadt hinausgreifenden administrativen Unterbau besaß einzig die Reichspost. Für alle sonstigen Aufgaben blieb das Reich auf die Verwaltungen der Einzelstaaten angewiesen, mit denen es die Bevölkerung folglich im Alltag ganz überwiegend zu tun hatte.

Preußische Verwaltungsreformen

Umso bedeutsamer war es, dass der Reformeifer der Reichsgründungszeit auch auf die einzelstaatlichen Administrationen durchschlug. Wichtig war vor allem die preußische Kreisordnung von 1872. In den östlichen Provinzen befanden sich die unteren Verwaltungsinstanzen auf dem Land bis dahin noch weitgehend in der Hand der zumeist adeligen Rittergutsbesitzer: Diese stellten den Landrat, dominierten die Kreistage und übten auf ihren Gütern, die eigenständige Verwaltungseinheiten neben den Landgemeinden bildeten, die Polizeigewalt aus. Die neue Kreisordnung sollte diese ständisch geprägten Herrschaftsverhältnisse modernisieren, was erbitterten Widerstand provozierte: Im konservativen preußischen Herrenhaus konnte sie nur durchgesetzt werden, indem der König kurzerhand zwei Dutzend neue Mitglieder ernannte. Dabei war die Reform eher moderat. Sie gliederte das Landratsamt endgültig in die staatliche Beamtenlaufbahn ein mit der Folge, dass der Anteil der im jeweiligen Kreis selbst begüterten Adeligen unter den Amtsinhabern zurückging. Die festen, nicht auf Wahl beruhenden Sitze der Gutsherren auf den Kreistagen entfielen, jedoch sicherte ihnen das indirekte und ungleiche Wahlrecht weiterhin eine einflussreiche Stellung. Sie verloren die unmittelbare Polizeigewalt, behielten diese faktisch allerdings oft in der Hand, indem sie sich in die neu geschaffene Position des Amtsvorstehers berufen ließen. Schließlich führte die Reform Kreisausschüsse ein, die einerseits Selbstverwaltungsorgane waren, andererseits Einspruchstellen gegen administrative Verfügungen und somit die erste Instanz einer bald weiter ausgebauten Verwaltungsgerichtsbarkeit.

Die praktische Tragweite der neuen Kreisordnung blieb angesichts der sozialen Machtrelationen im ländlichen Ostelbien vorerst begrenzt, die privilegierte Stellung der Gutsbesitzer in vieler Hinsicht intakt. Dennoch bedeutete die Reform einen Einschnitt, indem sie die Präsenz des modernen Verwaltungsstaats vor Ort voranbrachte. Zunächst galt sie nur für die östlichen Provinzen mit Ausnahme von Posen. Bis Ende der 1880er Jahre folgten an die regionalen Bedingungen angepasste Kreisordnungen für die meisten übrigen Landesteile, außerdem neue Provinzialordnungen, die die Zusammensetzung der Provinziallandtage reformierten und die provinziellen Selbstverwaltungsrechte erheblich stärkten.

Beurteilung der Bürokratie

Die Beurteilung der einzelstaatlichen und namentlich der preußischen Verwaltung insgesamt, jenseits der Reformen der 1870er Jahre, ist in der Forschung sehr unterschiedlich ausgefallen. Während die ältere Historiographie die preußische Bürokratie meist als aufgeklärte und gemeinwohlorientierte Funktionselite mit hohem Berufsethos würdigte, hat die kritische Geschichtswissenschaft seit den 1960er Jahren ihre strikt staatsloyale Ausrichtung, ihr autoritäres Gebaren, ihre Parteilichkeit zugunsten der herrschenden Klassen, ihre dominant adelige Prägung und ihre hemmende Rolle auf Deutschlands Weg in die Moderne betont. Beide Einschätzungen sind zu einseitig. Die Bürokratie bildete keinen homogenen Block, weder in Preußen noch gar im ganzen Reich. Neuere verwaltungshistorische Arbeiten bemühen sich, die Rekrutierungsmuster in unterschiedlichen Regionen und Verwaltungszweigen differenzierter zu erfassen, vor allem aber die administrative Praxis vor Ort zu rekonstruieren, einschließlich der Erfahrungen der ‚Verwalteten'. Bei allen Schattierungen, die solche Fallstudien ergeben, kann festgehalten werden, dass die deutschen Staaten über vergleichsweise gut ausgebildete, leistungsfähige und ‚gerechte' Verwaltungen verfügten. Gewiss waren sie ein Instrument der obrigkeitlichen Exekutive, die meisten höheren Beamten sahen schon aufgrund ihrer gehobenen sozialen Herkunft die Welt durch eine elitäre Brille, und ihre überwiegend konservative Observanz verstärkte sich noch seit den späten 1870er Jahren. Aber sie hielten sich weitgehend an rechtsstaatliche Verfahren, waren kaum anfällig für Korruption und setzten Normen relativ effizient um, immer wieder auch gegen Widerstände aus ihren eigenen Herkunftsschichten. Das heißt, dass die Rechtsvereinheitlichung der Reichsgründungsjahre nicht nur auf dem Papier geschah, sondern in der gesellschaftlichen Realität ankam.

Was bedeutete das nun für die innere Nationsbildung? Inwieweit beförderte der Ausbau eines reichsweiten Rechts- und Verkehrsraums die Nationalisierung der Gesellschaft? Das ist eine methodisch komplexe Frage, die trotz mancher Ansätze noch nicht befriedigend beantwortet ist. Gesetzgebung und Verwaltung stellten Möglichkeiten und Dienstleistungen bereit. Sie schufen notwendige Voraussetzungen dafür, dass das Reich als Einheit und als ein im ganz praktischen Sinn funktionierendes Gemeinwesen erfahren werden konnte. Wie verschiedene Bevölkerungsgruppen diese Voraussetzungen nutzten und was sie sich dabei dachten, war hiermit jedoch nicht festgelegt.

Literatur

Zur nationalstaatlichen Integration durch Recht und Verwaltung:

Jeserich, Kurt G.A./Pohl, Hans/Unruh, Georg-Christoph von (Hg.): *Deutsche Verwaltungsgeschichte*, Bd. 3: *Das Deutsche Reich bis zum Ende der Monarchie*. Stuttgart 1984. [Trocken, aber solide]

Raphael, Lutz: *Recht und Ordnung. Herrschaft durch Verwaltung im 19. Jahrhundert*. Frankfurt am Main 2000. [Skizziert rechts- und verwaltungsstaatliche Entwicklungen im europäischen Vergleich]

Süle, Tibor: *Preußische Bürokratietradition. Zur Entwicklung von Verwaltung und Beamtenschaft in Deutschland 1871-1918*. Göttingen 1988.

Wagner, Patrick: *Bauern, Junker und Beamte. Lokale Herrschaft und Partizipation im Ostelbien des 19. Jahrhunderts*. Göttingen 2005. [Regionalstudie mit Fokus auf die Figur des Landrats und die Kreisreform von 1872]

Weichlein, Siegfried: *Nation und Region. Integrationsprozesse im Bismarck-Reich*. Düsseldorf 2004, TB 2006. [Untersucht die Integrationsleistungen u.a. von Eisenbahn, Post, Freizügigkeit und Verwaltungsreformen mit Fokus auf Bayern und Sachsen]

Nationale Feiern und Denkmäler 3.2

Feiern und Denkmäler als Forschungsobjekte

Im Zuge des Aufschwungs kulturgeschichtlicher Ansätze seit den 1980er Jahren hat die Frage nach den Konstruktions- und Aneignungsprozessen, mittels derer sich Vorstellungen von der Nation gesellschaftlich verankern, viel Aufmerksamkeit gefunden. Ein mittlerweile klassisches Untersuchungsfeld, um dieser Frage nachzugehen, ist die Fest- und Denkmalkultur. Nationale Feiern und Monumente reproduzieren in verdichteter Form zentrale Selbstbilder der Nation. Sie vergegenwärtigen die ‚vorgestellte Gemeinschaft' auf eine sinnlich erfahrbare Weise und schreiben ihr eine historische Tradition zu, die ihre Zusammengehörigkeit erklärt und legitimiert. Das öffentlich inszenierte nationale Gedenken dient der vergangenheitsbezogenen Selbstvergewisserung, verfolgt aber zugleich aktuelle Zwecke, es will ein bestimmtes Bild der Nation durchsetzen und gegen rivalisierende Entwürfe behaupten, ist somit eine symbolische Form politischen Handelns. Feste und Denkmäler sind Massenmedien, über die Botschaften propagiert werden und die auf eine Wirkung spekulieren, ohne diese treffsicher steuern zu können. Dieser kommunikative Aspekt macht sie als geschichtswissenschaftliche Untersuchungsobjekte interessant.

Das 19. Jahrhundert war die Epoche der nationalen Feste und Denkmäler schlechthin. In Deutschland erreichte sie während des Kaiserreichs ihren Höhepunkt, zumindest in quantitativer Hinsicht. Für einen neuen Nationalstaat war es naheliegend, die jüngste Geschichte ins Zentrum des kollektiven Gedenkens zu rücken: Die Reichsgründung und, unlösbar mit ihr verschmolzen, der Krieg gegen Frankreich bildeten dessen Dreh- und Angelpunkt. Die militärischen Siege waren ein Aspekt der Nationalstaatswerdung, der sich problemlos mit dem Selbstverständnis des monarchischen Staats vertrug, und entsprechend wurde ihre Zelebrierung von offizieller Seite forciert. Hierbei ließ sich unmittelbar an hergebrachte Formen der Herrschaftsrepräsentation anschließen.

Siegesfeier

Den Auftakt machten die Siegesfeiern, die im Sommer 1871 anlässlich der Heimkehr der Truppen in vielen Städten stattfanden. Berlin war am 16. Juni Schauplatz des zentralen Festakts, an dem Soldaten, Heerführer und Würdenträger aus allen Teilen des Reichs teilnahmen. Der Publikumsandrang war gewaltig, und der betriebene Aufwand enorm. Die Paradestrecke für den Einzug des vom Kaiser angeführten Militärs war zu einer Via triumphalis ausgeschmückt worden, mit Fahnen, erbeuteten Kanonen, allegorischen Gemälden und gipsernen Monumentalfiguren. Trotz Verweisen auf den gesamtdeutschen Charakter des gefeierten Ereignisses standen das preußische Militär und die preußische Monarchie im Zentrum der Inszenierung, gerade auch durch historische Bezugnahmen auf die Zeit der Befreiungskriege: An die Truppenparade schloss sich die Enthüllung eines Reiterstandbildes Friedrich Wilhelms III. an.

Sedantag

Bald zirkulierten Vorschläge für einen fest institutionalisierten Nationalfeiertag. Besonders der liberale Deutsche Protestantenverein setzte sich hierfür ein und brachte den 2. September ins Spiel, also den Tag des Sieges von Sedan, eine Idee, die der pietistisch-konservative Pastor Friedrich von Bodelschwingh und die evangelische Innere Mission aufgriffen. Der Kaiser lehnte es ab, einen Feiertag formell zu dekretieren, begrüßte aber lokal initiierte Gedenkveranstaltungen. In der Folge etablierte sich der Sedantag rasch in weiten Teilen des Reichs. Lokalbehörden oder Honoratiorenkomitees organisierten die Festveranstaltungen, bei denen vielerorts die Kriegervereine, also die Vereine ehemaliger Soldaten, und die Schulkinder eine tragende Rolle spielten. Anders als es den Initiatoren vorgeschwebt hatte, waren die Feiern weniger von religiöser Besinnlichkeit denn von Festumzügen, Banketten und Volksvergnügungen geprägt. Durch seine weite Verbreitung und populäre Ausrichtung erreichte der Sedantag mehr als alle anderen öffentlichen Festanlässe den Rang eines Nationalfeiertags, obwohl er nie offiziell dazu erklärt wurde.

Siegessäule

Der offiziöse Charakter des Sedantages verfestigte sich durch seine Verknüpfung mit Denkmaleinweihungen, besonders der Berliner Siegessäule am 2. September 1873. Sie war das zentrale, vom preußischen Staat projektierte Reichsgründungsmonument. Ursprünglich zur Erinnerung an die Kriege von 1864 und 1866 konzipiert, rückten bei ihrer endgültigen Ausgestaltung der Krieg gegen Frankreich und die aus ihm hervorgegangene Einheit programmatisch ganz in den Vordergrund. Die Einweihungsfeier wurde denn auch, analog zur Siegesfeier von 1871, als gesamtdeutsches Ereignis unter Präsenz von Fürsten und Militär aus dem ganzen Reich inszeniert. Den Bildfries in der Rundhalle über dem Sockel hatte Anton von Werner entworfen, der unterdessen zu einem dem Hof eng verbundenen, quasi amtlichen Geschichtsbildvermittler avanciert war. Er hält allegorisierte Schlüsselszenen der Reichsgründung fest: die am Ufer des Rheins angesichts des heranrückenden französischen Imperators zu den Waffen greifende Germania, die Bezwingung des Feindes im Schlachtengetümmel, die durch den Sieg besiegelte Waffenbruderschaft der deutschen ‚Stämme', schließlich die Proklamation des Deutschen Kaisers.

Abbildung 6: Die Einweihung der Siegessäule auf dem damaligen Königsplatz (heute Platz der Republik) am 2. September 1873.

Reichsnationalismus

Das waren Bildmotive, die wie die Einweihungsfeier in der monarchischen Tradition standen, indem sie das Heer in erster Linie durch seine fürstlichen Führer repräsentierten. Dennoch waren auch, etwa mit der allegorischen Figur der Germania, Elemente integriert, die einem anderen Traditionsstrang entstammten, nämlich dem der bürgerlichen Nationalbewegung. Die Adaption nationaler Symbole für das Kaiserreich war nicht ganz unproblematisch. Manche erschienen den Herrschenden völlig unannehmbar, so vor allem die eng mit der Revolution von 1848/49 assoziierte schwarz-rot-goldene Flagge: Sie tauchte in der offiziellen Reichssymbolik nicht auf, vielmehr entwickelten sich die Farben Schwarz-Weiß-Rot zur Reichsflagge. Dennoch war eine gewisse Anreicherung der monarchischen Repräsentation mit nationalen Emblemen unumgänglich. Trotz aller Vorbehalte namentlich Wilhelms I. gegen eine ‚nationale' Kaiserwürde musste sich die preußische Dynastie zu einem gewissen Grad nationalisieren, um das Reich zu integrieren und ihm eine zeitgemäße Legitimationsbasis zu verschaffen. So machte der herkömmliche, auf Preußen bezogene Staatskult zunehmend Konzessionen an den Nationalkult. Beide verschmolzen zu einem offiziellen Reichsnationalismus, dessen zentraler Orientierungspunkt der Kaiser war. Die von der borussischen Historiographie ‚erfundene' Tradition, wonach die Hohenzollern schon immer einer nationalen Mission verpflichtet gewesen seien, bot die geeignete Rahmenerzählung.

Niederwald-Nationaldenkmal

Die Synthese von Monarchie und Nation ging jedoch nicht allein von der obrigkeitlichen Selbstdarstellung aus. Bürgerlich initiierte Denkmäler wandelten ihren Charakter ebenfalls, indem sie den monarchischen Kult integrierten. Das zeigt exemplarisch eines der imposantesten Reichsgründungsmonumente, das Niederwald-Denkmal bei Rüdesheim am Rhein, das von nationalliberalen Kreisen angeregt und von Honoratioren und Beamten der Region maßgeblich vorangetrieben worden war. Ein riesiges Standbild der Germania bildet sein zentrales Element; am Sockel prangt der Text des populären Liedes *Die Wacht am Rhein*, das Max Schneckenburger anlässlich der Rheinkrise von 1840 gedichtet hatte. Diese Reminiszenzen an die Nationalbewegung ergänzen eine Kaiserkrone in der Hand der Germania und ein Relieffries, der Wilhelm I. als Feldherrn hoch zu Ross darstellt, flankiert von Bismarck, Fürsten, Generälen und Soldaten. Eine Inschrift bestimmt das Monument „zum Andenken an die einmüthige siegreiche Erhebung des deutschen Volkes und an die Wiederaufrichtung des Deutschen Reiches 1870/71".[29] Das Kaisertum, aber auch die föderale Dimension des Reichs und die wehrhafte Nation finden sich somit harmonisch verbunden. Bis-

Abbildung 7: Erinnerungsblatt der Zeitschrift Gartenlaube zum 10. Jahrestag des Friedensschlusses von 1871. Es zeigt das projektierte Niederwald-Denkmal, umrahmt von Metz und Straßburg (oben), dem Einzug deutscher Truppen durch den Pariser Arc de Triomphe und das Berliner Brandenburger Tor 1871 (unten), der 1871 von der Pariser Commune gestürzten Vendôme-Säule und der 1873 errichteten Berliner Siegessäule.

marck erachtete den monarchischen Aspekt zwar als zu gering und blieb der Einweihung 1883 demonstrativ fern. Das tat aber der offiziellen Akzeptanz des Denkmals keinen Abbruch: Die kaiserliche Familie, zahlreiche Bundesfürsten und Würdenträger sowie ein großes Militäraufgebot nahmen an der feierlichen Enthüllung teil.

Viele weitere bürgerlich initiierte Denkmalbauten führten den Kult um Kaiser und Nation in analoger Weise zusammen, so beispielsweise das 1875 eingeweihte Hermannsdenkmal im Teutoburger Wald.[30] Zwar entstanden auch weiterhin Denkmäler mit betont bürgerlich-zivilem Gehalt, etwa für Dichter, Denker, Wissenschaftler. Aber sie standen seit der Reichsgründung ganz im Schatten der reichsnationalen Monumente mit stark monarchisch-militärischer Prägung.

Die nationale Einigung in populären Bildmedien

Denkmäler waren im 19. Jahrhundert wichtig für die Popularisierung von Nationsvorstellungen, dennoch sollte ihre Bedeutung nicht überschätzt werden. In jüngster Zeit, im Zuge einer generellen Neuentdeckung von visuellen Quellen durch die Geschichtswissenschaft, blickt die Forschung denn auch verstärkt über das klassische Denkmal hinaus. Schlüsselmotive der nationalen Einigung, wie sie steinerne Monumente oder die hochkulturelle Historienmalerei verewigten, fanden ihren Niederschlag in vielen populären Medien, die insgesamt wohl mehr zu ihrer Verankerung im kollektiven Bildgedächtnis beitrugen: Sie zirkulierten durch Buch- und Zeitschriftenillustrationen, Guckkästen und Lichtbildprojektionen, Theaterstücke und Aufführungen ‚lebender Bilder'.[31] Von ihrer Monumentalität her mit dem Denkmal vergleichbar waren vor allem die beliebten Panoramen: riesige Rundgemälde, die mittels plastischer Elemente die Illusion von Realität erzeugten. Während der Bismarckära entstanden gleich mehrere Panoramen, die sich dem Krieg von 1870/71 widmeten.

Panoramen verschrieben sich als kommerzielle Unternehmen zwar weniger der ideellen Erbauung denn der profitträchtigen Unterhaltung. Dennoch war die Trennlinie zu den Denkmälern nicht scharf. Zum einen standen hinter Denkmalprojekten oft ebenfalls handfeste Interessen, etwa an der Aufwertung ihres Standortes mittels einer Attraktion. Und zum anderen konnten auch Panoramen als nationale Erinnerungsstätten fungieren. Das gilt beispielsweise für das Sedanpanorama am Berliner Alexanderplatz, einem der aufwändigsten und erfolgreichsten seiner Zeit: Künstlerischer Leiter war Anton von Werner, und die Einweihung fand zum Sedantag 1883 unter Teilnahme des Kaisers, Moltkes und weiterer hochgestellter Persönlichkeiten statt. Dadurch erhielt es den Status einer offiziell abgesegneten Vermittlungsinstanz von Geschichte, die dank ihrer packenden Darstellungsform ein Massenpublikum anzog.

Begrenzte Reichweite des Reichsnationalismus

Im Gefolge der Reichsgründung flossen Repräsentationsformen des monarchischen Staats, der bürgerlichen Nationalbewegung und der populären Unterhaltungsindustrie zu einer reichsnationalen Erinnerungskultur zusammen, die den Einklang von Kaiser, Fürsten und Volk beschwor. Der Sieg des Heeres über Frankreich wurde zu dem zentralen Motiv, das die nationale Einheit erklärte und legitimierte. Aber inwieweit stiftete dieses dominante Erzählmuster wirklich eine allgemein akzeptierte Vorstellung von der Nation, die regionale, politische und konfessionelle Differenzen überwölbte? Es ist methodisch schwieriger, die Rezeption der Erinnerungskultur zu rekonstruieren als ihre Inszenierungen. Dennoch ist unübersehbar, dass die Zustimmung effektiv begrenzt war. Nur schon mit den äußeren Formen konnte sich bei weitem nicht jeder identifizieren: Viele zeitgenössische Kritiker mokierten sich über die ausgebrochene ‚Denkmalwut' und ihre ästhetischen Verirrungen. Relevanter als solche geschmacklichen Distanzierungen waren die inhaltlichen: Feiern und Monumente provozierten Widerspruch, weil sie ein ganz bestimmtes Bild der Nation propagierten, das Teile der Bevölkerung ausgrenzte.

Konflikte um die Sedanfeiern

So haben mehrere Studien gezeigt, dass die Sedanfeiern gesellschaftliche Verwerfungen eher reproduzierten als überbrückten.[32] Vor den Kopf gestoßen fühlten sich erstens große Teile der Katholiken, auch solche, die den kleindeutschen Nationalstaat nicht a priori ablehnten. Im Kontext des Kulturkampfes empfanden sie den nationalen Gedenkkult als parteiische, protestantisch-liberale Angelegenheit mit antikatholischer Stoßrichtung. Eine solche war tatsächlich oft gegeben, etwa wenn Festkommentatoren den Krieg gegen das romanische Frankreich mit dem Kampf gegen ‚Rom' parallelisierten, die papsttreuen Katholiken somit gleich den Franzosen zu Feinden der deutschen Nation erklärten. In den 1870er Jahren hielten sich die Katholiken vielerorts von den Sedanfeiern fern, was aus protestantisch-liberaler Sicht wiederum ihre mangelnde nationale Loyalität bestätigte. Im Jahr 1874 wies der Mainzer Bischof Wilhelm Emmanuel von Ketteler die Geistlichen seiner Diözese sogar formell an, nichts zu den öffentlichen Festlichkeiten beizutragen. Erst mit Abflauen des Kulturkampfes konnte sich der Sedantag verstärkt zu einer konfessionsübergreifenden Feier entwickeln.

Quelle

Erlass des Mainzer Bischofs von Ketteler, 22. 8. 1874:

„Die Partei, welche jetzt hauptsächlich die Sedanfeier betreibt und sich fälschlich als die Vertreterin des deutschen Volkes geberdet, ist dieselbe, welche in der Gegenwart an der Spitze des Kampfes gegen das Christenthum und die katholische Kirche steht. [...] Sie feiert in der Sedanfeier nicht so sehr den Sieg des deutschen Volkes über Frankreich, als die Siege ihrer Partei über die katholische Kirche. Sie will aber die katholische Kirche zwingen, sich an dieser Siegesfeier zu betheiligen. [...] Durch den Schein, als ob wir sonst weniger patriotische Gesinnungen hätten, dessen Macht sie wohl kennt, will sie uns zwingen, uns mit an ihren Triumphwagen zu spannen und über unsern eigenen großen Jammer zu jubiliren. Zu diesem Spott wollen wir uns aber nicht hergeben. [...] Es hat daher auch jedes feierliche Geläute und jede Art des Gottesdienstes, die den Charakter eines Freudenfestes an sich tragen würden, zu unterbleiben. Da aber das Gebet für unser deutsches Vaterland immer unsere Pflicht ist, so gestatte ich, daß in allen Kirchen [...] ein Gebet oder ein Bittamt gehalten werde, um Gottes Gnade und Segen über Deutschland zu erflehen und namentlich um Gott zu bitten, daß er uns die innere Einheit wiedergebe, ohne welche die äußere Einheit nur ein leerer Schein ist.“[33]

Konsequent boykottierten den Sedantag zweitens die Sozialisten, die ihn spöttisch als Feier von ‚St. Sedan‘ oder als ‚Nationalschlachtfest‘ titulierten. Gelegentlich organisierten sie Gegendemonstrationen. Vor allem die Lassalle-Feiern am 31. August gestalteten sich, im größeren Stil allerdings erst nach 1890, zu einem symbolischen Kontrapunkt. Die Sozialisten verurteilten den gesamten monarchisch-militaristischen Nationalkult entschieden, lehnten gewaltsame Protestaktionen aber ab: Für einen missglückten Sprengstoffanschlag auf die Einweihungsfeier des Niederwald-Denkmals 1883 waren nicht sie, sondern einige anarchistisch inspirierte Einzelgänger verantwortlich.

Drittens stießen die Sedanfeiern außerhalb Preußens auf Vorbehalte, namentlich in Süddeutschland. In Württemberg beispielsweise waren sie nicht nur im katholischen Bevölkerungsteil unbeliebt, sondern auch unter konservativen Anhängern des württembergischen Königshauses und unter antipreußisch-großdeutsch gesinnten Demokraten. Teils gelang es zwar, den Feiern mittels einer an die regionalen Empfindlichkeiten angepassten Inszenierung mehr Akzeptanz zu verschaffen: Die militärischen Leistungen der eigenen Truppen und die Landessymbolik rückten in den Vordergrund gegenüber den Bezügen auf das preußisch dominierte Reich. Trotzdem erwies sich der Sedantag als wenig geeignet, um breite Bevölkerungskreise zu begeistern. Seine mangelnde Integrationskraft dürfte ein Grund dafür gewesen sein, dass er seit den 1890er Jahren in allen Teilen des Reichs allmählich an Bedeutung verlor.

Koexistenz von National- und Regionalbewusstsein

Es wäre jedoch falsch, dies als Beleg für eine gescheiterte innere Nationsbildung zu werten. Zumindest im Hinblick auf den einzelstaatlichen Partikularismus ist die neuere Historiographie zu anderen Ergebnissen gekommen. Anfänglich ging die Nationalismusforschung zumeist davon aus, dass sich nationales und regional-einzelstaatliches Bewusstsein komplementär zueinander verhielten: Bevor ein Nationalgefühl habe entstehen können, hätten sich ältere kleinräumige Loyalitäten lockern müssen. Neuere Regionalstudien haben jedoch deutlich gemacht, dass dem nicht so war. Vielmehr bildete sich eine Koexistenz, ja eine wechselseitige Stützung von nationalen und regionalen Identitätsbezügen heraus. Die Versöhnung zwischen Landespatriotismus und Reichsnationalismus gelang zwar nicht sofort. Aber der separatistische Partikularismus verlor rasch an Bedeutung, und spätestens in den 1890er Jahren hatte sich auch in Süddeutschland die Bejahung des Reichs als legitime Verkörperung der Nation weitgehend generalisiert. Das konnte durchaus mit einem anhaltend starken, sogar noch wachsenden regionalen Selbstbewusstsein einhergehen. Die Regionen definierten sich als tragende Bausteine des Reichs, und der Reichsnationalismus war flexibel genug für ein solch föderatives Bild der Nation. Wenn von Sonderfällen wie dem annektierten Elsass-Lothringen abgesehen wird, hatte das Reich keine gravierenden Probleme des nationalen Zusammenhalts: In dieser Hinsicht war die innere Nationsbildung bis 1890 weitgehend gelungen.

Nationsbildung durch Konflikt?

Partiell haben auch die Konflikte mit Katholiken und Sozialisten in jüngerer Zeit eine Neubewertung erfahren. Herkömmlich wird davon ausgegangen, dass ihre Ausgrenzung aus dem dominanten Konzept der Nation die innere Nationsbildung hintertrieben habe. Dem ist entgegengehalten worden, dass gerade solche Definitionskämpfe die Nationalisierung der Gesellschaft beförderten, indem sie sich eben auf die Nation bezogen und diese als selbstverständliche Orientierungskategorie etablierten. Nicht nur die Trägermilieus des Reichsnationalismus stärkten ihr Nationalgefühl durch die Abgrenzung von Katholiken und Sozialisten, sondern diese reagierten ihrerseits damit, dass sie sich auf nationalstaatlicher Ebene zusammenschlossen und, wie im Erlass des Bischofs Ketteler, dezidiert zu Deutschen erklärten. Nationsbildung, so die Kernaussage dieser Interpretation, dürfe nicht mit Harmonie verwechselt werden, sie war ein kommunikativer Prozess, der Streit einschloss. Das ist plausibel, ändert allerdings nichts daran, dass die apodiktische Weise, in der der Streit geführt wurde, zunächst einmal tiefe Gräben aufriss.

Literatur

Zu nationalen und regionalen Identitätskonstruktionen:

Alings, Reinhard: *Monument und Nation. Das Bild vom Nationalstaat im Medium Denkmal – zum Verhältnis von Nation und Staat im deutschen Kaiserreich 1871-1918*. Berlin/New York 1996.

Applegate, Celia: *A Nation of Provincials. The German Idea of Heimat*. Berkeley 1990.

Confino, Alon: *The Nation as a Local Metaphor. Württemberg, Imperial Germany, and National Memory, 1871-1918*. Chapel Hill 1997.

Klein, Michael B.: *Zwischen Reich und Region. Identitätsstrukturen im Deutschen Kaiserreich (1871-1918)*. Stuttgart 2005. [Aktueller Überblick über das Forschungsfeld, obwohl in den Schlussfolgerungen nicht völlig überzeugend]

Riederer, Günter: *Feiern im Reichsland. Politische Symbolik, öffentliche Festkultur und die Erfindung kollektiver Zugehörigkeiten in Elsaß-Lothringen (1871-1918)*. Trier 2004.

Vom linken zum rechten Nationalismus? 3.3

Das Bekenntnis zur Nation entfaltete im 19. Jahrhundert quasireligiöse Züge, und entsprechend brachte es Lieder, Legenden, Kultfiguren und Feiertage hervor. Vor der Reichsgründung war es nicht Bestandteil der staatlich-dynastischen Repräsentation gewesen, sondern als bürgerlich-liberale Ideologie in Konkurrenz und tendenzieller Opposition zu ihr gestanden. Mit der Reichsgründung setzte die Verschmelzung beider Traditionsstränge ein. Der Nationalstaat war von einer Zukunftsutopie zu einer Realität geworden, und damit wandelte sich der Nationalismus von einer auf Veränderung drängenden zu einer affirmativen, das bestehende Reich bejahenden Kraft.

Reichsnationalismus und bürgerliche Nationsidee

In der Forschung wird das Einschwenken des bürgerlich-liberalen Nationalismus auf den offiziellen Reichsnationalismus vielfach als Ausdruck eines Mangels an bürgerlichem Selbstbewusstsein gedeutet: Das Bürgertum habe seine ursprünglichen Vorstellungen der Nation aufgegeben und sich dem obrigkeitsstaatlichen Kult um Monarchie und Militär unterworfen. Die überwiegend monarchisch-militärische Symbolik der Fest- und Denkmalkultur nach 1871 zeuge hiervon ebenso wie etwa die Anziehungskraft der Kriegervereine, die sich zur mitgliederstärksten Massenorganisation des Kaiserreichs entwickelten, oder das bürgerliche Streben nach dem Rang zumindest eines Reserveoffiziers. Dabei wird die Hochschätzung des Militärischen oft als eine spezifisch preußisch-deutsche Erscheinung begriffen: als Folge der kriegerischen Reichsgründung von oben, die die Dominanz der traditionellen adelig-militärischen Eliten und ihrer Werte nachhaltig zulasten von zivil-bürgerlichen Orientierungen befestigt habe. Nach 1871, so hat etwa Wolfgang Hardtwig bemerkt, sei die „Bürgerlichkeit der Idee Nation“ entschieden unterbelichtet geblieben.[34]

Militarismus – ein Charakteristikum des Kaiserreichs?

Unter sozialer Militarisierung wird eine breite gesellschaftliche Verankerung von militärischen Werten und Verhaltensweisen verstanden. In der Forschung galt sie lange als spezifisches Merkmal des Kaiserreichs und als Folge seiner Prägung durch die alten adeligen Eliten. Diese Deutung wird zunehmend infrage gestellt.[35] Fünf Einwände lassen sich erheben. Erstens haben vergleichende Studien gezeigt, dass der Nationalkult anderer europäischer Staaten der Epoche kaum weniger martialisch war. Das gilt nicht nur für Monarchien, sondern gerade auch für das republikanische Frankreich. Zweitens haben Untersuchungen zur frühen bürgerlichen Nationalbewegung verdeutlicht, dass bereits sie betont wehrhaft-männliche Vorstellungen der Nation pflegte, eine Disposition, die bis in die Zeit der Befreiungskriege zurückreichte. Daraus geht drittens hervor, dass der Nimbus des Militärs nicht einseitig als vormodern-obrigkeitsstaatlicher Überhang gedeutet werden kann, vielmehr eng mit dem modernen Nationsverständnis verkoppelt war: Die meisten Nationalstaaten gingen aus Kriegen hervor, die Armeen wandelten sich von Fürstenheeren zu Sachwaltern der Nation, der Soldat war nicht mehr bloß Untertan, sondern Staatsbürger. Viertens sollte die Popularität von Kriegervereinen oder Truppenparaden nicht vorschnell als Beleg für militaristische Einstellungen gedeutet werden, denn sie beruhte nicht zuletzt auf ihren unterhaltend-geselligen Aspekten. Fünftens schließlich war das Militär des Kaiserreichs trotz aller Hochschätzung keineswegs sakrosankt: Es sah sich durchaus immer wieder öffentlicher Kritik ausgesetzt.

Winklers These vom Funktionswandel des Nationalismus

Den Wandel des Nationalismus im Gefolge der Reichsgründung hat Heinrich August Winkler in einem einflussreichen Aufsatz aus dem Jahr 1978 näher charakterisiert. Er beschrieb den frühen bürgerlichen Nationalismus als ‚linke' Emanzipationsbewegung, die auf Freiheit, Gleichheit, Partizipation und gesellschaftliche Modernisierung zielte. Erst im ausgehenden 19. Jahrhundert sei er umgeschlagen in eine affirmative und bald zunehmend aggressive ‚rechte' Ideologie. Dieser Wandel sei zwar ein gesamteuropäisches Phänomen gewesen, aber in Deutschland besonders extrem ausgefallen. Als Kipppunkt identifizierte Winkler die konservative Wende von 1878/79. Seither usurpierten die Konservativen den Nationalismus, den sie ursprünglich abgelehnt hatten, und deformierten seinen Gehalt, wie schon zeitgenössische Liberale wie Ludwig Bamberger bitter konstatierten: „Das nationale Banner in der Hand der preußischen Ultras und der sächsischen Zünftler ist die Karikatur dessen, was es einst bedeutet hat".[36] In konservativer Hand, so Winkler, sei der Nationalismus antiliberal, protektionistisch, antisemitisch, expansionistisch geworden und habe eine primär instrumentelle Funktion erhalten, zur Mobilisierung von Anhängern in kleinbürgerlichen und bäuerlichen Volksschichten, die sich durch die sozioökonomische Modernisierung verunsichert fühlten. Auch große Teile des Bürgertums hätten nun ihrem liberalen Credo abgeschworen und den rechten Nationalismus adaptiert. Winkler sieht in ihnen aber nicht die treibende Kraft für dessen Aufstieg, Ursache sei vielmehr die seit der konservativen Wende gefestigte Machtposition der vormodernen Eliten gewesen. Der rechte Nationalismus erscheint in seiner Perspektive somit als etwas qualitativ Neues, das mit der älteren linken Ausprägung kaum etwas gemein hatte.

Dass sich im späten 19. Jahrhundert neue Spielarten des Nationalismus herausbildeten, ist prinzipiell nicht zu bezweifeln. Zunächst einmal erhielt die nationale Idee schon dadurch eine konservativere Färbung, dass sie von der Sache einer bürgerlichen Minderheit zur offiziellen Legitimationsbasis des Reichs avancierte. Hiermit wurde sie, nach einer gewissen Gewöhnungsphase, sowohl akzeptabel als auch nützlich für konservative Kreise, die auf dem entstehenden politischen Massenmarkt um Wähler werben mussten. Für die Liberalen war diese Konkurrenz auf ihrem ureigenen Feld der nationalen Parolen selbstredend frustrierend, sie büßten ihren früheren Alleinvertretungsanspruch ein. Aber dies war eine gewissermaßen zwangsläufige Konsequenz ihres Erfolgs.

Neue expansive Zielvisionen

Der affirmative Reichsnationalismus, den anfänglich in erster Linie die Liberalen mit trugen, zeigte seine aggressiven Potentiale schon vor der konservativen Wende bei der Stigmatisierung innerer ‚Reichsfeinde', wie der papsttreuen Katholiken. Nach außen hingegen erklärte er sich als saturiert: Die kleindeutsche Lösung galt als endgültig, alle alternativen Nationsentwürfe aus der Zeit vor 1871 traten zunächst zurück. Ab den späten 1870er Jahren begann sich jedoch ein neuer expansiver Nationalismus zu artikulieren, der den existierenden Nationalstaat als unvollendet bemängelte und ihn lediglich als Zwischenetappe gelten lassen wollte. Er trat in zwei Varianten auf: Zum einen erklang der Ruf nach überseeischen Kolonien; zum andern gewannen großdeutsche Ambitionen in gewandelter Form wieder an Boden. Beiden Varianten war die Überzeugung gemeinsam, dass das Reich in seiner existierenden Gestalt noch nicht mächtig genug sei, um auf Dauer zu bestehen. Dieser expansive Nationalismus kann nicht einfach als konservativ gewertet werden, denn er zielte über den Status quo hinaus. Er war, wie der frühe bürgerliche Nationalismus, eine dynamische, auf Veränderung zielende Kraft.

Während die koloniale Agitation bereits seit den späten 1870er Jahren breite Resonanz fand, blieben die Propagandisten großdeutscher Ideen vorerst isoliert. Zu ihnen gehörte etwa der Göttinger Orientalistikprofessor Paul de Lagarde. Für ihn musste das Reich von 1871 eine Episode bleiben, weil es zu wenig Siedlungsraum bot, ein Viertel der Deutschen außerhalb seiner Grenzen lebte und weil es noch nicht über die nötigen Ressourcen verfügte, um einen dauerhaften ‚Frieden' in Europa zu diktieren. Seine Vision war eine umfassende Neuordnung Mittel- und Osteuropas unter deutscher Vorherrschaft, wobei diese Hegemonie keine bloß politische sein sollte. Vielmehr galt es, die als wertlos deklarierten nicht-deutschen Völker im Zuge einer systematischen Ostkolonisation vollständig zu germanisieren beziehungsweise zu verdrängen. Lagardes Großreichphantasien, die auf einem religiös-kulturellen Nationsverständnis basierten und mit einer scharfen Judenfeindschaft einhergingen, stießen nicht unmittelbar auf breiten Widerhall. Er wurde aber zu einem Stichwortgeber der völkisch-alldeutschen Bewegung, die sich um 1890 zu formieren begann.

Quelle

Großdeutsche Visionen des Paul de Lagarde, 1875:

„Es gibt keine andere Aufgabe für Oesterreich als die, der Koloniestaat Deutschlands zu werden. Die Völker in dem weiten Reiche sind mit Ausnahme der Deutschen und der Süd-Slaven alle miteinander politisch werthlos: sie sind nur Material für germanische Neubildungen. [...] Alle übrigen nichtdeutschen Stämme des Donaureiches, die Magyaren gar sehr mit eingeschlossen, sind lediglich eine Last für Europa: je schneller sie untergehn, desto besser für uns und für sie. [...]
Von selbst versteht sich, daß die Kaiser von Deutschland und Oesterreich hierzu sich die Hand bieten müssen, und daß durch eine Erbverbrüderung festzustellen ist, daß das letzte Ende dieser neidlosen Entwickelung ein einziges Reich sein wird, dessen Grenzen im Westen von Luxemburg bis Belfort, im Osten von Memel bis zum alten Gothenlande am schwarzen Meere zu gehn, im Süden jedenfalls Triest einzuschließen haben, und das Klein-Asien für künftiges Bedürfnis gegen männiglich frei hält.
Den Frieden in Europa [...] zu erzwingen, ist nur ein Deutschland im Stande, das von der Ems- zur Donaumündung, von Memel bis Triest, von Metz bis etwa zum Bug reicht [...]. Weil nun alle Welt Frieden will, darum muß alle Welt dies Deutschland wollen, und das jetzige deutsche Reich als das ansehen, was es ist, als eine Etappe auf dem Wege zu Vollkommenerem, eine Etappe, welche zu dem endgültigen mitteleuropäischen Staate sich so verhält, wie sich der einst bestandene norddeutsche Bund zum jetzigen deutschen Reiche verhalten hat.“[37]

Völkischer Nationalismus

Der radikale ‚rechte' Nationalismus sollte vor allem während der Wilhelminischen Ära zu einem Massenphänomen werden, aber seine wesentlichen Deutungs- und Argumentationsmuster formten sich bereits in der Bismarckzeit aus. Eine sozialdarwinistische

Interpretation der internationalen Beziehungen, die Expansion als Recht oder gar Pflicht des Stärkeren legitimierte, sowie ein zunehmend biologistisches Verständnis von Volk und Rasse waren zentrale Komponenten dieses neuen Nationalismus. Das machte ihn nicht nur nach außen expansiv, sondern auch nach innen extrem aggressiv, gerichtet gegen ethnisch-kulturelle Minderheiten, die als ‚Fremdkörper' die Zielvision einer homogenen nationalen Volksgemeinschaft störten.

Ursachen des radikalen Nationalismus

Die Grundzüge dieser Entwicklung sind unumstritten und recht gut erforscht. Strittig ist jedoch die Frage, wie sie zu erklären ist. Gab es, wie Winkler und andere argumentiert haben, einen Bruch zwischen linkem und rechtem Nationalismus? Wurde letzterer in Deutschland dominant, weil das liberale Bürgertum zu schwach war und den vormodernen Eliten unterlag? War er in erster Linie ein Manipulationsinstrument in der Hand dieser vormodernen Eliten, das der konservativen Herrschaftsstabilisierung diente? Oder war der neue Nationalismus nicht doch eher ein Erbe des alten, erklärbar aus den ihm von Anfang an inhärenten Tendenzen?

Die neuere Forschung betont die Komplexität der Ursachen, die eindimensionale Herleitungen verbietet, neigt aber insgesamt dazu, die Eigendynamiken des Nationalismus und somit die Verbindungslinien zwischen seinen frühen und späteren Ausprägungen stärker zu gewichten. Schon der bürgerliche Nationalismus des frühen 19. Jahrhunderts war nicht durchweg friedliebend und emanzipatorisch, sondern zeigte ganz unterschiedliche und teils aggressive Facetten. Das liberale Gleichheits- und Partizipationsversprechen war keineswegs universal. Im Inneren der Nation blieben die Frauen und die Unterschichten lange davon ausgeschlossen, und nach außen hin war die Abgrenzung geradezu konstitutiv für die nationale Selbstdefinition. Die Nationalbewegung kultivierte bereits seit den Befreiungskriegen vor allem das Feindbild Frankreich. Dass der deutsche Nationalstaat möglichst deckungsgleich mit der deutschen Kulturnation sein sollte, hatten sich viele ihrer Anhänger stets gewünscht, ohne dafür bereit zu sein, auf nichtdeutsche Gebiete wie die polnisch besiedelten preußischen Ostprovinzen zu verzichten. Für erhebliche Teile der Liberalen der Vor-Reichsgründungszeit war die nationale Einheit nicht zuletzt deshalb das oberste Ziel gewesen, weil nur sie den Deutschen eine Großmachtstellung sichern würde, und aus dieser Perspektive konnte es geradezu zwingend erscheinen, nicht bei dem 1871 Erreichten stehen zu bleiben. Der Historiker Heinrich von Treitschke etwa entwickelte sein borussisches Geschichtsbild bald fort zu einer Argumentation für Kolonialerwerb und Flottenrüstung: Er erklärte die weitere Expansion zur „Lebensfrage“ für das Reich; ansonsten drohten ein „Zustand der Erstarrung“ und ein Rückfall in die Bedeutungslosigkeit.[38]

Treitschke war zwar im Lauf der 1870er Jahre zunehmend an den rechten Rand des Nationalliberalismus gerückt, und in vieler Hinsicht hatte er mit originär liberalen Positionen gebrochen. Aber die Zielvision einer mächtigen Nation gekoppelt mit Superioritätsgefühlen gegenüber anderen Völkern bedeutete keinen Bruch, sie war im bürgerlichen Nationalismus bereits lange vor 1871 verankert. Zudem war Treitschke bei weitem nicht die einzige personelle Kontinuität zwischen altem und neuem Nationalismus, dessen Trägerschichten nach wie vor primär aus dem Bildungsbürgertum stammten. Die Erklärung des neuen expansiv-aggressiven Nationalismus des ausgehenden 19. Jahrhunderts als manipulatives Herrschaftsinstrument der vormodernen Eliten greift deshalb zu kurz, zumal sich ähnliche Tendenzen in anderen europäischen Gesellschaften zeigten. Er sollte nicht als Symptom mangelnder Modernität, sondern der Ambivalenzen der Moderne verstanden werden.

Literatur

Zu Entwicklungstendenzen von Militarismus und Nationalismus:

Dann, Otto: *Nation und Nationalismus in Deutschland 1770-1990*. München 1993. 3., erw. Aufl. 1996.

Goltermann, Svenja: *Körper der Nation. Habitusformierung und die Politik des Turnens 1860-1890*. Göttingen 1998. [Analysiert den Wandel des Nationalismus aus einer körper- und geschlechtergeschichtlichen Perspektive]

Jeismann, Michael: *Das Vaterland der Feinde. Studien zum nationalen Feindbegriff und Selbstverständnis in Deutschland und Frankreich 1792-1918*. Stuttgart 1992. [Betont die aggressiven Potentiale bereits des frühen Nationalismus]

Vogel, Jakob: *Nationen im Gleichschritt. Der Kult der „Nation in Waffen“ in Deutschland und Frankreich, 1871-1914*. Göttingen 1997. [Untersucht den Stellenwert des Militärischen in der nationalen Festkultur]

Weichlein, Siegfried: *Nationalbewegungen und Nationalismus in Europa*. Darmstadt 2006. [Knapper Überblick über theoretische und methodische Ansätze der Nationalismusforschung]

Konfessionelle und nationale Minderheiten 4.

Rechtlich gesehen waren die Bewohner des Deutschen Reichs sehr homogen: Sie waren fast sämtlich Inländer. Der Anteil der Ausländer lag im Jahr 1871 mit 206.000 bei bloß 0,5 Prozent und bot trotz steigender Tendenz in der Bismarckära erst ansatzweise Anlass für Irritationen. Gravierende Konflikte entzündeten sich hingegen um Minderheiten, die trotz deutscher Staatsangehörigkeit ungenügend an die nationalstaatliche Leitkultur angepasst zu sein schienen. Erstens machte die kleindeutsche Reichsgründung die Katholiken zu einer konfessionellen Minderheit, obgleich einer sehr substantiellen: Sie stellten rund 36 Prozent der Reichsbevölkerung, in Bayern und Baden waren sie in der Mehrheit, ebenso in den preußischen Provinzen Rheinland, Westfalen, Posen und Schlesien sowie in Elsass-Lothringen. Konfessionelle Heterogenität hatte in den deutschen Staaten eine lange Tradition und musste keineswegs zwangsläufig zu Feindseligkeiten führen. Mit dem Kulturkampf gerieten die Katholiken jedoch in die Position einer ausgegrenzten Minorität.

Zweitens lebten im Reich größere Bevölkerungsgruppen, die sich selbst nicht als Deutsche verstanden und ungewollt in den fremden Nationalstaat inkorporiert worden waren. Das gilt namentlich für die Polen im östlichen Preußen, die Dänen in Nordschleswig sowie die Elsässer und Lothringer. Zusammen stellten sie rund zehn Prozent der Reichsbevölkerung. Dass Gruppen unterschiedlicher Sprache und Kultur in einem Herrschaftsgebiet lebten, war an sich ebenfalls nichts Neues, aber mit der Nationalisierung der europäischen Gesellschaften wuchsen die Spannungspotentiale. Hinzu kam, dass Polen und Elsass-Lothringer überwiegend Katholiken waren und somit gleich in einem doppelten Gegensatz zur Mehrheitskultur standen. Drittens wird auf die Juden einzugehen sein, die etwas mehr als ein Prozent der Reichsbevölkerung ausmachten. Ihre Situation entwickelte sich ambivalent. Einerseits erklärte sie die liberale Gesetzgebung der Reichsgründungszeit zu gleichberechtigten Staatsbürgern, das Ende jahrhundertealter Diskriminierung schien gekommen. Andererseits setzten bald schon neue Anfeindungen ein, die nicht nur auf die konfessionelle Differenz, sondern zunehmend auf die angebliche ethnische Fremdheit der Juden zielten.

Die drei Bevölkerungssegmente, die in diesem Kapitel unter dem Titel Minderheiten zusammengefasst sind, hatten einen ganz unterschiedlichen gesellschaftlichen Status, und die Konflikte, die sich um sie entzündeten, waren von unterschiedlicher Qualität. Gemeinsam war ihnen jedoch, dass sie in den Verdacht mangelnder Verbundenheit mit der deutschen Nation gerieten und die Debatten um sie somit zugleich von der deutschen Identität handelten. Der Kulturkampf machte den Auftakt, er gehörte in die liberale Ära und konnte in den 1880er Jahren beigelegt werden. Die Konfrontation mit den nationalen Minderheiten setzte zeitgleich ein, spitzte sich aber, besonders hinsichtlich der Polen, in den 1880er Jahren weiter zu. Der Antisemitismus schließlich trat erst im Kontext der konservativen Wende deutlicher hervor, er war ein Symptom des neuen ‚rechten' Nationalismus.

4.1 Die Katholiken und der Kulturkampf

Europäische Dimension der Kulturkämpfe

Die unter der Bezeichnung Kulturkampf bekannt gewordenen deutschen Ereignisse der 1870er Jahre waren kein singuläres Phänomen. Analoge Konflikte traten im 19. Jahrhundert in weiten Teilen Europas auf, im deutschen Raum auch bereits vor der Reichsgründung, so in Preußen ausgangs der 1830er Jahre, in Bayern und Baden in den 1860er Jahren. Eine Minderheitsposition der Katholiken war keine notwendige Voraussetzung, vielmehr nahmen die Kulturkämpfe gerade in dominant katholischen Staaten wie Frankreich oder Spanien besonders heftige Formen an. Zunächst ging es überall um die Neuabgrenzung von Kompetenzen: Der moderne Staat reklamierte Felder für sich, die herkömmlich stark von der Kirche geprägt waren, wie das Schulwesen, das Eherecht oder die Armenfürsorge. Ihre eigentliche Brisanz erhielten die Auseinandersetzungen aber erst dadurch, dass sie sich in die Gesellschaft hinein ausweiteten und zu Kämpfen zwischen Weltanschauungen steigerten. Ein im Denken der Aufklärung wurzelndes liberales Welt- und Menschenbild stand einem religiös-klerikalen Deutungsmuster gegenüber. Aus liberaler Sicht blockierte die katholische Kirche den Fortschritt, während in den Augen frommer Katholiken der Liberalismus die sittlich-moralischen Grundlagen der Gesellschaft zerstörte.

Ultramontanismus und päpstliche Unfehlbarkeit

Prinzipiell konnten auch protestantische Kirchen in Kulturkämpfe verwickelt werden. Die katholische Kirche stand jedoch im Zentrum der Auseinandersetzungen, weil sie sich als universale Instanz begriff und dieses Selbstverständnis mit dem staatlich-nationalen Ordnungsmodell kollidierte. Die Unverträglichkeit spitzte sich zu mit Durchsetzung der ‚ultramontanen' Strömung innerhalb des Katholizismus seit den 1830er Jahren, einer Erneuerungsbewegung, die Klerus und Gläubige streng auf den Papst ‚jenseits der Berge' ausrichtete. Diese ‚Romhörigkeit' wirkte auf liberal-national denkende Kreise ebenso anstößig wie die demonstrativen Frömmigkeitsformen, die die Ultramontanen erfolgreich propagierten. Prozessionen und Wallfahrten erlebten einen neuen Aufschwung, Orden und Kongregationen wuchsen wieder stark an. Vorkämpfer und Symbol des Ultramontanismus war seit der Jahrhundertmitte Papst Pius IX. Mit dem Dogma der unbefleckten Empfängnis Marias von 1854 und dem Syllabus errorum von 1864, der eine lange Liste moderner ‚Irrtümer' verdammte, hatte er unter liberalen Zeitgenossen zunehmendes Befremden erregt. Es steigerte sich noch, als das Erste Vatikanische Konzil die Unfehlbarkeit des Papstes in Fragen der Glaubens- und Sittenlehre verkündete. Dieses Signal eines unbedingten Autoritätsanspruchs erging am 18. Juni 1870, dem Tag vor Beginn des Deutsch-Französischen Krieges. Fast zeitgleich kollabierte die weltliche Herrschaft des Papstes: Italien nutzte den Krieg, um die Reste des Kirchenstaats einzukassieren und Rom zu seiner Hauptstadt zu erklären, ein Ereignis, das romtreue Katholiken tief erschütterte.

Vor diesem Hintergrund setzte der deutsche Kulturkampf ein. Den Begriff prägte der prominente Berliner Mediziner und fortschrittsliberale Politiker Rudolf Virchow in einer Rede vor dem preußischen Abgeordnetenhaus, in der er die Papstkirche als antideutsche und potentiell staatsgefährdende Instanz anprangerte, die mit dem Unfehlbarkeitsdogma die Grenze des Hinnehmbaren überschritten habe. Denn es bedeute, dass für Katholiken die Loyalität gegenüber Rom höher rangieren müsse als die gegenüber dem eigenen Staat. Der schon lange schwelende Kulturkampf zwischen den Kräften des Fortschritts und den Trägern des ultramontanen Kirchengedankens sei daher nun zum offenen Krieg geworden.

Quelle

Rede des Abgeordneten Dr. Virchow, 17. 1. 1873:

„Wie ist die gegenwärtige Stellung nicht blos der katholischen Kirche, sondern auch der speciellen katholischen Partei, welche sich uns in Preußen als Trägerin dieses Kirchengedan-

Quelle

kens darstellt, zu Stande gekommen? Das ist in der That eine lange Geschichte. Wenn Sie sich, meine Herren, die Vergangenheit der katholischen Kirche vergegenwärtigen, so werden Sie nicht umhin können anzuerkennen, daß wir hier einen konsequent verfolgten Gedanken vor uns haben, der durch Jahrtausende hindurch sich fort und fort entwickelt hat [...]. Dieser päpstliche Gedanke, auf dem gegenwärtig die ganze katholische Kirche ruht, ist von seinem Anfange an mit dem deutschen Gedanken in Konflikt getreten. [...] die Hierarchie hat triumphirt, sie hat dann ihre weitere Entwickelung gemacht und sie hat sich mehr und mehr in diesen spezifisch dogmatischen Styl hineingelebt. Aber, meine Herren, sie hat zugleich von der Zeit an mehr und mehr den absonderlichen Charakter des Ultramontanismus angenommen. [...] ich sage Ihnen das nicht bloß, um hier mit einem kleinen Stück Gelehrsamkeit zu glänzen, sondern weil ich die Ueberzeugung habe, es handelt sich hier um einen großen Kulturkampf. [...] wir befinden uns schon gegenwärtig im offenen Kriege, das ist ja kein Zweifel, und dieser Krieg beruht unzweifelhaft auf jener letzten Formulirung des italienisch-päpstlichen Staats-Gedankens, der in der Infallibilität ausgedrückt ist."[39]

Deutung des Kulturkampfs als konfessioneller Gegensatz

Seinen besonderen Charakter erhielt der deutsche Kulturkampf dadurch, dass er sich mit der Reichsgründung und der konfessionellen Segmentierung der Gesellschaft überlagerte. Infolge dieser Konstellation erschien er in erster Linie als konfessioneller Gegensatz. Das protestantisch-liberale Bürgertum verstand sich selbst als Träger der Leitwerte der Nation, von Vernunft, Bildung und Wissenschaft, während es den Katholizismus pauschal als rückwärtsgewandt, abergläubisch und undeutsch wahrnahm. Um das Reich auf der Basis einer zeitgemäßen Nationalkultur zu integrieren, so die Überzeugung, müssten die Katholiken aus den Fängen des ultramontanen Klerus befreit und zu mündigen Bürgern erzogen werden. Die Katholiken andererseits sahen sich als bedrohte Minderheit. Ihre Wortführer prangerten in oftmals ebenso schrillen Tönen, wie sie die liberalen Kulturkämpfer anschlugen, Diskriminierung und Verfolgung an. Sie gründeten gleich 1870 das Zentrum, um die Rechte der Katholiken zu verteidigen, ein Schritt, der wiederum in den Augen der Liberalen, aber auch Bismarcks, provozierend wirkte: Diese Parteibildung schien die Nation gezielt entlang der Konfessionslinie zu spalten. Den Verdacht, dass das Zentrum reichsfeindliche Ziele verfolge, sahen sie dadurch bestärkt, dass es mit den nationalen Minderheiten und sogar mit den mehrheitlich protestantischen Welfen paktierte. Hinzu traten Spekulationen über eine mögliche Bedrohung von außen, durch eine Koalition katholischer Staaten, der die deutschen Katholiken als fünfte Kolonne dienen könnten.

Motive Bismarcks

Der Anteil der Liberalen, der Katholiken und Bismarcks bei Heraufbeschwörung des Kulturkampfs ist in der Forschung sehr kontrovers beurteilt worden, ja die Historiographie reproduziert zuweilen bis heute die damaligen Frontlinien.[40] Festzuhalten ist, dass alle drei Seiten ihren Beitrag leisteten. Viel diskutiert worden ist die Frage, warum Bismarck den antikatholischen Affekt der Liberalen aufgriff und seinerseits zum Feldzug gegen die katholischen ‚Reichsfeinde' blies. Obwohl er sich in öffentlichen Reden desselben martialischen Vokabulars bediente, war ihm der missionarische Eifer der Kulturkämpfer eigentlich fremd. Er hielt es jedoch für notwendig, die Kirchen der staatlichen Autorität unterzuordnen und den Einfluss zumal des katholischen Klerus auf das Volk zurückzudrängen. Dieser Einfluss in Kombination mit dem allgemeinen Wahlrecht drohte den politischen Katholizismus rasch zu einer starken Kraft und somit die Hoffnung auf loyale Reichstagsmehrheiten zunichte zu machen. Zudem war Bismarck über die wechselseitige Verstärkung von konfessioneller und nationaler Opposition in den polnischen Landesteilen besorgt. Für das taktische Bündnis mit den Nationalliberalen schließlich bot Bismarcks erster innenpolitischer ‚Präventivkrieg' einen willkommenen Kitt: Mittels der Berücksichtigung liberaler Vorstellungen in der Kirchenpolitik konnte er sich ihrer Kooperationsbereitschaft in anderen Fragen versichern.

Kulturkampfgesetze auf Reichsebene

Der Kulturkampf setzte kurz nach der Reichsgründung auf gesetzgeberischem Weg ein. Die Vorlagen kamen teils von der preußischen Regierung, teils gingen sie auf parlamentarische und teils sogar auf liberal-katholische Initiativen zurück. Letzteres gilt für den sogenannten Kanzelparagraphen vom Dezember 1871, den Bayern im Bundesrat angeregt hatte und der den Auftakt auf Reichsebene machte: Als Ergänzung zum Strafgesetzbuch bedrohte er Geistliche mit Freiheitsstrafen, die in Ausübung ihres Berufs „Angelegenheiten des Staates in einer den öffentlichen Frieden gefährdenden Weise zum Gegenstande einer Verkündigung oder Erörterung" machten, also ihre Stellung zur politischen Agitation nutzten.[41] Manchen Liberalen behagte diese Begrenzung des Rechts auf freie Meinungsäußerung zwar nicht, aber sie stimmten dennoch mehrheitlich für den Paragraphen. Im Juli 1872 folgte ein reichsweites Verbot des Jesuitenordnens, der den Liberalen seit jeher als besonders umtriebiger Stoßtrupp des Papstes galt. Ein weiteres Reichsgesetz vom Mai 1874 ermöglichte die Ausweisung von Geistlichen, die entgegen einem Gerichtsentscheid weiterhin Amtshandlungen vornahmen, und in gewissen Fällen sogar den Entzug der Staatsangehörigkeit, um auch Inländer des Reichs verweisen zu können – eine mit rechtsstaatlichen Grundsätzen unvereinbare Ausnahmebestimmung. Ferner führte ein Reichsgesetz vom Februar 1875 flächendeckend zivile Standesämter und die obligatorische Zivilehe ein.

Preußische Kulturkampfgesetze

Zum größeren Teil spielte sich die Kulturkampfgesetzgebung auf der Ebene der Einzelstaaten ab, da die Religions- und Bildungspolitik in ihre Zuständigkeit fiel. Nachdem Bayern und Baden bereits in den 1860er Jahren vorausgegangen waren, übernahm nun Preußen die Führung. Ein erster Schritt war hier im Juli 1871 die Auflösung der katholischen Abteilung im Kultusministerium, deren Einrichtung dreißig Jahre zuvor eine wichtige Konzession gegenüber der katholischen Minderheit gewesen war. Richtig in Fahrt kam der preußische Kulturkampf aber erst, als Anfang 1872 der liberal gesinnte Adalbert Falk an die Spitze des Kultusministeriums trat. Kurz darauf erging ein Schulaufsichtsgesetz, das die Aufsicht über alle Unterrichts- und Erziehungsanstalten zur Sache des Staats erklärte und autonome kirchliche Befugnisse auf diesem Gebiet aufhob. Weil das Gesetz eine Machtbastion auch der evangelischen Kirche berührte, war es den Konservativen ebenso unsympathisch wie dem Zentrum und passierte das Herrenhaus nur mit großer Mühe. Zusammen mit der im selben Jahr durchgedrückten neuen Kreisordnung belastete die Schulpolitik das Verhältnis der Konservativen zu Bismarck schwer. Auch für andere Kulturkampfgesetze konnten sie sich kaum erwärmen, deren Hauptstützen vielmehr die Liberalen und die Freikonservativen bildeten.

Während das Schulaufsichtsgesetz auf eine Trennung von staatlicher und kirchlicher Sphäre zielte, gingen die preußischen Maigesetze des Jahres 1873 erheblich weiter, indem sie die katholische Kirche selbst der staatlichen Kontrolle zu unterwerfen versuchten. Unter anderem begrenzten sie die kirchliche Disziplinargewalt über den Klerus, reglementierten die Priesterausbildung, führten ein obligatorisches Kulturexamen für angehende Geistliche ein und verpflichteten die Bischöfe dazu, alle Kandidaten für geistliche Ämter den staatlichen Behörden anzuzeigen, die ihr Veto einlegen konnten. Bei Verstößen drohten Geldstrafen und gegebenenfalls

Amtsenthebungen. Im Jahr darauf folgte ein Gesetz zur kommissarischen Verwaltung von Bistümern ohne staatlich anerkannten Amtsinhaber. 1875 sperrte der preußische Staat vorerst sämtliche Zahlungen an die katholische Kirche und verbot alle geistlichen Orden und Kongregationen, soweit sie sich nicht ausschließlich der Krankenpflege widmeten. Die Aufhebung der Artikel der preußischen Verfassung von 1850, welche die innere Autonomie der Kirchen verbürgt hatten, rundete das Programm ab.

Katholischer Widerstand

Der katholische Klerus reagierte mit passivem Widerstand: Die Kulturexamina wurden nicht abgelegt, Stellenbesetzungen nicht angezeigt, Geldstrafen nicht bezahlt. Amtsenthebungen, Inhaftierungen und Schließungen von kirchlichen Einrichtungen waren die Folge. Die vakanten Stellen nahmen rasant zu: Ende der 1870er Jahre waren fast ein Viertel der katholischen Pfarreien in Preußen und die Mehrheit der Bischofssitze nicht ordentlich besetzt. Es kam zu spektakulären Fällen wie dem des Kölner Erzbischofs Paul Melchers: Wegen unbezahlter Geldstrafen wurde Anfang 1874 sein Mobiliar gepfändet und er selbst für ein halbes Jahr ins Gefängnis gesteckt; bald darauf setzte er sich in die Niederlande ab und trat von dort aus unter Ignorierung seiner staatlichen Absetzung weiterhin als Erzbischof auf. Durch solche Unbeugsamkeit avancierten viele Geistliche zu gefeierten Helden der Gläubigen. Die altkatholische Kirche, die sich in Reaktion auf das Unfehlbarkeitsdogma abgespalten hatte, blieb hingegen eine marginale Erscheinung; es kam nicht, wie Bismarck gehofft hatte, zu einer breiten Abfallbewegung vom ultramontanen Katholizismus. Im Gegenteil: Die Reihen schlossen sich fest hinter der römisch-katholischen Kirche.

Kulturkampf und Volksfrömmigkeit

Religionsgeschichte ist lange primär als Kirchen- und Politikgeschichte betrieben worden, als Geschichte der kirchlichen Institutionen, Lehren und Organisationen sowie des Verhältnisses von Kirche und Staat. Dagegen sind sozial-, kultur- und mentalitätsgeschichtliche Fragestellungen von der deutschen Forschung erst seit den 1980er Jahren verstärkt aufgegriffen worden. Seither hat eine rasch wachsende Zahl von Untersuchungen die fortdauernd hohe gesellschaftliche Relevanz der Religion im 19. Jahrhundert aufgezeigt und verdeutlicht, dass es sich nicht so eindimensional um ein Zeitalter der Säkularisierung handelte, wie noch die modernisierungstheoretisch inspirierte Sozialgeschichte der 1970er Jahre annahm. Vielmehr war es durch die Gleichzeitigkeit von partieller Säkularisierung und religiösen Erneuerungsbewegungen – auch in Teilen des Protestantismus – geprägt, und resultierende Kollisionen festigten wiederum die konfessionellen Bindungen. Bei der Formierung des katholischen Milieus spielten die Geistlichen eine führende Rolle, aber der Kulturkampf setzte auch spontane Manifestationen der Volksfrömmigkeit frei. Ein eindrückliches Beispiel ereignete sich 1876 im saarländischen Marpingen: Auf die Kunde hin, dass drei Mädchen die Jungfrau Maria erschienen sei, strömten Zehntausende von Pilgern in den kleinen Ort, was den preußischen Staat und die Kirchenhierarchie gleichermaßen überrumpelte. David Blackbourn hat dem ‚deutschen Lourdes' eine Studie gewidmet, die das Wechselspiel von sozioökonomischer Modernisierung, Kulturkampf und Wunderglauben anschaulich rekonstruiert.

Die Verteidigung der Religion bot katholischen Bevölkerungsteilen zugleich ein Ventil für anders gelagerte Protestbedürfnisse, gegen die Obrigkeit, gegen liberale Honoratioren oder gegen protestantische Arbeitgeber. Trotz aller Erregung blieb der Widerstand jedoch weitestgehend gewaltlos. Dazu trugen ausdrückliche Ermahnungen seitens der Geistlichkeit bei, zumindest in manchen Regionen aber auch die staatlichen Behörden vor Ort, indem sie die Gesetze möglichst schonend in die Praxis umsetzen.

Unentschiedener Ausgang

Der Kulturkampf erwies sich bald als Fehlschlag. Das Zentrum wurde nicht geschwächt, vielmehr profitierte es gewaltig von der Solidarisierung der katholischen Bevölkerung mit der bedrängten Kirche. Bei den Reichstagswahlen von 1874 verdoppelte sich die Zahl der für dezidiert katholische Kandidaten abgegebenen Stimmen gegenüber 1871. Angesichts solch kontraproduktiver Effekte vollzog Bismarck Ende der 1870er Jahre eine Kurskorrektur. Erleichternd wirkte, dass Pius IX. 1878 starb und sein Nachfolger Leo XIII. sich wesentlich kompromissbereiter zeigte. Langwierige Verhandlungen mit der päpstlichen Kurie führten dazu, dass Preußen ab 1880 die meisten Kulturkampfgesetze abmilderte oder ganz zurücknahm. Die staatliche Schulaufsicht sowie die Anzeigepflicht für Ämterbesetzungen blieben zwar bestehen und die preußischen Verfassungsartikel aufgehoben. Ansonsten aber konnte die Kirche ihre innere Autonomie weitgehend zurückgewinnen, die meisten Orden und Kongregationen durften zurückkehren. Im Gegenzug erklärte sich die Kirche bereit, die

Abbildung 8: „In Liebe verbunden". Karikatur der Satirezeitschrift Ulk, 17. 2. 1887. Bismarck und der Papst sind innig vereint nach Beilegung des Kulturkampfes. Der Zentrumspolitiker Windthorst sieht es „mit Grausen".

verbliebenen Bestimmungen, wozu auch sämtliche Reichsgesetze gehörten, künftig zu respektieren.

Die Verständigung zwischen Berlin und Rom erfolgte über die Köpfe der deutschen Bischöfe und Zentrumspolitiker hinweg, die entsprechend verstimmt waren. Die katholische Partei war keineswegs gewillt, nunmehr ohne weiteres eine regierungsfreundliche Haltung einzunehmen, wie es der neue Papst von ihr erwartete und Bismarck erhoffte. Auch die Liberalen fühlten sich übergangen: Sie waren mit dem Abbau des Kulturkampfs nicht einverstanden, vielmehr war er ein Symptom für das Ende der liberalen Ära. Mit dem Ausgang konnte somit keine Seite glücklich sein, auch nicht die katholische Bevölkerung. Die Kirche und das Zentrum gingen zwar gestärkt aus dem Konflikt hervor. Der Preis war jedoch eine tiefe Spaltung der Gesellschaft entlang der Konfessionslinie, die zur Zeit der Reichsgründung so noch nicht bestanden hatte. Sie sollte lange nachwirken.

Literatur

Neuere Studien zu Katholizismus und Kulturkampf:

Anderson, Margaret Lavinia: *Windthorst. Zentrumspolitiker und Gegenspieler Bismarcks.* Düsseldorf 1988. [Englisch 1981; zeichnet ein recht modern-liberales Bild des Zentrums]

Blackbourn, David: *Wenn ihr sie wieder seht, fragt wer sie sei. Marienerscheinungen in Marpingen – Aufstieg und Niedergang des deutschen Lourdes.* Reinbek bei Hamburg 1997. [Englisch 1993]

Blaschke, Olaf/Kuhlemann, Frank-Michael (Hg.): *Religion im Kaiserreich. Milieus – Mentalitäten – Krisen.* Gütersloh 1996. [Mit Beiträgen auch zu theoretischen Konzepten und zu den anderen Konfessionen]

Clark, Christopher/Kaiser, Wolfram (Hg.): *Culture Wars. Secular-Catholic Conflict in Nineteenth-Century Europe*. Cambridge 2003.
Gross, Michael B.: *The War against Catholicism. Liberalism and the Anti-Catholic Imagination in Nineteenth-Century Germany*. Ann Arbor 2004.
Weber, Christoph: *„Eine starke, enggeschlossene Phalanx". Der politische Katholizismus und die erste deutsche Reichstagswahl 1871*. Essen 1992. [Betont die antimodern-ultramontanen Seiten des Zentrums]

4.2 Polen, Elsass-Lothringer, Dänen

Die polnische Minderheit

Seit den polnischen Teilungen des späten 18. Jahrhunderts lebte innerhalb Preußens eine starke Bevölkerungsgruppe polnischer Sprache und Kultur. Ihre Kerngebiete, Posen und Westpreußen, hatten nicht zum Deutschen Bund gehört, waren aber 1867/71 trotz polnischer Proteste zu integralen Bestandteilen des Reichs geworden. Mit rund 2,4 Millionen stellten die Polen die gewichtigste nationale Minderheit. Aufgrund ihres nationalen Selbstbewusstseins, ihrer überwiegend katholischen Konfession und der nie ganz erloschenen Hoffnung auf Wiederherstellung eines polnischen Staats nahmen sie eine ausgeprägte Außenseiterrolle ein. Dabei schaukelten sich Diskriminierungen und Separationsgelüste wechselseitig hoch.

Schul- und Sprachpolitik im Kontext des Kulturkampfs

Das Verhältnis zwischen polnischer Minderheit und preußischem Staat war schon in früheren Jahrzehnten nicht unproblematisch gewesen. Insgesamt aber hatte sich die Regierungspolitik relativ tolerant gezeigt, geprägt von der Auffassung, dass politische Loyalität auch unter Wahrung einer eigenen kulturellen Identität möglich sei. Nach der Reichsgründung ging diese Toleranz zusehends verloren. Der Kulturkampf bildete eine erste Etappe. Er zielte zwar nicht nur, aber doch besonders gegen den polnischen Klerus, der im Verdacht stand, die Bevölkerung aufzuwiegeln. Gleichzeitig ergingen diverse Bestimmungen zur Forcierung der sprachlichen Assimilation. So hatte der reguläre Volksschulunterricht seit 1872/73 auf Deutsch zu erfolgen, und das preußische Geschäftssprachengesetz von 1876 sowie das Gerichtsverfassungsgesetz des Reichs von 1877 erklärten Deutsch zur einzigen Amtssprache.

Die Kirchen-, Schul- und Sprachpolitik provozierte heftigen Widerstand. Statt die Assimilation voranzutreiben, beförderte der Staat ungewollt das polnische Nationalbewusstsein, das bislang eine Sache primär der Führungsschichten gewesen war, nun aber immer weitere Kreise zog. Das Erstarken der polnischen Opposition überzeugte die preußische Regierung wiederum davon, dass eine härtere Gangart nötig sei. Die Maßnahmen der 1870er Jahre können noch als Integrationsversuche gewertet werden, und sie gingen mit einer relativ großzügigen Einwanderungs- und Einbürgerungspolitik gegenüber ausländischen Polen einher. In den 1880er Jahren aber nahm die Minderheitenpolitik eine neue Qualität an. Sie schlug um in Versuche, den polnischen Bevölkerungsteil rigide einzudämmen.

Antipolnische Publizistik der 1880er Jahre

Der Kurswechsel erfolgte im Kontext einer anschwellenden polenfeindlichen Publizistik. Sie beschwor die Gefahr, dass der deutsche Osten immer mehr polonisiert und für die deutsche Nation verloren gehen würde, wenn energische Gegenmaßnahmen ausblieben. Zur Untermauerung dieses Szenarios verwies sie auf demographische Entwicklungen: Das ländliche Ostelbien erlebte eine starke Abwanderung, sowohl nach Übersee als auch in die Industrieregionen. Zwar war die polnische Minderheit ebenfalls an der Landflucht beteiligt. Dennoch wuchs ihr relatives Gewicht in den Ostprovinzen, zumal gleichzeitig die Einwanderung zunahm, nicht zuletzt weil viele Gutsbesitzer angesichts der knapp werdenden einheimischen Arbeitskräfte auf billige polnische Wanderarbeiter aus Russland und Galizien zurückgriffen. Die Publizistik überzeichnete diese Trends allerdings teils maßlos. Sie lud die Minderheitenproblematik mit einer völkisch-sozialdarwinistischen Logik auf und stilisierte sie zu einem nationalen Existenzkampf. Einer äußerst aggressiven Terminologie, obgleich bemäntelt mit dem Argument deutscher Notwehr, bediente sich beispielsweise der Berliner Philosoph Eduard von Hartmann, der in einem stark beachteten Aufsatz das Bild eines wechselseitigen Ausrottungskrieges von Slawentum und Deutschtum evozierte. Da das Deutschtum außerhalb des Reichs überall bedroht sei, müsse es wenigstens in seinem Inneren mit allen Mitteln behauptet werden.

Quelle

Eduard von Hartmann über Ausrottung, 1885:

„Da tritt uns sofort der Gedanke entgegen: wir müssen das deutsche Reichsgebiet germanisiren, wir müssen wenigstens in unserem eigenen Hause die unbedingte Herrschaft des Deutschthums sicherstellen, wenn wir es nicht hindern können, daß die deutsche Art in den Nachbarhäusern ausgerottet wird [...]. Wenn die Slaven das Deutschthum in ihren

Quelle

Grenzen ausrotten, so müssen wir Repressalien üben, d.h. das Slaventhum in unseren Grenzen ausrotten, wenn nicht der Einfluß des Deutschthums in der Geschichte der Culturvölker beträchtlich sinken soll. Die deutschen Brüder im Auslande können nicht verlangen, daß wir uns, um ihr Deutschthum zu retten, in Kriege und unhaltbare Eroberungen stürzen sollen, aber sie dürfen erwarten, daß das in ihnen gemordete Deutschthum, so viel an uns liegt, an anderer Stelle verjüngt wieder auferstehe, so lange noch irgend ein Fleck im deutschen Reichsgebiete vorhanden ist, der nicht als Träger national-deutscher Cultur dient."[42]

Massenausweisungen 1885/86

Bismarck sorgte sich weniger um das Deutschtum als um die politische Unzuverlässigkeit der Polen. Aber zur Rechtfertigung der nun einsetzenden drastischen Maßnahmen bediente auch er sich einer Rhetorik, die Ängste vor einer angeblichen slawischen Überflutung schürte. Im Jahr 1885 verfügte die preußische Regierung, dass alle nicht eingebürgerten Polen aus Russland und Österreich, die in den Provinzen Posen, Schlesien, Ost- und Westpreußen lebten, auszuweisen seien. Das waren insgesamt etwa 44.000 Menschen, von denen bis 1887 rund 31.000 tatsächlich ausgewiesen wurden.[43] Viele betroffene Familien lebten seit langem in Preußen, die Ehefrauen waren teils geborene Preußinnen; nun mussten sie das Land innerhalb kurzer Frist verlassen. Die Massenausweisung verstieß zwar nicht gegen positives Recht, wohl aber gegen europäische Gepflogenheiten, und entsprechend scharf war die internationale Kritik. Auch im Inland regte sich Protest. Der Reichstag verabschiedete im Januar 1886 eine Resolution, die die Abschiebeaktion missbilligte. Das preußische Ab-

Abbildung 9: „Noch ist Polen nicht verloren!" Karikatur der Zeitschrift Humoristische Blätter (Wien), 7. 2. 1886. Bismarck wirft dem österreichischen Ministerpräsidenten Taaffe Säcke mit Polen zu.

geordnetenhaus erließ allerdings mit den Stimmen von Nationalliberalen und Konservativen eine Gegenerklärung, die die Regierungspolitik begrüßte.

Preußisches Ansiedlungsgesetz 1886

Gleichzeitig verhängte die preußische Regierung ein weitgehendes Einwanderungsverbot gegen ausländische Polen, zum Leidwesen vieler Gutsbesitzer selbst gegen Saisonarbeiter, und verschärfte nochmals den germanisierenden Zugriff auf die Volksschulen der polnischsprachigen Gebiete. Hinzu trat ein Instrument, das das ‚deutsche Element' aktiv zu stärken versprach: Mit Gesetz vom April 1886 wurde eine staatliche Ansiedlungskommission geschaffen, die in Posen und Westpreußen Güter polnischer Besitzer aufkaufen, parzellieren und zu günstigen Konditionen an deutsche Siedler vergeben sollte. Die Germanisierungspolitik erhielt hiermit eine ganz neue Facette: Sie bezog sich nicht mehr auf die Eindeutschung polnisch geprägter Menschen, sondern des Siedlungsraums.

Ländliche Strukturpolitik und Verteidigung des Deutschtums

Das Ansiedlungsgesetz hatte zugleich eine strukturpolitische Dimension: Es sollte die Landflucht bremsen und in den von Großgrundbesitz geprägten Regionen die bäuerlichen Betriebe vermehren. Vor allem bürgerlichen Sozialreformern war dies ein dringendes Anliegen. So plädierte der Verein für Socialpolitik für eine noch viel umfassendere Förderung der sogenannten inneren Kolonisation, die nicht allein auf Kosten polnischer Güter gehen, sondern auch den Landanteil in Junkerhand reduzieren sollte. Trotzdem hatte das Gesetz in erster Linie eine antipolnische Stoßrichtung, und auch die bürgerlichen Sozialreformer waren keineswegs frei von nationalistischen Ressentiments. Der damals junge, später berühmte Max Weber beispielsweise, der um 1890 im Rahmen einer Enquete des Vereins für Socialpolitik eine Studie zu den ostelbischen Landarbeitern verfasste, analysierte einerseits mit wissenschaftlicher Akribie den agrarischen Strukturwandel und die soziale Lage der ländlichen Unterschichten. In seine Ergebnisinterpretation flossen andererseits antipolnische Topoi ein, wie sie in national gesinnten Kreisen mittlerweile fest verankert waren. Weber plädierte entschieden für die Ansiedlung deutscher Bauern und gegen die Wiederzulassung ausländisch-polnischer Wanderarbeiter, denn es gehe um einen „Kampf ums Dasein", um die „Verteidigung der östlichen Grenze des Deutschtums" gegen den fortgesetzten „Einbruch östlicher Nomadenschwärme", die den deutschen Osten „auf das Niveau einer tieferen, östlicheren Kulturstufe" herabzudrücken drohten.[44]

Eskalation des Nationalitätenkonflikts

In der Praxis erwies sich das Gesetz als nur mäßig erfolgreich, nicht zuletzt weil die polnische Bevölkerung rasch zu Gegenstrategien griff: Sie gründete ihrerseits Kreditgenossenschaften, um der Ansiedlungskommission beim Aufkauf von bankrotten polnischen Gütern zuvorzukommen oder deren Eigentümer finanziell zu stützen. Die Bodenpolitik erfüllte somit nicht ihren eigentlichen Zweck, trug aber mit zur Vergiftung des deutsch-polnischen Verhältnisses bei. Die staatlichen Maßnahmen der 1880er Jahre legitimierten, obgleich teils ungewollt, die aufkeimende deutschvölkische Bewegung, die bald – vor allem über den 1894 gegründeten Verein zur Förderung des Deutschtums in den Ostmarken – noch weit radikalere Germanisierungspostulate erhob. Die Polen wiederum reagierten mit zunehmend feindseliger Opposition gegen alles Deutsche. Polnischer und deutscher Nationalismus standen sich immer unversöhnlicher gegenüber.

Nationskonzepte und Minderheitenpolitik

Eine verbreitete Forschungsthese geht davon aus, dass es im modernen Europa zwei Entwicklungspfade des Nationalismus gab: In den früh gefestigten westeuropäischen Staaten habe sich ein politisches Konzept der Nation als Staatsnation durchgesetzt, in Mittel- und Osteuropa hingegen ein ethnisch-kulturelles Nationsverständnis als Abstammungsgemeinschaft. Diese zwei Pfade sind mit den Grundtypen des Staatsangehörigkeitsrechts assoziiert worden: Der westliche Typus sei das ius soli (Territorialprinzip), das die Integration von Fremden begünstige, während der östliche Typus des ius sanguinis (Blutsprinzip) auf deren Ausschluss ziele.[45] Studien zur Genese des Staatsangehörigkeitsrechts haben jedoch gezeigt, dass diese Auffassung nicht haltbar ist: Das ius sanguinis war nichts Östliches, verbreitete sich vielmehr vom revolutionären Frankreich aus über weite Teile Europas und strebte keineswegs per se ethnisch-kulturelle Homogenität an. Auch von der umfassenderen These eines östlichen und westlichen Nationalismus ist die neuere Forschung eher abgerückt. Allerdings mangelt es noch an vergleichenden Arbeiten zum Umgang mit Minderheiten im 19. Jahrhundert, und somit scheint die Frage weiterhin offen, ob sich im deutschen Fall bereits Besonderheiten zeigten, die auf die spätere Radikalisierung in Gestalt der NS-Volkstumspolitik voraus wiesen.

Die Problematik der zweitgrößten Minderheit, der rund 1,5 Millionen Elsass-Lothringer, war in einer wesentlichen Hinsicht völlig anders gelagert: Sie galten nicht als fremdes Volk, sondern als

Elsässer und Lothringer: „verlorene Söhne" der deutschen Nation

Deutsche, was denn auch den zentralen Rechtfertigungsgrund für die Annexion von 1871 abgab. Ihr deutsches Wesen wurde mit der ehemaligen Zugehörigkeit der fraglichen Gebiete zum Heiligen Römischen Reich Deutscher Nation begründet und mit deren traditioneller Deutschsprachigkeit, die vor allem auf dem Land noch fortlebte. Die betroffene Bevölkerung lehnte ihre Angliederung an das Deutsche Reich allerdings überwiegend ab, sie fühlte sich Frankreich zugehörig. Aus deutscher Perspektive mussten diese „verlorenen Söhne" der Nation, wie sie etwa Heinrich von Treitschke nannte, trotzdem zurückgewonnen werden.[46] Die Annexion stieß auf breite Zustimmung in allen politischen Lagern außer dem sozialistischen. Selbst Wortführer der Polen bezeichneten sie als gerechtfertigt: Denn „der durch die Vorsehung den Völkern aufgedrückte Stempel der Nationalität" sei ein „so unvertilgbares Merkmal", dass „es weder durch Jahrhunderte fremder Herrschaft verjähren noch durch den Willen des einzelnen Menschen selbst verleugnet werden kann."[47] Es ging aber nicht allein um Fragen der nationalen Identität. Ausschlaggebend waren, vor allem aus Sicht der Militärs, handfeste Macht- und Sicherheitsinteressen. Frankreich sollte nachhaltig geschwächt werden und das Grenzland als Puffer gegen künftige Angriffe dienen. Aus strate-

Selbsterhaltung.
Man muß der Bestie die Krallen abschneiden, damit man künftig Ruhe vor ihr hat.

Abbildung 10: „Selbsterhaltung". Karikatur der Zeitschrift Kladderadatsch, 4. 9. 1870. Bismarck schneidet der Bestie Frankreich die Krallen Elsass und Lothringen ab.

gischen Überlegungen annektierte das Reich auch rein französischsprachige Teile Lothringens mit der Festung Metz. Wirtschaftliche Gründe spielten hingegen zunächst kaum eine Rolle, obwohl es sich um ökonomisch starke Gebiete mit früh entwickelter Industrie und reichen Bodenschätzen handelte.

Option für Frankreich

In den Friedensverhandlungen hatte die französische Regierung vergeblich versucht, das Selbstbestimmungsrecht der Elsass-Lothringer mittels eines Plebiszits zu gewährleisten. Der Frankfurter Friedensvertrag räumte ihnen lediglich eine Optionsmöglichkeit ein: Bis Oktober 1872 konnten sie sich für die französische Staatsangehörigkeit entscheiden, mussten dann aber die annektierten Gebiete verlassen; wer blieb, wurde Angehöriger des Deutschen Reichs. Befeuert von pro-französischer Propaganda nahmen die demonstrativen Erklärungen für Frankreich kurz vor Ablauf der Frist den Charakter einer breiten Protestbewegung an. Zwar zogen bei weitem nicht alle Optanten die praktische Konsequenz und emigrierten. Etwa 110.000 setzten ihre Option aber um, und viele weitere Elsass-Lothringer gingen unabhängig von der formellen Frist. Vor allem erhebliche Teile des städtischen Bürgertums wanderten ab. An ihre Stelle rückte eine rasch wachsende Zahl ‚altdeutscher' Zuwanderer.

Rechtliche Sonderstellung des Reichslands

Nicht nur der Widerwille der Bevölkerung, die sich weiterhin nach Frankreich orientierte und zugleich einen ausgeprägten regionalen Eigensinn entwickelte, erschwerte die Integration Elsass-Lothringens. Die Reichsleitung trug ebenfalls zu einem anhaltenden Gefühl der Fremdheit bei, indem sie dem ‚Reichsland' den Status als gleichberechtigter deutscher Bundesstaat verweigerte. Auswärtige Beamte leiteten die Verwaltung, seit 1879 mit einem ‚Reichsstatthalter' an ihrer Spitze, der unmittelbar dem Kaiser unterstand. Zwar erhielt die Bevölkerung ein gewisses Mitspracherecht über einen Landesausschuss, aber bis 1911 keinen eigentlichen Landtag und keine Vertretung im Bundesrat. Soweit nicht neu erlassene Gesetze es ablösten, galt das französische Recht auf dem Stand von 1870 weiter. Von vielen Reichsgesetzen blieb das Reichsland lange ausgeklammert, während andere rasch Geltung erlangten und, wie etwa die Wehrpflicht, für zusätzlichen Unmut sorgten. Auch der Kulturkampf stimmte die zu 80 Prozent katholischen Elsass-Lothringer nicht versöhnlicher. Der Ausgang der ersten Reichstagswahl, an der sie 1874 teilnehmen konnten, war in diesem Kontext ein deutliches Signal: Unter ihren 15 Abgeordneten waren nicht weniger als zehn katholische Geistliche.

Schul- und Sprachpolitik

Die Schul- und Sprachpolitik der deutschen Verwaltung zielte, wie in den polnischen Gebieten, auf eine kulturelle Assimilation der Bevölkerung. Deutsch wurde bereits 1871/72 zur regulären Gerichts- und Behördensprache, 1874 zur Unterrichtssprache an den Volksschulen erklärt. Allerdings gingen die Behörden im Reichsland vergleichsweise behutsam vor. Lange Übergangsfristen und zahlreiche Ausnahmebestimmungen milderten die offiziellen Direktiven, Französisch blieb als zweite Sprache weithin toleriert. Zugleich verliefen die Germanisierungsbemühungen relativ erfolgreich: Aufbauend auf dem deutsch-elsässischen Dialekt setzte sich die Beherrschung der deutschen Hochsprache zunehmend durch, was aber nicht bedeutete, dass die Bevölkerung im gleichen Maß ihre politische Einstellung geändert hätte.

Die dänische Minderheit

Den dritten nationalen Spannungsherd des Kaiserreichs bildete Schleswig-Holstein, das 1866 von Preußen annektiert worden war. Die Bewohner Nordschleswigs, einige Hunderttausend Menschen, sprachen und fühlten überwiegend dänisch. Der Wiener Friedensvertrag von 1864 hatte ihnen die Möglichkeit zur Option für Dänemark eingeräumt, wobei die Frist wesentlich länger bemessen war als später für die Elsass-Lothringer, nämlich auf sechs Jahre. Ähnlich wie im Reichsland sorgte das Optionsrecht fortlaufend für Reibungen, weil die preußische Verwaltung verhindern wollte, dass Optanten zurückkehrten und als dänische Staatsbürger in ihrer alten Heimat lebten. Dabei ging es einerseits um die Frage des Militärdiensts, dem viele junge Männer auf diese Weise auszuweichen versuchten, und andererseits um das nationale Widerstandspotential der Rückkehrer, das die Assimilationsbemühungen untergrub. Vorerst entspannend wirkte hingegen, dass der preußisch-österreichische Friedensvertrag von 1866 zusätzlich ein Plebiszit über die staatliche Zugehörigkeit Nordschleswigs in Aussicht stellte, eine Klausel, die die Dänen der Vermittlung Napoleons III. zu verdanken hatten. Aber es kam nie zur Abstimmung, und 1878 hob Preußen im Einvernehmen mit Österreich die Klausel auf.

Seither verhärteten sich die Fronten. Auf der einen Seite gab die dänische Minderheit ihre Orientierung an Dänemark nicht auf, sondern entwickelte nun erst recht ein dänisches Nationalbewusstsein. Auf der anderen Seite reagierte der preußische Staat mit einer harten Ausweisungspraxis gegenüber unliebsam auffallenden dänischen Staatsbürgern, insbesondere auch gegenüber ehemaligen Optanten und ihren Kindern, sowie mit schul- und sprachpolitischen Maßnahmen, was wiederum dänische Abwehr mobilisierte. Allerdings gewann der Nationalitätenkampf in Nordschleswig nicht dieselbe Schärfe wie im polnischen Osten. Denn die Dänen bildeten zwar eine politische Oppositionskraft, und sie stellten sich offensiver gegen die deutsche Sprache als die Elsass-Lothringer. Aber sie waren weniger zahlreich, die konfessionelle Konfliktdimension entfiel, und vor allem betrachteten sich Deutsche und Dänen als relativ ebenbürtig. Es fehlten das sozioökonomische Gefälle und der latent rassistische Überlegenheitsdünkel, der die deutsche Einstellung gegenüber den Polen prägte.

4.3 Die Juden und der Antisemitismus

Die kleine religiöse Minderheit der Juden stellte im Jahr 1871 mit 512.000 grade mal 1,25 Prozent der Bevölkerung. 1890 war ihre absolute Zahl auf 568.000 gestiegen, ihr relativer Anteil aber auf 1,15 Prozent gesunken, und dieser Trend setzte sich in der Folge fort. Er erklärt sich vor allem aus dem Rückgang der Geburtenrate, der unter der jüdischen Bevölkerung früher und stärker einsetzte als im Durchschnitt der christlichen.

Akkulturation und Emanzipation

Die Deutschen jüdischer Konfession waren großteils den Weg der Assimilation oder, wie die neuere Forschung den Prozess treffender bezeichnet, der Akkulturation gegangen: Sie adaptierten Werte und Lebensformen ihrer nichtjüdischen Umwelt, glichen sich aber nicht bloß passiv an, sondern waren aktiv an der Herausbildung der bürgerlichen Kultur beteiligt. Sie waren ökonomisch und sozial sehr erfolgreich. Im Lauf des 19. Jahrhunderts gelang ihnen mehrheitlich der Aufstieg ins Bürgertum, und ein rasch wachsender Teil lebte in den Großstädten. So wuchs die Zahl der in Berlin wohnenden Juden von 36.000 zur Zeit der Reichsgründung auf 79.000 im Jahr 1890; in der Provinz Posen sank sie gleichzeitig von 62.000 auf 44.300. Juden waren unter den Selbständigen in Handel, Bankwesen und Industrie stark übervertreten, ebenso unter Rechtsanwälten, Ärzten, Journalisten und Künstlern. Sie stellten einen weit überproportionalen Anteil der Gymnasiasten und Studenten, und auch in der politischen Sphäre waren sie relativ stark präsent. So waren im Jahr 1881 immerhin acht von 397 Reichstagsabgeordneten jüdischer Konfession, darunter so prominente Figuren wie Eduard Lasker und Ludwig Bamberger, die beide zur Liberalen Vereinigung, also dem ehemaligen linken Flügel der Nationalliberalen gehörten. Nicht zufällig engagierten sich Juden meist im liberalen politischen Spektrum, denn die Abschaffung von Diskriminierungen aus religiösen Gründen war ein zentrales Prinzip des Liberalismus.

In der Reichsgründungszeit setzte sich dieses Prinzip weitgehend durch. Sämtliche in den Einzelstaaten bis dahin noch bestehenden rechtlichen Benachteiligungen fielen mit dem Gesetz des Norddeutschen Bundes von 1869 zur Gleichstellung der Konfessionen weg. Damit war der ein Jahrhundert zuvor begonnene Prozess der Judenemanzipation abgeschlossen. Die rechtliche Gleichstellung beendete zwar nicht alle realen Diskriminierungen. Gerade seitens der traditionellen Eliten blieb die Ausgrenzung rigide: Juden hatten so gut wie keinen Zugang zu Hofgesellschaft, Adel, Offizierkorps, Regierungs- oder hohen Verwaltungsämtern, und trotz formaler Gleichberechtigung stießen sie nach wie vor in weiten Teilen des Staatsdienstes auf Zurücksetzungen. Jüdische Akademiker zogen deshalb meist freie Berufe vor; einige ließen sich taufen, um ihre Karriere zu befördern. Auch im gesellschaftlichen Leben begegneten ihnen weiterhin Vorbehalte. In den liberal geprägten Reichsgründungsjahren schienen sie jedoch insgesamt an Bedeutung zu verlieren. Rechtliche Emanzipation, ökonomischer Erfolg und zunehmende Akzeptanz seitens der tonangebenden bürgerlich-urbanen Schichten waren die dominierende Erfahrung dieser optimistischen Aufbruchsphase. Entsprechend stark identifizierten sich die meisten Juden mit dem deutschen Nationalstaat.

Wirtschaftskrise und antijüdische Reaktion

Ab Mitte der 1870er Jahre änderte sich das gesellschaftliche Klima jedoch. Als beschleunigender Katalysator wirkte die mit dem Börsenkrach von 1873 einsetzende Wirtschaftskrise. Die liberale Politik der Reichsgründungszeit geriet nun ins Kreuzfeuer der Kritik, schien sie doch für die krisenhafte Entwicklung verantwortlich zu sein, und in die Kritik mischten sich scharfe antijüdische Angriffe. Der ökonomische Erfolg der Juden und ihre Assoziation mit dem Liberalismus machten sie zu einer bevorzugten Projektionsfläche für Schuldzuweisungen. Ein früher Protagonist der publizistischen Offensive war der Journalist Otto Glagau, der ab Dezember 1874 eine Artikelserie über den „Börsen- und Gründungsschwindel" in der populären Familienzeitschrift *Die Gartenlaube* veröffentlichte. Seine antiliberale Polemik gipfelte in der Verschwörungstheorie, dass die Juden alle Macht an sich gerissen hätten: „Die ganze Weltgeschichte kennt kein zweites Beispiel, daß ein heimatloses Volk, eine physisch wie psychisch entschieden degenerirte Race, blos durch List und Schlauheit, durch Wucher und Schacher, über den Erdkreis gebietet."[48] Nicht länger dürfe falsche Toleranz die Christen davon abhalten, gegen jüdische Anmaßungen vorzugehen.

Antiliberale und antijüdische Stimmungsmache kombinierte auch die konservative *Kreuzzeitung* in mehreren Artikeln, die im Sommer 1875 unter dem Titel „Die Ära Bleichröder, Delbrück,

Camphausen und die neudeutsche Wirtschaftspolitik" erschienen und als Ära-Artikel bekannt geworden sind. Sie attackierten Bismarcks Bündnis mit den Liberalen und unterstellten, dass eine Wirtschaftspolitik von und für Juden betrieben werde, was insbesondere auf Gerson von Bleichröder zielte, Bismarcks jüdischen Privatbankier.[49] Zahlreiche weitere Publizisten und Agitatoren stießen ins selbe Horn, das Kritik an sozioökonomischen Fehlentwicklungen mit judenfeindlichen Ressentiments verschmolz. Der evangelische Hofprediger Adolf Stoecker setzte ebenso auf die Zugkraft dieser Verbindung wie die angesehene katholische Zeitschrift *Germania*.

Antijudaismus und moderner Antisemitismus

Die judenfeindliche Agitation der Bismarckära rekurrierte überwiegend auf alt hergebrachte Vorurteile, die sich an der religiösen Differenz und an angeblichen Eigenschaften wie Geldgier und Hinterlist festmachten. Zugleich mischten sich jedoch spezifisch neue Elemente in die Argumentation, weshalb die 1870er Jahre als Entstehungsphase des modernen Antisemitismus gelten. Der Begriff Antisemitismus kam erst in dieser Zeit auf. Er wird dem Hamburger Journalisten Wilhelm Marr zugeschrieben, dessen 1879 erschienene Schrift *Der Sieg des Judenthums über das Germanenthum* ihn zumindest bekannt machte. Marr grenzte sich mit ihm vom religiösen Antijudaismus ab und stempelte die Juden zur fremden, ‚semitischen' Rasse. Der Begriff setzte sich rasch durch, nicht nur in Deutschland, um die rassistische Spielart der Judenfeindschaft zu bezeichnen. Radikale Antisemiten lehnten die Assimilation und Emanzipation der Juden ab, weil äußerliche Angleichung ihre innere Andersartigkeit nicht aufheben könne. Vielmehr gelte es, sie als Fremde kenntlich zu machen, um eine Unterwanderung der Mehrheitsgesellschaft zu verhindern. Pseudowissenschaftlich unterfüttert wurde der moderne Antisemitismus mit Rassentheorien, wie sie der Franzose Joseph Arthur de Gobineau seit den 1850er Jahren verbreitet hatte, und mit Schlagworten aus den Naturwissenschaften, vor allem der Darwinschen Evolutionsbiologie.

Berliner Antisemitismusstreit 1879/80

Die antijüdische Agitation der 1870er Jahre blieb zunächst von eher begrenzter Resonanz, aber auch ohne entschiedene Gegenstimmen. Das änderte sich mit dem sogenannten Berliner Antisemitismusstreit von 1879/80, der weit über die Reichshauptstadt hinaus enormes Aufsehen erregte.[50] Er war ein Signal dafür, dass judenfeindliche Stereotype in Gesellschaftskreise vordrangen, die ihnen gegenüber bislang als ziemlich immun gegolten hatten, nämlich das liberale Bildungsbürgertum. Auslöser der Kontroverse war ein Aufsatz, den der angesehene Berliner Geschichtsprofessor Heinrich von Treitschke Ende 1879 publizierte. Im Rahmen allgemeiner Reflexionen zur Lage der Nation wandte er sich der Frage zu, warum die Judenfeindschaft immer mehr um sich greife. Treitschke gab sich als distanzierter Beobachter, der die judenfeindliche Erregung bedauerte. Zugleich rechtfertigte er sie aber, indem er angeblich objektive Ursachen aufzählte, namentlich eine übermäßige Einwanderung osteuropäischer Juden, eine mangelnde Assimilationsbereitschaft eines Teils der deutschen Juden und ihr ungebührliches Streben nach Einfluss und Profit. Er betonte zwar abschließend, dass er die Emanzipation nicht zurückdrehen wolle. Indem er zahlreiche antijüdische Topoi einflocht und die Juden als fremdes, niemals völlig assimilierbares Element bezeichnete, leistete er aber jenen Schützenhilfe, die die Möglichkeit eines gedeihlichen Zusammenlebens bestritten. Treitschkes Artikel gilt denn auch als Wegmarke in der Genese des Antisemitismus, zumal er als Vertreter der akademischen Elite über großen Einfluss auf bildungsbürgerliche Kreise verfügte.

Quelle

Heinrich von Treitschke zur ‚Judenfrage', 1879:

„Unter den Symptomen der tiefen Umstimmung, welche durch unser Volk geht, erscheint keines so befremdend wie die leidenschaftliche Bewegung gegen das Judenthum. [...] Aber verbirgt sich hinter diesem lärmenden Treiben wirklich nur Pöbelroheit und Geschäftsneid? [...] Nein, der Instinkt der Massen hat in der That eine schwere Gefahr, einen hochbedenklichen Schaden des neuen deutschen Lebens richtig erkannt. [...] Die Zahl der Juden in Westeuropa ist so gering, daß sie einen fühlbaren Einfluß auf die nationale Gesittung nicht ausüben können; über unsere Ostgrenze aber dringt Jahr für Jahr aus der unerschöpflichen polnischen Wiege eine Schaar strebsamer hosenverkaufender Jünglinge herein, deren Kinder und Kindeskinder dereinst Deutschlands Börsen und Zeitungen beherrschen sollen [...]. Es bleibt aber ebenso unleugbar, daß zahlreiche und mächtige Kreise unseres Judenthums den guten Willen schlechtweg Deutsche zu werden durchaus

Quelle

nicht hegen [...]. Ueberblickt man alle diese Verhältnisse – und wie Vieles ließe sich noch sagen! – so erscheint die laute Agitation des Augenblicks doch nur als eine brutale und gehässige, aber natürliche Reaction des germanischen Volksgefühls gegen ein fremdes Element, das in unserem Leben einen allzu breiten Raum eingenommen hat. [...] Bis in die Kreise der höchsten Bildung hinauf, unter Männern, die jeden Gedanken kirchlicher Unduldsamkeit oder nationalen Hochmuths mit Abscheu von sich weisen würden, ertönt es heute wie aus einem Munde: die Juden sind unser Unglück!"[51]

Der Artikel, dem Treitschke weitere Publikationen mit noch schärferen Aussagen folgen ließ, blieb allerdings nicht unwidersprochen. Zunächst waren es vor allem jüdische Gelehrte, Publizisten und Politiker, die dagegen hielten. Ende 1880 bezogen jedoch auch Nichtjuden Stellung, so vor allem mittels einer öffentlichen Erklärung mehrerer Dutzend prominenter Persönlichkeiten, die in Berliner Tageszeitungen erschien. Sie verurteilte es entschieden, dass in „unerwarteter und tief beschämender Weise [...] der Racenhaß und der Fanatismus des Mittelalters wieder ins Leben gerufen und gegen unsere jüdischen Mitbürger gerichtet" würden. Zwar nannte sie keine Namen, zielte aber deutlich gegen Stoecker und Treitschke mit der Bemerkung, dass Männer an Lessings Vermächtnis der Toleranz rüttelten, „die auf der Kanzel und dem Katheder" das Gegenteil tun sollten.[52] Der renommierte Althistoriker Theodor Mommsen, der zu den Mitunterzeichnern der Erklärung gehörte, griff nun ebenfalls zur Feder und kritisierte seinen Professorenkollegen auf publizistischem Weg. Die beiden standen sich eigentlich nahe, nicht nur beruflich, sondern auch durch ihre Verbundenheit mit der Nationalliberalen Partei, die Treitschke aber im Sommer 1879 verlassen hatte. Der Antisemitismusstreit war somit auch ein Symptom der sich gleichzeitig vollziehenden Parteispaltung und der Erosion des früheren Konsenses über nationalliberale Werte.

Antisemitenpetition

Die Intervention von Repräsentanten des bürgerlichen Establishments hatte wesentlich damit zu tun, dass die antijüdische Agitation mittlerweile von der publizistischen Ebene auf die praktische Politik und die Universitäten ausstrahlte. Eine von antisemitischen Aktivisten im August 1880 lancierte Petition beschwor die Gefahr, welche dem deutschen Volkstum durch die „Fremdherrschaft" eines semitischen „Stammes" drohe, und forderte konkrete Gegenmittel, unter anderem ein weitgehendes Verbot der Einwanderung von Juden und ihren Ausschluss von bestimmten beruflichen Positionen, also eine partielle Zurücknahme der rechtlichen Emanzipation.[53] Großen Anklang fand die Petition nicht zuletzt unter der akademischen Jugend. Dass Berliner Studenten für die Petition warben und sich dabei auf Treitschke beriefen, war ein zentraler Grund für Mommsen und andere Professoren, ihrerseits öffentlich Position zu beziehen. Dem Erfolg der Antisemitenpetition tat das keinen Abbruch: Sie konnte dem Reichskanzler im April 1881 mit rund 250.000 Unterschriften übergeben werden.

Maßnahmen gegen die ostjüdische Zuwanderung

Die Regierung ging offiziell nicht auf die antijüdische Agitation ein. Anlässlich einer Debatte im preußischen Abgeordnetenhaus erklärte sie Ende 1880 bloß, nichts an der rechtlichen Gleichstellung der Konfessionen ändern zu wollen. Auf die Petition reagierte sie weder im ermutigenden noch im verurteilenden Sinn. Allerdings kam sie zumindest indirekt einer der Forderungen entgegen. Die Verwaltungspraxis gegenüber ostjüdischen Zuwanderern wurde in den 1880er Jahren erheblich restriktiver, und zwar in gleichem Maß wie gegenüber den russischen und galizisch-österreichischen Polen: Die von den Massenausweisungen der Jahre 1885/86 betroffenen Ausländer waren effektiv zu rund einem Drittel jüdischer Konfession. Vorangegangen war im Sommer 1884 bereits eine Ausweisungswelle gegen mehrere Hundert russische Juden aus Berlin. Zwar unterband Preußen anschließend die Neuzuwanderung von Juden nicht komplett, aber die Einbürgerungsraten sanken drastisch. Es ist nicht davon auszugehen, dass die preußische Regierung ihre restriktivere Haltung als Konzession an die Antisemiten verstanden wissen wollte. Diese konnten sich aber dennoch partiell bestätigt und somit legitimiert fühlen.

Antisemitismus und jüdische Reaktionen

Nach einem vorübergehenden Abflauen der antisemitischen Bewegung Mitte der 1880er Jahre kam es gegen Ende des Jahrzehnts zu einer neuen Gründungswelle von Organisationen, die bei den Reichstagswahlen um 1890 erhebliche Erfolge erzielten. Diese erwiesen sich zwar als Strohfeuer, bald zerfielen die Antisemitenparteien wieder zu irrelevanten Splittergruppen. Als Denkmuster aber hatte sich der Antisemitismus in erheblichen Teilen der Gesellschaft fest verankert, und in wirtschaftlichen Interessenorganisationen, studentischen Verbindungen oder den um 1890 entstehenden nationalistischen Agitationsverbänden spielte er eine zentrale Rolle. Für das jüdische Bürgertum war die

Renaissance des Antisemitismus eine große Enttäuschung, aber sie mobilisierte auch Gegenwehr. 1890 entstand ein überkonfessioneller, liberal inspirierter Verein zur Abwehr des Antisemitismus, dem sich viele prominente Mitglieder anschlossen. 1893 folgte die Gründung des Central-Vereins deutscher Staatsbürger jüdischen Glaubens, der rasch eine breite Basis gewann und, wie sein Name signalisierte, dezidiert für die Zugehörigkeit der Juden zur deutschen Nation eintrat. Andererseits reagierten Teile des Judentums auf den Antisemitismus, indem sie sich auf die eigene jüdische Identität zurückbesannen und somit das Assimilationsparadigma, das gerade auch für liberale Verteidiger der jüdischen Gleichberechtigung immer leitend gewesen war, infrage stellten. Noch einen entscheidenden Schritt weiter in diese Richtung ging die zionistische Bewegung, die sich in den 1890er Jahren zu formieren begann und einen eigenständigen jüdischen Nationalismus mit dem Fernziel eines jüdischen Staats in Palästina verfocht. Es war aber nur eine kleine Minderheit unter den deutschen Juden, die sich mit dem Zionismus identifizierte. Die große Mehrheit verstand sich weiterhin als zugehörig zur deutschen Nation, trotz aller Anfechtungen aus Teilen der Gesellschaft.

Literatur

Zu den nationalen Minderheiten und den Juden:

Hahn, Hans Henning (Hg.): *Nationale Minderheiten und staatliche Minderheitenpolitik in Deutschland im 19. Jahrhundert*. Berlin 1999.

Jensen, Uffa: *Gebildete Doppelgänger. Bürgerliche Juden und Protestanten im 19. Jahrhundert*. Göttingen 2005. [Ein Schwerpunkt liegt auf dem Antisemitismusstreit]

Krieger, Karsten (Bearb.): *Der „Berliner Antisemitismusstreit" 1879-1881. Eine Kontroverse um die Zugehörigkeit der deutschen Juden zur Nation*. Kommentierte Quellenedition. 2 Bde. München 2003.

Meyer, Michael A. (Hg.): *Deutsch-jüdische Geschichte in der Neuzeit*, Bd. 3: *Umstrittene Integration 1871-1918*. München 1997.

Reinke, Andreas: *Geschichte der Juden in Deutschland 1781-1933*. Darmstadt 2007.

Rimmele, Eva: *Sprachenpolitik im Deutschen Kaiserreich vor 1914. Regierungspolitik und veröffentlichte Meinung in Elsaß-Lothringen und den östlichen Provinzen Preußens*. Frankfurt am Main u.a. 1996.

Sieg, Ulrich: *Deutschlands Prophet. Paul de Lagarde und die Ursprünge des modernen Antisemitismus*. München 2007.

Wirtschaftliche Entwicklungen 5.

Der wohl grundlegendste Umwälzungsprozess des 19. Jahrhunderts ging vom ökonomischen Sektor aus: Die Industrialisierung veränderte nicht nur die gewerbliche Produktionsweise, sie formte die gesamte Sozialstruktur um und berührte sämtliche Lebensbereiche. Die Herausbildung der modernen Industriegesellschaft war ein komplexer, langfristiger und umfassender Prozess, der sich auf transnationaler Ebene vollzog und zugleich regional höchst differenziert verlief. Es ist ein einigermaßen problematisches Unterfangen, ihn anhand eines kurzen Zeitabschnitts von zwanzig Jahren und eines einzelnen, aber regional sehr vielgestaltigen Nationalstaats auf wenigen Seiten darstellen zu wollen. Darum soll es im Folgenden weniger um die übergreifenden, allgemeinen Entwicklungstrends gehen als vielmehr um einige spezifische Phänomene, die in der Bismarckära besonders deutlich hervortraten und auf Politik und Gesellschaft prägend einwirkten. Dazu gehörten erstens die heftigen Konjunkturausschläge, zweitens der Umschwung in der Wirtschaftspolitik Ende der 1870er Jahre und drittens die stark intensivierte Binnenmigration.

Gründerboom und Gründerkrise 5.1

Die Reichsgründung fiel zusammen mit einem stürmischen Entwicklungsschub im Prozess der Industrialisierung. Diese hatte eine lange Vorgeschichte: Protoindustrielle Veränderungen im gewerblichen Sektor, die zu einer arbeitsteiligen Massenproduktion für überregionale Märkte führten, reichten teils weit in die Frühe Neuzeit zurück, und der Übergang zur fabrikmäßigen Produktion unter Einsatz von Maschinen und fossilen Energiequellen hatte in manchen Regionen bereits um die Wende zum 19. Jahrhundert eingesetzt. Aber als Prozess auf breiter Front, der das relative Gewicht des sekundären, gewerblichen Sektors nachhaltig zulasten des Agrarsektors ausdehnte, die Arbeitsproduktivität kontinuierlich steigerte und das gesamtwirtschaftliche Wachstum kräftig beschleunigte, setzte sich die Industrialisierung in Deutschland erst ab der Jahrhundertmitte durch. Seither gewann sie rasch an Fahrt und kulminierte in der Reichsgründungszeit in einem beispiellosen Boom.

Industrialisierung und Industrielle Revolution

Ob der Begriff der Industriellen Revolution geeignet sei, um die ökonomische Entwicklung des 19. Jahrhunderts zu charakterisieren, ist in der neueren Wirtschaftgeschichte umstritten. Dagegen ist eingewendet worden, dass er das Bild eines abrupten Umbruchs evoziere, wohingegen es sich effektiv um einen lang gestreckten, regional disparaten Strukturwandel gehandelt habe. Wenn aber an der Bezeichnung Industrielle Revolution festgehalten wird, dann wird sie für Deutschland meist auf die Zeit zwischen den 1840er Jahren und 1873 angesetzt. In dieser Phase erlebte die Wirtschaft ihren industriellen „take-off“[54], verstanden als Durchbruch zu einem dauerhaften, sich selbst tragenden Wachstum. Zwar sind scheinbar exakte gesamtwirtschaftliche Wachstumsraten, wie sie die quantifizierende Wirtschaftsgeschichte präsentiert, stets mit einer gewissen Vorsicht zu betrachten. Denn Berechnungen müssen von der lückenhaften und heterogenen Datenbasis ausgehen, die zeitgenössische Statistiker mit zumeist anderen Absichten und Methoden erhoben, als es heutige Makroökonomen tun. Trotzdem kann als gesichert gelten, dass sich der Industrialisierungsprozess um die Mitte des 19. Jahrhunderts markant beschleunigte und insofern einen revolutionären Charakter annahm.

Leitsektoren, Industrieregionen, Industrialisierungsstadien

Während im frühen 19. Jahrhundert Konsumgüterbranchen, vor allem die Textilgewerbe, beim Übergang zur industriellen Produktionsweise vorangegangen waren, rückte nun die Schwerindustrie in den Vordergrund, maßgeblich vorangetrieben durch den explosiven Ausbau des Eisenbahnnetzes. Bergbau, Eisen- und Stahlerzeugung sowie der Maschinenbau wurden zu den Leitsektoren der industriellen Entwicklung, und dementsprechend verlagerte sich ihr Schwerpunkt an die Standorte, die über den wichtigsten Rohstoff verfügten: In den Steinkohlenrevieren war die energieintensive Metallerzeugung am günstigsten. Das Ruhrgebiet verwandelte sich seit der Jahrhundertmitte rasant in das dynamischste Industriegebiet Deutschlands, auch an der Saar und in Oberschlesien entstanden schwerindustrielle Ballungszonen. Seit den 1870er Jahren diversifizierte sich die Industriestruktur stärker, innovative Branchen wie die elektrotechnische und die chemische Industrie begannen ihren Aufstieg zu neuen Leitsektoren, und der wirtschaftliche Strukturwandel griff in der Fläche weiter aus. Die stürmische Periode der Industriellen Revolution ging über in das Stadium der Hochindustrialisierung.

Aufstieg zur wirtschaftlichen Großmacht

Das wirtschaftliche Wachstum verlief tendenziell rascher als in anderen Teilen Europas. Noch in den 1860er Jahren lag die industrielle Leistungsfähigkeit der deutschen Staaten weit hinter der des Pionierlands Großbritannien, aber auch Frankreichs zurück. Schon um 1880 hatte das Deutsche Reich Frankreich über-

Abbildung 11: Der deutsche Pavillon auf der Weltausstellung in Wien, 1873. Das Reich präsentiert seine industrielle Leistungsfähigkeit.

holt, und bis zum Ersten Weltkrieg sollte es auch Großbritannien überrunden. Zwar bedeutet das nicht unbedingt, dass der Umbruch zur Industriegesellschaft abrupter erfolgte, denn der Agrarsektor expandierte ebenfalls und behielt noch lange ein erhebliches Gewicht. Wohl aber stieg der junge Nationalstaat sehr rasch zu einer führenden Wirtschaftsmacht auf, was sein Selbstbewusstsein bestärkte. Allerdings nahmen keineswegs alle Menschen den ökonomischen Wandel als Fortschritt wahr, viele erlebten ihn als Quelle von Unsicherheit, Statusverlust und gesellschaftlicher Instabilität. Dies umso mehr, als die wirtschaftliche Entwicklung zwar tendenziell aufwärts verlief, aber von heftigen Wellenbewegungen gekennzeichnet war.

Konjunkturschwankungen

Bis zur Jahrhundertmitte war der Konjunkturverlauf in erster Linie von den agrarischen Ernteerträgen abhängig gewesen. Seither gingen die prägenden Impulse vom industriellen Sektor aus, wobei zunehmende weltwirtschaftliche Verflechtungen für transnationale Koppelungseffekte sorgten. Ende der 1850er Jahre hatte eine erste moderne Weltwirtschaftskrise den industriellen Aufschwung kurzzeitig unterbrochen. In den 1860er Jahren verlief das Wachstum recht stetig und mündete nach 1866 in eine Hochkonjunktur, die in Deutschland mit der Reichsgründung zusammenfiel und von ihr zusätzlich angeheizt wurde: Die siegreichen Kriege, die liberale Gesetzgebung, der Zusammenschluss zu einem einheitlichen Wirtschaftsraum schufen günstige Rahmenbedingungen und ein außerordentlich optimistisches Klima. Auch die französischen Reparationen, die bis Mitte 1873 komplett abbezahlt waren, spielten eine gewisse, obgleich untergeordnete Rolle, indem sie die Liquidität auf dem Kapitalmarkt erhöhten.

Gründerzeit

Die Jahre zwischen 1867 und 1873 waren eine Gründerzeit im doppelten Sinn: Die Reichsgründung ging einher mit einer spektakulären Welle von Unternehmensgründungen und wirtschaftlichen Aktivitäten aller Art. Vor allem der Eisenbahnbau und die Schwerindustrie legten nochmals gewaltig zu. Die enorme Produktionssteigerung trieb die Nachfrage nach Kapital und Rohstoffen, diese wiederum die Preise und Gewinne in die Höhe. Ein regelrechtes Spekulationsfieber griff um sich: Wer immer flüssige Mittel hatte, versuchte, über den Erwerb von Aktien und Anleihen an den hohen Profitraten teilzuhaben. Auch im Finanzsektor boomten die Investitionen: Zwischen 1871 und 1873 entstanden mehr als hundert Aktienbanken, eine hektische Entwicklung, die von der Liberalisierung des Aktienrechts 1870 wesentlich begünstigt wurde. Terrain- und Baugesellschaften, die angesichts des rasanten Städtewachstums hohe Renditen versprachen, zogen ebenfalls große Summen an. Insgesamt floss während der Gründerjahre weit mehr Kapital in Aktiengesellschaften als in den vorangegangenen zwei Jahrzehnten.

Zahlreiche Börsengeschäfte dieser Jahre waren hochspekulativ. Dennoch war der Gründerboom keine reine Spekulationsblase, viel Geld wurde auch in die Neugründung und Erweiterung von produktiven Unternehmen investiert. Entsprechend stark wuchs die Nachfrage nach Arbeitskräften, mit der Folge, dass nicht nur Kapitalbesitzer von der Hochkonjunktur profitierten, sondern auch die Löhne kräftig stiegen. Zwar zogen zugleich die Lebenshaltungskosten an, trotzdem verbesserte sich die materielle Lage der breiten Bevölkerung in vielen Regionen merklich. Große Teile der Gesellschaft erlebten die Gründerjahre als eine Zeit des positiven Wandels und der hochgesteckten Zukunftserwartungen, was ihre Zustimmung zu den politischen Veränderungen unterstützte.

Gründerkrach

Mitte der 1870er Jahre endete die allgemeine Prosperität jedoch abrupt. Erstes Vorzeichen war der Wiener Börsenkrach vom Mai

1873, auf den ein Einbruch in New York folgte. Im Deutschen Reich ging das Gründerfieber vorerst noch weiter, bis die Zahlungsunfähigkeit einer Berliner Bank im Oktober 1873 auch hier die Wende einleitete. Nun machte sich Panik unter den Anlegern breit. Zunächst war vor allem der Finanzsektor betroffen, etliche Kreditinstitute mussten ihre Schalter schließen. Bald zog die Krise immer weitere Kreise. Die zuvor in die Höhe getriebenen Aktienkurse kollabierten, die Investitionen versiegten, an frisches Kapital war kaum noch zu gelangen, und in diversen Branchen zeigten sich nun die Folgen einer übermäßig expandierten Produktion, die mit dem Wegbrechen der Nachfrage unverkäuflich wurde. Viele Firmen, die über keine Rücklagen zur Überbrückung von Absatzstockungen und Liquiditätsengpässen verfügten, machten bankrott, darunter zahlreiche Neugründungen des vergangenen Booms, die sich nun als wenig solide erwiesen. Große Vermögen und kleine Ersparnisse, die Bürgerfamilien an der Börse angelegt hatten, lösten sich in Luft auf. Der überschäumende Optimismus der Gründerjahre kippte in Existenzängste um.

Große Depression oder kleine Konjunkturdelle?

Der Einbruch von 1873 leitete eine neue Phase der wirtschaftlichen Entwicklung ein, für die Hans Rosenberg in den 1960er Jahren den Begriff der Großen Depression in die deutsche Historiographie eingeführt hat. Er interpretierte sie als den Abschwung einer langen Konjunkturwelle, eines sogenannten Kondratieff-Zyklus, der bis 1896 gedauert habe.[55] Unterdessen hat die Forschung diese Deutung revidiert. Einerseits ist die Theorie der langen Wellen insgesamt stark angezweifelt worden. Andererseits hat die quantifizierende Wirtschaftsgeschichte betont, dass die gesamtwirtschaftliche Bedeutung des Einbruchs von 1873 nicht überschätzt werden dürfe. Zwar war der Verfall von Aktienkursen und Preisen spektakulär, und die Deflation hielt geraume Zeit an. Aber die Substanz der Wirtschaft habe kaum gelitten: Ihr reales Wachstum setzte sich, trotz etwas abgeflachter Raten, praktisch ungebrochen fort. Aus makroökonomischer Perspektive hat sich die Annahme einer Großen Depression somit erledigt. Für die sozial-, politik- oder kulturgeschichtliche Forschung sind jedoch nicht allein die objektiven Wirtschaftsdaten von Interesse. Relevanter ist die Frage, inwieweit die Entwicklung zeitgenössisch als krisenhaft wahrgenommen wurde. Bereits Hans Rosenberg ging es vor allem um die mentalen und politischen Konsequenzen, und in dieser Hinsicht brachte der Einbruch von 1873 weit mehr als eine kleine Konjunkturdelle.

Wenn gesamtstaatliche Produktionsziffern betrachtet werden, erscheint der Konjunktureinbruch tatsächlich recht unbedeutend. So sank die Roheisenerzeugung von ihrem Höhepunkt mit 2,2 Millionen Tonnen im Jahr 1873 nur knapp unter 2 Millionen Tonnen und hatte 1879 den Stand von 1873 wieder erreicht. Bei der Steinkohlenförderung war die Wachstumsdelle noch schwächer und bereits 1875 überwunden. Den Aufstieg Deutschlands zur Industrienation bremste der Gründerkrach kaum. Dennoch hatte er dramatische Folgen.

Soziale Folgen der Krise

Katastrophal waren die unmittelbaren Auswirkungen für Hunderttausende von Arbeiterfamilien. In vielen Industriezentren setzten ab Mitte der 1870er Jahre Massenentlassungen und drastische Lohnkürzungen ein. Teils waren sie durch Firmenzusammenbrüche und vorübergehende Produktionsdrosselungen verursacht, teils dadurch, dass die Unternehmer mit allen Mitteln die Produktionskosten zu senken versuchten. Rationalisierungsmaßnahmen lösten zwar einen Innovationsschub aus, gingen aber zunächst oft zulasten der Beschäftigten. So konnten praktisch stabile oder sogar steigende Produktionsziffern mit einer extrem verschlechterten Lage auf dem Arbeitsmarkt einhergehen. Nachdem sich der Lebensstandard der Unterschichten in den vorangegangenen zwei Jahrzehnten tendenziell verbessert hatte, brachte die Krise einen massiven Rückschlag. Die Armut nahm in den späten 1870er Jahren vielerorts wieder krasse Formen an, wie beispielsweise der Nationalökonom Alphons Thun aus der Industriestadt Aachen berichtete.

Quelle

Alphons Thun über die soziale Not in Aachen, 1879:

„Die Glanzzeit, die Krisis und die Noth, – sie bilden das welthistorische Drama, anhebend in grossartigster Weise im Jahre 1870, den zauberischen Höhepunkt im Jahre 1873 erreichend und sein Ende findend in Schrecken und Vernichtung. [...] Die Krisis hat fürchterlich unter dem Arbeiterstande gewüthet. Alle wohlgesinnten Männer, welcher Partei sie auch angehören mögen, können ihr Erstaunen darüber nicht bemeistern, dass die Arbeiter noch überhaupt existiren können, und sie grübeln, wie dieselben es wohl anstellen mögen, sich durch's Leben zu schlagen. Mir scheint das Räthsel unschwer zu lösen: Die Ausgaben sind auf das rein physische Minimum reducirt; nur ein schützendes Dach und ein gewisses minimales Quantum an Nahrung, wie Cichorienwasser, Brot und Erdäpfel, müssen beschafft werden; alle übrigen Bedürfnisse bleiben unberücksichtigt. Die in guten Zeiten angeschafften Kleider, Wäsche und Möbel wandern in eines der 21 florirenden Pfandhäuser, und nur eine dürftige Hülle, bestehend in Hemd, Hose und schäbigem Rock, deckt die abgemagerten Glieder; im Winter wird gefroren und Abends im Dunkeln oder auf der Armensünderbank in der Kneipe gesessen, wo es hell und warm ist; die Kinder kommen in die Freischule, und die Steuern müssen erlassen werden; denn wo nichts ist, haben Kaiser und Oberbürgermeister ihr Recht verloren."[56]

Die akute Krise auf dem industriellen Arbeitsmarkt war um 1880 überwunden, aber die sozialen Folgen wirkten noch länger nach. Arbeiterfamilien, die ihren gesamten Besitz versetzt hatten, konnten sich nur allmählich materiell erholen. Nach einem weiteren kurzen Rückschlag Mitte der 1880er Jahre begann sich die Konjunktur erst in der zweiten Hälfte des Jahrzehnts wieder kräftig aufwärts zu bewegen, bevor sie Anfang der 1890er Jahre einen erneuten Dämpfer erhielt. Für die Konsumenten hatte die mit dem Gründerkrach einsetzende Deflation immerhin den Vorteil, dass die Lebenshaltungskosten auf einem mäßigen Niveau verharrten.

Strukturkrise des Agrarsektors

Der Preisverfall schmälerte andererseits die Einkommen der Produzenten, namentlich auch der Landwirte, die in den 1870er Jahren ebenfalls in Bedrängnis gerieten. Die vorangegangenen Jahrzehnte waren für sie sehr günstig verlaufen. Die starke Nachfrage seitens einer rasch wachsenden und an Wohlstand gewinnenden Bevölkerung bot gute Absatzmöglichkeiten zu hohen Preisen im In- und Ausland. Die Produktion expandierte, viele Landwirte investierten in die Modernisierung ihrer Betriebe. Doch zugleich rutschte die Agrarwirtschaft, besonders der ostelbische Getreideanbau, in strukturelle Schwierigkeiten, ausgelöst durch internationale Entwicklungen: Große Mengen amerikanischen und russischen Getreides drängten auf den Weltmarkt, das resultierende Überangebot ließ die Preise absacken.

In ihrem Status zusätzlich bedroht fühlten sich die Agrarier durch den relativen Bedeutungsverlust der Landwirtschaft gegenüber der Industrie. Zumal die adeligen Gutsbesitzer, die seit jeher die staatstragende Elite Preußens gestellt hatten, sahen ihre ökonomische Basis in Gefahr. Mit dem in den Gründerjahren gewaltig vermehrten Reichtum führender Industrieller und Bankiers konnten viele nicht mehr mithalten. Das aufstrebende Großbürgertum, das die Gründerkrise insgesamt relativ unbeschadet überstand, demonstrierte seinen Wohlstand nicht nur in den Städten; selbst in Ostelbien, dem Stammland der Junker, gingen immer mehr Landgüter in bürgerliche Hand über. Aufgrund des adelig anmutenden Lebensstils mancher Unternehmerfamilien hat die Forschung längere Zeit die These vertreten, dass es zu einer ‚Feudalisierung' des Bürgertums gekommen sei, dass es also originär bürgerliche Werthaltungen zugunsten einer Orientierung am Adel aufgegeben habe. Diese These ist mittlerweile stark relativiert worden, denn die Aneignung einzelner adeliger Statussymbole konnte ebenso gut Ausdruck eines ausgeprägten bürgerlichen Selbstbewusstseins sein.[57] Gerade dieses Selbstbewusstsein setzte dem Adel zu. Zwar gab es noch immer zahlreiche äußerst wohlhabende Adelige, die ihre Güter profitabel zu bewirtschaften verstanden. Manche investierten selbst in die Industrie und schufen sich so ein zweites Standbein. Aber viele spürten, dass sie ökonomisch ins Hintertreffen zu geraten drohten. Ebenfalls in die Defensive gedrängt fühlten sich Teile des alten Mittelstands, also der Bauern und kleinen Gewerbetreibenden.

Antiliberale Reaktion

Solange die Wirtschaft florierte, fand Kritik am ungezügelten Industriekapitalismus nur begrenzte Resonanz. Mit der Krise aber setzte eine breite antikapitalistische Reaktion ein. Der Glanz der Gründerjahre schien vielen nun bloßer Lug und Trug gewesen zu sein, ins Werk gesetzt von Liberalen und jüdischen Spekulanten, um sich auf Kosten gutgläubiger Anleger zu bereichern. Dass auch jüdische Liberale Missbräuche des Wirtschaftssystems kritisierten, konnte solche Unterstellungen nicht widerlegen. So hatte Eduard Lasker bereits Anfang 1873 Unregelmäßigkeiten bei der Vergabe von Eisenbahnkonzessionen und das spekulative Geschäftsgebaren von Unternehmern wie des ‚Eisenbahnkönigs' Bethel Henry Strousberg angeprangert. Der Stimmungsumschwung ging jedoch tiefer, er richtete sich nicht nur gegen einzelne Missbräuche, sondern gegen die liberalen Wirtschafts- und Gesellschaftsreformen der Reichsgründungszeit selbst. Diese erschienen nun nicht mehr als befreiend, sondern als eine Gefahr für hergebrachte Bindungen und moralische Werte. Auch ihre sozialen Kosten rückten verstärkt in den Fokus der Aufmerksamkeit. Die optimistische Zukunftsgewissheit der Gründerjahre wich Unbehagen und Verunsicherung, und dieser Klimawandel war weit folgenreicher als die unmittelbaren materiellen Belastungen durch die Krise. Er machte sich in verschiedenen Bereichen bemerkbar. Ein zentrales Feld war die Wirtschaftspolitik, auf die der Liberalismus seinen prägenden Einfluss nunmehr einbüßte.

Wirtschaftspolitik und Interessenverbände 5.2

Liberale Freihandelsdoktrin

Im Zentrum des Liberalismus steht die Überzeugung, dass dem Individuum in Staat und Gesellschaft die größtmögliche Freiheit zu verschaffen sei, damit es seine Kräfte entfalten könne, was wiederum dem Allgemeinwohl zugute komme. Derselbe Glaubenssatz liegt der liberalen Wirtschaftstheorie zugrunde: Die freie Konkurrenz der Wirtschaftssubjekte sowohl innerhalb eines Nationalstaats als auch über die Grenzen hinweg sei die beste Garantie für Fortschritt und Wohlstand. Freizügigkeit, Gewerbefreiheit und Freihandel gehören zu den Kernpunkten liberaler Wirtschaftspolitik.

Diese Postulate waren in der Reichsgründungszeit weitgehend realisiert worden. Bereits der Zollverein hatte die inneren Handelsbarrieren beseitigt und die äußeren sukzessive abgebaut. Seit 1865 erhob er keine Einfuhrzölle mehr auf Getreide. 1873 erlosch der Zoll auf Roheisen, 1877 sollte er für alle übrigen Eisenwaren wegfallen. Im Reichstag dominierte bis zu diesem Zeitpunkt eine breite freihändlerische Front. Zu ihr gehörten auch die konservativen ostdeutschen Agrarier, die Getreide exportierten. Einzelne Industriebranchen, namentlich Teile der Textil- und Eisenindustrie, klagten zwar beständig über ausländische Konkurrenz und forderten mehr Schutz. Aber in Unternehmerkreisen tonangebend waren bis Mitte der 1870er Jahre die Freihändler. Alle maßgeblichen Wirtschaftsorganisationen unterstützten die liberale Wirtschaftspolitik, vom Deutschen Handelstag über den Kongress deutscher Volkswirte bis zum Kongress deutscher Landwirte. Nicht einmal im Handwerk regte sich größerer Protest gegen die liberale Gewerbeordnung. In den entscheidenden Regierungsämtern saßen ebenfalls überzeugte Wirtschaftsliberale, wie der Präsident des Reichskanzleramtes Rudolf Delbrück oder der preußische Finanzminister Otto Camphausen.

Schutzzöllnerische Interessenverbände

Mit der Krise bröckelte der wirtschaftsliberale Konsens. Angesichts der manifest werdenden Überproduktion, der Absatzschwierigkeiten und des dramatischen Preisverfalls gewann der Ruf nach einer politischen Kehrtwende rasch breiten Rückhalt. Zum Sprachrohr der Forderung nach Schutz vor ausländischer Konkurrenz wurden branchenspezifische Interessenverbände, die teils schon eine längere Vorgeschichte hatten, aber erst jetzt zu einflussreichen Größen aufstiegen. Eine Welle überregionaler Verbandsbildungen setzte ein. Die Führung übernahm die Schwerindustrie, die sich 1874 im Verein deutscher Eisen- und Stahlindustrieller zusammenschloss. Anfang 1876 folgte die Gründung des Centralverbandes deutscher Industrieller zur Beförderung und Wahrung nationaler Arbeit (CdI). Dieser pro-protektionistischen Dachorganisation traten neben der Schwerindustrie weitere Branchen wie die süddeutsche Baumwollindustrie bei. Zwar scharte sich die Industrie keineswegs geschlossen um den CdI; auf dem Weltmarkt konkurrenzfähigen, exportorientierten Branchen konnten Handelsbarrieren nur schaden. Dominant waren nun aber die Schutzzollbefürworter.

Allianz von Industriellen und Agrariern

Vordringliches Ziel des CdI war eine Revision des bereits beschlossenen Endes der Eisenzölle. Das erreichte er nicht, noch hielt die freihändlerische Mehrheit im Reichstag. An Durchschlagskraft gewann sein Werben erst, als eine Koalition mit den Agrariern gelang. Diese gründeten Anfang 1876 ebenfalls einen Interessenverband, die Vereinigung der Steuer- und Wirtschaftsreformer, der sich vorwiegend ostelbische Gutsbesitzer anschlossen. Ihr ging es anfänglich nicht in erster Linie um Zölle, der Freihandel hatte unter ihren Mitgliedern ungeachtet des verschärften internationalen Konkurrenzkampfes noch immer beträchtlichen Rückhalt. Schon gar nicht strebte sie eine gemeinsame Front mit den Industriellen an, vielmehr eine Steuer- und Wirtschaftspolitik, die das agrarische Fundament der Gesellschaft zulasten des Industrie- und Finanzkapitals stabilisieren würde. Trotz des hier aufleuchtenden Antagonismus zwischen Agrariern und Industriellen, der auch in der Folge fortlebte, gelang 1877 eine Annäherung in der Zollfrage. Die Vereinigung der Steuer- und Wirtschaftsreformer propagierte nun ebenso wie der CdI einen Zolltarif, der Industrie und Landwirtschaft gleichermaßen zugute kam.

Der Aufstieg der wirtschaftlichen Interessenverbände, der sich in der Wilhelminischen Ära verstärkt fortsetzen sollte, veränderte den Stil der Politik nachhaltig. Die organisierte Lobby- und Öffentlichkeitsarbeit avancierte im Zeitalter des allgemeinen Wahlrechts zu einer wirkmächtigen Strategie der politischen Einflussnahme, die Wählermassen mobilisieren und die politischen Entscheidungsträger unter Druck setzen konnte. Mit der Schutzzollagitation der 1870er Jahre trat dieses neue Element der Politik zum ersten Mal im großen Stil auf.

Reichsfinanzen

Ihr Erfolg beruhte jedoch nicht allein auf ihrem wachsenden Widerhall in der Öffentlichkeit. Entscheidend war, dass Bismarck ebenfalls eine wirtschaftspolitische Wende anstrebte. Sein Hauptmotiv waren nicht die Schutzinteressen von Industriellen oder Agrariern, sondern die finanziellen Bedürfnisse des Reichs. Dessen Einnahmen beruhten laut Verfassung auf den Zöllen, einer Reihe von Verbrauchssteuern und den Überschüssen der Reichspost. Hinzu kamen die sogenannten Matrikularbeiträge, bedarfsabhängige, nach Bevölkerungszahl gestaffelte Zuschüsse der Bundesstaaten, die alle direkten Steuern selbst erhoben. Bismarck ging es bei der anvisierten Reform vor allem darum, die Einnahmen des Reichs angesichts rasch steigender Ausgaben zu erhöhen und es zugleich von den Matrikularbeiträgen unabhängig zu machen. Das wiederum war aus parlamentarischer Sicht ein problematisches Ansinnen. Die Matrikularbeiträge begünstigten die Budgetkontrolle der Parlamente, denn sie mussten jährlich von den Landtagen als einzelstaatliche Ausgaben und vom Reichstag als Reichseinnahmen bewilligt werden. Vor allem für den Reichstag hatten sie einen hohen Stellenwert, waren sie doch der einzige Einnahmeposten, der jährlich neu festgesetzt werden konnte, während Zölle und indirekte Steuern längerfristig fixiert waren.

Haltung der Liberalen zur Finanzreform

Bismarck strebte also nicht Schutzzölle an, obwohl ihm auch dieses Anliegen zunehmend einleuchtete, sondern fiskalische Zölle sowie neue Verbrauchssteuern zugunsten des Reichs. Die Liberalen, die noch die maßgebliche Kraft im Reichstag stellten, sperrten sich gegen das Vorhaben, einerseits weil der Freihandel zu ihren zentralen Glaubenssätzen gehörte, andererseits weil die Budgetkontrolle der Parlamente geschwächt zu werden drohte. Die Nationalliberalen erklärten sich zwar prinzipiell dazu bereit, an einer Steuerreform mitzuarbeiten, bestanden jedoch auf ‚konstitutionellen Garantien', die einer Schmälerung der Parlamentsrechte vorbeugen würden. Sie sahen namentlich die Chance, als Gegenleistung für Kooperation in der Finanzpolitik ihre alte Forderung nach verantwortlichen Reichsministern durchzusetzen. So bahnte sich ein großes Tauziehen nicht allein um die Zollfrage, sondern um das politische System an.

Protektionistische Mehrheit im Reichstag

Bis Ende 1877 versuchte Bismarck, mit den Führern der Nationalliberalen einig zu werden, zuletzt indem er Rudolf von Bennigsen einen preußischen Ministerposten in Aussicht stellte. Die Verhandlungen scheiterten, die Nationalliberalen forderten zu viel, nämlich zwei weitere Regierungsämter, ohne dass es in Sachen Finanzpolitik zu einer Verständigung gekommen wäre. Außerdem wollte Wilhelm I. nichts von einem Minister Bennigsen wissen. Darauf änderte Bismarck seine Strategie: Nun ging es ihm nicht mehr um Einbindung, sondern um Schwächung der Nationalliberalen. Die vorgezogenen Reichstagswahlen vom Sommer 1878 ließen dieses Ziel näher rücken. Sie standen im Zeichen von Wirtschaftskrise und Schutzzollagitation, vor allem aber der Kaiserattentate und des Sozialistengesetzes. Erwartungsgemäß gingen die Liberalen als Verlierer aus ihnen hervor, während die Konservativen zulegten. Im neuen Reichstag waren die Schutzzollbefürworter in der Mehrheit: Sie bildeten im Herbst 1878 eine fraktionsübergreifende Gruppe, der sich 204 Abgeordnete überwiegend aus den Reihen der Konservativen und des Zentrums anschlossen. Vor dem Hintergrund des abklingenden Kulturkampfes deutete sich hier die Möglichkeit einer neuen Parteienkoalition an. Das liberale Lager hingegen sah sich vor der misslichen Alternative, entweder an der Freihandelsdoktrin festzuhalten und politisch marginalisiert zu werden oder aber das Ruder doch noch herumzureißen und die eigene Glaubwürdigkeit aufs Spiel zu setzen. Insbesondere für die Nationalliberalen zeichnete sich ein Debakel ab.

Zolltarif von 1879

Bismarck ging nun auf die über seine ursprünglichen Absichten hinausreichenden Wünsche der Schutzzöllner ein und bereitete einen Zolltarif vor, der die Interessen von Industrie und Agrarwirtschaft berücksichtigte. Der Reichstag nahm ihn nach langen Debatten und diversen Änderungen am 12. Juli 1879 mit 217 gegen 117 Stimmen an. Die Nationalliberalen waren tief gespalten: Mehrere Abgeordnete vom rechten Flügel verließen am Tag der Schlussabstimmung die Fraktion, während der Rest überwiegend gegen die Vorlage votierte, denn Bismarck war auf keinen ihrer Vorschläge, wie die Schmälerung des Budgetrechts kompensiert werden könnte, eingegangen. Stattdessen hatte er einen Vorschlag des Zentrums aufgegriffen. Die föderalistisch gesinnten Katholiken waren prinzipiell für die Finanzreform, wollten aber verhindern, dass das Reich zulasten der Bundesstaaten gestärkt würde. Die als Kompromiss angenommene Franckensteinsche Klausel – benannt nach dem Zentrumsabgeordneten Georg Freiherr von Franckenstein – besagte, dass Reichseinnahmen aus Zöllen und indirekten Steuern, die die Summe von 130 Millionen Mark überstiegen, den Bundesstaaten zu überweisen seien. Diese hatten dafür weiterhin den Mehrbedarf des Reichs durch Matrikularbeiträge zu decken.

Bismarcks ursprüngliches Ziel, die Eigeneinnahmen des Reichs zu stärken, blieb mithin weitgehend auf der Strecke. Dafür hatte er die Nationalliberalen ausgebootet und eine neue Koalition aus Konservativen und Zentrum geschmiedet. Die Verabschiedung des Zolltarifs erhielt hierdurch eine Bedeutung, die weit über die Handelspolitik hinauswies. Sie war ein Signal für die grundlegend veränderten politischen Konstellationen. Das Zentrum zeigte sich bereit, zumindest fallweise zur Mehrheitsbeschaffung beizutragen. Die Konservativen hatten durch ihre mittlerweile erfolgte Reorganisation zur Deutschkonservativen Partei ebenfalls die Basis für ein konstruktives Mitspielen in der Reichspolitik gelegt. Damit hatten die Nationalliberalen für Bismarck vorerst ausgedient. Er nutzte die verschobenen Kräfteverhältnisse und die Schutzzollbewegung, um sich aus dem Bündnis mit ihnen zu lösen. Über die Frage, wie mit der neuen Situation umzugehen sei, brach die Partei auseinander: Nach Abgang des rechten Flügels folgte 1880 die Sezession des linken.

Geburtsstunde eines konservativen Machtkartells?

Im Urteil von Historikern, die sich in den 1960er Jahren als Begründer einer kritischen historischen Sozialwissenschaft verstanden, hat die zollpolitische Wende von 1879 einen überragenden Stellenwert eingenommen. Sie ist als eine Weichenstellung gedeutet worden, die den Weg Deutschlands in die Katastrophen des 20. Jahrhunderts vorprägte. Hans Rosenberg gehörte zu den Vorreitern einer Neuinterpretation der Reichsgründungszeit, die ökonomische Konjunkturen und Interessen ganz in den Vordergrund rückte. Helmut Böhme hat diesen Ansatz aufgegriffen und den Fokus auf die Wende zum Schutzzoll gerichtet: Mit ihr, so seine Schlussfolgerung, habe Bismarck das Reich ein zweites Mal gegründet, neu fundiert auf einer konservativ-protektionistischen Koalition aus Großagrariern und Schwerindustriellen, deren langfristige Bedeutung darin gelegen habe, die ökonomische, gesellschaftliche und politische Macht des preußischen Adels zu stabilisieren. Die Modernisierung der Herrschaftsordnung sei so dauerhaft blockiert worden, mit fatalen Folgen: 1879 habe Preußen-Deutschland definitiv einen ‚eigenen' Weg eingeschlagen, der von dem der westlichen Demokratien abwich. Ähnlich hat auch Hans-Ulrich Wehler das Jahr 1879 als Geburtsstunde eines agrarisch-industriellen Machtkartells gedeutet, das trotz gelegentlicher Risse die Reichspolitik bis 1918 bestimmt habe. Der Schutzzoll sei eine der zentralen Integrationsklammern dieses Bündnisses von ‚Rittergut und Hochofen' gewesen, und er habe somit maßgeblich dazu beigetragen, die Herrschaft der privilegierten Eliten auf Kosten der Bevölkerungsmehrheit zu befestigen.[58]

Einwände gegen die Machtkartell-These

Dieses Interpretationsmodell der Wende von 1879 war lange einflussreich, und der ihm zugrunde liegende, damals innovative wirtschafts- und sozialhistorische Perspektivwechsel hat der Forschung wichtige Denkanstöße vermittelt. Dennoch sind schon bald Einwände erhoben worden, so dass heute von seinem Kern wenig übrig bleibt. Sie betreffen erstens das von Bismarck gezeichnete Bild: Er tritt, trotz der Betonung von überindividuellen sozioökonomischen Triebkräften in der Geschichte, als überragender Manipulator entgegen, der planvoll auf ein Bündnis der anfänglich widerstrebenden Agrarier und Industriellen hingearbeitet habe, um so den Liberalismus zu zerschlagen und die konservativ-autoritäre Herrschaftsordnung zu zementieren. Zahlreiche neuere Untersuchungen haben hingegen gezeigt, wie situationsgebunden und taktisch Bismarck jeweils entschied und dass für ihn in der Zollfrage ganz andere Motive, wie die drängende Sanierung der Reichsfinanzen, eine zentrale Rolle spielten. Zweitens greift es zu kurz, die Zollpolitik als allein die Interessen einer schmalen Elite bedienend darzustellen, wobei dann die breite Bewegung, die ihr erst zum Durchbruch verhalf, wiederum als das Resultat einer geschickten Manipulation von oben erscheint. Vielmehr muss ernst genommen werden, dass die Parole vom ‚Schutz der nationalen Arbeit' in großen Bevölkerungskreisen populär war. Drittens ist die Vorstellung nicht haltbar, dass 1879 die Grundlage für ein dauerhaftes konservatives Machtkartell gelegt worden sei: Hierfür blieben die Interessen der verschiedenen Wirtschaftsbranchen viel zu heterogen und die Mehrheitsbildungen im Reichstag viel zu labil. Die eigentliche Hauptaussage des Interpretationsmodells schließlich, dass die adeligen Eliten bis 1918 eine politische und gesellschaftliche Vorherrschaft ausgeübt hätten, ist in den letzten Jahrzehnten äußerst kontrovers diskutiert worden und in der Pauschalität, wie sie die kritische Historiographie der 1960er und 1970er vertrat, jedenfalls überholt.

Ökonomische Effekte der Zollpolitik

Ferner scheint zweifelhaft, inwieweit die Schutzzollpolitik überhaupt geeignet war, das ökonomische Machtfundament der preußischen Junker zu konservieren. Das Deutsche Reich ging mit ihr keinen Sonderweg, sondern folgte einem internationalen Trend: Die meisten kontinentaleuropäischen Staaten und auch die USA setzten angesichts der verschärften Konkurrenz auf den Weltmärkten wieder verstärkt auf protektionistische Lenkungsinstrumente. Von ihrer Höhe her bewegten sich die deutschen Zölle auf einem mäßigen Niveau, selbst nach weiteren kräftigen Erhöhungen in den 1880er Jahren fielen sie nicht aus dem international üblichen Rahmen. Sie stützten die Preise zwar etwas, brachten aber keine massive Teuerung zulasten der Konsumenten und zugunsten der Agrarier. Trotz Zöllen blieb Getreide bis nach der Jahrhundertwende meist deutlich billiger, als es in den frühen 1870er Jahren gewesen war. Der Protektionismus entband die Landwirte denn auch keineswegs von Modernisierungsanstrengungen: Der agrarische Strukturwandel ging beschleunigt voran, hin zu neuen Produkten und intensivierten Anbaumethoden. Die Industrie machte es sich erst recht nicht hinter Zollmauern bequem, steigerte vielmehr ihre ohnehin schon beachtliche internationale Konkurrenzfähigkeit immer mehr.

Ansätze zum modernen Interventionsstaat

Trotzdem war die Wende von 1878/79 eine wichtige Zäsur. Sie bedeutete einen empfindlichen Rückschlag für den Liberalismus als politische Kraft wie als Gesellschaftsentwurf, sie signalisierte ein schwindendes Vertrauen in die Selbstheilungskräfte des Markts, sie veränderte das politische Klima und die politische Kultur. Auch innerhalb der Regierung ergaben sich beträchtliche Verschiebungen: Nachdem der Chef des Reichskanzleramts Rudolf Delbrück bereits 1876 abgetreten war, erbaten 1878/79 mehrere liberal gesinnte preußische Minister ihre Entlassung, unter ihnen Finanzminister Camphausen und Kultusminister Falk. Vor allem aber markierte die Wende den Beginn eines grundlegenden Wandels von Staatsverständnis und Staatsaufgaben: In ersten Ansätzen entwickelte sich nun der moderne Interventionsstaat. Die protektionistische Handelspolitik war ein Schritt in diese Richtung, ebenso die in den 1880er Jahren eingeführte Sozialversicherung. Auch die liberale Gewerbeordnung von 1869 wurde seit den 1880er Jahren mehrfach revidiert, die völlige Gewerbefreiheit wieder eingeschränkt, teils um die im Zuge der Gründerkrise neu entfachten Statusängste der Handwerker zu besänftigen, teils infolge des erhöhten Regelungsbedarfs in einer immer komplexer werdenden Wirtschaft. In den Augen überzeugter Liberaler mochte all dies wie eine reaktionäre Rückkehr zum Dirigismus des vormodernen Obrigkeitsstaats erscheinen, der die bürgerliche Freiheit unterdrückte und individuelle Initiativen erstickte. Es war aber auch eine Antwort auf die gewandelten sozioökonomischen

Realitäten und einen wachsenden Problemdruck, der mit dem klassischen liberalen Rezept des Laisser-faire nicht mehr zu bewältigen war.

5.3 Industrialisierung, Migration, Städtewachstum

Veränderungen der Erwerbsstruktur

Die Lebens- und Arbeitswelt unterlag im letzten Drittel des 19. Jahrhunderts rasanten Veränderungen. Sie wirkten sich regional und lokal höchst unterschiedlich aus, aber selbst auf nationaler Ebene aggregierte Statistiken zeigen innerhalb des kurzen Zeitraums von 1870 bis 1890 signifikante strukturelle Verschiebungen. Zur Zeit der Reichsgründung war Deutschland noch vorrangig agrarisch geprägt, gut die Hälfte aller Erwerbstätigen arbeitete im Primärsektor, also in der Land- und Forstwirtschaft. Bereits in den 1880er Jahren sank ihr Anteil auf deutlich unter 50 Prozent, während der Anteil des Sekundärsektors auf über 30 Prozent kletterte.

Innerhalb des gewerblichen Sektors gewann die Großindustrie an Gewicht. Vor allem in der Schwerindustrie begünstigte der hohe Kapitalbedarf schon früh die Entstehung von Großunternehmen, und die Gründerkrise trieb die Konzentration beschleunigt voran. Allerdings überwogen die traditionelleren Branchen und Betriebsformen noch bei weitem. Von der Zahl der Beschäftigten her lagen die Bekleidungsgewerbe im Sekundärsektor an der Spitze, gefolgt von der Textilindustrie. Die Mehrheit aller gewerblich Tätigen arbeitete um 1882 noch in Kleinstbetrieben mit bis zu fünf Beschäftigten. Auch das alte Handwerk behauptete trotz aller zeitgenössischen Untergangsprophezeiungen seinen Platz. Manche handwerklichen Berufsgruppen verschwanden zwar rasch, etwa die Schiffszimmerleute mit dem Übergang vom Holz- zum Eisenschiffbau in den 1880er Jahren. Andere Handwerke wie die Bau- und die Nahrungsmittelgewerbe profitierten hingegen vom sozioökonomischen Wandel, namentlich von der starken Nachfrage in den rasch wachsenden Städten. Insgesamt konnte das Handwerk seinen relativen Anteil an den Beschäftigten wohl annähernd halten. Trotzdem war die rasche Expansion der Industrie und vor allem der modernen Leitsektoren wie Bergbau, Metallerzeugung, Maschinenbau und chemische Industrie die auffälligste Entwicklung der Epoche. Markante Veränderungen ergaben sich auch im tertiären Sektor, obwohl sein relatives Gewicht mit etwas über 20 Prozent aller Erwerbstätigen nahezu konstant blieb. Verkehrswesen, Handel, Banken und Versicherungen sowie die öffentlichen

Verwaltungen legten kräftig zu, ebenso der städtische Detailhandel und das Gastgewerbe, während der Anteil der traditionellen häuslichen Dienste rückläufig war.

Begrenzte soziale Mobilität

Im Zuge der wirtschaftlichen Strukturverschiebungen erweiterten sich manche sozialen Aufstiegschancen, während sich andere tendenziell verschlossen. Schwieriger wurde der Weg in die Selbständigkeit. Vor allem im gewerblichen Sektor war der Anteil der Selbständigen rückläufig, um 1882 lag er noch bei rund einem Drittel der Beschäftigten. Eine deutlich expandierende Tendenz zeigte andererseits der sogenannte neue Mittelstand der Angestellten und Beamten: Sie bildeten eine zwar noch kleine, aber rasch wachsende und stark aufstiegsorientierte Kategorie unter den Erwerbstätigen. Die große Masse gehörte hingegen zu den Arbeitern, Gehilfen und sonstigen Lohnabhängigen. Ihre sozialen Aufstiegschancen blieben relativ begrenzt. Die neuen Mittelstandsberufe waren für sie und ihre Kinder mangels der geforderten Qualifikationen kaum zugänglich. Sie konnten allenfalls von der Landwirtschaft in die Industrie wechseln oder innerhalb der Industrie nach besser bezahlten Stellen suchen. Auch für gelernte Handwerker stellte der Wechsel in die Industrie, die einen hohen Bedarf an qualifizierten Facharbeitern hatte, eine mehr oder weniger attraktive Alternative zum selbständigen Meisterbetrieb dar. Der Aufstieg ins Bürgertum war hingegen sehr schwierig.

Begrenzte Erwerbsmöglichkeiten für Frauen

Soziale Mobilität fand vorrangig innerhalb der Unterschichten sowie innerhalb der bürgerlichen Mittelschichten statt, seltener jedoch über die Klassengrenzen hinweg. Noch rigider als die Schranke zwischen den Klassen war die zwischen den Geschlechtern: Frauen boten sich nur äußerst limitierte berufliche Möglichkeiten. Zwar gingen im Jahr 1882 immerhin 34 Prozent der weiblichen Bevölkerung einer statistisch erfassten Erwerbsarbeit nach. Davon entfiel jedoch die größte Gruppe mit 41 Prozent auf die mithelfenden Familienangehörigen in Landwirtschaft, Gewerbe und Handel. Weitere zwölf Prozent waren Selbständige. Ansonsten konzentrierte sich die weibliche Erwerbstätigkeit auf wenige traditionelle Bereiche mit unattraktiven Arbeitsbedingungen, namentlich den Haus- und Gesindedienst, die Bekleidungsindustrie, wo Frauen vor allem schlecht bezahlte Heimarbeit verrichteten, sowie die Textilindustrie, die wichtigste Industriebranche mit starkem Frauenanteil. Der einzige höher qualifizierte Beruf, dem eine nennenswerte Zahl von Frauen nachging, war der der Lehrerin, wobei zu ihm wiederum praktisch nur unverheiratete Frauen aus den Mittelschichten Zugang hatten.

Migration

Während die Klassen- und Geschlechterschranken starr blieben, war die geographische Mobilität im Kaiserreich außerordentlich hoch. Sie bot die besten Aussichten, die eigene Lebenssituation zu verbessern, und Millionen nutzten sie. Migration bedeutete in der Bismarckära einerseits noch Auswanderung, vor allem in die USA. Nach einer ersten großen Auswanderungswelle um die Jahrhundertmitte erfasste eine zweite die deutsche Bevölkerung zwischen 1864 und 1873. Die letzte und größte des 19. Jahrhunderts ging zwischen 1880 und 1893 über das Land, mit Höhepunkt in den frühen 1880er Jahren. Insgesamt wanderten von 1871 bis 1890 fast zwei Millionen Deutsche nach Übersee aus. Diesem Massenexodus stand eine vergleichsweise nur geringfügige Einwanderung gegenüber. Erst in den 1890er Jahren sollte sich die massiv negative Wanderungsbilanz umkehren. Neben der Auswanderung gewann andererseits die Binnenmigration seit der Reichsgründungszeit enorm an Bedeutung. Sie wurde angeheizt von der Freizügigkeitsgesetzgebung, die ältere rechtliche Hindernisse niederriss, vor allem aber von einem extrem starken Bevölkerungswachstum in Kombination mit ausgeprägten regionalen Entwicklungsdisparitäten.

Bevölkerungswachstum

Trotz der Massenemigration nach Übersee wuchs die Bevölkerung des Reichs rapide, von rund 41 Millionen im Jahr 1871 auf über 49 Millionen 1890. Das Wachstum war fast ausschließlich auf hohe Geburtenraten zurückzuführen, die in den 1870er Jahren nochmals zulegten: Dem Gründerboom folgte ein regelrechter Babyboom. Die Geburtenziffern übertrafen die Sterblichkeit bei weitem, obwohl auch sie noch auf einem sehr hohen Niveau lag. In der Bismarckära setzte zwar die epochale Trendwende hin zu dauerhaft sinkenden Mortalitätsraten ein, sie begann sich aber erst um 1890 deutlicher abzuzeichnen. Entsprechend dem hohen Geburtenüberschuss war die Bevölkerung durchschnittlich sehr jung, was ihre Neigung zu geographischer Mobilität wiederum beförderte, zumal die Erwerbsmöglichkeiten regional sehr ungleich verteilt waren.

Regionale Entwicklungsgefälle

Der Industrialisierungsprozess erfasste allmählich immer größere Teile des Reichs, dennoch nahmen die ökonomischen Gefälle vorerst weiter zu. Ganz grob gesprochen zerfiel Deutschland in drei unterschiedlich strukturierte Wirtschaftszonen. Der Nordosten und vor allem die ostelbischen Gebiete – mit Ausnahme Oberschlesiens – blieben agrarisch geprägt, mit einem erheblichen Gewicht der großbetrieblichen Gutswirtschaft und folglich einem hohen Anteil an Landarbeitern. In der Mitte Deutschlands zog sich ein Band stark industrialisierter Regionen von der preußischen Rheinprovinz im Westen über Westfalen und Sachsen bis nach Oberschlesien im Osten. Hinzu kam eine wachsende

Zahl verstreuter urbaner Industriestandorte wie vor allem Berlin, die norddeutschen Hafenstädte, voran Hamburg, und einige süddeutsche Zentren wie Augsburg, Nürnberg oder Stuttgart. Ansonsten blieb der Süden vornehmlich klein- und mittelbäuerlich, kleinstädtisch und kleingewerblich strukturiert. Insgesamt zeigte die industrielle Entwicklung Deutschlands ein starkes West-Ost und Nord-Süd-Gefälle, mit dem rheinisch-westfälischen Ruhrgebiet als dem dynamischsten Wachstumsraum.

Entsprechend dieser wirtschaftsräumlichen Ausdifferenzierung verlief der Hauptstrom der innerdeutschen Fernwanderung aus dem ländlichen Ostelbien nach Berlin und in die Industrieregionen des Westens. Zwar erlebte der Osten keinen absoluten Bevölkerungsverlust, aber ein erheblicher Teil des natürlichen Bevölkerungswachstums wanderte ab. Das lag weniger daran, dass die ostelbische Landwirtschaft zu wenig Arbeit geboten hätte: Schon in den Boomjahren um 1870 klagte sie über einen Mangel an Arbeitskräften, und diese Klage wurde seit den 1880er Jahren zu einer Konstante. Aber die Hoffnung auf bessere Löhne, angenehmere Arbeitsbedingungen und ein freieres Leben ließ die ländlichen Unterschichten dennoch in Massen ihr Glück im Westen suchen.

Mobilität als Massenphänomen

Neben der Fernwanderung spielten auch die Nahwanderung innerhalb einzelner Regionen und die Etappenwanderung von einer Station zur nächsten eine große Rolle, ebenso tägliche oder wöchentliche Pendelwanderungen vom Umland in Industriezentren sowie saisonale Wanderungsbewegungen zwischen verschiedenen Landesteilen. Migration war im Leben vieler Menschen kein einmaliger Schritt. Vielmehr war die Phase zwischen Reichsgründung und Erstem Weltkrieg durch außerordentlich hohe Mobilitätsraten auf allen Ebenen gekennzeichnet. Vor allem in den größeren Städten herrschte ein permanentes Kommen und Gehen. So zogen beispielsweise im Lauf der 1880er Jahre 1,6 Millionen Menschen nach Berlin zu und 1,2 Millionen von dort ab. Die massenhafte Mobilität wurde befördert durch verdichtete und verbilligte öffentliche Verkehrsmittel wie vor allem die Eisenbahn. Aber auch der intensivierte Nachrichtenfluss mittels Post, Zeitschriften und Zeitungen wirkte stimulierend, indem er entfernte Regionen im Denkhorizont näher rücken ließ, Sehnsüchte weckte und konkrete Informationen über mögliche Chancen lieferte.

Städtewachstum

Trotz hoher Fluktuationsraten blieb ein beträchtlicher Teil der Migranten in den Städten hängen, und das rasante Städtewachstum war denn auch eines der markantesten Entwicklungen der Epoche. Die Mehrheit der Menschen lebte zwar noch in sehr überschaubaren Verhältnissen, die Verteilung nach Gemeindegrößen verschob sich jedoch innerhalb kurzer Zeit deutlich: 1871 wohnten 64 Prozent der Bevölkerung in Gemeinden mit weniger als 2.000 Einwohnern, 1890 war dieser Anteil bereits auf 53 Prozent gesunken; gleichzeitig legte der Anteil der eigentlichen Großstädte mit über 100.000 Einwohnern gewaltig zu von fünf auf zwölf Prozent. Starke Zuwachsraten erlebten sowohl neue Industriezentren, wie die aus bescheidenen Anfängen explosionsartig expandierenden Ruhrgebietsstädte, als auch traditionsreiche Residenz-, Handels- und Gewerbestädte. Nicht immer war Zuwanderung die alleinige Ursache für spektakuläres Wachstum, zuweilen standen auch Eingemeindungen dahinter wie etwa im Fall Kölns, das sich im Jahr 1888 Vororte mit rund 90.000 Einwohnern einverleibte. Diese waren aber wiederum größtenteils durch Migration aus kleinen Dörfern zu Industrieagglomerationen herangewachsen. Aufgrund seiner föderalen Tradition verfügte das Deutsche Reich über keine so überragende Millionenmetropole wie etwa Frankreich mit Paris oder England mit London. Dennoch zog Berlin kräftig davon, von gut 800.000 Einwohnern im Jahr 1871 auf fast 1,6 Millionen 1890. Mit weitem Abstand folgte auf dem zweiten Platz München, das 1890 knapp 350.000 Einwohner zählte.

Die Großstädte wuchsen nicht nur quantitativ, sie veränderten zugleich ihre Qualität. Sie entwickelten sich im ausgehenden 19. Jahrhundert zu Zentren eines neuen, urbanen Lebensstils, und das verlieh ihnen zusätzliche Attraktivität: Sie lockten mit einem vielfältigen Arbeitsplatzangebot, vergleichsweise hohen Löhnen und obendrein mit einer Fülle an Eindrücken, von denen man auf dem Land nur träumen konnte. Die Großstädte waren Schaufenster der Moderne, hier hielten technische Errungenschaften wie die Elektrizität zuerst Einzug, kommunale Dienstleistungen expandierten am raschesten, und das kommerzielle Vergnügungsangebot erlebte einen stürmischen Ausbau.

Quelle

Lichter der Großstadt in den Augen eines Landjungen, um 1880:

„Unterdessen eilte unser Zug unaufhaltsam der Hauptstadt zu. Je näher, desto stärker die Unterhaltung. Was machten wir uns für einen Begriff von Berlin! Wahre Wunderdinge hatte man uns drüber erzählt, von seiner Größe, seinen himmelhohen Häusern und der märchenhaften Beleuchtung.

Die Zahl der Stationslichter mehrte sich jetzt zusehends. Abwechselnd steckten wir die Köpfe aus den Wagenfenstern und blickten nach vorwärts dem hauptstädtischen Lichtmeer entgegen. Ausrufe des Staunens und der Überraschung: So viel Lichter gab's wohl in ganz Hinterpommern nicht, als wie uns hier im Fluge entgegenleuchteten. Dann mäßigte der Zug seine Fahrt und hielt kurz darauf in einer mächtigen Halle."[59]

Abbildung 12: Von Obdachlosen errichtete Barackensiedlung in Berlin. Illustration aus der Zeitschrift Ueber Land und Meer, 1872.

Städtische Wohnungsnot

Die Städte zogen Hunderttausende an, und insgesamt war Migration tatsächlich eine realistische Strategie zur Verbesserung der individuellen Lebenssituation. Die Hoffnungen erfüllten sich jedoch nicht immer, jedenfalls nicht sofort, denn in den urbanen Zentren ballten sich mit dem Bevölkerungszustrom auch die sozialen Probleme. Vor allem die Wohnungssituation verschärfte sich in den Gründerjahren teils dramatisch. Zwar heizte die Hochkonjunktur eine rege Bautätigkeit an, die das Gesicht vieler Städte nachhaltig prägte: Neue repräsentative Wohnviertel und Villenvororte entstanden, auch Mietskasernen für die weniger Bemittelten schossen aus dem Boden. Dennoch hielt der Wohnungsbau mit dem rapiden Bevölkerungswachstum vielerorts nicht Schritt. Ein Großteil der städtischen Arbeiterbevölkerung drängte sich in überbelegten Kleinstwohnungen. Viele Familien nahmen Untermieter, sogenannte Schlafgänger auf, um die Miete bezahlen zu können, und die permanente Suche nach erschwinglichem Wohnraum führte zu massenhaften innerstädtischen Umzügen. Besonders eklatant spitzte sich die Lage in Berlin zu: Angesichts akuter Wohnungsnot und explodierender Mieten blieb eine immer größere Zahl von Menschen ganz ohne Dach über dem Kopf. Im Juli 1872 kam es zu schweren Krawallen, ausgelöst durch die Zwangsräumung von Wohnungen und durch den polizeilichen Abriss von wild errichteten Barackensiedlungen. Nach dem akuten Engpass der Reichsgründungsjahre entspannte sich die Lage auf dem Wohnungsmarkt etwas, aber vor allem neu Zugewanderte und temporär Arbeitslose blieben auch in den folgenden Jahrzehnten von Obdachlosigkeit bedroht.

Abbildung 13: Warteschlange vor dem Obdachlosenasyl der Stadt Berlin. Illustration aus der Zeitschrift Gartenlaube, 1887.

Migration als Folge von Arbeitslosigkeit

In Phasen günstiger Konjunktur erfolgten Ortswechsel überwiegend freiwillig, in der Hoffnung auf attraktivere Lebensbedingungen, und zumindest Arbeit war in der Regel leicht zu finden. Mit der Wirtschaftskrise der späten 1870er Jahre erhielt die Massenmobilität jedoch erst recht einen problematischen, in den Augen vieler Beobachter bedrohlichen Charakter. Arbeitslose sahen sich nun oft zum Losziehen gezwungen, um mit geringer Aussicht auf Erfolg Arbeit zu suchen, und mangels anderer Subsistenzmittel griffen viele unterwegs auf illegale Praktiken zurück. Die zeitgenössische Publizistik klagte seit den späten 1870er Jahren über ein massives Anschwellen von Bettelei und Landstreicherei – Phänomene, die in den vorangegangenen Jahrzehnten stark rückläufig gewesen waren, nun aber eine unerwartete Renaissance erlebten. Konservative Kommentatoren sahen in der ‚Flut' von Vagabunden ein bedenkliches gesellschaftliches Krankheitssymptom, verursacht durch die liberalen Reformen der Reichsgründungsjahre, die immer mehr Menschen entwurzelt hätten, ohne neue Auffangnetze zu knüpfen.

Quelle

Pastor Stursberg über die ‚Vagabundenfrage', 1882:

„Eine Fluth hat sich über das Land ergossen, welche in ihren Wellen auf und niedergeht [...]. Die vielgepriesene, durch das Gesetz über die Freizügigkeit vom 1. November 1867 verbriefte Freiheit des Individuums ist für Schaaren zum vernichtenden Zwang geworden. Es ist leicht gesagt in einer Zeit allgemeiner Arbeitsstockung: arbeite, suche dir Arbeit! Das heißt in solcher Zeit doch nichts Anderes als: du mußt dich hineinbegeben in den Strom der vagirenden Bevölkerung ohne jede Aussicht, Arbeit zu finden! Tausende gehen in dem Strome zu Grunde und verlieren nur zu bald die sittliche Kraft, sich in besserer Zeit wieder aus ihm herauszuarbeiten. Wie gründlich ist in der Zeit plötzlicher, allgemeiner Arbeitslosigkeit das Prinzip des Gesetzes über den Unterstützungswohnsitz zu Schanden geworden. [...] Die wirthschaftlichen Vortheile großer Arbeiterschaaren hat während der Glanzperiode seit 1870 offenbar der betreffende Industriebezirk genossen. Konsequenz des Gesetzes wäre nun gewesen, bei dem allgemeinen Rückschlag nicht Tausende ohne Weiteres abzustoßen in das sichere Vagantenthum hinein, sondern wenigstens alle Unterstützungswohnsitz-Berechtigten zu unterstützen [...]. Statt dessen haben Tausende in das Land hinausziehen, bald vom Bettel sich nähren müssen."[60]

Insgesamt steigender Lebensstandard

Die ökonomischen und sozialen Entwicklungen der Bismarckära waren somit von krassen Gegensätzen gekennzeichnet. Einerseits entfaltete die Wirtschaft eine enorme Dynamik, sie setzte Menschenmassen in Bewegung und brachte beträchtliche Wohlstandsgewinne. Andererseits produzierte diese Dynamik auch Verwerfungen, und besonders infolge der Gründerkrise nahm die Armut nochmals beängstigende Formen an. Allerdings dürfte der Lebensstandard bereits in den 1880er Jahren insgesamt wieder steigend gewesen sein. Die Einkommen entwickelten sich je nach Region, Wirtschaftszweig, Tätigkeit oder Geschlecht zwar sehr variabel, so dass pauschale Aussagen zum Reallohnniveau vorsichtig betrachtet werden müssen. Dennoch kann am langfristigen Aufwärtstrend kein Zweifel bestehen. Die wichtigste Voraussetzung hierfür war, dass der industrielle Arbeitsmarkt sich nun als fähig erwies, das Bevölkerungswachstum zu absorbieren. Arbeitslosigkeit kam zwar noch als konjunkturelle und teils saisonale Erscheinung vor, nicht mehr aber in der Gestalt chronischer Unterbeschäftigung wie in den Zeiten des Pauperismus. Sobald die Konjunktur anzog, zeigte sich in manchen Wirtschaftsbranchen sogar rasch ein Mangel an Arbeitskräften, mit entsprechend positiven Auswirkungen auf die Löhne. Die strukturelle Massenarmut des frühen 19. Jahrhunderts war definitiv überwunden, und auch die Ernährungslage hatte sich stabilisiert: Zu Teuerungskrisen wie in der ersten Jahrhunderthälfte kam es nicht mehr. Ein deutlicher Indikator für die verbesserte Lebenssituation breiter Bevölkerungsschichten ist der einsetzende Sterblichkeitsrückgang, der dann in den 1890er Jahren immer markanter werden sollte.

Für Zeitgenossen, die um 1880 Scharen von Bettlern über die Landstraßen ziehen sahen, war dieser längerfristig positive Trend jedoch noch nicht unbedingt erkennbar. Sie beurteilten die widersprüchlichen sozioökonomischen Entwicklungen höchst kontrovers, je nach persönlichen Erfahrungen und weltanschaulichem Standpunkt. Auf der einen Seite stand der unerschütterliche Glaube an einen stetigen technischen, wissenschaftlichen und sozialen Fortschritt, der durch kurzfristige Rückschläge nicht aufgehalten werden könne. Auf der anderen Seite wuchsen Sorgen vor einer Auflösung der hergebrachten Ordnung und ihrer Werte. Die einen feierten die expandierenden Städte als Zentren der Kultur und des modernen Lebens. Die anderen verdammten sie als Horte des Lasters und der Verwahrlosung. Die Industrie erschien manchen als Quell des Wohlstands, während andere in der Landwirtschaft die einzige gesunde Basis der Gesellschaft erblickten. Schon in den Gründerjahren hatten nicht alle den rasanten Wandel begrüßt, und mit dem Konjunkturumschwung nahmen die kritischen Stimmen zu. Die Debatten über seine ambivalenten

Folgen machten sich an sehr unterschiedlichen Phänomenen fest. Ein zentraler Kristallisationspunkt war dabei die ‚soziale Frage' oder genauer gesagt die Arbeiterfrage.

Literatur

Zur wirtschaftlichen und sozialstrukturellen Entwicklung:

Ehmer, Josef: *Bevölkerungsgeschichte und Historische Demographie 1800-2000*. München 2004.

Hahn, Hans-Werner: *Die industrielle Revolution in Deutschland*. 2. Aufl. München 2005.

Hohorst, Gerd/Kocka, Jürgen/Ritter, Gerhard A.: *Sozialgeschichtliches Arbeitsbuch. Materialien zur Statistik des Kaiserreichs 1870-1914*. München 1975. [Sammlung statistischer Daten]

Reulecke, Jürgen: *Geschichte der Urbanisierung in Deutschland*. Frankfurt am Main 1985.

Steitz, Walter (Hg.): *Quellen zur deutschen Wirtschafts- und Sozialgeschichte von der Reichsgründung bis zum Ersten Weltkrieg*. Darmstadt 1985. [Zentrale Quellentexte und statistische Daten]

Tilly, Richard: *Vom Zollverein zum Industriestaat. Die wirtschaftlich-soziale Entwicklung Deutschlands 1834 bis 1914*. München 1990.

Torp, Cornelius: *Die Herausforderung der Globalisierung. Wirtschaft und Politik in Deutschland 1860-1914*. Göttingen 2005.

Ziegler, Dieter: *Die Industrielle Revolution*. Darmstadt 2005.

Arbeiterbewegung und Sozialpolitik 6.

Ein Aspekt des sozioökonomischen Wandels, der die Regierenden und die bürgerliche Öffentlichkeit besonders beunruhigte, war das Anwachsen der Industriearbeiterschaft. Die Arbeitermassen, die sich in den Städten und Industriezonen ballten, lebten allein von ihrer Arbeitskraft und drohten bei jeder konjunkturellen oder individuellen Krise unter das Existenzminimum zu rutschen. Ältere soziale Netze waren mit Durchsetzung der liberalen Wirtschaftsordnung und der intensivierten Binnenmigration erodiert. Die Zünfte waren aufgelöst, patriarchalische Fürsorgeverpflichtungen durch die Vertragsfreiheit ersetzt. Kapitalistische Arbeitgeber fühlten bestenfalls gegenüber ihren Stammbelegschaften eine soziale Verantwortung, nicht aber für das Heer der rasch fluktuierenden Arbeiter. Die Armenfürsorge bot in der Regel nur den Arbeitsunfähigen eine kümmerliche Aushilfe, und auch das nicht immer. Die Masse der Industriearbeiter erschien entwurzelt, existentiell ungesichert und deshalb unberechenbar. Darüber hinaus begann sie sich zu organisieren und revolutionären Theorien anzuhängen. Nach 1848/49 waren Revolutionsfurcht und Besorgnisse über die sozialen Entwicklungen vorerst abgeklungen. Aber mit der Reichsgründung wurde die ‚soziale Frage', nun verstanden primär als Arbeiterfrage, wieder hochaktuell. Die Antworten waren ambivalent: Die Bismarckära war geprägt einerseits von Repression gegen die Arbeiterbewegung, andererseits von wichtigen Weichenstellungen auf dem Weg zum modernen Sozialstaat.

Das Sozialistengesetz 6.1

Die Arbeiterbewegung um 1870

Die organisierte Arbeiterbewegung war zur Zeit der Reichsgründung eine noch eng begrenzte Erscheinung. Nach ersten Ansätzen während der Revolution von 1848/49 hatte sie sich in den 1860er Jahren gerade erst neu zu konstituieren begonnen. In Anknüpfung an ältere handwerkliche Organisationsformen sprach sie vor allem Gesellen und Facharbeiter an, weniger die Masse der Unqualifizierten. Darüber, welche politisch-weltanschauliche Orientierung zukünftig dominieren würde, war noch keine Entscheidung gefallen. Im Wesentlichen bestanden drei Richtungen.

Erstens hatten die liberal orientierten Arbeiter- und Handwerkervereine, deren Tradition auf die 1840er Jahre zurückging, noch erhebliches Gewicht. Sie standen oft unter bürgerlicher Leitung und widmeten sich der Bildung sowie der genossenschaftlichen Selbsthilfe. Eine breite Basis gewann zumal die Genossenschaftsbewegung des Fortschrittsliberalen Hermann Schulze-Delitzsch. Gezielter auf die spezifischen Bedürfnisse der Lohnarbeiter zugeschnitten waren die Gewerkvereine, die Max Hirsch und Franz Duncker seit 1868 ins Leben riefen. Auch auf politischer Ebene hatte der Linksliberalismus zumindest in manchen Regionen noch starken Rückhalt in Arbeiterkreisen. Allerdings war er am schwinden: Die Gegensätze zwischen liberalem Bürgertum und politisch interessierter Arbeiterschaft hatten sich in Deutschland relativ früh so stark vertieft, dass sich eigene Arbeiterparteien abspalteten.

Der 1863 maßgeblich von Ferdinand Lassalle gegründete Allgemeine Deutsche Arbeiterverein (ADAV) stand zwar ebenfalls unter bürgerlichem Einfluss, bildete aber eine von der liberalen Tradition deutlich abgesetzte zweite Richtung. Er verstand sich als Interessenvertretung des Arbeiterstandes, agitierte scharf gegen das liberale Bürgertum und setzte zunächst ganz auf die politische Aktion: Mittels des allgemeinen Männerwahlrechts sollten Reformen zugunsten der Arbeiter, vor allem staatlich geförderte Produktivgenossenschaften erreicht werden mit dem Fernziel, das Privateigentum an Produktionsmitteln ganz aufzuheben. Von gewerkschaftlicher Aktivität zur Verbesserung der Arbeitsbedingungen hielt Lassalle nichts: Er glaubte an ein ‚ehernes Lohngesetz', das den Verdienst der Lohnabhängigen stets auf das Existenzminimum drücken würde. Unter Lassalles Nachfolger Johann Baptist von Schweitzer hingegen propagierte der ADAV seit 1868 die Gründung von gewerkschaftlichen Organisationen, die sich Arbeiterschaften nannten.

Die dritte Richtung bildete die 1869 von August Bebel und Wilhelm Liebknecht gegründete Sozialdemokratische Arbeiterpartei (SDAP). Sie ging aus der sächsischen liberal-demokratischen Bewegung hervor, von der sie sich nun aber mit einem an der Marxschen Theorie orientierten Programm lossagte. Vom ADAV trennte sie unter anderem dessen Vertrauen in den existierenden Staat. Auch die SDAP warb für die Gründung von gewerkschaftlichen Organisationen, die sie als Gewerksgenossenschaften bezeichnete.

Ende der 1860er Jahre begann also ein regelrechter Wettlauf der Gewerkschaftsgründungen, bei dem die Liberalen zunächst vorne lagen. Ihre Gewerkvereine zählten am Vorabend der Reichsgründung etwa 30.000 Mitglieder und damit ungefähr gleich viele wie die beiden sozialistischen Richtungen zusammen. Hinzu kamen noch einige unabhängige Berufsverbände wie der der Buchdrucker. Insgesamt waren um 1870 aber höchstens 78.000 Arbeiter gewerkschaftlich organisiert. Sie machten nur einen kleinen Bruchteil der gewerblich Beschäftigten aus. Auch als politische Kraft waren die sozialistischen Parteien mit gerade mal zwei Abgeordneten im ersten Reichstag alles andere als mächtig. Zwei Faktoren trugen dazu bei, dass die entstehende Arbeiterbewegung in den Augen der Regierenden und der bürgerlichen Öffentlichkeit trotzdem zunehmend bedrohlich wirkte.

Die Streikwelle der Gründerjahre

Erstens erlebte Deutschland in den Gründerjahren eine erste große Streikwelle. Sie wurde begünstigt durch die Gewerbeordnung von 1869, die frühere Koalitionsverbote aufhob, also kollektive Arbeitsniederlegungen entkriminalisierte. Zugleich stärkte die Hochkonjunktur die Verhandlungsmacht der Arbeiter gegenüber ihren Arbeitgebern. Verglichen mit anderen Nationen wie Großbritannien oder Frankreich blieb die Streikaktivität zwar nach wie vor recht bescheiden. Aber für Deutschland war sie in diesem Umfang neu und unerhört. Erstmals kam es nun auch zu großen Massenbewegungen, die ein ganz anderes Format hatten als herkömmliche Gesellenausstände. So legten 1872 im Ruhrgebiet mehr als 20.000 Bergleute die Arbeit nieder. Die Streiks gingen überwiegend direkt von den Belegschaften aus, nicht von den Gewerkschaften oder den Arbeiterparteien, die diesem Kampfmittel eher reserviert gegenüberstanden. Dennoch waren aus Perspektive von Beamten und Bürgern die Arbeiterorganisationen mit verantwortlich, weil sie Unzufriedenheit und Klassenhass schürten. Ein oft beschworenes Menetekel für das, was dabei herauskommen könne, war die Pariser Commune von 1871.

Zunehmendes Gewicht der revolutionären Strömung

Zweitens gewann innerhalb der Arbeiterbewegung die marxistisch-revolutionäre Strömung immer deutlicher die Überhand, besonders seit der Fusion von ADAV und SDAP zur Sozialistischen Arbeiterpartei (SAP) im Jahr 1875. Diese vertrat zwar keinen lupenreinen Marxismus, entwarf ein eher vages Bild von der sozialistischen Zukunft und bekannte sich zu friedlichen Mitteln. Trotzdem fiel es nicht schwer, ihr umstürzlerische Absichten vorzuwerfen. Bereits die SDAP war der Internationalen Arbeiterassoziation beigetreten, die sich allerdings 1876 auflöste. Bebel und Liebknecht solidarisierten sich mit der Pariser Commune, verurteilten die Umstände der Reichsgründung und pflegten eine radikale klassenkämpferische Rhetorik. Die Programme von SDAP wie SAP ließen keinen Zweifel daran, dass sie eine grundlegende Umgestaltung von Staat und Gesellschaft anstrebten.

Erste Repressionsmaßnahmen

Trotz des relativ liberalen politischen Klimas der Reichsgründungszeit setzten denn auch rasch Maßnahmen gegen diesen heranwachsenden inneren ‚Reichsfeind' ein. Der Hochverratsprozess von 1872 gegen Bebel und Liebknecht war ein erster Versuch, die eloquentesten Führer der jungen Arbeiterbewegung aus dem Verkehr zu ziehen, steigerte jedoch vor allem ihren Bekanntheitsgrad. Preußen verbot aufgrund des Vereinsrechts 1876 die SAP wie 1874 schon den ADAV. Auch das Presserecht ließ sich gegen die sozialistische Agitation einsetzen. Aber solche Repressionsversuche bewirkten wenig. Die Streikwelle verebbte zwar mit der einsetzenden Wirtschaftskrise, das Gewicht der politischen Arbeiterbewegung nahm hingegen kontinuierlich zu: 1877 zogen bereits zwölf Sozialisten in den Reichstag ein. Das war Grund genug für Bismarck, nach dem Kulturkampf einen zweiten innenpolitischen ‚Präventivkrieg' zu inszenieren.

Allerdings ging es dem Kanzler nicht nur um die Sozialisten. Wiederum stand die Bekämpfung des inneren Reichsfeinds im Kontext eines breiter angelegten Kalküls: Den Hintergrund bildete die Ende der 1870er Jahre anvisierte Zoll- und Steuerreform, welche die Liberalen blockierten und zur Durchsetzung konstitutioneller Forderungen zu nutzen versuchten. Der Kampf gegen die Sozialisten konnte zugleich instrumentalisiert werden, um die Liberalen zu schwächen und gefügig zu machen, denn ein verschärfter Repressionskurs musste sie zwangsläufig in Gewissenskonflikte stürzen. Sie waren den Sozialisten zwar alles andere als wohlgesinnt. Aber wenn repressive Maßnahmen liberale Prinzipien wie die Rechtsgleichheit oder die Vereinigungsfreiheit verletzten, dann konnten sie das nicht widerspruchslos hinnehmen. Erste Anläufe zur Revision von Gesetzen, um mit ihnen härter gegen die Arbeiterbewegung vorgehen zu können, waren in den frühen 1870er Jahren denn auch an den liberalen Parlamentsmehrheiten gescheitert.

Kaiserattentate und Sozialistengesetzvorlage

Die Gelegenheit, den Reichstag mittels einer antisozialistischen Gesetzesvorlage unter Druck zu setzen, boten zwei Attentate auf Wilhelm I. Am 11. Mai 1878 schoss der junge Klempnergeselle Max Hödel auf ihn, ohne zu treffen. Drei Wochen später, am 2. Juni, feuerte der mittellose Akademiker Karl Eduard Nobiling auf den betagten Monarchen, der diesmal erhebliche Verletzungen erlitt. Die Anschläge lösten enorme öffentliche Empörung aus. Die Attentäter waren soziale Außenseiter mit verworrenen Motiven. Da aber beide zeitweise in sozialistischen Kreisen verkehrt hatten, ließ sich der Arbeiterbewegung eine geistige Urheberschaft unterstellen. Bismarck ergriff die Gelegenheit und legte dem Reichstag unmittelbar nach dem ersten Anschlag den Entwurf für ein Ausnahmegesetz gegen die Sozialdemokratie vor. Noch scheiterte er an rechtsstaatlichen Bedenken: Die liberalen Parteien stimmten ebenso wie das Zentrum nahezu geschlossen gegen die Vorlage. Nach dem zweiten Attentat setzte Bismarck die Auflösung des unbotmäßigen Reichstags durch. Die Neuwahlen am 30. Juli standen im Zeichen einer von der regierungsnahen Presse kräftig geschürten Sozialistenfurcht, aber auch der Schutzzollagitation und eines generellen antiliberalen Klimawandels. Sie verschoben die politischen Kräfteverhältnisse erwartungsgemäß nach rechts, obgleich nicht so stark, wie von Bismarck erhofft. Die Konservativen legten auf Kosten der Liberalen zu, verfügten jedoch über keine Mehrheit. Da das Zentrum und die Fortschrittsliberalen ziemlich konsequent bei ihrer Ablehnung des Sozialistengesetzes blieben, hing dessen weiteres Schicksal von den Nationalliberalen ab.

Die Haltung der Nationalliberalen

Der neue Reichstag erhielt im Herbst einen überarbeiteten Entwurf vorgelegt. Nach heftigen Debatten und etlichen Modifikationen nahm er das Gesetz gegen die gemeingefährlichen Bestrebungen der Sozialdemokratie, wie es offiziell hieß, am 19. Oktober mit 221 gegen 149 Stimmen an. Neben den Konservativen votierten nun auch die Nationalliberalen dafür, obgleich dem linken Fraktionsflügel merklich unwohl dabei war. Seine Wortführer rechtfertigten ihre gewandelte Haltung damit, dass der Regierungsentwurf wesentlich hatte entschärft werden können. So war vor allem die Laufzeit des Gesetzes nun auf zweieinhalb Jahre befristet. Dennoch handelte es sich um ein Ausnahmegesetz, das mit liberalen Prinzipien kaum zu vereinbaren war. Dass die Nationalliberalen es trotz erheblicher Bedenken akzeptierten, erklärt sich aus ihrer schwierigen Lage: In der Wählergunst war ihr Stern am sinken, Bismarck hatte sie bereits weitgehend fallen gelassen, und parteiintern waren sie immer stärkeren Zerreißproben zwischen linkem und rechtem Flügel ausgesetzt. Indem die linken Nationalliberalen das Sozialistengesetz mit verabschiedeten, konnte das Auseinanderbrechen der Partei nochmals vermieden werden. Dies half aber nur kurzfristig: In den folgenden zwei Jahren kam es über die Schutzzollfrage, das Septennat, den Abbau des Kulturkampfs und die erste Verlängerung des Sozialistengesetzes endgültig zur Spaltung.

Inhalt des Sozialistengesetzes

In der Bewertung des Sozialistengesetzes als Verstoß gegen rechtsstaatliche Grundsätze ist sich die neuere Forschung weitgehend einig. Es war ein Ausnahmegesetz, das die Rechtsgleichheit verletzte, weil es keine allgemeingültigen Bestimmungen enthielt, sondern die Arbeiterbewegung gezielt diskriminierte. In einer sehr weit auslegbaren Weise ordnete es an, dass Vereine, Versammlungen und Druckschriften, die eine sozialdemokratische, sozialistische oder kommunistische Tendenz zeigten respektive sich einer solchen verdächtig machten, zu verbieten seien. Verbote unterlagen keiner gerichtlichen Prüfung; die Polizeibehörden entschieden allein, und Beschwerden konnten nur bei der vorgesetzten Behördeninstanz, in gewissen Fällen bei einer besonderen Reichskommission eingelegt werden. Wer in irgendeiner Form an verbotenen Anlässen, Organisationen oder Publikationen mitwirkte, riskierte Geldstrafen oder Gefängnis bis zu einem Jahr. Agitatoren konnte zudem der Aufenthalt an bestimmten Orten oder, etwa im Fall von Gastwirten oder Buchhändlern, der fernere Gewerbebetrieb untersagt werden. In Bezirken, wo aufgrund sozialdemokratischer Bestrebungen die öffentliche Sicherheit bedroht schien, konnte schließlich für bis zu einem Jahr der sogenannte kleine Belagerungszustand verhängt werden. Das ermöglichte es, Versammlungen und den Vertrieb von Druckschriften unabhängig von ihrer politischen Tendenz zu beschränken und mutmaßlich gefährliche Personen aus dem jeweiligen Bezirk auszuweisen.

Quelle

Sozialistengesetz vom 21. 10. 1878:

„§ 1. Vereine, welche durch sozialdemokratische, sozialistische oder kommunistische Bestrebungen den Umsturz der bestehenden Staats- oder Gesellschaftsordnung bezwecken, sind zu verbieten.
Dasselbe gilt von Vereinen, in welchen sozialdemokratische, sozialistische oder kommunistische auf den Umsturz der bestehenden Staats- oder Gesellschaftsordnung gerichtete Bestrebungen in einer den öffentlichen Frieden, insbesondere die Eintracht der Bevölkerungsklassen gefährdenden Weise zu Tage treten. [...]
§ 9. Versammlungen, in denen sozialdemokratische, sozialistische oder kommunistische auf den Umsturz der bestehenden Staats- oder Gesellschaftsordnung gerichtete Bestrebungen zu Tage treten, sind aufzulösen.

Versammlungen, von denen durch Thatsachen die Annahme gerechtfertigt ist, daß sie zur Förderung der im ersten Absatze bezeichneten Bestrebungen bestimmt sind, sind zu verbieten.
Den Versammlungen werden öffentliche Festlichkeiten und Aufzüge gleichgestellt. [...]
§ 11. Druckschriften, in welchen sozialdemokratische, sozialistische oder kommunistische auf den Umsturz der bestehenden Staats- oder Gesellschaftsordnung gerichtete Bestrebungen in einer den öffentlichen Frieden, insbesondere die Eintracht der Bevölkerungsklassen gefährdenden Weise zu Tage treten, sind zu verbieten. [...]"[61]

Umsetzung und Auswirkungen

Das Gesetz wurde am 21. Oktober 1878 rechtskräftig und in weiten Teilen des Reichs umgehend rigoros angewandt. Allein bis zum Jahresende löste die Polizei rund 200 sozialistische Vereine auf. Einen ersten Höhepunkt erreichte die Repressionswelle am 28. November mit der Verhängung des kleinen Belagerungszustandes über Berlin; später galt er zeitweise auch in Hamburg, Leipzig, Frankfurt am Main, Stettin und Spremberg. Die Organisationen der sozialistischen Arbeiterbewegung waren bald zerschlagen, ihre Publikationen praktisch flächendeckend untersagt. Insgesamt wurden unter dem Sozialistengesetz, das infolge viermaliger Verlängerung bis 1890 in Kraft blieb, schätzungsweise 1.500 Menschen zu Freiheitsstrafen verurteilt, ungefähr 900 waren von örtlichen Aufenthaltsverboten betroffen. Trotzdem verschwand die Sozialdemokratie nicht, vielmehr entwickelte sie rasch erfolgreiche Gegenstrategien. Verdeckte Kommunikationsstrukturen entstanden, Veranstaltungen erhielten eine harmlose Tarnung, etwa als Familienausflüge ins Grüne. Ein Teil der Aktivitäten wurde ins Ausland verlagert, vor allem in die Schweiz. Hier erschien ab 1879 die neue Parteizeitung *Der Sozialdemokrat*, die auf verschlungenen Wegen ins Reich gelangte, und hier fand 1880 ein erster Exil-Parteitag statt. Zudem nutzte die Arbeiterpartei den Umstand, dass die Gesetzgebung ihr legale Lücken ließ: Das Recht zur Teilnahme an Wahlen blieb ihr ebenso erhalten wie die Abgeordnetenimmunität, und folglich bildete der Reichstag weiterhin eine wichtige Agitationsbühne.

Insgesamt erwies sich das Sozialistengesetz als ebenso großer Fehlschlag wie der Kulturkampf. Statt die entstehende Arbeiterbewegung im Keim zu ersticken, verlieh ihr der staatliche Druck eine besondere Aura und festigte ihren Rückhalt in der Arbeiter-

Abbildung 14: „Der Sieg ist unser, trotz alledem!“. Gedenkblatt zum Auslaufen des Sozialistengesetzes, 1890.

bevölkerung. Im Untergrund blieb die Partei bestens organisiert. Bei den Reichstagswahlen legte sie nach vorübergehenden leichten Rückschlägen ab 1884 weiter kräftig zu. Trotz des restriktiveren Wahlrechts gelang ihr auch der Einzug in manche Kommunal- und Landesparlamente, so 1883 in die Berliner Stadtverordnetenversammlung und 1885 in den sächsischen Landtag. Die sozialdemokratisch orientierten Gewerkschaften, die sich in den 1880er Jahren zu reorganisieren begannen, erfreuten sich ebenfalls eines starken Zulaufs: 1890 zählten sie bereits gegen 300.000 Mitglieder. Die Zeit des Sozialistengesetzes wurde zur Formierungsphase der Sozialdemokratie als Massenbewegung und zugleich zu ihrem Gründungsmythos: Die Erfahrung von Repression und Illegalität schweißte auf lange Zeit zusammen. Trotz aller Heroisierung des Widerstandes hielt die Partei ihre Anhänger allerdings strikt auf einem gewaltlosen Kurs, und so verlief auch dieser ‚Krieg' weitgehend unblutig.

Arbeiterversicherung und Arbeiterschutz 6.2

Sozialreform in der liberalen Ära

In der liberalen Ära hatte es zunächst wenig Bereitschaft zu repressiver Gesetzgebung gegeben, aber ebenso wenig zu sozialpolitischer Intervention. Zwar existierten längst fest verankerte Traditionen des Nachdenkens über soziale Missstände und mögliche Abhilfen, und in der Reichsgründungszeit erhielten sie neue Impulse. Vordenker der Sozialreform organisierten sich verstärkt auf nationaler Ebene, so im Verein für Socialpolitik, an dessen Gründung sich 1872 namhafte Gelehrte wie die Nationalökonomen Gustav Schmoller, Lujo Brentano und Adolph Wagner beteiligten. Diese sogenannten ‚Kathedersozialisten' hinterfragten das wirtschaftsliberale Dogma der ‚Manchesterschule' und plädierten für eine aktive Sozialpolitik, um die negativen Nebeneffekte des sozioökonomischen Wandels zu bewältigen. Aber in den Jahren der Hochkonjunktur fand ihr Plädoyer zunächst kaum Niederschlag in der Praxis. Vielmehr genoss die liberale Lehre, dass der Markt und die Eigeninitiative freier Individuen allfällige Probleme am effizientesten beheben würden, in dieser Phase eine hohe Plausibilität.

Sozialistengesetz als Anstoß

Erst mit der Wirtschaftskrise und der konservativen Wende gewann die Ansicht wieder an Boden, dass der Wirtschaftsliberalismus kein Allheilmittel sei. Starke Resonanz fanden Argumente zugunsten einer sozialpolitischen Intervention zunächst vor allem im Zusammenhang mit dem Sozialistengesetz. In den Reichstagsdebatten, die zu seiner Verabschiedung führten, betonten Redner mehrerer Fraktionen, dass der Kampf gegen die sozialistische Agitation durch Repression allein nicht zu gewinnen sei. Vielmehr müsse den Arbeitern zugleich ein Angebot gemacht werden, um sie mit der Gesellschaft zu versöhnen. Auch Bismarck räumte im Oktober 1878 gegenüber dem Reichstag ein, dass Maßnahmen gegen unbestreitbar vorhandene soziale Missstände erforderlich seien.

Die Reichsleitung ergriff in der Folge die Initiative und arbeitete eine Vorlage zur Versicherung der Arbeiter gegen Unfälle aus. Dass sie allerdings mit Widerständen gegen dieses Projekt rechnete, zeigen die Begründungen, die sie dem ersten Entwurf vom März 1881 voranstellte. Bedenken, so hieß es hier, dass staatliche Intervention zugunsten der Besitzlosen „ein sozialistisches Element" in sich trüge, dürften nicht von ihr abhalten; vielmehr handle es sich um eine Weiterentwicklung „der aus der christlichen Gesittung erwachsenen modernen Staatsidee".[62] Nachdem der erste Entwurf an vielfältigen Einwänden gescheitert war, machte Bismarck die Sozialpolitik zum offiziellen Regierungsprogramm: Zur Eröffnung des neu gewählten Reichstags am 17. November 1881 verlas er anstelle des erkrankten Kaisers eine ‚Kaiserliche Botschaft'. Sie kündigte nicht nur eine neue Unfallversicherungsvorlage, sondern auch einen Schutz der Arbeiter vor den Folgen von Krankheit, Alter und Invalidität an. Die Botschaft benannte explizit die komplementäre Funktion der anvisierten Maßnahmen zum Sozialistengesetz: Stabilisierung der Gesellschaftsordnung war das Ziel, was aber keinen Widerspruch zu der wiederum hervorgehobenen christlichen Motivation bedeutete. Die berühmt gewordene Kaiserliche Sozialbotschaft markierte nicht den Beginn staatlicher Sozialpolitik; diverse Ansätze hatte es schon viel früher gegeben. Sie markierte aber eine neue Hinwendung des Staats, nun in Gestalt des Reichs, zur sozialen Frage nach der liberalen Ära. Und sie bekräftigte, dass das mit der Unfallversicherungsvorlage initiierte Modell, nämlich das der reichsweit obligatorischen Arbeiterversicherung, weiterverfolgt werden sollte.

Quelle

Die Kaiserliche Sozialbotschaft vom 17. 11. 1881:

„Wir Wilhelm, von Gottes Gnaden Deutscher Kaiser, König von Preußen etc., thun kund und fügen hiermit zu wissen: [...] Schon im Februar dieses Jahres haben Wir Unsere Ueberzeugung aussprechen lassen, daß die Heilung der sozialen Schäden nicht ausschließlich im Wege der Repression sozialdemokratischer Ausschreitungen, sondern gleichmäßig auf dem der positiven Förderung des Wohles der Arbeiter zu suchen sein werde. Wir halten es für Unsere Kaiserliche Pflicht, dem Reichstage diese Aufgabe von neuem ans Herz zu legen, und würden Wir mit um so größerer Befriedigung auf alle Erfolge, mit denen Gott Unsere Regierung sichtlich gesegnet hat, zurückblicken, wenn es Uns gelänge, dereinst das Bewußtsein mitzunehmen, dem Vaterlande neue und dauernde Bürgschaften seines inneren Friedens und den Hilfsbedürftigen größere Sicherheit und Ergiebigkeit des Beistandes, auf den sie Anspruch haben, zu hinterlassen. [...]

> Für diese Fürsorge die rechten Mittel und Wege zu finden, ist eine schwierige, aber auch eine der höchsten Aufgaben jedes Gemeinwesens, welches auf den sittlichen Fundamenten des christlichen Volkslebens steht."[63]

Der Entstehungsprozess der Arbeiterversicherungen war hürdenreich, und die schließlich verabschiedeten Gesetze wichen erheblich vom ursprünglichen Konzept ab. Trotz aller Schwierigkeiten entstanden aber innerhalb weniger Jahre die Grundlagen für ein mehrgliedriges Versicherungssystem. Das war keine geringe Leistung, zumal es kaum Vorbilder gab: Auf internationaler Ebene übernahm das Deutsche Reich eine Pionierrolle.

Krankenversicherung

Am meisten Anknüpfungspunkte bestanden im Bereich der Krankenversicherung, deren gesetzliche Regelung denn auch am raschesten, nämlich 1883 gelang. Sie schuf nichts völlig Neues, sondern baute auf dem existierenden Netz aus betrieblichen, kommunalen, genossenschaftlichen und freien Kassen von Gewerkschaften und Berufsvereinen auf. In vielen preußischen Städten gab es auch bereits Erfahrungen mit einer lokalen Versicherungspflicht für gewerblich Beschäftigte, die bis in die 1850er Jahre zurückreichten: Nach anfänglichen Widerständen sowohl der Arbeiter als auch der Arbeitgeber, die einen Teil der Beiträge übernehmen mussten, war dieses System gut angenommen worden, und entsprechend regte sich im Vorfeld des Gesetzes von 1883 kaum grundsätzliche Opposition. Es respektierte die existierenden Strukturen und das Prinzip der freien Kassenwahl, welches bereits ein Hilfskassengesetz aus dem Jahr 1876 festgeschrieben hatte. Neu war, dass die Krankenversicherung reichsweit für alle gewerblichen Arbeiter und Arbeiterinnen obligatorisch wurde, unter Normierung der Beitragssätze, der Leistungen sowie der Selbstverwaltungsorgane der Kassen, an denen die Arbeiter entsprechend ihres Beitragsanteils zu beteiligen waren.

Unfallversicherung

Das Unfallversicherungsgesetz konnte erst im dritten Anlauf 1884 verabschiedet werden. Arbeiter, die im Betrieb einen Schaden erlitten, waren schon zuvor nicht rechtlos gewesen: Das Reichshaftpflichtgesetz von 1871 hatte ihre Ansprüche bereits geregelt. Da es Entschädigungen vom Nachweis eines Verschuldens des Arbeitgebers abhängig machte, wurden solche aber nur selten und oft erst nach langem Rechtsstreit gezahlt. Die Unfallversicherung sah von der Schuldfrage ab, der Preis dafür war, dass die Entschädigungen geringer ausfielen. Bei kompletter Erwerbsunfähigkeit erhielten Verunfallte aber immerhin eine Rente in Höhe von zwei Dritteln des letzten Verdienstes. Zudem kam die Versicherung für die medizinische Behandlung auf, soweit die Krankenkasse sie nicht zu tragen hatte, und zahlte Renten an Witwen und Waisen von tödlich Verunglückten. Die Organisationsstruktur war völlig anders als bei der Krankenversicherung: Versicherungsträger waren Berufsgenossenschaften, denen sich alle Unternehmen der jeweiligen Branche anzuschließen hatten. Die Arbeitgeber finanzierten und verwalteten sie allein.

Alters- und Invaliditätsversicherung

Zuletzt folgte 1889 die Alters- und Invaliditätsversicherung, die wiederum anders organisiert war: Träger waren öffentlich-rechtliche Landesversicherungsanstalten. Arbeitgeber und Arbeiter kontrollierten die Geschäftsführung mittels eines paritätisch besetzten Gremiums und hatten die Beiträge je zur Hälfte zu übernehmen. Außerdem leistete das Reich einen Zuschuss. Die Versicherung zahlte Invaliditätsrenten in Höhe von bis zu einem Drittel des letzten Lohns. Altersrenten wurden nur an über 70-Jährige gewährt und lagen noch niedriger, sie waren als bloßer

Abbildung 15: Karikatur des sozialdemokratischen Wahren Jacob, Januar 1884. Bismarck müht sich um die Errichtung des „Staats-Socialismus". Gestützt wird er von dem christlich-sozialen Adolf Stoecker, während die Repräsentanten der übrigen Parteien demonstrativ abseits stehen.

Zuschuss zum Lebensunterhalt gedacht. In der Praxis waren die Invaliditätsrenten denn auch weit relevanter, zumal nur ein kleiner Teil der Arbeiter überhaupt das 70. Lebensjahr erreichte.

Dass die drei Versicherungszweige ganz unterschiedlichen Modellen folgten, war so nicht geplant gewesen. Bismarck und seinen leitenden Beamten hatte ursprünglich ein zentralistisches System unter dem Dach einer Reichsversicherungsanstalt mit starker finanzieller Beteiligung des Reichs vorgeschwebt. Schlussendlich herausgekommen war eine dezentrale Struktur, die weitgehend auf Selbstverwaltung und Selbstfinanzierung durch die Mitglieder basierte. Damit war zugleich die ursprüngliche Absicht, die Arbeiter unmittelbar an das Reich zu binden, infrage gestellt. Zentrale Ursache für das Ergebnis war, dass in allen großen Parteien die Abneigung gegenüber einer direkten Intervention des Reichs überwog: Das Gespenst des ‚Staatssozialismus' stand ihnen vor Augen.

Haltung der Parteien

Am vehementsten lehnten die Linksliberalen das Konzept der staatlich reglementierten Zwangsversicherung ab. Sie hielten an der liberalen Doktrin fest, dass der Staat nur für freiheitliche Rahmenbedingungen zu sorgen habe, die Lösung sozialer Probleme aber der allgemeinen Kulturentwicklung, der Privatinitiative und der genossenschaftlichen Selbsthilfe überlassen müsse, da sonst das Individuum bevormundet und seine Eigenverantwortung untergraben werde. Bedenken hatten zunächst auch die Nationalliberalen und die konservativen Parteien. Nachdem die Regierungsvorlagen aber so abgeändert worden waren, dass das Reich bei Finanzierung und Organisation weitgehend außen vor blieb, trugen sie die Versicherungsprojekte mit: Sie waren es, die ihnen in erster Linie zum Durchbruch verhalfen. Besonders zwiespältig stand das Zentrum den Gesetzen gegenüber: Einerseits schlug im politischen Katholizismus eine starke soziale Ader, andererseits verwarf er staatlichen Dirigismus kategorisch zugunsten des Subsidiaritätsprinzips, wonach Sicherungsnetze von der Basis der Gesellschaft her aufzubauen seien. Da die ersten beiden Gesetze in ihrer definitiven Fassung hiermit vereinbar schienen, stimmten die Zentrumsabgeordneten ihnen zu; die Alters- und Invaliditätsversicherung lehnten sie wegen der Reichsbeteiligung hingegen mehrheitlich ab. Die Sozialisten schließlich konstatierten zufrieden, dass der Staat nunmehr soziale Missstände einräumte, die Versicherungsvorlagen wiesen sie jedoch als Schwindel zurück. Sie denunzierten sie angesichts des noch geltenden Sozialistengesetzes als Bauernfängerei, die bloß auf eine Knebelung und nicht auf eine wirkliche Besserstellung der Arbeiter ziele.

Materielle Effekte

Von euphorischer Zustimmung konnte somit keine Rede sein, vielmehr war die Sozialgesetzgebung hochgradig umstritten. Aber wie ist sie in historischer Perspektive zu beurteilen? Inwieweit trug sie in der Praxis dazu bei, die Arbeiter vor existentiellen Notlagen zu schützen? Anfänglich waren ihre Effekte zweifellos sehr begrenzt. Die Versicherungspflicht erstreckte sich nur auf die Beschäftigten bestimmter gewerblich-industrieller Bereiche, und wesentliche Daseinsrisiken blieben ganz ausgeklammert, so namentlich bis in die Zwischenkriegszeit das Risiko der Arbeitslosigkeit. Die Leistungen waren gering, und die Arbeiter mussten sie zu einem erheblichen Teil selbst finanzieren. Allerdings dehnte sich die Reichweite der Versicherungen bald aus, so wurden die Landarbeiter schon Ende der 1880er Jahre partiell einbezogen. 1891 gab es bereits rund sieben Millionen Krankenversicherte, siebzehn Millionen Unfall- sowie elf Millionen Invaliditäts- und Altersversicherte. Die Leistungen blieben zwar weit hinter einem vollen Lohnersatz zurück, aber sie bedeuteten trotzdem eine markante Besserstellung, nicht nur in materieller Hinsicht: Auf sie bestand im Gegensatz zu der noch viel dürftigeren Armenhilfe ein erworbener Rechtsanspruch. Die Versicherungen gaben zudem Impulse für den Ausbau von Unfallschutz und Gesundheitswesen. Denn es lag im Interesse ihrer Träger, Schadensfälle möglichst zu vermeiden oder rasch zu beheben, während Versicherte für kommunale Krankenhäuser zahlende Patienten waren, die qualitätvoller versorgt werden mussten als die traditionelle Armenklientel. Schließlich bot die Selbstverwaltung vor allem der Krankenkassen den Arbeitern neue Gestaltungsmöglichkeiten, die auch Sozialdemokraten nach 1890 zu schätzen lernten.

Gegensätzliche Bewertungen der Arbeiterversicherung

Das Versicherungssystem ist seit seiner Entstehung sehr kontrovers beurteilt worden. Während Sozialisten und Linksliberale es anfänglich verdammten, feierte die staatsnahe Publizistik es als großartiges Reformwerk. Beginnend mit der Kaiserlichen Botschaft von 1881 setzte eine offizielle Inszenierung der Sozialpolitik ein, die Kaiser und Kanzler persönlich als ihre Urheber ins Zentrum rückte und der Legitimation der herrschenden Ordnung diente. Diese propagandistische Überhöhung war sehr wirkmächtig, sie hat auch die Historiographie lange geprägt. Die neuere Geschichtswissenschaft ist sich hingegen einig, dass die Bismarcksche Sozialpolitik nicht mythisiert werden sollte. Dennoch gehen die Urteile noch immer weit auseinander. Einen äußerst kritischen Standpunkt vertritt beispielsweise Lothar Machtan: Er betont den obrigkeitsstaatlichen Charakter der Zwangsversicherungen und ihre starke Prägung durch Arbeitgeberinteressen. Statt die Arbeiter vor Gefahren zu schützen und ihre Rechte zu stärken, seien sie als Objekte behandelt und nach eingetretenem Schaden mit minimalen Leistungen abgespeist worden. Demgegenüber urteilt Gerhard A. Ritter und mit ihm der Hauptstrom der Historiographie grundsätzlich positiv: Die Versicherungen hätten trotz ihrer anfänglichen Defizite die Basis für ein zukunftsweisendes Erfolgsmodell gelegt, das die Lage der Arbeiter mittelfristig deutlich verbesserte, ihre gesellschaftliche Integration beförderte und international viel Beachtung fand. Beide Seiten sollten beachtet werden: Sozialpolitik hat stets sowohl sichernde und integrierende als auch bevormundende und disziplinierende Effekte.

Rückstand beim präventiven Arbeiterschutz

Aus Unternehmerkreisen kam nur relativ wenig Widerstand gegen das Versicherungssystem. Es berücksichtigte ihre Vorstellungen zwar nicht in jeder Hinsicht, entlastete die Arbeitgeber aber von individueller Verantwortung, ohne in ihren betrieblichen Herrschaftsraum einzugreifen. Weit weniger waren sie geneigt, Interventionen in die Arbeitsbedingungen hinzunehmen. Während das Deutsche Reich bei der Sozialversicherung eine Pionierrolle spielte, war es in diesem Bereich gegenüber anderen Industriestaaten im Rückstand. Der präventive Arbeiterschutz reduzierte sich im Wesentlichen auf eine Beschränkung der Fabrikarbeit von Kindern, bei der Preußen mit dem Regulativ von 1839 und dessen Ergänzung von 1853 vorausgegangen war. Die Gewerbeordnung des Norddeutschen Bundes hatte diese preußischen Bestimmungen übernommen. Eine Novelle von 1878 weitete die Schutzvorschriften etwas aus, so auf Wöchnerinnen, und führte reichsweit eine obligatorische Fabrikinspektion zu ihrer Überwachung ein. Ansonsten war aber nicht viel geschehen.

In den 1880er Jahren mehrte sich die Kritik an der Unzulänglichkeit des Arbeiterschutzes. Im Reichstag zeichnete sich ein breiter Konsens zugunsten seiner Ausweitung ab: Fast sämtliche Fraktionen, von den Sozialisten bis hin zu den Konservativen, lancierten entsprechende Anträge, und 1887 arbeitete eine Kommission eine Gesetzesvorlage aus, die das Plenum mit Stimmenmehrheit passierte. Alle Vorstöße scheiterten jedoch an Bismarck.

Der Kanzler präsentierte sich zwar gerne als Schöpfer der Arbeiterversicherung, aber von einer Intervention in die betrieblichen Arbeitsverhältnisse wollte er nichts wissen. Er fürchtete einerseits um die internationale Konkurrenzfähigkeit der Industrie und wollte nicht gegen die Unternehmerinteressen vorgehen; andererseits hielt er es für falsch, den Arbeiterfamilien die freie Verwertung ihrer Arbeitskraft zu verbieten.

Aufschwung der Arbeiterbewegung

Bewegung kam in die Frage des Arbeiterschutzes erst Ende der 1880er Jahre. Einen wichtigen Anstoß bildete die Zunahme von Arbeitskonflikten im Gefolge der allgemeinen Konjunkturbelebung: 1889 ging eine neuerliche Streikwelle über Deutschland und weite Teile Europas, die diejenige der frühen 1870er Jahre noch deutlich übertraf. Sie verlieh auch den gewerkschaftlichen Organisationsbemühungen neuen Schwung. Außerdem begann sich die Arbeiterbewegung verstärkt international zu vernetzen: Im Juli 1889 tagte in Paris der Gründungskongress der II. Internationale, der beschloss, den 1. Mai fortan als internationalen Arbeiterdemonstrationstag zu begehen. Diese Entwicklungen beunruhigten die Regierenden und das Bürgertum, aber sie rückten zugleich soziale Themen auf der politischen Tagesordnung ganz nach oben.

Der Bergarbeiterstreik von 1889

In Deutschland erregte vor allem der Bergarbeiterstreik vom Mai 1889 enormes Aufsehen: Es handelte sich um den mit Abstand größten Arbeitskampf, den das Reich bislang erlebt hatte. Binnen weniger Tage legten über 90.000 Kumpel des Ruhrgebiets die Arbeit nieder, weitere Reviere folgten, so dass fast die gesamte Kohlenförderung ruhte. Die sozialistische Arbeiterbewegung, die unter den Ruhrbergleuten noch kaum Fuß gefasst hatte, spielte keine aktive Rolle bei diesem Massenausstand, der sich spontan ausdehnte und in dem es allein um die Arbeitsbedingungen ging. Nach Reibereien mit der Polizei rückte Militär zur Verstärkung an, es gab einige Tote und Verletzte, aber insgesamt verlief der Streik trotz seiner enormen Ausdehnung weitgehend friedlich. Die öffentliche Meinung reagierte erstaunlich verständnisvoll, und das Wohlwollen reichte bis in die höchsten Kreise: Wilhelm II., damals seit knapp einem Jahr auf dem Thron, empfing eine Delegation der Streikenden; zudem mahnte er die Arbeitgeber, den berechtigten Forderungen der Bergleute entgegenzukommen.

Diese arbeiterfreundliche Haltung setzte Wilhelm im Gefolge des Streiks fort, indem er den Ausbau des Arbeiterschutzes zu seinem persönlichen Anliegen machte. Hierüber kam es zu einem tiefen Zerwürfnis zwischen dem jungen Kaiser und dem alten

Abbildung 16: Die Ausstandsbewegung im rheinisch-westfälischen Industriebezirk: Jugendliche Arbeiter bedrohen eine Militärpatrouille. Illustrirte Zeitung, 1889.

Kanzler. Ihr Verhältnis war bereits aus anderen Gründen belastet, aber die Arbeiterpolitik wurde zu einem zentralen Kristallisationspunkt der Differenzen. Wilhelm verspürte zu dieser Zeit ein ernsthaftes soziales Interesse, sah aber zugleich die Möglichkeit, sich als sozialer Monarch zu profilieren und so aus dem Schatten des dominanten Kanzlers herauszutreten. Bismarck hingegen fürchtete um seine persönliche Macht und seinen bestimmenden Einfluss auf die Politik. Schon Wilhelms vermittelndes Eingreifen in den Bergarbeiterstreik behagte ihm nicht, lieber hätte er den Konflikt treiben und womöglich eskalieren lassen, um die abgeflaute bürgerliche Revolutionsfurcht wieder zu schüren und seine eigene Unentbehrlichkeit als Krisenmanager zu demonstrieren.

Nichtverlängerung des Sozialistengesetzes

Die nächste Gelegenheit, eine innere Krise zu provozieren, bot die im Winter 1889/90 anstehende Verlängerung des Sozialistengesetzes. Wie schon die vorangegangenen Verlängerungen löste sie wiederum ein heftiges parlamentarisches Ringen aus, und Bismarck verlieh ihm zusätzliche Brisanz, indem er dem Reichstag einen verschärften Entwurf vorlegte. Insbesondere sollte das Gesetz künftig unbefristet gelten. Es war vorhersehbar, dass diese Fassung trotz solider Mehrheit des ‚Kartells' aus Konservativen und Nationalliberalen nicht glatt passieren würde. Die Nationalliberalen waren zwar bereit, erneut für die Verlängerung zu stimmen, nicht aber für eine Verschärfung. Vielmehr setzten sie gemeinsam mit der Opposition einen abmildernden Änderungsantrag durch, der die Befugnis zur Ausweisung von Agitatoren aus gefährdeten Bezirken strich. Darauf fiel das Gesetz in der Schlussabstimmung vom 25. Januar 1890 durch, weil die Deutschkonservativen, die die Milderung ablehnten, mit der Opposition aus Zentrum, Linksliberalen und Sozialisten dagegen votierten. Kurz darauf fanden Neuwahlen statt. Bismarck plante, die verschärfte Vorlage dem neuen Reichstag wieder vorzulegen und ihn nötigenfalls mehrfach auflösen zu lassen. Auch spielte er ernsthafter als bei früheren Gelegenheiten mit dem Gedanken einer staatsstreichartigen Verfassungsänderung, um einen gefügigeren Reichstag zu erhalten.

Februarerlasse

Wilhelm war jedoch nicht gewillt, Bismarcks Konfrontationskurs mitzumachen, vielmehr entschlossen, ein eigenständiges soziales Profil zu beweisen. Er verlangte vom Kanzler einerseits Mäßigung bezüglich des Sozialistengesetzes, andererseits ultimativ Vorbereitungen zum Ausbau des Arbeiterschutzes. Der Kanzler musste einlenken. Am 4. Februar 1890 erschienen zwei kaiserliche Erlasse, die eine Revision der geltenden Arbeiterschutzbestimmung und die Einberufung einer internationalen Konferenz zu Arbeiterschutzfragen ankündigten. Bismarck hatte die Erlasse zwar zähneknirschend redigiert, aber sie wurden ohne seine eigentlich notwendige Gegenzeichnung publiziert. Damit war der Konflikt zwischen Kaiser und Kanzler öffentlich geworden.

Ende der Bismarckära

Am 20. Februar fanden Reichstagswahlen statt. Die Kartellparteien erlitten dramatische Verluste, während die Sozialdemokratie massiv zulegte. Bismarcks Politik war offenkundig gescheitert. Zwar erschreckte der Wahlausgang auch den Kaiser, dennoch hielt er an dem ausgleichenden ‚Neuen Kurs' fest. Bereits am 15. März begann in Berlin die eilig vorbereitete Arbeiterschutzkonferenz, zu der zwölf europäische Regierungen plus der Vatikan Vertreter entsandten. Sie brachte kein bindendes Abkommen, war aber ein stark beachtetes Signal. Noch während die Delegierten tagten, bat Bismarck um seine Entlassung aus allen Ämtern. Wilhelm nahm das Gesuch am 20. März an und ernannte Leo von Caprivi zum Nachfolger. Die Ära Bismarck war zu Ende. Die Differenzen um die Arbeiterpolitik waren zwar schlussendlich nicht ausschlaggebend gewesen, sie hatten den Bruch jedoch maßgeblich vorangetrieben.

Sozialpolitischer Aufbruch um 1890

Das Sozialistengesetz lief im September 1890 aus, ohne dass es dem Reichstag nochmals vorgelegt worden wäre, und der versprochene Ausbau des Arbeiterschutzes kam unter Ägide des neuen preußischen Handelsministers Hans Hermann von Berlepsch rasch voran. Die im Mai 1891 verabschiedete Novelle zur Gewerbeordnung verankerte unter anderem ein generelles Verbot der Sonntagsarbeit, einen erweiterten Jugendschutz, die Begrenzung der Fabrikarbeit von Frauen auf elf Stunden pro Tag, die Möglichkeit, in Branchen mit besonders belastenden Arbeitsbedingungen einen Maximalarbeitstag für sämtliche Beschäftigten festzulegen, und eine umfassendere Gewerbeinspektion. Zudem sollten reichsweit paritätisch besetzte Gewerbegerichte als Schlichtungsinstanzen installiert werden. Hiermit war der sozialpolitische Elan zwar vorerst erschöpft, und Wilhelm II. verlor bald das Interesse an seiner Rolle als ‚Arbeiterkaiser'. Dennoch brachten seine ersten Regierungsjahre eine merkliche Entspannung an der sozialen Front. Von der Aufbruchstimmung um 1890 zeugen nicht nur die Initiativen der Reichsspitze. Auch in der Gesellschaft zeigte sich eine erhöhte soziale Sensibilität, die sich unter anderem in neuen Verbandsbildungen niederschlug. So fand auf evangelischer Seite zu Pfingsten 1890 in Berlin der erste Evangelisch-Soziale Kongress statt, der sich zur festen Institution entwickelte. Auf katholischer Seite folgte im Oktober 1890 die Gründung des Volksvereins für das katholische Deutschland, der als Dachverband der katholisch-sozialen Bewegung eine breite Wirkung entfaltete. Das Thema Sozialpolitik hatte um 1890 einen festen Platz im öffentlichen Diskurs erlangt, und dass sie zu den Kernaufgaben des modernen Staats gehörte, stellte praktisch kein Sektor der Gesellschaft mehr ernstlich infrage.

Literatur

Zu Arbeiterbewegung und Arbeiterpolitik:

Boentert, Annika: *Kinderarbeit im Kaiserreich 1871-1914*. Paderborn u.a. 2007.

Ditt, Karl/Kift, Dagmar (Hg.): *1889 – Bergarbeiterstreik und Wilhelminische Gesellschaft*. Hagen 1989.

Kieseritzky, Wolther von: *Liberalismus und Sozialstaat. Liberale Politik in Deutschland zwischen Machtstaat und Arbeiterbewegung (1878-1893)*. Köln/Weimar/Wien 2002.

Machtan, Lothar (Hg.): *Bismarcks Sozialstaat. Beiträge zur Geschichte der Sozialpolitik und zur sozialpolitischen Geschichtsschreibung*. Frankfurt am Main/New York 1994.

Quellensammlung zur Geschichte der deutschen Sozialpolitik 1867 bis 1914, begründet von Peter Rassow und Karl Erich Born. Wiesbaden 1966 ff. [Diese auf ca. 34 Bände angelegte Quellenedition ist noch nicht abgeschlossen]

Reidegeld, Eckart: *Staatliche Sozialpolitik in Deutschland*, Bd. 1: *Von den Ursprüngen bis zum Untergang des Kaiserreiches 1918*. 2., überarb. u. erw. Aufl. Wiesbaden 2006.

Ritter, Gerhard A./Tenfelde, Klaus: *Arbeiter im Deutschen Kaiserreich 1871 bis 1914*. Bonn 1992.
Welskopp, Thomas: *Das Banner der Brüderlichkeit. Die deutsche Sozialdemokratie vom Vormärz bis zum Sozialistengesetz*. Bonn 2000.

6.3 Sozialpolitik jenseits der Arbeiterfrage

Der Aufstieg der Arbeiterbewegung und die Anfänge der staatlichen Sozialpolitik sind von der Forschung seit jeher stark beachtet worden. Die in den 1970er und 1980er Jahren boomende Arbeitergeschichte hat darüber hinaus auch alle Facetten der alltäglichen Arbeiterexistenz ausgeleuchtet. Angesichts dieser Fixierung auf die industrielle Arbeiterschaft und die mit ihr assoziierte soziale Frage sind andere Problemfelder und Akteure lange unterbelichtet geblieben. Das gilt in erster Linie für die Verhältnisse auf dem Land, wo im ausgehenden 19. Jahrhundert immerhin noch die Mehrheit der Bevölkerung lebte. Besser sieht die Forschungslage mittlerweile zu den Städten aus, die eine eigenständige und eminent wichtige sozialpolitische Rolle spielten. Ihre Bedeutung wurde von den ersten sozialstaatlichen Schritten des Reichs keineswegs gemindert. Vielmehr sahen sich vor allem die rasch wachsenden Großstädte dazu herausgefordert, ihr soziales Engagement kräftig zu intensivieren.

Städtische Armenfürsorge

Die kommunale Armenfürsorge, deren Wurzeln bis ins Mittelalter zurückreichen, war in der Bismarckära noch immer das bedeutendste Auffangnetz für Hilfsbedürftige. Sie blieb für alle zuständig, die nicht in den regulären gewerblich-industriellen Arbeitsmarkt und somit nicht in die neuen Versicherungen einbezogen waren; außerdem musste sie unzulängliche Versicherungsleistungen oft ergänzen. Tendenziell verlor die Armenfürsorge allerdings an Gewicht. Im frühen 19. Jahrhundert war es nicht ungewöhnlich gewesen, dass größere Städte 10 bis 15 Prozent ihrer Einwohner laufend unter die Arme greifen mussten, und in Krisenjahren konnte die Quote noch weit höher klettern. In den 1880er Jahren war sie fast überall auf deutlich unter 10 Prozent gesunken. So bezogen in Köln, das traditionell eine sehr hohe Quote auswies, im Durchschnitt des Jahres 1885 noch 3,7 Prozent der Einwohner offene Armenhilfe, also außerhalb von Krankenhäusern und Anstalten; schon 1890 waren es nur noch 2,3 Prozent.[64]

Diese rückläufige Tendenz lag teils am allmählich steigenden Lebensstandard, teils an der einsetzenden Wirkung der Sozialversicherung, teils aber auch an der äußerst restriktiven Unterstützungspraxis. Das Gesetz zum Unterstützungswohnsitz von 1870 regelte nur die Zuständigkeitsverteilung zwischen den Gemeinden, ließ diesen aber ansonsten große Entscheidungsspielräume. Die Städte erließen kommunale Armenordnungen, in denen sie die Organisation der Armenhilfe und die Kriterien für ihre Vergabe näher festlegten. Viele adaptierten dabei in der zweiten Hälfte des 19. Jahrhunderts das sogenannte Elberfelder System. Kennzeichnend für dieses Modell war eine große Zahl ehrenamtlicher Armenpfleger, die die Armen zu überwachen und dafür zu sorgen hatten, dass sie so rasch wie möglich wieder auf eigenen Beinen standen. Hilfe wurde weitgehend von Arbeitsunfähigkeit abhängig gemacht, zeitlich kurz befristet und jede Verlängerung mit einer erneuten Bedürftigkeitsprüfung verknüpft.

Quelle

Armenordnung der Stadt Köln, 1888:

„§ 1. Die Armen-Bezirksvorsteher und Armenpfleger sind berufen, unter Leitung und Aufsicht der Armen-Deputation zur Erfüllung der gesetzlichen Verpflichtung der Gemeinde zur Armenpflege mitzuwirken. Die gesetzliche – öffentliche – Armenpflege soll der wirklichen Noth abhelfen, aber nur durch Gewährung des im strengsten Sinne des Wortes Unentbehrlichen. [...]

§ 2. Die öffentliche Armenpflege gewährt Unterstützung nur denjenigen Armen, welche in Folge von Arbeitsunfähigkeit oder erheblicher Arbeitsbeschränktheit die Mittel zu ihrem unentbehrlichen Lebensunterhalte entweder gar nicht, oder nicht vollständig zu erlangen vermögen, jedoch nur insofern von anderer Seite eine ausreichende Fürsorge nicht eintritt. [...]

§ 4. Arbeitsfähige Arme sind in der Regel nicht als hülfsbedürftig zu erachten. [...]

§ 5. Durch Trunk, Müßiggang oder Spiel der Armuth verfallene Personen können ebensowenig der Regel nach aus öffentlichen Mitteln unterstützt werden. Wird indeß die Unterstützung auch solcher Personen bei eintretender wirklicher Nothlage erforderlich, so ist denselben zwar vorübergehend die nöthige Hülfe zu leisten, es muß aber alsdann deren Bestrafung veranlaßt werden.“[65]

Die Armenfürsorge zeigte sich nicht nur aus Knauserigkeit hart, sondern vor allem aus der hergebrachten Überzeugung, dass großzügigere Leistungen die Arbeitsmoral der Armen untergraben würden. Hinzu kam im ausgehenden 19. Jahrhundert ein neuer Aspekt: Die größeren Städte verlagerten ihre Ressourcen auf innovativere Aktionsfelder. Nicht mehr in der Linderung der krassesten Not mittels der traditionellen Armenfürsorge sahen sie ihre wichtigste soziale Aufgabe, sondern in Maßnahmen zur generellen Hebung der urbanen Lebensqualität. Während Armenfürsorge und Arbeiterversicherung gemeinsam war, dass sie erst bei bereits eingetretenem Schaden einsprangen, entwickelten die Städte Ansätze zu einer umfassender angelegten vorsorgenden Wohlfahrtspolitik. Den nötigen Handlungsspielraum gewährten die regional zwar variierenden, aber insgesamt ausgedehnten städtischen Selbstverwaltungsrechte.

Städtische Leistungsverwaltung und Daseinsvorsorge

Der Aktivismus der Städte war eine relativ neue Erscheinung. In den mittleren Jahrzehnten des 19. Jahrhunderts hatten sie in der Regel wenig Bereitschaft gezeigt, eine aufwändige Kommunalpolitik zu betreiben und die dafür notwendigen Steuern zu erheben. Das begann sich in der Reichsgründungszeit zu ändern. Zwar blieb der Liberalismus in den meisten Stadtverordnetenversammlungen tonangebend. Im städtischen Kontext sperrten sich die Liberalen aber weit weniger gegen eine Ausweitung der öffentlichen Tätigkeit als im Reichstag, weil es hier nicht um staatlichen Dirigismus ging, sondern um eine Aktivierung der kommunalen Selbstverwaltung. Die großstädtischen Administrationen expandierten im ausgehenden 19. Jahrhundert stark, sie wandelten sich zu professionellen Leistungsverwaltungen, an deren Spitze nicht mehr alteingesessene Honoratioren standen, sondern erfahrene Experten. Sie investierten große Summen in die Stadtverschönerung, in öffentliche Dienstleistungen und Kulturangebote wie Bibliotheken, Museen, Theater und Parks, in Pferde- und bald elektrische Straßenbahnen. Statt möglichst viel der Privatwirtschaft zu überlassen, übernahmen sie Versorgungsbetriebe wie Gasanstalten und die seit den 1880er Jahren entstehenden Elektrizitätswerke in städtische Regie. Es setzte geradezu ein Wettbewerb zwischen den Großstädten um die fortschrittlichsten und attraktivsten öffentlichen Einrichtungen ein. Von vielen dieser Dienstleistungen profitierten die bürgerlichen Schichten zwar mindestens ebenso wie die sozial Schwachen. Gerade die Städte mit ihrem extrem ungleichen und/oder beschränkten Wahlrecht waren eine Bastion der bürgerlichen Herrschaft, von einer Mitgestaltung der Kommunalpolitik blieben die Unterschichten fast vollständig ausgeschlossen. Dennoch profitierten auch sie von der sich entfaltenden städtischen Daseinsvorsorge.

Sanitäre Infrastruktur

Ein Bereich, an dem dies deutlich wird, ist die ‚Assanierung' der Städte. Dazu gehörten die Abfallbeseitigung, die Straßenreinigung, der Bau von Markthallen und Schlachthöfen verbunden mit einer verbesserten Lebensmittelkontrolle, vor allem aber der Ausbau von Kanalisation und Trinkwasserversorgung. Die prekären städtischen Hygieneverhältnisse waren zwar schon in früheren Jahrzehnten immer wieder in die Kritik geraten, namentlich angesichts drohender Seuchen wie der Cholera, die sich zwischen 1831 und 1866/67 in mehreren großen Wellen über weite Teile Deutschlands ausgebreitet hatte. Aber erst seit den 1870er Jahren setzten massive Investitionen in den Ausbau der sanitären Infrastruktur ein, zunächst in den Großstädten, dann zunehmend auf breiter Front. Eine wichtige Rolle bei der Propagierung entsprechender Maßnahmen und Techniken spielte der 1873 gegründete Deutsche Verein für öffentliche Gesundheitspflege, in dem sich Ärzte, leitende Kommunalbeamte und Ingenieure zusammenschlossen. Dass große Infrastrukturprojekte allerdings nicht immer geradlinige Erfolgsgeschichten waren, zeigt der Fall Hamburgs. Die Stadt hatte bereits um die Jahrhundertmitte, als erste in Deutschland, ein modernes Trinkwasser- und Kanalisationssystem errichtet. Da sie es jedoch versäumte, eine Filtrationsanlage für das aus der Elbe geschöpfte Trinkwasser zu installieren, während die Abwässer ungereinigt in den Fluss eingeleitet wurden, konnte die zentrale Wasserversorgung zum gefährlichen Überträger von Krankheitserregern werden. Das sollte sich während der berühmten Hamburger Choleraepidemie von 1892, der letzten in Deutschland, fatal auswirken.

Stadthygiene und Umweltverschmutzung

Der Ausbau der sanitären Infrastruktur ist ein Gegenstand, der schon länger aus Perspektive der Stadt- und der Technikgeschichte, der Medizingeschichte und der historischen Demographie untersucht worden ist. Relativ jung ist hingegen eine Blickrichtung, die die natürliche Umwelt sowie ihre Wahrnehmung und Veränderung durch den Menschen in den Mittelpunkt des Interesses stellt. Die Umweltgeschichte ist in Deutschland erst seit den 1980er Jahren als geschichtswissenschaftliche Subdisziplin entstanden, hat sich aber seither rasch entfaltet. Die durch Industrialisierung und Verstädterung ausgelöste Umweltverschmutzung bildet eines ihrer zentralen Themen. Schon die Zeitgenossen empfanden sie als belastend. Zu den Umweltdebatten des ausgehenden 19. Jahrhunderts gehörte die ‚Flussverunreinigungsfrage', die in engem Zusammenhang mit der städtischen Assanierungspolitik und ihren Nebeneffekten stand. Der Bau von Schwemmkanalisationen verbesserte zwar die Hygiene in den Städten, aber meist auf Kosten der Umwelt. 1877 schritt die preußische Regierung ein: Sie verfügte, dass Kanalisationssysteme nur gereinigte Abwässer in Flüsse einleiten dürften, was die Anlagen aufwändiger machte. Allerdings ließ sie bald Ausnahmen zu, und Ende der 1880er Jahre hob sie die Verfügung faktisch auf. Damit stand dem Siegeszug der Schwemmkanalisation und zugleich der Flussverunreinigung nichts mehr im Weg.

Rückgang der städtischen Sterblichkeit

Trotz manch negativer Nebeneffekte hatte die Assanierungspolitik deutlich positive Auswirkungen auf die städtischen Lebensverhältnisse. Noch bis in die Reichsgründungszeit lag die Sterblichkeit in vielen größeren Städten markant über dem Landesdurchschnitt. Die städtischen Sterberaten zeigten in den 1860er Jahren sogar eine steigende Tendenz, und die Urbanisierung trieb folglich auch die gesamtstaatliche Mortalität in die Höhe. In den 1870er und 1880er Jahren setzte jedoch eine Trendwende ein, die Sterbeziffern begannen nun in den Großstädten am raschesten zu sinken und lagen hier bald schon unter dem Landesdurchschnitt. Die komplexen Ursachen dieser langfristigen Trendwende werden zwar noch immer kontrovers diskutiert. Es besteht aber weitgehend Einigkeit, dass der Ausbau der sanitären Infrastruktur ein wesentlicher, wenn nicht der wichtigste Faktor war.

Private Wohltätigkeit

Die städtischen Leistungsverwaltungen übernahmen die Führung bei der Verbesserung der urbanen Lebensqualität, aber auch private Initiativen spielten eine bedeutende Rolle. Stiftungen für kulturelle und soziale Zwecke erlebten im ausgehenden 19. Jahrhundert einen starken Aufschwung. Auch das städtische Vereinswesen expandierte rasant, mit einem deutlichen Schwerpunkt im Wohltätigkeitsbereich: Eine geradezu unübersichtliche Menge an kleineren und größeren Organisationen kümmerte sich um die verschiedensten sozialen Problemgruppen, betrieb Suppenküchen, Asyle, Kinderhorte, Arbeitsbeschaffungsmaßnahmen oder ganze Krankenhäuser. Ein Großteil dieser Initiativen war konfessionell gebunden; nach Beilegung des Kulturkampfes entfalteten auch die katholischen Orden und Kongregationen wieder eine breite Aktivität. Während sich die städtische Armenfürsorge zunehmend an strikt objektiven Bedürftigkeitskriterien orientierte, herrschte in vielen privaten und kirchlichen Organisationen eine stark moralisierende Betrachtungsweise von Armut vor. Aber allein schon durch die Auffächerung des Angebots hatten Notleidende in den Städten recht gute Chancen, an der einen oder anderen Stelle Hilfe zu finden.

Provinzialverbände

Neben den Städten übernahmen auch die mittleren Verwaltungsebenen neue soziale Aufgaben. In Preußen gilt das vor allem für die Provinzen, die seit den Verwaltungsreformen der 1870er Jahre über erweiterte Selbstverwaltungskompetenzen verfügten. Sie trugen Einrichtungen, die einzelne Gemeinden überforderten, wie Psychiatrien und Spezialanstalten zur Versorgung von Behinderten.

Defizite und Kehrseiten der Sozialpolitik

Die Bismarckära war eine Zeit des intensivierten sozialen Problembewusstseins. Nicht nur auf der Ebene des Reichs entstanden erste Ansätze des modernen Wohlfahrtsstaats, solche wuchsen auch aus der städtischen und provinziellen Selbstverwaltung sowie dem sozialen Vereins- und Verbandswesen heran. Trotz aller Leistungen von öffentlicher Sozialpolitik und privater Wohltätigkeit sollten allerdings die Defizite nicht ausgeblendet werden. So bestand erstens ein krasses Stadt-Land-Gefälle: Auf dem Land beschränkten sich die sozialen Dienste noch lange auf eine sehr rudimentäre Armenfürsorge. Zweitens verschwand auch in den Städten die Armut nicht, vor allem in konjunkturellen Krisen erwiesen sich die Fürsorgeleistungen sämtlicher Träger als ungenügend. Und drittens zeigte die Sozialpolitik weiterhin oder sogar verstärkt ihre repressiven Kehrseiten. Dabei ist keineswegs bloß an das Sozialistengesetz zu denken. Weit mehr Menschen waren betroffen von der strafrechtlichen Verfolgung spezifischer Armutsdelikte wie Bettelei und Landstreicherei, die im Gefolge der Gründerkrise nochmals einen massenhaften Charakter annahmen. So wurden im Jahr 1881 allein in Preußen 132.000 Menschen wegen dieser Delikte verurteilt und über 19.000 in eine Arbeitsanstalt eingewiesen, um sie dort zu Fleiß und Disziplin zu erziehen. Auch Prostitution, Trunksucht und andere Verhaltensweisen, die auf eine zunehmende Verwahrlosung der Unterschichten zu deuten schienen, riefen Zwangsmaßnahmen auf den Plan. Einerseits entfalteten sich im ausgehenden 19. Jahrhundert ernsthafte Anstrengungen, die sozialen Gegensätze zu entschärfen und namentlich die Arbeiterschaft zu integrieren; damit einher ging aber eine gesteigerte Unduldsamkeit gegenüber jenen, die sich den Normen der bürgerlichen Arbeitsgesellschaft nicht fügten.

Literatur

Zu städtischen Problemfeldern und Lösungsansätzen:

Büschenfeld, Jürgen: *Flüsse und Kloaken. Umweltfragen im Zeitalter der Industrialisierung (1870-1918)*. Stuttgart 1997.

Lees, Andrew: *Cities, Sin, and Social Reform in Imperial Germany*. Ann Arbor 2002.

Nitsch, Meinolf: *Private Wohltätigkeitsvereine im Kaiserreich. Die praktische Umsetzung der bürgerlichen Sozialreform in Berlin*. Berlin/New York 1999.

Reulecke, Jürgen (Hg.): *Die Stadt als Dienstleistungszentrum. Beiträge zur Geschichte der „Sozialstadt" in Deutschland im 19. und frühen 20. Jahrhundert*. St. Katharinen 1995.

Roth, Andreas: *Kriminalitätsbekämpfung in deutschen Großstädten 1850-1914. Ein Beitrag zur Geschichte des strafrechtlichen Ermittlungsverfahrens*. Berlin 1997.

Sachße, Christoph/Tennstedt, Florian: *Geschichte der Armenfürsorge in Deutschland*, Bd. 1: *Vom Spätmittelalter bis zum 1. Weltkrieg*. 2., verb. Aufl. Stuttgart u.a. 1998; Bd. 2: *Fürsorge und Wohlfahrtspflege 1871 bis 1929*. Stuttgart u.a. 1988.

Steinmetz, George: *Regulating the Social. The Welfare State and Local Politics in Imperial Germany*. Princeton 1993.

Vögele, Jörg: *Sozialgeschichte städtischer Gesundheitsverhältnisse während der Urbanisierung*. Berlin 2001.

Bildung und Wissenschaft 7.

Bildung gewann im 19. Jahrhundert enorm an Bedeutung. In einer Gesellschaft, die den Menschen ihre Stellung zumindest dem Anspruch nach nicht mehr aufgrund ihrer Geburt, sondern ihrer individuellen Leistung zuwies, erhielt sie den Rang einer Schlüsselressource, die über Lebenswege entschied. Zugleich wurde sie immer unerlässlicher. In der Vormoderne war es normal gewesen, dass große Teile der Bevölkerung über keinen Zugang zur Schriftkultur verfügten; das hatte sie nicht daran gehindert, sich in ihrer Welt zurechtzufinden. In der zunehmend komplexen Moderne hingegen drohten diejenigen, die über keine Bildung verfügten, marginalisiert zu werden. Aber nicht nur aus der Perspektive der Individuen erhielt sie eine immer größere Bedeutung. Entscheidender für den Ausbau des öffentlichen Bildungswesens war, dass die sich entfaltende Industriegesellschaft ihrerseits auf gebildete Individuen angewiesen war, um im internationalen Wettbewerb bestehen zu können. Eine breite Volksbildung sowie ein leistungsfähiges Wissenschaftssystem waren zentrale Antriebskräfte für den Aufstieg Deutschlands zur Industriemacht, und in den zwei Jahrzehnten nach der Reichsgründung erfolgten auf diesem Feld wichtige Weichenstellungen. Sie werden im ersten Abschnitt dieses Kapitels skizziert. Die Zugangschancen zu höherer Bildung blieben allerdings sehr ungleich verteilt, nicht nur nach Klasse, sondern vor allem auch nach Geschlecht. Im zweiten Abschnitt werden die Bemühungen von Frauen, ihren Anteil an der Schlüsselressource Bildung einzufordern, thematisiert. Im dritten Abschnitt schließlich soll exemplarisch auf einige Aufsehen erregende wissenschaftliche Innovationen der Epoche eingegangen werden.

Schulen, Universitäten, Technische Hochschulen 7.1

Frühe Durchsetzung der Schulpflicht

Die deutschen Staaten verfügten bereits vor der Reichsgründung über relativ gut ausgebaute Bildungswesen. Besonders die Elementarbildung war im europäischen Vergleich weit fortgeschritten und die Schulpflicht schon um 1870 weitgehend durchgesetzt. Zwar gab es weiterhin erhebliche Unregelmäßigkeiten beim Schulbesuch, denn Kinderarbeit spielte nach wie vor eine große Rolle. Gesetzlich limitiert war sie allein in Fabriken: Nach der bis 1891 gültigen Fassung der Gewerbeordnung durften Kinder unter 12 Jahren hier gar nicht beschäftigt werden, 12 bis 14-jährige nur sechs Stunden pro Tag, sofern daneben der Unterricht der noch Schulpflichtigen gewährleistet war, eine Regelung, die es unattraktiv machte, Kinder überhaupt noch einzustellen. Aber in der Landwirtschaft, in Kleinbetrieben oder im Heimgewerbe blieb Kinderarbeit weit verbreitet. Arbeitende Kinder blieben der Schule zwar nicht völlig fern, aber ihre Lernerfolge litten durch Übermüdung, häufige Versäumnisse und vorzeitige Entlassungen aus der Schulpflicht. Trotz solcher Mängel hatte der Schulbesuch insgesamt große Fortschritte gemacht: Bereits zur Zeit der Reichsgründung spielte Analphabetismus in der jüngeren Generation praktisch keine Rolle mehr, und während der Bismarckära folgten Reformen, die die Qualität der Elementarbildung weiter verbesserten.

Preußische Volksschulreformen

Da die Bildungspolitik in die Kompetenz der Einzelstaaten fiel, verliefen die Entwicklungen allerdings nicht gleichförmig; im Folgenden soll vorrangig von Preußen die Rede sein. Innerhalb Preußens war das Elementarschulwesen ebenfalls sehr heterogen, denn der Staat hatte zwar die Schulpflicht sowie die Lehrerausbildung geregelt und Richtlinien für die Lehrpläne vorgegeben, überließ die niederen Schulen ansonsten aber ihren lokalen Trägern, die für die Finanzierung aufzukommen hatten. Das waren in erster Linie die Gemeinden, teils auch besondere Schulbezirke sowie die Eltern. Erst seit den 1870er Jahren schaltete sich die Regierung verstärkt in das Elementarschulwesen ein. Unter dem liberalen Kultusminister Falk ergingen 1872 neue Vorgaben, die sowohl den institutionellen Ausbau als auch die Lehrpläne betrafen. Sie erweiterten die anvisierten Lernziele erheblich, insbesondere sollte das Fächerspektrum um die Realien ergänzt und der Religionsunterricht dafür reduziert werden. Wichtiger noch war das unter dem konservativen Minister von Goßler erlassene Gesetz zur Erleichterung der Volksschullasten von 1888: Es fixierte finanzielle Zuschüsse des Staats, von denen vor allem die Landschulen profitieren sollten, und hob das bislang fällige Schulgeld für den regulären Elementarunterricht auf. Die preußische Schulpolitik war nicht in jeder Hinsicht vorbildhaft, beim Abschaffen des Schulgelds gehörte sie jedoch zu den Vorreitern innerhalb Deutschlands. Es handelte sich um einen wichtigen Schritt zur Integration der Unterschichten: Die separaten, dürftiger ausgestatteten Armen- oder Freischulen, die viele Städte für die Kinder der Zahlungsunfähigen betrieben hatten, entfielen; sie wurden mit den früheren Zahlschulen zu allgemeinen Volksschulen zusammengelegt.

Weitgehend erhalten blieb andererseits die Trennung nach Konfession. Nur in wenigen Einzelstaaten, so vor allem in Baden, erlangten im Zuge des Kulturkampfs Simultanschulen ein größeres Gewicht, während Versuche zu ihrer Forcierung ansonsten fast überall am Widerstand von Katholiken wie Protestanten scheiterten. Der Kulturkampf drängte auch den Einfluss der Geistlichen nur partiell zurück. Das preußische Schulaufsichtsgesetz von 1872 bekräftigte zwar den an sich nicht neuen Grundsatz, dass die Schulaufsicht Sache der staatlichen Behörden sei; diese konnten aber weiterhin Geistliche mit ihr betrauen. Dies geschah denn auch häufig, nicht zuletzt aus Kostengründen. Orden und Kongregationen, die vor allem im Mädchenunterricht eine erhebliche Rolle gespielt hatten, blieben hingegen seit dem Kulturkampf von den preußischen Volksschulen ausgeschlossen.

Konfessioneller Charakter der Volksschulen

Trotz aller Reformen war das Volksschulwesen am Ende der Bismarckzeit noch weit von heutigen Standards entfernt. So kamen in Preußen 1886 durchschnittlich 64 Schüler auf eine Klasse. Vor allem auf dem Land, wo über zwei Drittel der Kinder zur Schule gingen, bestanden Defizite: Rund die Hälfte der ländlichen Volksschüler entfiel auf einklassige Schulen, in denen ein Lehrer alle Kinder zwischen 6 und 14 Jahren gemeinsam unterrichtete, oder auf Halbtagsschulen, in denen meist ebenfalls nur ein Lehrer sämtliche Kinder aufgeteilt in zwei verkürzte Schichten betreuen musste. Besonders ungünstige Bedingungen herrschten in weiten Teilen Ostelbiens, ein Faktor, der die Germanisierung der polnischen Minderheit ganz unabhängig von polnischen Widerständen mit scheitern ließ. Gerade die Gutsbesitzer zeigten wenig Neigung, sich die Volksbildung etwas kosten zu lassen. Aber auch in manchen ländlichen Regionen des Westens blieben die Verhältnisse recht desolat. Obwohl in erster Linie die Landschulen seit den 1880er Jahren von staatlichen Zuschüssen profitierten, fielen sie eher noch weiter hinter die der Städte zurück, wo die Kommunalverwaltungen ihr Engagement zusehends verstärkten. In den Städten waren differenzierte Volksschulsysteme bereits die Regel: 1886 befanden sich 86 Prozent aller städtischen Volksschüler Preußens in Schulen mit vier oder mehr aufsteigenden Klassen; immerhin 13 Prozent besuchten Jahrgangsklassen, mit rasch steigender Tendenz. Auch von den Lerninhalten her überboten viele städtische Volksschulen die staatlichen Mindestvorgaben deutlich.

Gefälle zwischen Stadt und Land

Das Bild des Schulwesens in der Geschichtsschreibung hat sich in den letzten Jahrzehnten zum Positiven gewandelt. Als in den 1960er Jahren im Kontext der damaligen pädagogischen Reform-

Urteile der Forschung

debatten erstmals ein größeres Interesse an der historischen Bildungsforschung aufkam, dominierte eine äußerst negative Sichtweise. Die kaiserzeitliche Volksschule erschien als Herrschaftsinstrument des autoritären Obrigkeitsstaats, das dem Zweck diente, gefügige Untertanen heranzuziehen und die bestehenden Klassenhierarchien zu zementieren. Zeitgenössische Aussagen schienen das zu bestätigen, wie etwa eine oft zitierte Kabinettsordre Wilhelms II. vom Mai 1889, die ein resolutes Eintreten der Schulen im Kampf gegen den Sozialismus verlangte. Dagegen hat die Forschung seit den 1980er Jahren zunehmend die fortschrittlichen Aspekte des preußisch-deutschen Schulsystems in den Vordergrund gerückt, und diese Umwertung hinterlässt ihre Spuren selbst in neueren Werken, die ansonsten an einem sehr kritischen Kaiserreichbild festhalten.[66] Immerhin genossen zu einer Zeit, als das in weiten Teilen Europas noch lange nicht selbstverständlich war, praktisch alle Kinder eine rudimentäre und viele sogar eine solide Elementarbildung. Gewiss war die Schulpolitik darum bemüht, ein monarchisch-staatsloyales Weltbild in der nachwachsenden Generation zu verankern. Aber weder war das ihr einziger Zweck noch ließ er sich so einfach erreichen, denn der Staat konnte den Unterricht bestenfalls indirekt kontrollieren. Die Schulen waren in erster Linie Gemeindeanstalten, auf die lokale Interessen sowie die Geistlichkeit maßgeblich einwirkten, und die Lehrer bildeten ebenfalls einen durchaus selbstbewussten Faktor, der sich nicht ohne weiteres im konservativ-obrigkeitlichen Sinn vereinnahmen ließ. Soweit der Staat die Schulpraxis überhaupt steuern konnte, blieben im Übrigen die föderalen Brechungen ausgeprägt. Unzweifelhaft ist aufgrund der neueren Forschung jedenfalls, dass vor allem das städtische Volksschulwesen seit den 1870er Jahren einen starken Expansionsschub erlebte, der mit verbesserten pädagogischen Standards und erweiterten Lerninhalten einherging.

Klassenschranken

Für die Masse der Bevölkerung war die Schulzeit mit dem Abschluss der Volksschule, in der Regel mit 14 Jahren, allerdings zu Ende. Das ebenfalls stark expandierende mittlere und höhere Bildungswesen blieb Unterschichtenkindern weitgehend versperrt. Zudem bedeutete die Einführung des freien Volksschulunterrichts nicht, dass Arme und Reiche in Preußen nun durchweg gemeinsam die Schulbank gedrückt hätten. Vielerorts hatten die Volksschulen zwar tatsächlich einen klassenübergreifenden Charakter. Teils ergaben sich jedoch neue Abgrenzungen, indem Städte oder private Träger parallele Schulen betrieben, die wiederum Schulgeld verlangten und so die Unterschichten ausschlossen. Wenn sie gewisse, in den preußischen Bestimmungen von 1872 niedergelegte Kriterien erfüllten, konnten sich diese gehobenen Grund- oder Bürgerschulen als Mittelschulen bezeichnen, was zwar zu keinem formell anderen Abschluss führte, aber doch für eine umfassendere Bildung bürgte. Als dritter Grundschultyp existierten schließlich die Vorschulen, die gezielt auf das Gymnasium vorbereiteten. Die Schultypen waren nicht rigide voneinander abgeschottet: Von der Volksschule konnte man durchaus auf eine Mittelschule oder direkt auf eine höhere Schule wechseln. Diese Durchlässigkeit bestand jedoch faktisch nur für Kinder aus den Ober- und Mittelschichten.

Höhere Schulen

Zu den höheren Schulen zählten in erster Linie die klassischen neuhumanistischen Gymnasien. Daneben etablierten sich seit der Reichsgründungszeit modernere Alternativen, die zulasten der alten Sprachen mehr Gewicht auf neue Sprachen, Mathematik und Naturwissenschaften legten. In Preußen durften Realschulen 1. Ordnung seit 1870 das Reifezeugnis für einige universitäre Studienfächer ausstellen. 1882 folgten ihre Aufwertung zu Realgymnasien und die Einführung der Oberrealschulen, die ganz auf Latein verzichteten. Diese höheren Schulen modernen Typs verfügten bis zur Jahrhundertwende nur über ein eingeschränktes Abiturrecht, eröffneten also noch nicht den vollen Zugang zur Universität. Aber ein Großteil der höheren Schüler visierte ohnehin nicht das Abitur an, das nur etwa ein bis zwei Prozent aller Jugendlichen erreichten. Viele verließen die Schule spätestens mit der Obersekundareife. Dieser Abschluss bot eine gute Grundlage für den Start ins Berufsleben, und darüber hinaus war er mit handfesten Privilegien verbunden: Er berechtigte zum einjährigen freiwilligen Militärdienst. Die preußische Einrichtung der Einjährig-Freiwilligen war seit 1866 zusammen mit der allgemeinen Wehrpflicht auf alle deutschen Staaten übertragen worden. Sie nahm junge Männer mit höherer Bildung zwar nicht von der Wehrpflicht aus, gab ihnen jedoch die Möglichkeit, sie gegenüber der regulär dreijährigen aktiven Dienstzeit massiv zu verkürzen, sofern sie in der Lage waren, Ausrüstung und Unterhalt während des Freiwilligenjahres selbst zu finanzieren. Zudem winkte ihnen die Aussicht auf das begehrte Reserveoffizierpatent, das hohes gesellschaftliches Ansehen genoss.

Expansion der Studentenschaft

Für einen kleinen Bruchteil der jungen Männer schloss sich an die Schulzeit ein Studium an. Die deutschen Staaten verfügten über ein leistungsfähiges und international renommiertes öffentliches Hochschulsystem, das sich im ausgehenden 19. Jahrhundert ausgesprochen dynamisch entwickelte. Während die Studentenzahlen um die Jahrhundertmitte stagniert hatten und zeitweise rückläufig gewesen waren, begannen sie seit den 1860er Jahren zuerst langsam und dann rasch zu steigen. Um 1860 hatten die Universitäten des späteren Deutschen Reichs gerade mal 11.900 Studenten gezählt, 1870 waren es etwa 14.000, 1889 bereits 29.000, und nach einem leichten Einbruch in den frühen 1890er Jahren sollte ihre Zahl bis 1914 auf über 60.000 klettern. Hinzuzurechnen sind die Studenten der nichtuniversitären Hochschulen, die sich von etwa 2.200 im Jahr 1860 über gut 6.000 um 1890 auf rund 19.000 im Jahr 1914 vermehrten. Auch im Verhältnis zur Bevölkerung gewannen die akademisch Gebildeten an Gewicht: Studierten 1871 nur etwa 0,5 Prozent der einschlägigen Altersgruppe, so sollte sich der Anteil bis zur Jahrhundertwende fast verdoppeln und bis 1914 mehr als verdreifachen. Mit der Expansion der Studentenschaft erweiterten sich ihre sozialen Rekrutierungsfelder etwas: Die herkömmliche Dominanz der Akademikersöhne ging tendenziell zurück, das Wirtschaftsbürgertum und der Mittelstand legten zu. Angesichts der hohen Kosten eines Studiums blieb es jedoch eine fast rein bürgerliche Angelegenheit, bei allerdings erheblichen Variationen je nach Universität und Fakultät. So kamen Theologiestudenten häufiger aus eher kleinen, ländlichen Verhältnissen, während die Juristen zu den elitärsten Studentengruppen gehörten.

Universitäten und Technische Hochschulen

Die Zahl der Universitäten blieb praktisch konstant bei rund zwanzig. Zwischen Reichsgründung und Jahrhundertwende kam einzig die Universität Straßburg hinzu, die 1872 ihren Lehrbetrieb aufnahm. Dafür wuchsen die bestehenden Einrichtungen stark an und differenzierten sich intern in immer mehr Disziplinen und Institute aus. Im Vergleich zu den heutigen Massenuniversitäten herrschten zwar noch sehr übersichtliche Verhältnisse. So zählte die Berliner als die mit Abstand größte deutsche Universität im Jahr 1871 nur 2.200 Studenten, zwei Jahrzehnte später waren es 4.278. Dennoch befanden sich die Universitäten auf dem Weg zu wissenschaftlichen Großeinrichtungen. Während das Universitätssystem in seiner äußeren Struktur fast unverändert blieb, waren die Technischen Hochschulen eine innovative Schöpfung der Bismarckära. Sie entstanden teils durch Neugründung, mehrheitlich aber aus der Umwandlung älterer polytechnischer Fachschulen. Im Zuge der Industrialisierung war der Bedarf an Technikern und an technisch-naturwissenschaftlicher Forschung stetig gestiegen. Da sich jedoch die klassischen Universitäten Humboldtscher Prägung gegen eine Eingliederung der technischen Fächer sperrten, entschieden sich die deutschen Staaten für die Aufwertung der polytechnischen Schulen zu Hochschulen mit akademischem Niveau. Die meisten erlangten in den 1870er Jahren formell den Rang von Technischen Hochschulen, nämlich München, Aachen, Braunschweig, Darmstadt, Hannover und Berlin, worauf 1885 Karlsruhe und 1890 Dresden sowie Stuttgart folgten. Infolge der Aufwertung war nun in der Regel das Abitur Zugangsvoraussetzung.

Die völlige Gleichstellung der Technischen Hochschulen mit den Universitäten ließ zwar noch länger auf sich warten. So erhielten sie das Promotionsrecht erst um die Jahrhundertwende. Dennoch entwickelten sie sich rasch zu erfolgreichen Lehr- und Forschungszentren und im Bereich der Naturwissenschaften zu einer ernsthaften Konkurrenz für die Universitäten. Allerdings stärkten auch diese im ausgehenden 19. Jahrhundert ihre naturwissenschaftlich orientierten Abteilungen, namentlich die Grundlagenforschung und die Medizin. Beide Hochschultypen gewannen in vielen Disziplinen eine international führende Stellung. Ihre Leistungen trugen viel zum Aufstieg des Deutschen Reichs zur industriellen Großmacht bei und sicherten ihm den Ruf einer erstklassigen Wissenschaftsnation.

Schattenseiten der deutschen Hochschulen

Ungeachtet aller Erfolge zeigte das Hochschulwesen einige problematische Aspekte, die Kritik erregten. Teils ergaben sie sich aus der raschen Expansion und disziplinären Spezialisierung: Zeitgenössische Beobachter beklagten eine ‚Vermassung' des Universitätsbetriebs, die die Humboldtschen Ideale der Einheit von Forschung und Lehre sowie der umfassenden Persönlichkeitsbildung aushöhle. Trotz der aus heutiger Sicht noch sehr geringen Studentenquote zeichnete sich zudem in den 1880er Jahren eine Überfüllungskrise auf dem akademischen Arbeitsmarkt ab, die Karrierehoffnungen enttäuschte und die Regierungen aus Angst vor einem ‚akademischen Proletariat' zu Gegenmaßnahmen veranlasste. So erschwerte Preußen den Zugang zur Universität und zum höheren Staatsdienst, was die Studentenzahlen um 1890 vorübergehend absacken ließ.

Das studentische Leben entwickelte ebenfalls Züge, die nicht allen Kommentatoren behagten. Die akademische Jugend nahm sich große Freiheiten heraus und fühlte sich, obwohl mit den Reichsjustizgesetzen 1879 die akademische Sondergerichtsbarkeit offiziell endgültig verschwand, in vieler Hinsicht nicht an die bürgerliche Rechtsordnung gebunden. Sie pflegte einen spezifischen Verhaltenskodex und Ehrbegriff, der sie bei vermeintlichen Beleidigungen rasch zur Waffe greifen ließ, und verbrachte viel Zeit mit Trinkgelagen in der Kneipe. Zentrale Institutionen des studentischen Lebens waren die zahlreichen Verbindungen und Vereine. Zwar variierte der Anteil der korporierten Studenten je nach Universität und war insgesamt eher sinkend; in der Bismarckzeit gehörte aber in Berlin immerhin ein Viertel, in Marburg oder Bonn gar über die Hälfte der Studenten einer Verbindung an. Unter den studentischen Organisationen dominierten die schlagenden Verbindungen, die trotz ihrer leicht rückläufigen Tendenz prägend auf die studentischen Gebräuche und Einstellungen wirkten.

Neben diesen schon traditionellen Korporationen gewannen in den 1880er Jahren neue, weltanschaulich radikale Gruppierungen einen starken Einfluss. Begeistert von der nationalen Rhetorik eines Heinrich von Treitschke, geängstigt durch die Überfüllung der akademischen Berufe und frustriert durch die Übervertretung jüdischer Studenten, unterstützten viele Jungakademiker die Bewegung für die Antisemitenpetition von 1880/81. An sie schloss sich im Frühjahr 1881 die Gründung des Kyffhäuserverbandes der Vereine Deutscher Studenten an, der eine dezidiert antisemitisch-nationalistische Ideologie propagierte. In den 1880er Jahren war vor allem die Berliner Universität Schauplatz heftiger Kämpfe zwischen radikal-nationalistischen und liberalen Studenten, die 1884 und 1888 in zwei Duellen gipfelten, bei denen je ein Repräsentant beider Seiten zu Tode kam. Ein erheblicher Teil der Studenten hatte jedenfalls allerlei anderes im Kopf als die Wissenschaft.

Ein gravierendes Defizit des deutschen Hochschul- und Wissenschaftssystems war schließlich seine Abschottung gegenüber der Masse der Bevölkerung. Hinsichtlich seiner sozialen Exklusivität fiel es gegenüber anderen europäischen Staaten zwar nicht aus dem Rahmen, die deutschen Universitäten waren sogar vergleichsweise offen für Söhne aus den unteren Mittelschichten. Besonders hartnäckig hielten sie hingegen den weiblichen Teil der Bevölkerung von sich fern.

7.2 Frauenbildung und die Anfänge der Frauenbewegung

Der liberale Grundsatz der Rechtsgleichheit aller Staatsangehörigen hatte sich im Lauf des 19. Jahrhunderts weitgehend durchgesetzt, und damit standen prinzipiell allen dieselben Chancen offen, ihre individuellen Fähigkeiten frei zu entfalten. Das gilt auch für den Zugang zu höherer Bildung: Zwar bestanden faktisch Klassenschranken, aber rechtlich war es dem Sohn armer Eltern nicht verwehrt, die Universität zu besuchen. Rechtsgleichheit galt allerdings nur für das männliche Geschlecht, ohne dass dies bei den Vorkämpfern der bürgerlichen Gleichheitsidee Anstoß erregt hätte. Die Ungleichbehandlung der Geschlechter erschien den allermeisten Liberalen und Demokraten nicht als ungerecht, sondern als selbstverständlich und logisch bedingt durch naturgegebene Unterschiede. Gerade in der bürgerlichen Vorstellungs- und Lebenswelt, die seit dem 18. Jahrhundert zunehmend auf die Gesamtgesellschaft ausstrahlte, spielte die Polarität der Geschlechterrollen und Geschlechtscharaktere eine fundamentale Rolle. Mann und Frau galten als komplementär aufeinander bezogen innerhalb der hierarchisch strukturierten Familie, deren innere Ordnung ein Garant für die gesellschaftliche Ordnung war und deshalb unter allen Umständen geschützt werden musste. Während der Mann mittels außerhäuslicher Erwerbsarbeit Frau und Kinder ernährte und sie gegenüber der Außenwelt vertrat, hatte die Frau im privaten Bereich für das familiäre Wohl zu sorgen. Dass die Geschlechter sich grundlegend voneinander unterschieden, bezweifelten auch die allermeisten Frauen des 19. Jahrhunderts nicht. Dennoch begannen manche, die krassen rechtlichen Benachteiligungen infrage zu stellen und eine Anerkennung wenn nicht der Gleichheit, so doch der Gleichwertigkeit beider Geschlechter einzufordern.

Rechtliche Ungleichheit der Geschlechter

Rechtliche Ungleichheit bestand in vielen Bereichen. Ausgeschlossen waren die Frauen vom Wahlrecht und darüber hinaus von jeder politischen Betätigung: So verbot das preußische Vereinsgesetz von 1850, das andere deutsche Staaten adaptierten und bis 1908 in Kraft blieb, weiblichen ebenso wie jugendlichen Personen die Teilnahme an allen politischen Versammlungen und Organisationen. Bei der Staatsangehörigkeit oder beim armenrechtlichen Unterstützungswohnsitz galten Ehefrauen nicht als selbständige Individuen, sondern als Anhängsel ihres Mannes. Das Zivilrecht diskriminierte, trotz großer regionaler Unterschiede, insgesamt ebenfalls vor allem verheiratete Frauen in eklatanter Weise: Sie hatten bestenfalls ein beschränktes Verfügungsrecht über ihr eigenes Vermögen, keine Erziehungsgewalt über die Kinder und konnten ohne Zustimmung des Ehemanns kaum eine Rechtshandlung vornehmen, also etwa Verträge eingehen. Das 1896 verabschiedete Bürgerliche Gesetzbuch des Deutschen Reichs sollte diese Bevormundung der verheirateten Frauen nochmals festschreiben. Dem Mann, so hieß es hier unter anderem, stehe die Entscheidung in allen das gemeinsame Eheleben betreffenden Angelegenheiten zu (§ 1354).

Beschränkte Bildungs- und Berufsmöglichkeiten

Massive Benachteiligungen existierten auch im Bildungswesen und damit in den beruflichen Möglichkeiten, was Frauen wiederum ganz auf die Rolle als Ehefrau und Mutter verwies. In die Volksschule waren die Mädchen zwar weitgehend gleichberechtigt einbezogen, und vielerorts, namentlich auf dem Land, herrschte faktisch sogar Koedukation. Aber zu höherer Bildung hatten sie so gut wie keinen Zugang. Mädchen konnten allenfalls höhere Töchterschulen besuchen, die meist in privater Trägerschaft lagen. Sie waren staatlich teils als Mittelschulen anerkannt, nicht aber als höhere Schulen entsprechend den Knabengymnasien und führten folglich zu keinem offiziellen Bildungsabschluss. Die beste Weiterbildungsmöglichkeit für ihre Absolventinnen war der Übertritt auf ein Lehrerinnenseminar, das zum staatlichen Lehrerinnenexamen führte. Anschließend konnten sie an Volks- oder an Töchterschulen unterrichten. Der Beruf der Lehrerin war bis um die Jahrhundertwende der praktisch einzige, der für ledige Frauen aus dem Bürgertum als standesgemäß galt, und er erfreute sich einer starken Nachfrage. So verdoppelte sich die Zahl der preußischen Volksschullehrerinnen von 3.869 im Jahr 1875 auf 8.380 im Jahr 1891. Aber er bot doch nur einem winzigen Bruchteil der Frauen eine berufliche Perspektive.

Die rechtliche und ökonomische Abhängigkeit der weiblichen Bevölkerungshälfte bildete den Ausgangspunkt für die Frauenbewegung, die sich in Deutschland nach einem ersten kurzlebigen Aufschwung 1848/49 seit Mitte der 1860er Jahre zu formieren begann. Frauen hatten zwar schon früher Vereine zu verschiedenen, vor allem wohltätigen Zwecken gegründet. Aber dauerhafte Organisationen, die sich explizit für Frauenrechte einsetzten, entstanden erst seit der Reichsgründungszeit. Den Initiatorinnen, vielfach Lehrerinnen, ging es in erster Linie um bessere Bildungs- und Berufsmöglichkeiten, und dieses Anliegen bildete auch in späteren Jahrzehnten einen zentralen Kristallisationspunkt, der die zunehmend heterogene bürgerliche Frauenbewegung einte.

Der Allgemeine Deutsche Frauenverein

Als deren Geburtsjahr gilt 1865, als Louise Otto-Peters, eine bereits 1848/49 engagierte Schriftstellerin und Publizistin, gemeinsam mit weiteren Frauen den Leipziger Frauenbildungsverein initiierte. Im Oktober desselben Jahres veranstalteten sie eine erste deutsche Frauenkonferenz, aus der der Allgemeine Deutsche Frauenverein (ADF) hervorging. Der ADF setzte sich in seinen Statuten das Ziel, „für die erhöhte Bildung des weiblichen Geschlechts und die Befreiung der weiblichen Arbeit von allen ihrer Entfaltung entgegenstehenden Hindernissen mit vereinten Kräften zu wirken“.[67] Auf publizistischem Weg, mittels Konferenzen, Vorträgen und Petitionen an die Parlamente warb er in der Folge für eine erweiterte Mädchenbildung, die Frauen aus bürgerlichen Schichten akzeptable Berufsaussichten eröffnen würde. Daneben engagierte er sich für eine rechtliche Besserstellung der Frauen, vor allem im Hinblick auf die beginnenden Beratungen über das Bürgerliche Gesetzbuch. Bis zur Gründung des Bundes Deutscher Frauenvereine (BDF) im Jahr 1894, der fortan als Dachverband der bürgerlichen Frauenbewegung fungierte, war der ADF deren wichtigste Stimme.

Der Lette-Verein

Zur Zeit seiner Entstehung wirkte der ADF radikal, nicht zuletzt weil er unter rein weiblicher Leitung stand und Männer von der regulären Mitgliedschaft ausschloss. Das unterschied ihn von der zweiten maßgeblichen Organisationsgründung der späten 1860er Jahre, dem Verein zur Förderung der Erwerbsfähigkeit des weiblichen Geschlechts, den Wilhelm Adolph Lette, ein nationalliberaler Politiker und Vorsitzender diverser gemeinnütziger Gesellschaften, 1866 in Berlin ins Leben rief. Der sogenannte Lette-Verein vertrat im Kern ähnliche Ziele wie der ADF, aber aus einer anderen Motivation heraus. Er entstand aus der Sorge bürgerlicher Väter um die Zukunft von Töchtern, die keinen passenden Ehemann finden würden. Mädchen sollte angesichts der Unwägbarkeiten des Heiratsmarktes eine gewisse Berufsbefähigung vermittelt werden, aber nur als Notanker für diejenigen, die ihre eigentliche Bestimmung verfehlten. Alle weitergehenden emanzipatorischen Forderungen lehnte der Lette-Verein ab. 1869 ging von ihm die Gründung eines Verbands deutscher Frauenbildungs- und Erwerbsvereine aus, der in Konkurrenz zum ADF stand. Erst nach 1876, als auch im Lette-Verein zunehmend Frauen das Sagen übernahmen, gestaltete sich die Kooperation enger. Ungeachtet seiner konservativeren Grundhaltung trug der Lette-Verein ebenfalls viel dazu bei, das Thema Frauenbildung öffentlich zu machen. Außerdem baute er praktische Qualifizierungsangebote für Tätigkeiten vor allem im kaufmännischen und gewerblichen Bereich auf.

Helene Lange und die Lehrerinnenbewegung

Nachdem es in den 1870er Jahren zunächst etwas ruhiger um die Frauenbewegung geworden war, setzte seit Ende der 1880er Jahre ein neuer Schub an Initiativen ein. Zu den einflussreichsten Aktivistinnen zählte nun Helene Lange, die als Lehrerin an einer privaten Berliner Mädchenschule mit angeschlossenem Lehrerinnenseminar arbeitete. Im Oktober 1887 richtete sie zusammen mit weiteren Frauen aus dem liberalen Bürgertum cine Petition an den preußischen Kultusminister und das Abgeordnetenhaus, die für eine höhere Lehrerinnenausbildung und für mehr weibliches Lehrpersonal an den öffentlichen Mädchenschulen eintrat. Denn bislang konnten Frauen nur eine Prüfung als Volksschullehrerin ablegen mit der Folge, dass in den oberen Mädchenklassen meist Männer unterrichteten. In einer viel beachteten Begleitschrift zur Petition, die als ‚Gelbe Broschüre' bekannt geworden ist, begründete Lange die Forderungen näher. 1888 legte der ADF mit einer Petition an alle deutschen Unterrichtsministerien nach, die ebenfalls darum bat, Frauen zu den höheren Lehramtsprüfungen und außerdem zum Arztberuf zuzulassen. Weiter befeuert wurde die Kampagne für eine Reform der Mädchen- und Frauenbildung durch den Allgemeinen Deutschen Lehrerinnenverein, den Helene Lange und die stellvertretende Vorsitzende des ADF Auguste Schmidt im Jahr 1890 initiierten. Ein Jahr nach seiner Gründung zählte diese rührige Lobby des weiblichen Lehrpersonals bereits 3.000 Mitglieder.

Zugang zu Abitur und Universität

Mithilfe prominenter Unterstützer gelang es Helene Lange und einigen Mitstreiterinnen, ab Herbst 1889 in Berlin Realkurse für junge Frauen zu veranstalten. Sie boten einen den Mädchenschulstoff ergänzenden Lehrplan, der an das Gymnasialniveau heranreichte. Ab 1893 firmierten sie als Gymnasialkurse, deren Absolventinnen seit 1896 als Externe an einem Jungengymnasium das Abitur ablegen durften. Ebenfalls 1893 entstand in Karlsruhe auf Initiative des resoluten Frauenvereins Reform ein erstes eigentliches Mädchengymnasium, ein Schritt, dem sich die meisten deutschen Staaten vorerst noch verweigerten. Allmählich setzte in den Bürokratien jedoch ein Umdenken ein. 1894 kam die preußische Regierung den Frauenforderungen teilweise entgegen, indem sie die Lehrpläne der Mädchenschulen reformierte und eine zweite, höhere Prüfung für Lehrerinnen einführte. Immer mehr deutsche Universitäten ließen zumindest Gasthörerinnen zu, und seit 1900 konnten sich Frauen in Baden als erstem Staat Deutschlands ordentlich immatrikulieren. Bayern, Württemberg, Sachsen folgten wenig später, und im Jahr 1908 erschloss Preußen den Mädchen endlich einen regulären Weg zu Abitur und Universität. Während der Bismarckära lagen diese Erfolge aber noch in weiter Ferne. Für ambitionierte Frauen, die ein Studium anstrebten, blieb vorerst nur die Emigration in europäische Nachbarländer, vor allem die Schweiz, die ihre Universitäten dem weiblichen Geschlecht teils wesentlich früher öffneten.

Politische Gleichberechtigung

Gegenüber der Bildungsfrage spielten Forderungen nach politisch-rechtlicher Gleichstellung in der frühen deutschen Frauenbewegung eine untergeordnete Rolle. Das lag teils daran, dass die Erfolgschancen auf diesem Feld ungleich geringer waren und das

Vereinsrecht als Damoklesschwert über jeder als politisch auslegbaren Tätigkeit schwebte. Zudem herrschte unter den Aktivistinnen kein Konsens darüber, was überhaupt wünschenswert sei. Vor allem der Ruf nach dem Wahlrecht blieb bis zur Jahrhundertwende sehr verhalten. Vorerst waren es nur Einzelkämpferinnen, die ihn erhoben, am lautesten die Schriftstellerin Hedwig Dohm: Seit den 1870er Jahren verfasste sie mehrere Streitschriften, die zum Kampf um die politische Emanzipation bliesen. Sie erregte damit zwar Aufsehen, blieb aber isoliert. Dem Gros der Frauenbewegung gingen ihre Postulate zu dieser Zeit noch entschieden zu weit.

Quelle

Hedwig Dohm über das Frauenstimmrecht, 1876:

„Aus ihrer Macht über die Frauen leiten die Männer ihre Rechte den Frauen gegenüber her. Die Thatsache der Herrschaft ist aber kein Recht. Gesetzlich bestimmen sie alle die Maßregeln, Gebräuche und Ordnungen, die zur Unterdrückung des weiblichen Geschlechts dienen und nennen diese Arrangements dann einen Rechtszustand. Das Unrecht wird aber nicht geringer, wenn ein Gesetz es sanktionirt hat, die Unterdrückung nicht weniger nichtswürdig, sondern nur um so furchtbarer, wenn sie einen universellen, einen weltgeschichtlichen Charakter trägt. Es giebt kein Recht des Unrechtes oder sollte doch kein's geben. So lange es heißt: der Mann *will* und die Frau *soll*, leben wir nicht in einem Rechtssondern in einem Gewaltstaat. [...] Erwachet, Deutschlands Frauen, wenn Ihr ein Herz habt zu fühlen die Leiden Eurer Mitschwestern [...], wenn Ihr Grimm genug habt, Eure Erniedrigung zu fühlen und Verstand genug, um die Quellen Eures Elends zu erkennen. Fordert das Stimmrecht, denn nur über das Stimmrecht geht der Weg zur Selbstständigkeit und Ebenbürtigkeit, zur Freiheit und zum Glück der Frau.“[68]

Nicht nur radikale Feministinnen wie Hedwig Dohm, sondern auch die moderateren Aktivistinnen der Frauenbewegung mussten mit viel Spott und Häme fertig werden. Die These, dass Frauen von ihrer körperlichen und geistigen Konstitution her gar nicht zu qualifizierter Bildung und Berufstätigkeit – geschweige denn politischer Verantwortung – fähig seien, erfreute sich breiten

Rückhalts und vermeintlich wissenschaftlicher Fundierung. Die Frauenemanzipation konnte da nur als lächerliche, widernatürliche und deshalb gefährliche Bestrebung erscheinen. Hinzu kamen Konkurrenzängste. So begegneten die gut organisierten männlichen Lehrer den Forderungen ihrer Kolleginnen nach verbesserten Karrierechancen alles andere als freundlich, und dieselben Reaktionen zeigten sich in allen einigermaßen attraktiven Berufsfeldern, in denen Frauen Fuß zu fassen versuchten.

Trennung von bürgerlicher und proletarischer Frauenbewegung

Aber auch unter den Frauen und selbst innerhalb der Frauenbewegung war die Solidarität begrenzt, wobei eine markante Scheidelinie zwischen bürgerlichen und proletarischen Frauenorganisationen verlief. Während die bürgerlichen Frauen Bildungs- und Erwerbsmöglichkeiten anstrebten, hatten Unterschichtenfrauen ganz andere Sorgen. Zwar ignorierten die Bürgerinnen letztere nicht völlig. Gerade Louise Otto-Peters, die langjährige Vorsitzende des ADF, hatte ein waches Gespür für die soziale Problematik. Die meisten bürgerlichen Aktivistinnen betrachteten Frauen und Mädchen aus den Unterschichten jedoch bestenfalls als Objekte der Fürsorge, nicht als gleichberechtigte Partnerinnen. Bis in die 1880er Jahre schwankten die vereinzelt entstehenden Arbeiterinnenvereine meist noch in ihrer Orientierung. Um 1890 aber begann die Sozialdemokratie, sich intensiver um sie zu bemühen und zugleich eine rigide Abgrenzung von der bürgerlichen Frauenbewegung zu propagieren. Damit war die Gelegenheit für den Aufbau einer klassenübergreifenden Frauenbewegung vorbei.

Sozialdemokratie und Frauenrechte

Anfänglich hatten Frauenanliegen in der deutschen Arbeiterbewegung einen ausgesprochen schweren Stand. Ein Großteil der organisierten Arbeiter teilte das bürgerliche Familienideal und hegte große Vorbehalte gegen die Erwerbsarbeit von Frauen. Von den frühen Gewerkschaften nahm kaum eine weibliche Kolleginnen auf; wichtigste Ausnahme war die 1869 gegründete Internationale Gewerksgenossenschaft der Manufaktur-, Fabrik- und Handarbeiter mit Sitz im sächsischen Crimmitschau, die aber bereits 1873 wieder einging. Zu der frauenemanzipatorischen Haltung, auf die sich die Sozialdemokratie später viel zugute halten sollte, rang sie sich nur allmählich und gegen heftige Widerstände durch. Dass sie dies tat, war zu einem guten Teil dem einflussreichen Parteiführer August Bebel zu verdanken. Obwohl auch Bebel die geschlechtsspezifische Arbeitsteilung nicht grundsätzlich infrage stellte und die Frau in erster Linie als Mutter und Erzieherin der Kinder sah, setzte er sich doch ziemlich konsequent für eine gleichberechtigte Einbeziehung der Arbeiterinnen in die Arbeiterbewegung ein. Er befürwortete ihr Recht auf Erwerbsarbeit und auf gleiche Löhne, ebenso das Frauenwahlrecht. Seine im Jahr 1879 erstmals erschienene Schrift *Die Frau und der Sozialismus* trug maßgeblich dazu bei, das Thema Frauenemanzipation in der Sozialdemokratie zu verankern: Sie sollte sich zu einer der auflagenstärksten sozialdemokratischen Publikationen überhaupt entwickeln.[69]

Clara Zetkin

Während Bebel mentale Vorarbeit unter den Genossen leistete, wurde Clara Zetkin zur eigentlichen Gründerin der proletarischen Frauenbewegung. Zetkin stand zunächst der bürgerlichen Frauenbewegung nahe: Sie war Tochter eines Lehrers und absolvierte in den 1870er Jahren selbst die Lehrerinnenausbildung, und zwar an dem von Auguste Schmidt geleiteten Leipziger Seminar. Sie orientierte sich jedoch um, gab 1882 den Lehrerinnenberuf auf und arbeitete im Zürcher Exil für die sozialdemokratische Parteizeitung. Anschließend lebte sie in Paris, wo sie 1889 den Gründungskongress der II. Internationale mit organisierte. Hier hielt sie eine berühmt gewordene Rede zur Frauenemanzipation. Nach Aufhebung des Sozialistengesetzes kehrte sie nach Deutschland zurück und machte sich an den praktischen Aufbau der proletarischen Frauenbewegung. Zetkin ging mit ihren Postulaten über Bebel hinaus: Für sie war die Erwerbsarbeit nicht nur ein Recht der Frauen, sondern ein unerlässliches Mittel zur Emanzipation. Sie erkannte zudem deutlicher die Interessengegensätze zwischen männlichen und weiblichen Arbeitern, und sie sah die Ambivalenzen, die in der unter Sozialdemokraten populären Forderung nach einem besonderen Arbeiterinnenschutz lagen, da er nicht nur dem Wohl der Frauen diente, sondern sie zugleich auf dem Arbeitsmarkt benachteiligte.

Einig waren sich Zetkin und Bebel darin, dass die Lage der Frauen ebenso wie die der Arbeiter erst in der sozialistischen Gesellschaft wirklich durchgreifend gebessert werden könne, ja dass sich die Frauenfrage mit dem Sieg des Sozialismus weitgehend von alleine lösen würde. Priorität hatte deshalb der Klassenkampf, an dem sich die proletarischen Frauen beteiligen müssten, wohingegen ein Zusammengehen mit den bürgerlichen Frauen für Zetkin nicht infrage kam. Indem die proletarische Frauenbewegung sich dem übergeordneten Ziel der Arbeiterbewegung unterordnete, war sie in gewisser Hinsicht weniger ‚radikal' als die bürgerliche. Andererseits erreichte sie, dass sich die Sozialdemokratie immer entschiedener zur Frauenemanzipation bekannte: Während sich das Gothaer Programm von 1875 noch sehr bedeckt gehalten hatte, postulierte das Erfurter Programm von 1891 bereits unmissverständlich die volle politische und rechtliche Gleichstellung des weiblichen Geschlechts. Für die bürgerlichen Parteien sollte ein solches Plädoyer noch lange völlig undenkbar bleiben.

Frauen- und Geschlechtergeschichte

Frauen kamen in der älteren Historiographie nur ausnahmsweise vor, die als allgemein deklarierte Geschichtsschreibung war faktisch eine Männergeschichte. Dagegen begannen sich Historikerinnen seit den 1970er Jahren zu wehren. Sie verfochten zunächst das Konzept einer Frauengeschichte, die die vergessene weibliche Hälfte der Geschichte ergänzend aufarbeiten sollte, und die Frauenbewegung gehörte hierbei zu den ersten intensiv erforschten Themen. Angeregt durch amerikanische Vorreiterinnen, entwickelte sich in den 1980er Jahren das anspruchsvollere Konzept einer Geschlechtergeschichte, die Frauen nicht mehr bloß ergänzend und gesondert in den Blick nimmt, sondern die Prägung aller Gesellschaftsbereiche durch soziokulturell konstruierte Geschlechterrelationen sichtbar macht. Anfänglich stießen diese Postulate auf heftige Ablehnung seitens der etablierten Geschichtswissenschaft und zwar auch seitens der sich als kritisch verstehenden Sozialgeschichte.[70] Angesichts ihrer Fokussierung auf die Klassenstruktur der Gesellschaft fiel es gerade ihr ausgesprochen schwer, das Geschlecht als relevante Kategorie historischer Analyse ernst zu nehmen. Unterdessen haben sich die Animositäten gelegt, und die historische Geschlechterforschung hat sich zumindest partiell durchgesetzt. Ihr Anliegen, dass die Kategorie Geschlecht in der allgemeinen Geschichtsschreibung stets mitgedacht werden sollte, ist zwar bei weitem nicht realisiert. Aber immerhin erlauben es sich immer weniger Historiker, frauen- und geschlechtergeschichtliche Aspekte völlig zu ignorieren.

7.3 Wissenschaftliche Revolutionen

Technische Erfindungen

Die Wissenschaften haben die moderne Welt revolutioniert, und das ausgehende 19. Jahrhundert erlebte eine enorme Beschleunigung ihres Aufstiegs. Nie zuvor hatten zumal die Naturwissenschaften ein solches Ansehen genossen. Sie boten ein neues Gebäude der Welterklärung und errangen eine zunehmende

Abbildung 17: Apotheose „Sieg des Lichtes". Schlussszene der Pantomime „Pandora" auf der Internationalen Elektrotechnischen Ausstellung in Frankfurt am Main 1891. Illustration aus der Zeitschrift Gartenlaube, 1891.

Kompetenz zur praktischen Weltbeherrschung. Sie lieferten die Grundlagen zu technischen Innovationen, die das Alltagsleben zumindest in den Großstädten rapide veränderten. Während der 1870er und 1880er Jahre war es vor allem die Elektrotechnik, die mit spektakulären Erfindungen aufwartete. 1876 entwickelte der Amerikaner Graham Bell das Telefon, das im folgenden Jahrzehnt als vorerst noch exklusives Kommunikationsmedium rasch an Bedeutung gewann. Seit 1879 war mit Thomas Edisons Glühlampe eine funktionstüchtige Technik zur elektrischen Beleuchtung verfügbar, die Emil Rathenau in Deutschland einführte: Die von ihm gegründete Deutsche Edison-Gesellschaft für angewandte Elektrizität, die spätere AEG, nahm 1885 in Berlin ihr erstes Netz in Betrieb. Auch der Fahrzeugbau lieferte umstürzende Neuheiten. War 1865 in Berlin die erste auf Schienen laufende Pferdestraßenbahn Deutschlands eröffnet worden, so nahm 1881 in Lichterfelde nahe der Reichshauptstadt die erste elektrische Straßenbahn der Welt, gebaut von Siemens, ihren Betrieb auf. In den 1880er Jahren machte das Fahrrad Furore. 1876 baute Nikolaus Otto den nach ihm benannten Verbrennungsmotor, 1885 entwickelten Gottlieb Daimler und Carl Benz den ersten Kraftwagen, womit die Basis für den Siegeszug des Automobils seit den 1890er Jahren gelegt war.

Gerade die Zeit der Wirtschaftskrise war geprägt von einer auffälligen Welle wissenschaftlicher und technischer Durchbrüche. Sie bildeten ein starkes Gegenmittel gegen die pessimistische Grundstimmung dieser Jahre, und sie schufen Voraussetzungen für den bald einsetzenden erneuten ökonomischen Aufschwung, den nun in erster Linie innovative Industrien wie Elektrotechnik, Chemie und Fahrzeugbau antrieben. Viele technische Erfindungen waren das Werk von Unternehmern und Tüftlern, aber zunehmend spielte die systematische Forschung eine tragende Rolle. Die deutschen Staaten förderten Universitäten und Technische Hochschulen nicht zuletzt wegen ihres unmittelbaren wirtschaftlichen Nutzens. Darüber hinaus begann sich auch das Reich in die Wissenschaftsförderung einzuschalten. Im Bereich der industrienahen Forschung war vor allem die Errichtung der Physikalisch-Technischen Reichsanstalt in Berlin 1887 ein wichtiges Signal. Sie war wesentlich von Unternehmerkreisen angeregt worden, namentlich Werner Siemens setzte sich ideell und finanziell für sie ein. Neben der physikalischen Grundlagenforschung widmete sie sich der technischen Normierung sowie der Prüfung von Messgeräten.

Nationale Konkurrenz um wissenschaftliches Prestige

Wissenschaft und Technik sind internationale Phänomene, ihre Fortentwicklung ist auf den freien Austausch von Erkenntnissen angewiesen. Dennoch wirkt in ihnen zugleich eine Komponente der nationalen Konkurrenz, und diese machte sich in der Hochphase des Nationalismus seit dem ausgehenden 19. Jahrhundert besonders bemerkbar. Einerseits ging es um Vorteile im ökonomischen Wettbewerb zwischen den führenden Industrienationen, andererseits aber auch um nationales Prestige. Deshalb förderten die Regierungen nicht bloß Wissenschaften, die einen handfesten wirtschaftlichen Ertrag versprachen. Eines hohen Ansehens und staatlicher Unterstützung erfreuten sich auch manche Geisteswissenschaften wie etwa die Altertumskunde, deren Ausgrabungsexpeditionen die europäischen Museen mit Aufsehen erregenden Funden belieferten. In der medizinischen Forschung entfaltete sich ebenfalls ein Wettlauf der Nationen. Auf sie soll im Folgenden exemplarisch etwas näher eingegangen werden. Die 1880er Jahre waren die Durchbruchsphase der Bakteriologie, und zu ihrem deutschen Heros avancierte Robert Koch, dessen Erfolge die Reichshauptstadt zu einem Mekka der modernen Labormedizin machten.

Robert Koch und die Bakteriologie

Robert Koch begann in den 1870er Jahren als junger Landarzt in der Provinz Posen seine Suche nach krankmachenden Mikroorganismen. Er befasste sich mit Mikroskopier- und Färbungstechniken, der Isolierung und Züchtung von Bakterienkulturen sowie mit Tierversuchen, und 1876 gelang ihm die Beschreibung des Milzbranderregers. Das machte ihn bekannt. Die Reichsleitung berief ihn an das Kaiserliche Gesundheitsamt in Berlin, das 1876 gegründet worden war und an dem Koch 1880 eine eigene Forschungsabteilung erhielt. Weitere bahnbrechende Forschungsleistungen folgten: 1882 wies Koch den Erreger der Tuberkulose nach, 1883/84 auf einer Expedition nach Ägypten und Indien den Cholerabazillus. Während die Bakteriologie sich in Deutschland untrennbar mit dem Namen Kochs verband, galt in Frankreich Louis Pasteur als ihr Gründervater. Die beiden Forscher und ihre jeweiligen Schüler inspirierten sich gegenseitig, lieferten sich aber auch harte Konkurrenzkämpfe, so bei der Jagd nach dem Cholerabazillus, als sich 1883 im ägyptischen Alexandria Kochs deutsches und ein französisches Forscherteam rivalisierend gegenüberstanden. Koch machte das Rennen, indem er nach Abklingen der örtlichen Epidemie nach Indien weiterreiste, wo ihm der Durchbruch gelang. Bei seiner Rückkehr wurde er als Nationalheld gefeiert, der Kaiser verlieh ihm einen Orden, und 1885 erhielt er den neu geschaffenen Lehrstuhl für Hygiene an der Berliner Universität, womit er sich endgültig als neuer Stern am Medizinerhimmel etabliert hatte. Koch war kein politisch engagierter Mensch. Ganz anders als sein um eine Generation älterer Berliner Kollege, der berühmte Pathologe, Anthropologe und liberale Parlamentarier Rudolf Virchow, verkörperte er den neuen Typus des reinen Wissenschaftlers. Das schloss aber keineswegs aus, dass seine Entdeckungen eine politische Bedeutung als nationale Tat annahmen.

Umsturz der Miasmentheorie

Der Nachweis, dass spezifische Mikroorganismen bestimmte Krankheiten auslösten, bedeutete eine revolutionäre Umwälzung im Verständnis der Infektionskrankheiten. Bis dahin war die alte Theorie vorherrschend gewesen, dass Verunreinigungen der Luft, sogenannte Miasmen, für die Verbreitung der meisten Seuchen verantwortlich seien. Auch der Münchener Hygieniker Max von Pettenkofer, bis zu Kochs Aufstieg die führende deutsche Autorität auf dem Gebiet der epidemischen Krankheiten, war im Kern noch Miasmatiker. Zwar wies seine Boden-Grundwasser-Theorie insofern auf die Bakteriologie voraus, als sie von Krankheitskeimen ausging, die über die Ausscheidungen kranker Menschen verbreitet würden. Diese Keime hielt er aber an sich für harmlos.

Erst wenn sie den Boden verschmutzten, zu gären anfingen und giftige Dünste ausströmten, so seine Annahme, würden sie gefährlich. Die Bakteriologie bot ein völlig anderes Erklärungsmodell an: Nicht lokale Bodenverhältnisse und Bodenausdünstungen, sondern eindeutig identifizierbare, unter dem Mikroskop sichtbare Kleinstlebewesen, die in den Körper gelangten, waren nun als Erreger etlicher gefürchteter Seuchen ausgemacht. Die neue Lehre fand nicht sofort allgemeine Akzeptanz. Die Exponenten der Miasmenlehre leisteten heftige Gegenwehr, allen voran Max von Pettenkofer, der sein Lebenswerk zusammenbrechen sah. Auch andere medizinische Koryphäen der älteren Generation wie Rudolf Virchow, der sich als Pathologe allerdings nicht direkt herausgefordert fühlen musste, beurteilten die Bakteriologie zumindest ambivalent. Trotz allen Gegenwindes setzte sich diese jedoch innerhalb weniger Jahre als neues Paradigma durch.

Wissenschaftsgeschichte

Die Historiographie der Naturwissenschaften bewegte sich lange Zeit relativ isoliert von der allgemeinen Geschichtswissenschaft. Sie befasste sich mit der inneren Entwicklung der einzelnen Disziplinen, und sie beschrieb diese zumeist als linearen Erkenntnisfortschritt, der den Entdeckungen genialer Persönlichkeiten zu verdanken sei. In jüngerer Zeit hat sich die Wissenschaftsgeschichte jedoch stark gewandelt und zu einem äußerst produktiven Feld historischer Forschung entwickelt. Zum einen werden die Schattenseiten des wissenschaftlichen Erkenntnisdrangs nicht mehr ausgeblendet. Vor allem aber haben sich die Fragestellungen verlagert: Es geht nicht mehr so sehr um die wissenschaftlichen Errungenschaften selbst, sondern vielmehr um ihre historische Bedingtheit. Wissenschaftler bewegen sich nicht in einem luftleeren Raum, ihre Denkweisen sind von ihrem Umfeld und der konkreten Forschungspraxis geprägt, während umgekehrt ihre Befunde nur den Status von relevanten ‚Tatsachen' erlangen, wenn sie gesellschaftlich als solche zur Kenntnis genommen werden. So hatten schon lange vor Koch vereinzelte Forscher die These belebter Krankheitserreger vertreten, aber sie waren kaum beachtet worden. Erst als die dominante Miasmenlehre brüchig geworden war, konnte ein neues Erklärungsmodell aufsteigen. Der amerikanische Wissenschaftstheoretiker Thomas S. Kuhn hat für solche Theoriegebäude, die während längerer Zeit die Erkenntnismöglichkeiten einer Disziplin steuern, den Begriff des Paradigmas geprägt. Ludwik Fleck, an den Kuhn anknüpfte und der heute als wichtiger Vorläufer der neueren Wissenschaftsgeschichte gilt, sprach bereits in den 1930er Jahren von Denkstilen.[71]

Praktische Effekte der Bakteriologie

Die bakteriologischen Forschungsergebnisse der 1880er Jahre weckten Hoffnungen, dass mit der Identifizierung von Krankheitserregern ein Sieg über diese winzigen ‚Feinde' in greifbare Nähe gerückt sei. Sie erfüllten sich zunächst nur in wenigen Fällen. Anknüpfend an das bereits bekannte Prinzip der Immunisierung, das seit der Wende zum 19. Jahrhundert erfolgreich zum Schutz gegen die Pocken angewandt wurde, gelang Pasteur die Entwicklung von Impfstoffen gegen Milzbrand und Tollwut, und Kochs Schüler Emil Behring stellte Anfang der 1890er Jahre ein Serum gegen die Diphtherie her. Auch beschleunigte die Bakteriologie die Durchsetzung von Asepsis und Antisepsis in Chirurgie und Geburtshilfe, was die Mortalitätsraten unter Operierten und Gebärenden drastisch senkte. Aber ansonsten blieb die Medizin gegenüber den Infektionskrankheiten noch lange weitgehend machtlos. Deren allmähliche Eindämmung erfolgte tatsächlich zu erheblichen Teilen unabhängig von bakteriologischen Erkenntnissen. Die Pockenimpfung, seit 1874 im Deutschen Reich obligatorisch, hatte sich etabliert, obwohl das Pockenvirus noch lange nicht identifiziert war. Sanitäre Reformen, insbesondere die Planung städtischer Kanalisationssysteme, kamen bereits unter dem Eindruck der Miasmenlehre und Pettenkofers Bodentheorie in Gang, die eine zwar im Rückblick falsche, aber plausible Begründung lieferte. Die Bakteriologie bot neue Argumente, vor allem für die Notwendigkeit reinen Trinkwassers, dessen zentrale Bedeutung als Krankheitsüberträger Pettenkofer bestritt. Aber eine eigentliche Initialzündung für die Assanierung der Städte gab sie nicht. Insgesamt, so ist sich die neuere Forschung weitgehend einig, sollte die unmittelbare Relevanz der medizinischen Forschung für den im späten 19. Jahrhundert einsetzenden Sterblichkeitsrückgang nicht überschätzt werden.

Tuberkulin

Das ändert jedoch nichts daran, dass sich mit Kochs Entdeckungen enorme Erwartungen verbanden. Sie steigerten sich zur Euphorie, als 1890 die Nachricht zirkulierte, er habe ein Heilmittel gegen die Tuberkulose gefunden, also gegen die am weitesten verbreitete Infektionskrankheit überhaupt, die zwar schleichend, dafür aber umso häufiger tötete. Die Ankündigung des sogenannten Tuberkulins und erste voreilige Meldungen über Heilerfolge lösten einen riesigen Medienrummel und einen Ansturm von Ärzten und Kranken auf Berlin aus. Das angebliche Wundermittel erwies sich als Flop, Anfang 1891 brachen die Erfolgsmeldungen in sich zusammen. Das Tuberkulin-Debakel fügte dem Image Kochs und der medizinischen Wissenschaft erhebliche Kratzer zu, die allerdings recht bald wieder ausgebügelt waren. Koch bekam trotzdem das eigens für ihn geschaffene Institut für Infektionskrankheiten, das der preußische Landtag während des vorangegangenen Rausches bewilligt hatte.

Quelle

Anna von Helmholtz über den Tuberkulinrausch, 2. 11. 1890:

„Inzwischen sind über 2.000 Ärzte hier, alle Hotels sind voll von ihnen und voller Patienten – man muß die Hospitäler schließen vor dem Andrang. Es ist ein wenig übertrieben, wie alle solche Volkserregungen, aber sehr begreiflich. [...] Koch ist aufs Land entflohen, da er ja die Anwendung anderen überläßt und nur die Methode angegeben hat und nicht mehr weiß, wie er sich retten soll vor der Flut der Zuschriften, Ehren und Anforderungen – ein stiller, einfacher, bescheidener Mann, der kein Geld will.
Nur das Übermaß patriotischen Hochgefühls in den Zeitungen ist widerwärtig! Lister mit der Antiseptik hat mindestens der Menschheit ebensoviel geleistet, seitdem die Operierten nicht mehr sterben und man die unglaublichsten Eingriffe machen kann, ohne einen Tag Fieber – und ich habe nicht gehört, daß England damals in die Ruhmestrompete gestoßen hätte.“[72]

Wissenschaftspopularisierung

Die Bakteriologie ist nur ein Beispiel unter vielen, die darauf hindeuten, wie stark das gesellschaftliche Interesse an den Naturwissenschaften im ausgehenden 19. Jahrhundert gewachsen war. Wissenschaftliche Erkenntnisse bewegten nicht nur kleine Expertenzirkel, sondern breite Bevölkerungskreise. Zu ihrer Vermittlung trugen neben den Schulen diverse Medien bei: Zeitungen und Zeitschriften, populärwissenschaftliche Bücher und Vorträge, Volksbildungsvereine, Museen und Ausstellungen. Eine be-

Abbildung 18: „Ein Wohlthäter der Menschheit". Illustration aus der Satirezeitschrift Ulk, 14. 11. 1890. Robert Koch besiegt als neuer Ritter St. Georg mit dem Mikroskop in der Hand die Hydra Tuberkulose.

sonders imposante Instanz der Wissenschaftspopularisierung entstand Ende der 1880er Jahre in Berlin mit der Urania-Gesellschaft. Initianten dieses Unternehmens waren der Direktor der Berliner Sternwarte Wilhelm Foerster und der Redakteur Wilhelm Meyer, zu den Unterstützern zählten namhafte Berliner Unternehmer, Wissenschaftler sowie der preußische Staat, der das Baugelände zur Verfügung stellte. Das 1889 eröffnete Haus beherbergte Vortrags- und Ausstellungsräume, einen Experimentiersaal, eine Volkssternwarte und ein ‚Wissenschaftliches Theater', in dem mit Lichtbildprojektionen und anderen Visualisierungstechniken untermalte Wissenschaftspräsentationen stattfanden. Die Urania war ein erfolgreiches Modell der Wissensvermittlung, das in diversen Städten Nachahmer fand.

Allerdings stieß das gesellschaftliche Bedürfnis nach Teilhabe an naturwissenschaftlichen Erkenntnissen auch an Grenzen. Die rapide Weiterentwicklung und Spezialisierung der Disziplinen vergrößerte faktisch die Distanz zwischen Laien und Experten. Teils ließen sich ihre Befunde zwar recht gut veranschaulichen, wie die unter dem Mikroskop sichtbaren Bakterien. Aus der Blickrichtung anderer Disziplinen wie der Physik geriet die Welt hingegen immer komplexer und unbegreifbarer. Und in wieder anderen hatten neue Theorien derart beunruhigende Implikationen, dass es fragwürdig schien, ob sie dem Volk überhaupt nahegebracht werden sollten. Vor allem die Evolutionsbiologie war hochgradig umstritten, übte jedoch zugleich eine enorme Faszinationskraft aus: Wohl kein anderer Wissenschaftler erreichte im ausgehenden 19. Jahrhundert einen derart großen Bekanntheitsgrad wie Charles Darwin, dessen Hauptwerke im Original 1859 und 1871 erschienen und rasch übersetzt worden waren. Seine

These, dass die Arten einschließlich des Menschen nicht konstant, sondern das Ergebnis eines langen Prozesses von zufälliger Variation und natürlicher Selektion seien, stieß namentlich in konservativ-christlichen Kreisen auf heftige Ablehnung. Aber auch unter Wissenschaftlern waren die Vorbehalte teils groß.

Implikationen des Darwinismus

Im Jahr 1877 schlug eine Kontroverse zwischen dem Zoologen Ernst Haeckel und Rudolf Virchow hohe Wellen. Sie drehte sich darum, ob es verantwortbar und wünschenswert sei, Darwins Lehre im Schulunterricht zu behandeln. Haeckel, der eifrigste deutsche Verbreiter der Evolutionsbiologie, plädierte dafür, Virchow dagegen. Virchows Ablehnung erklärt sich nicht daraus, dass er prinzipiell gegen die Popularisierung der Wissenschaften gewesen wäre, ganz im Gegenteil: Er war ein entschiedener Verfechter einer naturwissenschaftlich ausgerichteten Bildung, die das Fundament für eine fortschrittliche Nationalkultur legen sollte. Die Evolutionstheorie wollte er jedoch nicht im Unterricht sehen, weil er sie erstens als zu wenig empirisch abgesichert erachtete und zweitens die aus ihr ableitbaren gesellschaftstheoretischen Spekulationen für bedenklich hielt. Letzteres zielte konkret gegen die Aneignung des Darwinismus durch die sozialistische Arbeiterbewegung. Virchows Polemik schlossen sich aus ganz anderen Motiven konservative Kreise an, mit der Folge, dass das preußische Kultusministerium die Evolutionsbiologie aus den Schulen verbannte. Das tat ihrer weiteren Verbreitung keinen Abbruch: Gerade die Haeckel-Virchow-Kontroverse, die sich in einer breiten Presseberichterstattung und in Parlamentsdebatten fortsetzte, verstärkte die öffentliche Neugier, die zahlreiche populärwissenschaftliche Schriften gerne bedienten.

Virchow hatte allerdings Recht gehabt mit seiner Sorge, dass sich der Darwinismus wie keine andere naturwissenschaftliche Lehre zu sozialtheoretischen und politischen Instrumentalisierungen eignete. Er entwickelte sich seit den 1880er Jahren zu einem breitenwirksamen Deutungsmodell, das auf die unterschiedlichsten Bereiche des gesellschaftlichen Lebens übertragen wurde, mit teils optimistischen, teils pessimistischen Schlussfolgerungen. Nicht nur die Sozialisten griffen den Darwinismus begeistert auf, als Bestätigung der Marxschen Theorie des historischen Fortschritts durch Klassenkampf. Liberale erkannten in ihm eine Rechtfertigung für den freien Wettbewerb, Imperialisten und Rassisten für die Unterwerfung schwächerer Völker im unerbittlichen Kampf ums Dasein, Eugeniker für steuernde Eingriffe in die menschliche Fortpflanzung. Die eigentliche Wissenschaft stand solchen pseudowissenschaftlichen Aneignungen zwar einstweilen noch eher fern und kritisierte sie teils entschieden. Dennoch waren sie letztlich ein Zeichen für die Durchschlagskraft einer verwissenschaftlichten Wahrnehmungsweise der Welt. In dieser Hinsicht erwiesen sich die Kulturkämpfe des 19. Jahrhunderts letztlich doch als extrem erfolgreich: Um 1890 war die Moderne in den Köpfen endgültig angebrochen. Das bedeutet nicht, dass die Menschen nicht mehr gläubig gewesen wären, von einer durchgreifenden Säkularisierung der Gesellschaft zu sprechen, wäre sicher falsch. Aber religiöse Welterklärungen mussten nun definitiv mit naturwissenschaftlichen koexistieren.

Literatur

Zu Bildung, Wissenschaft und Frauenbewegung:

Becker, Hellmut/Kluchert, Gerhard: *Die Bildung der Nation. Schule, Gesellschaft und Politik vom Kaiserreich zur Weimarer Republik.* Stuttgart 1993.

Berg, Christa (Hg.): *Handbuch der deutschen Bildungsgeschichte*, Bd. 4: *1870-1918. Von der Reichsgründung bis zum Ende des Ersten Weltkriegs.* München 1991. [Umfassender Überblick]

Daum, Andreas: *Wissenschaftspopularisierung im 19. Jahrhundert. Bürgerliche Kultur, naturwissenschaftliche Bildung und die deutsche Öffentlichkeit, 1848-1914.* 2., erg. Aufl. München 2002.

Gradmann, Christoph: *Krankheit im Labor. Robert Koch und die medizinische Bakteriologie.* Göttingen 2005. [Gut lesbare wissenschaftshistorische Biographie]

Hardy, Anne I.: *Ärzte, Ingenieure und städtische Gesundheit. Medizinische Theorien in der Hygienebewegung des 19. Jahrhunderts.* Frankfurt am Main/New York 2005.

Kleinau, Elke/Opitz, Claudia (Hg.): *Geschichte der Mädchen- und Frauenbildung*, Bd. 2: *Vom Vormärz bis zur Gegenwart.* Frankfurt am Main/New York 1996. [Aufsatzsammlung]

Paletschek, Sylvia/Pietrow-Ennker, Bianka (Hg.): *Women's Emancipation Movements in the Nineteenth Century. A European Perspective.* Stanford u.a. 2004. [Länderbeiträge, u.a. zu Deutschland]

Schaser, Angelika: *Frauenbewegung in Deutschland 1848-1933.* Darmstadt 2006. [Schmale Einführung]

Schwarz, Angela: *Der Schlüssel zur modernen Welt. Wissenschaftspopularisierung in Großbritannien und Deutschland im Übergang zur Moderne (ca. 1870-1914).* Stuttgart 1999.

Außenpolitische Konstellationen und Konflikte 8.

Nach der Reichsgründung betonten die politischen Entscheidungsträger des geeinten Deutschland dessen friedliche Absichten, ja sie priesen den neuen Nationalstaat als Garanten für den künftigen Frieden. So erklärte der Reichstag im März 1871, der Sicherheit Europas habe die Einheit des Deutschen Reichs gefehlt, das nunmehr keinen höheren Wunsch kenne, „als im Wettkampf um die Güter der Freiheit und des Friedens den Sieg zu erringen".[73] Der Ausgang des letzten Krieges, die Schwächung Frankreichs und die Stärkung Deutschlands, habe den Weg in eine sichere Zukunft geöffnet, wie auch Militärführer deklarierten. So äußerte Generalstabschef Moltke 1874 vor dem Reichstag, das Reich werde wohl „eine Reihe von Jahren nicht nur Frieden halten, sondern auch Frieden gebieten" können, und fügte hinzu: „vielleicht überzeugt sich dann die Welt, daß ein mächtiges Deutschland in der Mitte von Europa die größte Bürgschaft ist für den Frieden von Europa".[74] Bismarck unterstrich die Friedfertigkeit des Reichs mit seinem Diktum von dessen Saturiertheit, die alle Expansionsgelüste ausschließe: „Wir haben nichts zu erobern, nichts zu gewinnen, wir sind zufrieden mit dem, was wir haben".[75] War also durch die Reichsgründung eine stabile Ordnung in Europa etabliert worden? Oder hatte sie das alte Gleichgewicht aus der Balance gebracht? Die zitierten Beteuerungen verweisen darauf, dass unter den europäischen Nachbarn 1871 erhebliches Misstrauen gegenüber der neuen Großmacht in ihrer Mitte bestand. Effektiv sollte Europa für lange Zeit ein weiterer Krieg erspart bleiben. Aber das Gefühl eines wirklich sicheren Friedens mochte sich dennoch nicht einstellen, was allerdings nicht allein am Deutschen Reich lag.

Das labile europäische Gleichgewicht 8.1

Auflösung der Wiener Ordnung

Die Reichsgründung zerstörte nicht einen stabilen Zustand des europäischen Staatensystems, sie war vielmehr nur möglich gewesen vor dem Hintergrund einer bereits eingetretenen Destabilisierung. Die Wiener Ordnung von 1814/15, die nach den napoleonischen Kriegen auf die Sicherung des zukünftigen Friedens gezielt hatte, war schon seit der Jahrhundertmitte immer mehr erodiert. Die europäischen Revolutionen von 1848/49 hatten sie erschüttert. Der Krimkrieg von 1853 bis 1856, der erste Waffengang zwischen europäischen Großmächten seit 1815, hatte ihr einen weiteren Schlag versetzt, dann der Krieg von 1859 zwischen dem Habsburgerreich und dem mit Frankreich verbündeten Sardinien-Piemont, der die italienische Nationalstaatsgründung einleitete. Das die Wiener Ordnung bestimmende Konzept eines sorgfältig austarierten Kräftegleichgewichts und der multilateralen Konferenzen zur Beilegung von Interessendivergenzen hatte damit bereits stark an Boden verloren zugunsten der ungezügelten Machtkonkurrenz zwischen autonomen Nationalstaaten.

Die Reichsgründung im europäischen Kontext

Die Untergrabung der Wiener Ordnung war nicht von Preußen ausgegangen, das in den Kriegen der 1850er Jahre neutral geblieben war. Aber sie bot die Chance, nun auch im deutschen Raum einseitig neue Tatsachen zu schaffen. Bismarck nutzte die Situation und führte die Reichsgründung mit ‚Eisen und Blut' herbei, die, wie er in einem berühmt gewordenen Ausspruch aus dem Jahr 1862 konstatiert hatte, die großen Fragen der Zeit entschieden. Seine Rechnung ging auf: Die nicht direkt beteiligten Mächte hielten sich aus den deutschen Kriegen heraus. Zwar versuchten einzelne Regierungen wiederholt, die anstehenden Konflikte vor ein internationales Forum zu ziehen, und 1864 schien dies zunächst zu gelingen, als eine nach London einberufene Konferenz die militärische Konfrontation mit Dänemark unterbrach. Die Verhandlungen scheiterten jedoch, und am Schluss entschieden die Waffen. Der Krieg von 1866 ging viel zu rasch über die Bühne, als dass sich Außenstehende vor dem preußischen Sieg hätten einschalten können. Als sich der deutsch-französische Konflikt länger hinzog, kam es wiederum zu Bemühungen, ihn vom Schlachtfeld an den Tisch einer internationalen Konferenz zu verlagern. Eine solche tagte seit Mitte Januar 1871 ohnehin in London, um eine von Russland heraufbeschworene Krise um den Status des Schwarzen Meeres zu behandeln. Bismarck, der eine Einschaltung der europäischen Mächte unter allen Umständen vermeiden wollte, drängte deshalb zur Eile beim Abschluss des Krieges. Das gelang: Bevor sich die Londoner Konferenz des Themas annehmen konnte, war die Reichsgründung vollzogen und der Vorfrieden mit Frankreich unterzeichnet.

Obwohl der preußisch-deutsche Machtzuwachs somit ohne internationale Zustimmung erfolgt war, akzeptierten ihn die übrigen europäischen Staaten wohl oder übel. Dass es zu keiner konzertierten Aktion gegen Bismarcks gewaltsame Reichseinigung kam, lag einerseits an den tiefen Gegensätzen zwischen den führenden Mächten und andererseits an ihrer Absorption durch anderweitige Aufgaben mit höherer Priorität.

Großbritannien

Das gilt vor allem für Großbritannien, das mit innenpolitischen Reformen und seinem Empire beschäftigt war. Die britischen Regierungen der Epoche zeigten generell wenig Neigung zur Intervention in die Angelegenheiten Mitteleuropas, wo keine zentralen Interessen des Inselreichs berührt waren. Darüber hinaus erschien die Neuordnung Deutschlands unter preußischer Führung aus britischer Perspektive nicht unbedingt als schlechte Lösung. Ein gefestigter deutscher Nationalstaat schuf ein willkommenes Gegengewicht zu Frankreich und Russland, den britischen Hauptrivalen, auf dem Kontinent und war ausgreifenden großdeutschen Visionen, wie sie um die Jahrhundertmitte ventiliert worden waren, allemal vorzuziehen. Als mit dem Ausgang des Kriegs gegen Frankreich das neue Deutschland erheblich mächtiger ausfiel, als zunächst erwartet, erhoben sich zwar manche alarmierte Stimmen, vor allem seitens der konservativen Opposition, die dem liberalen Kabinett Gladstones eine gar zu passive Haltung vorwarfen. Insgesamt aber reagierten Politiker wie Öffentlichkeit recht gelassen auf die Entstehung des Deutschen Reichs. Aus der Warte der britischen Weltmacht erschien dieser Emporkömmling unter den europäischen Großmächten als keine wirklich bedrohliche Konkurrenz, und möglicherweise würde er sich sogar als nützlich erweisen. Der wenige Jahrzehnte später so zentral werdende deutsch-britische Antagonismus war um 1871 noch keineswegs abzusehen.

Russland

Russland war in den 1860er Jahren ebenfalls stark mit inneren Reformbemühungen und außereuropäischer Interessenwahrung, namentlich in Asien, der Schwarzmeerregion und auf dem Balkan beschäftigt. Mitteleuropa hatte demgegenüber nur nachrangige Bedeutung. Die russische Führung war zwar prinzipiell stärker als die britische an der Bewahrung der Wiener Ordnung und des Deutschen Bundes interessiert. Im Gefolge des verlorenen Krimkriegs war das Zarenreich aber geschwächt und zu isoliert, um eine entsprechende europäische Intervention anzuführen. Stattdessen setzte es auf eine Begünstigung des Hohenzollernstaats, zu dem traditionell enge dynastische und politische Beziehungen bestanden, in der Erwartung, ihn als dankbaren Juniorpartner fester an sich binden zu können. Während des Deutsch-Französischen Krieges hielt sich die russische Führung an eine Absprache mit der preußischen aus dem Jahr 1868 und blieb neutral bei gleichzeitigen Drohgebärden gegenüber der Habsburgermonarchie, um jene vor einem Eingreifen auf französischer Seite abzuhalten. Diese indirekte Schützenhilfe schien sich auszuzahlen, indem Bismarcks Diplomaten auf der Londoner Konferenz von 1871 die russischen Wünsche erfolgreich unterstützten: Die Konferenz hob die Pontus-Klausel aus dem Pariser Friedensvertrag von 1856, der den Krimkrieg beendet hatte, auf und gestatte Russland so eine Remilitarisierung des Schwarzen Meeres. Daraufhin verzichtete Russland auf alle Einwände gegen die Ergebnisse des Deutsch-Französischen Kriegs. In Teilen der russischen Führungsschicht und vor allem der öffentlichen Meinung herrschten zwar große Bedenken gegen den preußischen Machtzuwachs. Der Zarenhof aber legte der Reichsgründung keine Steine in den Weg, trug vielmehr wesentlich dazu bei, sie zu ermöglichen.

Österreich-Ungarn

Weit unmittelbarer betroffen von der Umgestaltung Deutschlands war die Habsburgermonarchie. Nicht nur verlor sie endgültig ihren Einfluss auf den deutschen Raum, der seit Jahrhunderten zu ihrem Selbstverständnis gehört hatte. Sie war auch mehr als alle anderen europäischen Mächte auf die Wiener Ordnung angewiesen, um ihr multinationales Reich halten zu können. Dessen Existenz war im Zeitalter des Nationalismus zunehmend infrage gestellt, infolge der Kriege von 1859 und 1866 waren bereits große Gebiete an Italien verloren gegangen. An der brüchigen Konsistenz konnten auch innere Reformen und der Umbau zur österreichisch-ungarischen Doppelmonarchie von 1867 nichts Grundlegendes ändern. Gerade wegen ihrer Gefährdung war die Habsburgermonarchie jedoch auf starke Partner angewiesen, und da kam eigentlich nur das Deutsche Reich in Betracht. Denn mit Russland lag Wien wegen Interessendivergenzen auf dem Balkan im Dauerclinch, während ein engeres Zusammengehen mit Frankreich, das in den späten 1860er Jahren und noch bis zum Sommer 1870 zur Debatte gestanden hatte, aus innenpolitischen Gründen kaum möglich war. Deutschnational gesinnte Kreise der eigenen Bevölkerung hätten es nicht akzeptiert. Österreich-Ungarn erklärte sich im Krieg von 1870/71 neutral, und als die Proklamation des Deutschen Reichs anstand, versicherte die Wiener Regierung, nichts dagegen zu haben, vielmehr freundschaftliche Beziehungen anzustreben. Zwar war sie effektiv alles andere als glücklich über die Ereignisse. Aber angesichts ihrer Position der Schwäche und aus Sorge vor zukünftigen Entwicklungen sah sie es als die gangbarste Lösung, ein möglichst gutes Verhältnis zu dem neuen starken Nachbarn zu suchen und sich ansonsten endgültig nach Südosteuropa umzuorientieren.

Frankreich

Am wenigsten abfinden mit der neuen Konstellation mochte sich Frankreich, der große Verlierer von 1870/71. Die nachhaltige französische Feindseligkeit war nicht das zwangsläufige Resultat einer deutschen Nationalstaatsgründung. Gerade Napoleon III. war kein Verteidiger der Wiener Ordnung, vielmehr ein Verfechter des Nationalitätenprinzips, und hierin wusste er sich mit großen Teilen der öffentlichen Meinung einig. Ihm schwebte ein modernisiertes europäisches Ordnungssystem vor, das auf dem Nationalstaatsgedanken aufbaute. Er protegierte die italienische Einigung, und auch ein deutscher Nationalstaat war prinzipiell willkommen. Allerdings beanspruchte Frankreich eine Führungsrolle auf dem Kontinent. Da Preußen diesen Anspruch immer demonstrativer ignorierte, hatten sich die Spannungen seit 1866 zugespitzt. Ein kritischer Punkt war bereits mit der Luxemburgkrise von 1867 erreicht. Napoleon erwartete eine territoriale Kompensation dafür, dass er im preußisch-österreichischen Konflikt vermittelt und dessen Ausgang akzeptiert hatte. Seine Absicht, Luxemburg dem niederländischen König abzukaufen, scheiterte jedoch und zwar zumindest teilweise an Bismarck, der nach anfänglich positiven Signalen den Handel hintertrieb. Die französische Empörung steigerte sich noch, als fast gleichzeitig die zunächst geheim gehaltenen preußischen Schutz- und Trutzbündnisse mit den süddeutschen Staaten bekannt wurden. Sie legten die Vermutung nahe, dass der Hohenzollernstaat verdeckt schon den nächsten Expansionsschritt über die Mainlinie hinaus plante. Hinzu kam dann der Griff nach dem spanischen Thron. Aus französischer Perspektive waren das feindselige Akte. Sie demonstrierten, dass die Deutschen nicht allein die nationale Einigung, sondern die Übertrumpfung Frankreichs anstrebten. Unüberbrückbar war der Gegensatz jedoch noch nicht, er wurde es erst mit dem Ausgang des Kriegs von 1870/71. Vor allem die Annexion Elsass-Lothringens blockierte die Versöhnung, und sie schadete dem Image des Deutschen Reichs weit über Frankreich hinaus. Zwar galten Gebietsgewinne auf Kosten des besiegten Gegners nicht grundsätzlich als illegitim, sie waren über Jahrhunderte üblich gewesen. Aber im Zeitalter des Nationalismus und der Massenpolitisierung veränderte sich ihre Brisanz: Es ging nicht mehr bloß um einen Gebietsschacher unter Herrschern, sondern um die Gefühle einer in nationalen Kategorien denkenden Bevölkerung. Schon aufgrund der Macht der öffentlichen Meinung konnten sich die Regierungen der Dritten Republik mit dem Gebietsverlust kaum abfinden. Ohne außenpolitische Verbündete bestand jedoch keine Chance, ihn rückgängig zu machen.

Phase der Anarchie im europäischen Staatensystem

Verbündete waren vorerst nicht abzusehen, keine der drei übrigen Großmächte war gewillt, Frankreich beizuspringen. Dennoch war mit dem deutsch-französischen Gegensatz seit 1871 eine gefährliche Spannungslinie im europäischen Staatensystem angelegt. Allerdings handelte es sich nur um eine unter mehreren Spannungslinien, andere bestanden unabhängig von der deutschen Reichsgründung. Vor allem die ‚orientalische Frage', also die Frage, was mit der Erbmasse des bröckelnden Osmanischen Reichs geschehen sollte, blieb seit dem Krimkrieg heftig umstritten. Hinzu kamen Machtrivalitäten im asiatischen und afrikanischen Raum. Umso dringlicher war es, neue Mechanismen der internationalen Konfliktregulierung zu finden, wie sie die Wiener Ordnung geboten hatte.

Auch in der Wiener Ordnung hatte nie ein wirkliches Gleichgewicht der Kräfte geherrscht. Aber die beiden stärksten Mächte Großbritannien und Russland waren gewillt und fähig gewesen, gemeinsam mit den als gleichrangig anerkannten Großmächten Frankreich, Österreich und Preußen das 1814/15 etablierte Vertragswerk zu garantieren, also einseitige Veränderungen zu verhindern, und bei auftretenden Divergenzen für einen einvernehmlichen Interessenausgleich zu sorgen. Die kleineren Staaten profitierten ebenfalls, indem sie Schutz vor gewaltsamen Übergriffen genossen, während sie als Puffer zwischen den Großmächten ihrerseits zur Stabilität des Systems beitrugen. Zuweilen funktionierten die Mechanismen der Wiener Ordnung auch noch nach der Jahrhundertmitte. So regelte etwa eine internationale Konferenz 1867 die Krise um Luxemburg. Aber solche Verhandlungslösungen gelangen nur noch punktuell. Die Zeit zwischen Krimkrieg und Reichsgründung war gewissermaßen eine Phase der Anarchie in den europäischen Beziehungen: Das Recht des Stärkeren trat gegenüber verbindlichen Ausgleichsverfahren in den Vordergrund.

Gerade die nationalen Bewegungen bejahten die ‚realpolitische' Wende in der Außenpolitik. Die Dynamik der Nationalstaatswerdung und der nationalstaatlichen Machtsteigerung sollte nicht länger durch konservierende Absprachen zwischen fürstlichen Regierungen gehemmt werden. Zur pseudowissenschaftlichen Legitimation einer von Herkommen und moralischen Bedenken befreiten Machtpolitik dienten bereits seit den 1860er Jahren Vergleiche mit biologischen Evolutionsprozessen. So schrieb die deutsche geographisch-ethnographische Zeitschrift *Das Ausland* in Reaktion auf den Krieg von 1866: „Der geschichtliche Erfolg gehört stets dem Starken und Klugen. [...] Bei solchen großartigen

Vorgängen handelt es sich nicht mehr um Recht oder Verschuldung, sondern es ist ein Darwinscher Kampf ums Dasein, wo das Moderne siegt und das Veraltete hinabsteigt in die paläontologischen Grüfte."[76] Solche Denkmuster waren keine deutsche Spezialität, sie kennzeichneten generell das anbrechende imperialistische Zeitalter. Ein System wie die Wiener Ordnung, das dem Starken Zügel anzulegen versuchte, musste in dieser Perspektive unzeitgemäß und geradezu widernatürlich wirken.

Auf der Suche nach einer neuen Ordnung

Bismarck und andere führende Staatsmänner der Epoche, die die Wiener Ordnung umstießen, beriefen sich auf nationalstaatliche Interessen und versuchten, multilaterale Konsultationsverfahren dort zu umgehen, wo sie diesen Interessen zuwiderliefen. Aber sie wollten keinen anarchischen Kampf aller gegen alle entfesseln. Nach der Reichsgründung setzten Bemühungen ein, ein neues Ordnungssystem zu etablieren, und das gelang partiell: Eine über 40-jährige Phase des Friedens in Europa folgte, wenn von Randzonen wie dem Balkan abgesehen wird. Aber dieses Ordnungssystem war anders geartet als das von 1814/15. Es beruhte nicht auf einem gesamteuropäischen Vertragswerk, sondern auf diversen bi- und trilateralen Abkommen von meist kurzer Laufzeit. Sie sollten die souveräne Handlungsfreiheit der führenden Mächte weitestgehend wahren, aber dennoch eine gewisse Berechenbarkeit in die zwischenstaatlichen Beziehungen bringen. Hinzu kamen weiterhin sporadisch große multilaterale Konferenzen, um spezifische Streitfragen zu behandeln. Nach 1871 herrschte keine Anarchie in Europa, allerdings auch kein wirkliches Vertrauen in die Stabilität des Friedens. Krieg blieb stets im Denkhorizont der Regierenden als Möglichkeit präsent. Entsprechend suchten sie vorzusorgen, einerseits durch militärische Rüstung und andererseits eben durch strategisch möglichst kluge Allianzen und Absprachen, die in allererster Linie das jeweilige Verhalten im Kriegsfall betrafen.

Das Deutsche Reich stand im Zentrum des Bündnissystems, das die Beziehungen zwischen den europäischen Mächten in den zwei Jahrzehnten nach 1871 regulierte. Es tat dies nicht, weil es eine hegemoniale Stellung auf dem Kontinent eingenommen hätte. Vielmehr hielt Bismarck seine Schöpfung stets für gefährdet und für zu schwach, um angesichts ihrer exponierten Lage in der Mitte Europas alleine bestehen zu können. Sein *Cauchemar des Coalitions*, also sein Albtraum vor feindlichen Allianzen, ist geradezu sprichwörtlich geworden. Aus diesem Bedrohungsgefühl heraus bemühte er sich, ein Netz von Verträgen um das Deutsche Reich herum zu knüpfen, das seine als prekär wahrgenommene

Existenz sichern sollte, ohne jedoch den Spielraum für situationsabhängige Entscheidungen allzu sehr zu beschneiden.

8.2 Bismarcks Bündnispolitik

Bismarcks Bündnisphilosophie findet sich skizziert in einem berühmt gewordenen Schriftstück, das er 1877 seinem Sohn Herbert während eines Aufenthalts in Bad Kissingen diktierte. Die deutsche Außenpolitik müsse, so die Grundidee, darauf zielen, gute Beziehungen zu allen europäischen Großmächten zu pflegen außer zu dem auf Revanche sinnenden Frankreich, das zu isolieren war. Aber auch die Rivalitäten zwischen den übrigen Großmächten gelte es lebendig zu halten, damit sie sich untereinander nicht zu nahe kommen, vielmehr auf die Freundschaft Deutschlands angewiesen sein würden. Diese Rivalitäten seien an die europäische Peripherie, namentlich nach dem Balkan und dem vorderen Orient zu lenken. Zu einem großen Krieg sollten sie nicht eskalieren, wohl aber die Mächte beschäftigt und untereinander koalitionsunfähig halten. Direkt beteiligen dürfe sich das Deutsche Reich nicht an den Rivalitäten der anderen. Ziel war die Erhaltung des Status quo, keine weitere territoriale Expansion.

Quelle

Bismarcks Kissinger Diktat, 15. 6. 1877:

„Ich wünsche, daß wir, ohne es zu auffällig zu machen, doch die Engländer ermutigen, wenn sie Absichten auf Ägypten haben [...]. Wenn England und Rußland auf der Basis, daß ersteres Ägypten, letzteres das Schwarze Meer hat, einig würden, so wären beide in der Lage, auf lange Zeit mit Erhaltung des status quo zufrieden zu sein, und doch wieder in ihren größten Interessen auf eine Rivalität angewiesen [...]. Koalitionen gegen uns können auf westmächtlicher Basis mit Zutritt Österreichs sich bilden, gefährlicher vielleicht noch auf russisch-österreichisch-französischer; eine große Intimität zwischen zweien der 3 letztgenannten Mächte würde der dritten unter ihnen jederzeit das Mittel zu einem sehr empfindlichen Drucke auf uns bieten. In der Sorge vor diesen Eventualitäten [...] würde ich als wünschenswerte Ergebnisse der orientalischen Krisis für uns ansehn: 1. Gravitierung der russischen und der österreichischen Interessen und gegenseitigen Rivalitäten nach Osten hin, 2. der Anlaß für Rußland, eine starke Defensivstellung im Orient und an seinen Küsten zu nehmen, und unseres Bündnisses zu bedürfen, 3. für England und Rußland ein befriedigender status quo, der ihnen dasselbe Interesse an Erhaltung des Bestehenden gibt, welches wir haben, 4. Loslösung Englands von dem uns feindlich bleibenden Frankreich wegen Ägyptens und des Mittelmeers, 5. Beziehungen zwischen Rußland und Österreich, welche es beiden schwierig machen, die antideutsche Konspiration gegen uns gemeinsam herzustellen [...]. Wenn ich arbeitsfähig wäre, könnte ich das Bild vervollständigen und feiner ausarbeiten, welches mir vorschwebt: nicht das irgend eines Ländererwerbes, sondern das einer politischen Gesamtsituation, in welcher alle Mächte außer Frankreich unser bedürfen, und von Koalitionen gegen uns durch ihre Beziehungen zueinander nach Möglichkeit abgehalten werden."[77]

Solche Gedankenexperimente haben den in der Historiographie bis heute nachwirkenden Ruf Bismarcks als genialer, weitsichtig planender Außenpolitiker abgestützt, der, wie Wilhelm I. es einmal ausdrückte, geschickt mit den ‚fünf Glaskugeln' der Großmächte jonglierte. Der Kanzler selbst förderte diesen Ruf auch mit seinen Memoiren kräftig. Allerdings war seine Außenpolitik weder geradlinig noch hatte er das Spiel stets unter Kontrolle.

Krieg-in-Sicht-Krise 1875

In den frühen 1870er Jahren verrannte er sich zunächst mit Drohgebärden gegen Frankreich, die die deutschen Friedensbeteuerungen unglaubwürdig machten und das Reich isolierten. Der westliche Nachbar hatte sich von der Niederlage rascher erholt als erwartet, was die deutsche Führung über Gegenmaßnahmen nachdenken ließ. Einen konkreten Anlass, Frankreich als potentiellen Aggressor abzustempeln, bot ein französisches Militärgesetz vom März 1875, das die mobilisierbare Truppenstärke aufstockte. Die deutsche offiziöse Presse reagierte mit Spekulationen über französische Kriegsvorbereitungen. Ein wahrscheinlich mit dem Außenministerium abgestimmter Artikel in der Berliner *Post* vom 9. April stellte die alarmierende Frage: „Ist der Krieg in Sicht?" Andere Zeitungen malten eine eventuelle Koalition Frankreichs mit Österreich und Italien an die Wand. Die europaweite Beunruhigung wuchs, als deutsche Diplomaten und Militärs die Möglichkeit eines Präventivkriegs andeuteten, mit dem das Reich den französischen Revanchegelüsten zuvorkommen könnte. Bismarcks Motive für das Säbelrasseln sind in der Forschung umstritten, aber hinsichtlich der Reaktionen der übrigen Mächte hatte er sich jedenfalls verrechnet. Die britische und die russische Führung tadelten einmütig nicht Paris, sondern Berlin. Statt Frankreich stand das Deutsche Reich wegen seiner aggressiven Haltung im Abseits. Für Bismarck war die Krieg-in-Sicht-Krise, deren Inszenierung er wenig überzeugend abstritt, eine empfindliche diplomatische Niederlage. Er beherzigte die Lektion: Statt mit der Kriegsgefahr zu spielen, präsentierte er sich fortan als Friedensstifter.

Krise auf dem Balkan

Hierzu bot die Lage auf dem Balkan Gelegenheit. Die dort in erster Linie rivalisierenden Großmächte Russland und Österreich-Ungarn waren unterdessen beide in engere Beziehungen zu Berlin getreten und erhofften sich Rückhalt für ihre jeweiligen Ambitionen. Bismarck hatte eine einseitige Festlegung vermieden und stattdessen ein trilaterales Bündnis angebahnt. Eine Begegnung der drei Kaiser im September 1872 in Berlin war ein erster Erfolg gewesen. Im Jahr darauf war zwar kein bindender Vertrag, aber immerhin ein Konsultationsabkommen zwischen Alexander II., Franz Joseph und Wilhelm I. zustande gekommen. Es verhinderte jedoch nicht, dass sich der russisch-österreichische Gegensatz bald gefährlich zuspitzte. Im Sommer 1875 brachen in Bosnien und der Herzegowina Aufstände gegen die türkische Herrschaft aus, 1876 erhoben sich die Bulgaren, kurz darauf erklärten die autonomen Kleinstaaten Serbien und Montenegro der Türkei den Krieg. Der ganze Balkan stand im Aufruhr, und obwohl die türkischen Truppen die Oberhand behielten, schien die Stunde seiner Neuverteilung gekommen. Als das Osmanische Reich europäischen Reformforderungen zugunsten der Balkanvölker nicht im gewünschten Sinn entgegenkam, erklärte ihm Russland im April 1877 den Krieg.

Nach dem Anfang 1878 errungenen Sieg diktierte Russland im Frieden von San Stefano eine Neuordnung des Balkans, die den Protest Großbritanniens und Österreich-Ungarns provozierte. Zwar hatte sich der Zarenhof vor dem Krieg mit den europäischen Rivalen über die jeweiligen Interessensphären zu verständigen gesucht. Aber der Friedensvertrag ging weit über das damals Vereinbarte hinaus. Namentlich sollte ein großbulgarisches Fürstentum unter russischem Einfluss entstehen, das sich bis an die Ägäisküste erstreckte. Der Balkankonflikt drohte zu einem Krieg zwischen den europäischen Mächten zu eskalieren, eine britische Flotte war bereits im Marmarameer aufgekreuzt. Diese hochbrisante Situation bot Bismarck die Gelegenheit, sich als Schlichter zu profilieren.

Abbildung 19: „Working the Points“. Punch, 4. Mai 1878. Bismarck betätigt sich als Weichensteller im internationalen Zugverkehr.

WORKING THE POINTS.
(*Punch*, May 4, 1878.)

Berliner Kongress 1878

Am 13. Juni 1878 begann in Berlin unter seinem Vorsitz ein internationaler Kongress, der den Frieden von San Stefano überprüfen sollte. Neben den direkt involvierten Streitparteien waren diverse weitere Staaten wie Frankreich, Italien und Griechenland vertreten. Die Reichshauptstadt stand während eines Monats im Rampenlicht der europäischen Öffentlichkeit, der Kanzler gab den weltmännischen Gastgeber und „ehrlichen Makler“, wie er seine Rolle im Vorfeld selbst umschrieben hatte, der zwischen den divergierenden Interessen vermittelte.[78] Im Ergebnis revidierte der Kongress den Vertrag von San Stefano in wesentlichen Punkten. Er anerkannte zwar mäßige Gebietserweiterungen zugunsten von Serbien, Montenegro und Rumänien sowie ihre volle Souveränität, ebenso leichte russische Territorialgewinne auf Kosten der Türkei. Das von Russland anvisierte Großbulgarien hingegen wurde stark verkleinert und zweigeteilt in das Fürstentum Bulgarien und die Provinz Ostrumelien, die abgestufte Autonomierechte genießen, aber weiterhin dem Osmanischen Reich unterstehen sollten. Österreich durfte Bosnien und die Herzegowina okkupieren, allerdings nicht annektieren. England erhielt die Insel Zypern zugesprochen. Die meisten Delegationen waren zufrieden, und der Friede war vorerst gesichert. Nach außen war der Kongress ein glanzvoller Erfolg, sowohl für das Deutsche Reich als auch für die alte Idee des Europäischen Konzerts, die hier nochmals zu funktionieren schien. Bismarck erwarb sich international hohes Ansehen, sein früheres Image als kriegslüsterner Machtmensch verblasste. Nun war er, wie ihn etwa die englische Zeitschrift *Punch* darstellte, der europäische Bahnwärter, der die Züge der Großmächte vor der Kollision bewahrte. Der Magistrat von Berlin ließ das Ereignis durch Anton von Werner in einem Gemälde festhalten, das im Festsaal des Rathauses seinen Platz finden sollte: Es zeigt, wie die Delegierten nach der Vertragsunterzeichnung am 13. Juli 1878 entspannt plaudern und sich versöhnlich die Hände schütteln.

Abbildung 20: Der Berliner Kongress 1878. Gemälde Anton von Werners, 1881.

Enttäuschung Russlands

Hinter den Kulissen waren die Konflikte jedoch nicht ausgeräumt. Erstens hatte sich der Kongress über die Köpfe der Balkanvölker hinweg verständigt, deren Wünsche bestenfalls am Rande zählten. Zweitens schuf er mit dem ambivalenten Status Bulgariens sowie Bosniens und der Herzegowina prekäre Zwischenlösungen, die schon den Keim zu neuem Streit in sich trugen. Und drittens war die russische Regierung mit dem Resultat unglücklich, wobei sich der Ärger vor allem gegen den deutschen Verhandlungsführer richtete. Sie hatte sich mehr Rückhalt erhofft, auf den sie Anspruch zu haben glaubte. Immerhin hatte sie die Reichsgründung mit ermöglicht, und dieser Dienst schien ihr durch Bismarcks Unterstützung anlässlich der Pontus-Konferenz von 1871 noch keineswegs abgegolten. Der Zar war nicht allein von den Kongressbeschlüssen enttäuscht, sondern auch von der Art ihrer Umsetzung, bei der er sich erneut von der deutschen Diplomatie im Stich gelassen fühlte. Wie tief der Missmut reichte, signalisierte der sogenannte Ohrfeigenbrief vom August 1879, in dem Alexander II. seinen Onkel Wilhelm I. mit bitteren Vorwürfen überhäufte.

Zweibund mit Österreich-Ungarn 1879

Bismarck nahm die russische Verstimmung in Kauf und trieb die Annäherung an Österreich-Ungarn weiter voran. Im September 1879 entwarfen er und der Wiener Außenminister Andrássy ein Defensivbündnis mit deutlich antirussischer Spitze, denn im Fall eines russischen Angriffs sah es den wechselseitigen Beistand vor, beim Angriff einer anderen Macht nur wohlwollende Neutralität. Wilhelm I. sperrte sich zunächst gegen den Vertrag, der die traditionelle preußisch-russische Freundschaft infrage stellte, willigte jedoch schließlich ein. Anfang Oktober wurde er unterzeichnet und trotz offizieller Geheimhaltung bald publik. Der Zweibund mit der Habsburgermonarchie blieb fortan eine feste Achse in der deutschen Außenpolitik, bis in den Ersten Weltkrieg hinein. Er dämpfte die ständige Sorge vor einer feindlichen Einkreisung, schuf aber zugleich Verpflichtungen gegenüber dem labilen Vielvölkerstaat. Auf die russische Regierung machte der Vertrag den gewünschten Eindruck, denn Bismarck wollte keinen Bruch mit ihr, setzte vielmehr darauf, dass sie aus Sorge vor Isolation eine erneute Annäherung suchen würde.

Dreikaiservertrag 1881

Im Juni 1881 kam der Dreikaiservertrag zustande, der das Abkommen von 1873 erneuerte und konkretisierte. Russland, Österreich-Ungarn und das Deutsche Reich sicherten sich wohlwollende Neutralität für den Fall eines Kriegs mit vierten Mächten sowie die Respektierung und Abstimmung ihrer jeweiligen Interessen auf dem Balkan zu. Obwohl nicht explizit Bestandteil des

Vertrags, trug das Bündnis der drei konservativen Kaiserreiche auch eine grundsätzliche Übereinstimmung in Fragen jenseits der Außenpolitik. Sie wussten sich etwa im Kampf gegen den international vernetzten Sozialismus und Anarchismus einig. Das Attentat, dem Alexander II. Anfang 1881 zum Opfer gefallen war, hatte diese gemeinsame Sorge aktualisiert. In der Folge gelang es, neben Russland noch weitere Staaten um den Zweibund zu gruppieren. Im Mai 1882 unterzeichneten Deutschland, Österreich-Ungarn und Italien einen Dreibundvertrag. 1883 folgte ein Dreierbündnis zwischen Deutschland, Österreich-Ungarn und Rumänien. Damit waren direkt oder indirekt Partner miteinander verbunden, die ohne die Vermittlung Bismarcks kaum je zueinander gefunden hätten.

West-östliche Doppelkrise

In den frühen 1880er Jahren befand sich das Deutsche Reich in der komfortablen Lage, mit fast allen relevanten Mächten vertragliche oder zumindest gute Beziehungen zu pflegen. Selbst das Verhältnis zu Frankreich hatte sich merklich entspannt. Aber die Phase der Ruhe währte nur kurz, bald zeichnete sich die nächste schwere Krise ab. Anlass war zunächst die Entwicklung in Frankreich: Im März 1885 stürzte Ministerpräsident Ferry, der für die verbesserten deutsch-französischen Beziehungen gestanden war. Die neue Regierung und besonders General Georges Boulanger, der Anfang 1886 das Kriegsministerium übernahm, schlug laute antideutsch-revanchistische Töne an, was auch in Deutschland den antifranzösischen Nationalismus wieder hochkochen ließ. Gleichzeitig flammten die Konflikte um das nach nationaler Unabhängigkeit strebende Bulgarien erneut auf, was die mühsam erreichte Interessenabgrenzung zwischen Russland und Österreich-Ungarn auf dem Balkan über den Haufen warf. Und die französische Regierung nutzte den Zwist, um eine Annäherung an Russland zu suchen.

Die deutsche Führung war teils alarmiert, teils gewillt, die Krisenstimmung auszunutzen. Spekulationen über einen baldigen Krieg mit Frankreich, über eine russisch-französische Verständigung und sogar über einen möglichen Krieg mit Russland zirkulierten. Bismarck betonte zwar in öffentlichen Reden, dass das Reich keine kriegerischen Absichten hege. Gleichzeitig schürte er jedoch die außenpolitischen Ängste, um bei den Reichstagswahlen vom Februar 1887 eine regierungsfreundliche Mehrheit zu erlangen und ein drittes Septennat, das die Heeresstärke deutlich vermehrte, durchzudrücken. Die Lage beruhigte sich etwas, als Boulanger noch 1887 sein Amt wieder verlor. Aber das Schreckgespenst einer französisch-russischen Allianz blieb nunmehr eine Konstante.

Mittelmeerkonvention und Rückversicherungsvertrag 1887

Während des Jahres 1887 folgte eine neue Runde Bismarckscher Bündnisdiplomatie, um allen Eventualitäten vorzubeugen. Im Februar gelang eine Verlängerung des Dreibundes mit Österreich-Ungarn und Italien. Hinzu kam eine Mittelmeerkonvention zwischen England, Italien und Österreich-Ungarn, die auf eine gemeinsame Interessenwahrung im Schwarzmeerraum und in Nordafrika gegen russische und französische Ansprüche zielte. Damit war auch Großbritannien zumindest indirekt an das von Berlin aus dirigierte Bündnissystem angeschlossen. Schließlich konnten die Beziehungen zu Russland halbwegs gekittet werden. Der Dreikaiservertrag, der 1887 auslief, war zwar nicht zu retten. Aber zwischen Berlin und St. Petersburg kam im Juni 1887 ein später als Rückversicherungsvertrag bekannt gewordenes Abkommen zustande. In seinem Zentrum stand die Verpflichtung zur Neutralität in Kriegen, die ein Partner mit Dritten führte, wobei Angriffskriege gegen Österreich oder Frankreich ausgenommen blieben. Zudem anerkannte das Deutsche Reich ausdrücklich die Interessen des Zarenreichs auf dem Balkan und gab ihm in einem Zusatzprotokoll faktisch freie Hand, sich die Kontrolle über den Zugang zum Schwarzen Meer zu sichern. Der Vertrag sollte streng geheim gehalten werden und vorerst für drei Jahre gelten.

Die Frage, ob der Rückversicherungsvertrag mit den übrigen vertraglichen Verpflichtungen des Deutschen Reichs überhaupt vereinbar war, wird von der Forschung kontrovers diskutiert. Zumindest der Tendenz nach war nun jedenfalls ein innerer Widerspruch in Bismarcks Bündnissystem angelegt, indem es Russland auf der einen Seite, Österreich, Italien und Großbritannien auf der anderen in ihren widerstreitenden Ambitionen ermutigte und die beiden Lager so regelrecht gegeneinander in Position brachte, insbesondere an den Meerengen. Einen russischen Zugriff auf dieselben, wie ihn der Rückversicherungsvertrag erlaubte, wollte die Mittelmeerkonvention gerade verhindern. Dieser war das Deutsche Reich allerdings nicht direkt beigetreten, und der Widerspruch passte letztlich zu Bismarcks Konzept, die Rivalität zwischen den verschiedenen Partnern zu schüren. Dennoch glich seine Bündnisdiplomatie zunehmend einem prekären Balanceakt.

Außenwirtschaftspolitik

Hinzu kam ein weiterer Widerspruch, der das soeben reparierte Verhältnis zum Zarenreich gleich wieder belastete. Während die Diplomaten die deutsch-russische Freundschaft bekräftigten, gingen von der Außenwirtschaftspolitik gegenteilige Signale aus. Zum einen hob das Deutsche Reich 1885 und 1887 seine Agrarzölle kräftig an, was den russischen Getreideexport beeinträchtigte, ohne sich jedoch einseitig gegen Russland zu richten. Ein gezielt unfreundlicher Akt war hingegen, dass die Reichsbank auf Bismarcks Veranlassung ab November 1887 keine Kredite mehr gewährte, für die als Sicherheit russische Wertpapiere hinterlegt werden sollten. Dieses Lombardverbot ließ das Vertrauen in die russischen Papiere und folglich deren Kurs einbrechen, was die russische Wirtschaft und vor allem den russischen Staat hart traf, der im großen Stil auf Auslandsanleihen angewiesen war und sich bislang in erster Linie auf den deutschen Kapitalmarkt verlassen hatte. Was immer die viel diskutierten Motive Bismarcks für diesen Schachzug gewesen sein mögen, der Effekt war jedenfalls kontraproduktiv. Russland suchte nach einer Alternative zum deutschen Kapitalmarkt und fand sie in Paris, das die Rolle des

Abbildung 21: „Die dreizehnte Arbeit des Herkules“. Kladderadatsch vom 8. Juli 1888. Bismarck, flankiert von finster dreinblickenden Repräsentanten Frankreichs und Russlands, balanciert den Frieden und vollbringt damit über die zwölf Aufgaben des Herkules hinaus eine dreizehnte.

Kreditvermittlers gerne übernahm. So begünstigte die deutsche Außenwirtschaftspolitik genau das, was Bismarck stets zu verhindern versucht hatte, nämlich eine Annäherung Russlands an Frankreich.

Dreikaiserjahr 1888

Die Beziehungen zu Russland kühlten weiter ab, als Wilhelm I. im März 1888 starb und sein Sohn, allerdings bereits schwer krank, als Friedrich III. den Thron bestieg. Während dem alten Monarchen die Beziehung zum Zarenreich immer besonders wichtig gewesen war, galt Friedrich als liberal und englandfreundlich, zumal seine resolute Frau Victoria eine Tochter der Queen war. Bismarck hatte den Thronwechsel seit langem gefürchtet und in den Vorjahren alles getan, um dem absehbaren Kurswechsel vorzubauen. Da eine Annäherung an Großbritannien innenpolitisch den Liberalen Auftrieb zu geben versprach, hatte er stets ein zwar einigermaßen freundliches, aber nicht allzu inniges Verhältnis zu Großbritannien angestrebt, das im Übrigen zur Innigkeit ebenfalls nicht geneigt war. Friedrich starb bereits nach 99 Tagen, so dass der Kurswechsel kaum über erste Ansätze hinauskam. Wilhelm II. teilte die liberalen Neigungen seiner Eltern nicht. Aber noch weniger war er gewillt, die traditionelle Russlandnähe seines Großvaters fortzuführen. Hierbei wusste er sich mit vielen Militärs und Beamten sowie großen Teilen der öffentlichen Meinung einig.

Bismarck selbst versuchte zwar noch 1889, ein förmliches Bündnis mit Großbritannien zu schließen, das ihm nach dem Tod Friedrichs innenpolitisch nicht mehr so riskant erschien. Seine bevorzugte Option war jedoch weiterhin die Allianz mit Russland, und die britische Regierung ging auf den Bündnisvorschlag ohnehin nicht ein. Umso wichtiger war es dem Kanzler, an der russischen Option festzuhalten, während der junge Kaiser auf die Stimmen hörte, die zu einer antirussischen Wende der Außenpolitik und sogar zur Kriegsvorbereitung rieten, um auf angebliche russische Aggressionspläne zu antworten. Die Frage der Beziehungen zu Russland entwickelte sich zu einem zentralen Faktor des Konflikts zwischen Kaiser und Kanzler, der mit Bismarcks Entlassung endete.

Neuer Kurs in der Außenpolitik ab 1890

Bismarcks Abtritt brachte gerade in der Außenpolitik eine Zäsur. Die Bindung an Russland, die er trotz aller Zwistigkeiten stets aufrechterhalten hatte, löste sich. Leo von Caprivis ‚Neuer Kurs' bedeutete auf dem Feld der Diplomatie, dass das Reich den Rückversicherungsvertrag 1890 nicht erneuerte, obwohl die russische Regierung dies ausdrücklich wünschte. Caprivi war zwar kein Anhänger der strikt russenfeindlichen Partei in der preußisch-deutschen Führungsriege, und es gelang ihm, zumindest die Handelsbeziehungen zum Zarenreich zu verbessern. Aber Bismarcks verschachteltes Bündnissystem mit seinen unübersichtlichen und nur schwer zu vereinbarenden Verpflichtungen wollte er nicht unverändert fortführen. Die Lossagung von Russland sollte sich als definitiv erweisen. Da der parallele Versuch, in engere Beziehungen zu Großbritannien zu treten, weiterhin ergebnislos blieb, wusste das Deutsche Reich fortan unter den Großmächten einzig Österreich-Ungarn an seiner Seite. Russland und Frankreich hingegen fanden 1894 zu der gefürchteten Allianz zusammen, und sie sollte ebenfalls lange halten. Im Rückblick markierte die Nichtverlängerung des Rückversicherungsvertrages somit eine einschneidende Wende: Bismarcks komplexes, aber relativ flexibles Bündnissystem formte sich um zu zwei starren Lagern. Das war für die Entscheidungsträger des Jahres 1890 jedoch noch nicht unbedingt abzusehen.

In den zwei Jahrzehnten nach 1871 hatte sich die Position des Deutschen Reichs im europäischen Staatensystem gefestigt. Der gewaltsam aus drei Kriegen entstandene und anfänglich misstrauisch beobachtete Machtblock in der Mitte Europas wandelte sich zu einem akzeptierten Mitspieler auf dem diplomatischen Parkett. Berlin beherbergte glanzvolle internationale Kongresse, und hier liefen die Fäden eines Bündnissystems zusammen, das die Beziehungen zwischen einem Großteil der europäischen Mächte regulierte. Bismarck als Lenker der deutschen Außenpolitik war zu einer renommierten Persönlichkeit geworden, die zwar viele seiner Verhandlungspartner nicht unbedingt mochten, aber dennoch schätzten. Nach 1875 hatte er glaubhaft gemacht, dass das Reich den Frieden wolle. Darüber, inwieweit seine Außenpolitik tatsächlich friedenssichernd wirkte, gehen die Meinungen in der Historiographie allerdings weit auseinander.

Friedenswahrer oder Wegbereiter des Ersten Weltkriegs?

Der älteren deutschen Historiographie galt Bismarck ganz überwiegend als genialer Staatsmann, der das Reich zielsicher durch alle Gefahren steuerte und den europäischen Frieden wahrte, eine Aufgabe, an der seine weniger fähigen Nachfolger dann versagten. In der neueren Historiographie fällt das Urteil kritischer aus, obgleich keineswegs einheitlich. Als zwei Extreme auf der Skala der Meinungen können Hans-Ulrich Wehler und Klaus Hildebrand gelten. Wehler sieht den Weg in den Ersten

Weltkrieg bereits durch Weichenstellungen der Bismarckära vorgezeichnet: Die Annexion Elsass-Lothringens, die die unversöhnliche Feindschaft Frankreichs begründete, und die doppelbödige Haltung gegenüber Russland, besonders die unfreundliche Außenwirtschaftspolitik, hätten diese ungleichen Mächte einander in die Arme getrieben und so „den selbstverschuldeten Zweifrontenkrieg zur Gewißheit gemacht".[79] Hildebrand sieht das Verhängnis zwar ebenfalls bereits in der Bismarckära heraufziehen. Der Kanzler habe es jedoch nicht heraufbeschworen, sich ihm vielmehr entgegengestemmt. Bedroht gewesen sei das Reich einerseits durch seine geographische Mittellage, andererseits durch die gesamteuropäischen imperialistischen Zeittendenzen. Als Gegenmittel verordnete Bismarck ihm Saturiertheit, die zunehmend als unzeitgemäße „Bewegungslosigkeit" unter Beschuss geriet, sowie sein Bündnissystem, das allerdings zuletzt Züge eines kurzatmigen „Systems der Aushilfen" zeigte. Bismarcks Kurs sei zwar längerfristig „zukunftslos" gewesen, aber ohne Alternative: Jede andere Politik, so Hildebrand, hätte die Gefahr eines großen Kriegs in sich geborgen und die Existenz des Reichs aufs Spiel gesetzt.[80]

Wehlers Position ist zweifellos zu deterministisch. Dass der Zweifrontenkrieg gegen Russland und Frankreich bereits Ende der 1880er Jahre zur unausweichlichen Gewissheit geworden sei, ist eine kaum haltbare Behauptung. Hildebrands Interpretation hat ebenfalls einen eigentümlich deterministischen Zug. Bei ihm sind es geopolitische und ideologische Konstellationen, die den historischen Verlauf vorprägten. Er betont zwar, dass der Ausgang nicht zwangsläufig war, vielmehr die verantwortlichen Entscheidungsträger die gegebene Situation entspannen oder verschärfen konnten. Dennoch erscheint die deutsche Außenpolitik als von einem unauflösbaren Dilemma belastet, das den Akteuren nur begrenzte Spielräume ließ. Bismarck wird gewissermaßen zum tragischen Helden, der sich trotz der längerfristigen Aussichtslosigkeit des Unterfangens dem Strom der Zeit widersetzte, einem Strom, dessen Quellen Hildebrand im Übrigen vorrangig außerhalb Deutschlands lokalisiert.

Es trifft sicher zu, dass Bismarck spätestens seit 1875 prinzipiell an der Wahrung des Friedens in Europa interessiert war, Präventivkriegspläne der Militärs zurückwies und die nationale Dynamik, die er im Zuge der Reichseinigung selbst befördert hatte, wieder einzudämmen versuchte. Er geriet damit zunehmend in einen Gegensatz zum ‚Zeitgeist', der im Kontext der Großmachtrivalität nach einem weiteren Zuwachs an Macht und Prestige für die eigene Nation verlangte. In den Augen nationalistisch-imperialistisch gesinnter Kreise erschien der Kanzler am Ende als alter Mann, der sich rückwärtsgewandt an die überkommene Gleichgewichtsordnung klammerte, statt eine zukunftsorientierte ‚Weltpolitik' zu wagen. Dass seine Außenpolitik alternativlos und unter den gegebenen Umständen die bestmögliche im Sinne der Friedenswahrung gewesen sei, ist jedoch ein Fazit Hildebrands, das der älteren Bismarckverehrung allzu nahe kommt.

Kein ehrlicher Makler

Bismarcks Politik zielte nicht auf einen stabilen Frieden, war vielmehr von einem hochgradig antagonistischen Denken geprägt. Er schürte Bedrohungsgefühle, wo immer ihm das für die deutsche respektive seine eigene Position nützlich erschien. Soweit es überhaupt in seiner Macht lag, betrieb er keine dauerhafte Entschärfung von Spannungen, sondern heizte Rivalitäten an, und dass die Völker am Rande und außerhalb Europas dabei zur reinen Verfügungsmasse gerieten, beunruhigte ihn nicht. Wie wenig er sich selbst als Friedensstifter verstand, verdeutlicht besonders drastisch eine regierungsinterne Äußerung kurz nach dem Berliner Kongress: Als Triumph seiner Staatskunst würde er es sehen, wenn es gelänge, „das orientalische Geschwür offen zu halten und dadurch die Einigkeit der andern Großmächte zu vereiteln".[81] Bismarck war kein ehrlicher Makler, und das blieb auch seinen Verhandlungspartnern nicht verborgen. Wirklich vertrauenswürdig erschien er den wenigsten, seine zahlreichen Intrigen und geheimen Aktionen verunsicherten und ärgerten viele. Als der Kanzler im März 1890 abtrat, überwog im europäischen Aus-

Dropping The Pilot.
(Punch, March 29, 1890.)

Abbildung 22: „Dropping the Pilot". Karikatur in der englischen Satirezeitschrift Punch vom 29. März 1890. Der erfahrene Lotse Bismarck verlässt das Staatsschiff.

land – anders als im Inland – allerdings nicht Erleichterung, sondern vielmehr die Sorge, was nach ihm kommen würde. Im Rückblick schien Bismarck doch ein relativ verlässlicher Garant von Stabilität und Ordnung in den zwischenstaatlichen Beziehungen gewesen zu sein.

Außenpolitik und Gesellschaft 8.3

Hinter den kontrastierenden Beurteilungen der Außenpolitik durch Wehler und Hildebrand stehen divergierende Auffassungen von den Zusammenhängen zwischen außenpolitischen Entscheidungen, politischem System und gesellschaftlichen Faktoren. Wehler geht davon aus, dass die Außenpolitik unter dem ‚Primat der Innenpolitik' stand, dass die autoritäre Herrschaftsordnung und die traditionellen Eliten für die fatalen außenpolitischen Weichenstellungen verantwortlich waren und dass eine innere Parlamentarisierung sie folglich hätte verhindern können. Hildebrand hingegen bewegt sich in der Tradition eines ‚Primats der Außenpolitik' und postuliert, dass es gerade Bismarcks autoritärer Herrschaftsstil war, der die gefährliche Dynamik der nationalistisch-imperialistischen Zeitströmungen vorübergehend bändigte: Wenn die liberalen Kräfte an die Macht gelangt wären, hätte sich das Verhängnis vermutlich nur beschleunigt.

Primat der Außenpolitik – Primat der Innenpolitik

Herkömmlich stand die Historiographie ganz unter dem Eindruck eines Primats der Außenpolitik, also unter der Annahme, dass sie das eigentlich zentrale Thema der Geschichte sei und dass sie in einer weitgehend autonomen Sphäre gemäß genuin außenpolitischen Erfordernissen betrieben werde. Die Geschichte der Außenpolitik war in erster Linie Diplomatiegeschichte, sie befasste sich mit der ‚Staatskunst' der verantwortlichen Entscheidungsträger, die das Staatsinteresse im Kontext des Mächtesystems abwogen und mehr oder weniger geschickt beförderten. Demgegenüber hat die sich als kritisch verstehende historische Sozialwissenschaft einen Primat der Innenpolitik postuliert, wonach die Außenpolitik weder zentral noch autonom, vielmehr von innergesellschaftlichen Strukturen, Prozessen und Konflikten bestimmt ist. Eckart Kehr begründete dieses

Konzept zuerst in der Zwischenkriegszeit mit Blick auf die Wilhelminische Epoche, und er ist auch ein Vorläufer der These vom konservativen Interessenkartell aus Agrariern und Industriellen: Die riskante deutsche ‚Weltpolitik' um 1900 sei primär als Strategie der inneren Herrschaftsstabilisierung und des Machterhalts der Eliten zu verstehen.[82] Diese Interpretation haben Wehler und andere in den 1960er Jahren wieder aufgegriffen und auf die Bismarckära übertragen. Die schroffe Frontstellung zwischen den Vertretern der klassischen Diplomatiegeschichte und ihren Herausforderern ist inzwischen beiderseitigen Beteuerungen gewichen, dass es die Wechselwirkungen zwischen inneren und äußeren Bedingungsfaktoren der Außenpolitik zu berücksichtigen gelte. Sie klingt aber auch in den neueren Werken der früheren Kontrahenten noch nach.

Öffentliche Inszenierung und Geheimhaltung

Außenpolitik lässt sich nicht auf eine Funktion der Innenpolitik reduzieren. Sie ist in hohem Maß geprägt durch internationale Konstellationen sowie durch die Zwänge, Eigenlogiken und Rituale des diplomatischen Verkehrs. Allerdings wandelte sich der gesellschaftliche Kontext der Diplomatie im 19. Jahrhundert entscheidend. Sie ließ sich im Zeitalter der Nationalisierung und der Massenpolitisierung immer weniger von der Gesellschaft abschotten, wie ja auch Hildebrand zu Recht andeutet: Sie hatte zunehmend den ‚Zeitgeist' oder besser gesagt die öffentliche Meinung in Rechnung zu stellen. Die gesellschaftliche Resonanz der Außenpolitik war den Staatenlenkern keineswegs stets unwillkommen. Ihre öffentliche Inszenierung war schon immer ein Aspekt der Herrschaftsrepräsentation gewesen, und sie gewann im 19. Jahrhundert enorm an Bedeutung. Monarchentreffen, internationale Kongresse oder zwischenstaatliche Krisen waren medial kommunizierte Ereignisse, die der Legitimation der Regierenden dienten. Mit außenpolitischen Erfolgen oder Bedrohungsszenarien ließen sich Wahlen gewinnen. Die Macht der öffentlichen Meinung konnte umgekehrt im diplomatischen Verkehr ein schlagendes Argument sein, das die eigene Verhandlungsposition stärkte. Gerade Bismarck wusste die Wechselwirkungen zwischen Außenpolitik und Öffentlichkeit geschickt zu nutzen. Besonders in der Reichsgründungszeit hatte er es verstanden, die aufschäumenden Wogen des Nationalismus auf seine diplomatischen Mühlen zu leiten, und auch später tat er dies bei Gelegenheit immer wieder.

Andererseits versuchten die Staatenlenker jedoch, die Außenpolitik von gesellschaftlichen Einflussnahmen abzuschirmen. Als Vorrecht des Monarchen blieb sie der parlamentarischen Kontrolle während des Kaiserreichs weitgehend entzogen. Diplomatische Verhandlungen fanden hinter verschlossenen Türen statt, die meisten zwischenstaatlichen Verträge waren offiziell geheim, obgleich sie früher oder später doch an die Presse durchsickerten. Formell hatte die Öffentlichkeit nicht über sie mitzubestimmen, und Bismarck legte großen Wert darauf, dass er persönlich die alleinige Gewalt über die Außenpolitik behielt.

Gegen Ende seiner Ära wurde die Spannung zwischen öffentlicher Meinung und geheimer Kabinettsdiplomatie immer spürbarer. Sein Bemühen, den außenpolitischen Kurs ohne Rücksicht auf gesellschaftliche Stimmungen und Erwartungen zu bestimmen, erregte wachsenden Unmut. Hinzu kam, dass die staatliche Führungsriege selbst nicht gegenüber dem ‚Zeitgeist' immun war: Vor allem unter jüngeren Diplomaten, Beamten und Militärs galt Bismarcks außenpolitischer Stil als antiquiert, und seine Gegner in den Führungszirkeln konnten sich wiederum auf die öffentliche Meinung stützen, um beim Monarchen Gehör zu finden. In den späten 1880er Jahren war Bismarcks Außenpolitik im Inland zunehmend unpopulär. Nicht nur das Postulat der Saturiertheit galt als unzeitgemäß. Auch dem Bündnis mit Russland fehlte der gesellschaftliche Rückhalt. Das war ein Grund dafür, dass sich sein Nachfolger Caprivi gegen die Verlängerung des Rückversicherungsvertrags entschied: Im Ernstfall, so seine Überlegung, wäre die Bindung an das Zarenreich ohnehin von nur geringem praktischen Wert. Denn angesichts der wechselseitigen Antipathien von Deutschen und Russen würde sie der Belastungsprobe eines Krieges kaum standhalten.

Quelle

Leo von Caprivi über das Bündnis mit Russland, Mai 1890:

„Man kann aber weiter an der Frage nicht vorübergehen: was sind denn Bündnisse heutzutage überhaupt wert, wenn sie nicht auf Interessengemeinschaft gegründet sind? Seit die Nationen, ihre Interessen und Stimmungen, in einer so viel wesentlicheren Art als etwa im siebenjährigen Kriege an Krieg und Frieden beteiligt sind, reduziert sich der Wert einer Allianz von Regierung zu Regierung erheblich, wenn das Bündnis nicht die Stütze in der öffentlichen Meinung findet. Ob diese in Deutschland dahin zu bringen wäre, ihr Heil im

Quelle

unverbrüchlichen Festhalten an Rußland zu suchen, ist sehr die Frage; daß aber die öffentliche Meinung in Rußland uns nicht als gleichberechtigten Bundesgenossen akzeptieren würde, ist fraglos. [...] keiner kann uns die Sicherheit geben, daß unser Bündnis mit Rußland nicht im gegebenen Augenblick durch den Druck der Massen gesprengt wird."[83]

Nationale Freund- und Feindbilder

Tatsächlich bestand bereits seit geraumer Zeit ein eklatanter Kontrast zwischen der offiziellen preußisch-russischen Freundschaft auf Regierungsebene und ausgeprägten Aversionen auf der Ebene der öffentlichen Meinung. Nationale Freund- und Feindbilder lassen sich zwar nur schwer auf einen einheitlichen Nenner bringen. Die Wahrnehmungen und Beurteilungen variierten je nach tagespolitischen Ereignissen und nach weltanschaulicher Gruppierung. Sie konnten ganz unterschiedlich ausfallen je nachdem, von welchem Aspekt der Gesellschaft, Kultur oder Politik gerade die Rede war. Außerdem ist zu berücksichtigen, dass Aussagen über eine andere Nation zumeist eine instrumentelle Funktion im Kontext der eigenen Gesellschaft haben, also oftmals gar nicht als Sympathie- oder Antipathiebekundung gegenüber der anderen Nation intendiert sind. Trotz aller Schwierigkeiten, aus dem heterogenen Stimmengewirr ein Gesamtbild zu destillieren, lassen sich doch gewisse Aussagen über dominante nationale Stereotypen machen. Ziemlich eindeutig ist, dass das deutsch-russische Verhältnis im ausgehenden 19. Jahrhundert hochgradig belastet war, es war ähnlich schlecht wie das deutsch-französische. Während aber in letzterem Fall die nationalen Wahrnehmungsmuster mit der offiziellen Politik weitgehend korrespondierten, liefen sie im ersteren augenfällig auseinander.

Russland

Das sich vertiefende Gefühl einer Bedrohung Deutschlands durch eine mögliche russisch-französische Allianz wäre ohne die nationalen Antagonismen gar nicht zu begreifen, denn offiziell waren die deutsch-russischen Beziehungen trotz aller Spannungen bis gegen Ende der 1880er Jahre insgesamt noch immer freundlich. Die wechselseitig negative Wahrnehmung von Deutschen und Russen hatte schon ältere Wurzeln und diverse Ursachen. Aber sie trübte sich immer mehr ein, je mehr der deutsch-pangermanische respektive russisch-panslawistische Nationalismus in beiden Gesellschaften an Boden gewann. Im östlichen Europa prallten die beiden Nationalismen direkt aufeinander. Nicht zuletzt die Balkankonflikte schürten die Ressentiments. Bismarck betonte zwar stets, dass das

Deutsche Reich auf dem Balkan keine eigenen Ambitionen verfolge, aber in die öffentlichen Debatten mischten sich alsbald großdeutsche Töne, die eine Unterstützung Österreichs im Interesse des Deutschtums einforderten. In einer Reichstagsdebatte von Anfang 1878 beispielsweise meinte der Zentrumsabgeordnete Windthorst, auf dem Balkan gehe es „um die große und für alle Zukunft bedeutungsvolle Frage, ob das germanische Element oder das slawische Element das die Welt beherrschende sein soll".[84] Die russische Öffentlichkeit forderte ihrerseits die Befreiung der Balkanslawen vom türkischen Joch, um sie unter russischer Führung zu vereinigen. Eine weitere Reibungsfläche der beiden Nationalismen war das Baltikum, wo die alteingesessene deutschstämmige Oberschicht zunehmend in Konflikt mit ihrer russisch-baltischen Umwelt geriet. Während deutsche Nationalisten sich über die Drangsalierung der Baltendeutschen empörten, prangerten Panslawisten den Umgang Deutschlands mit seiner polnischen Minderheit an, so vor allem die Massenausweisungen von 1885/86, die germanophobe Stimmungen im östlichen Europa stark befeuerten. Seit den späten 1880er Jahren spitzte sich der Nationalitätenkampf in allen gemischtnationalen Räumen zu, und mit ihm wuchs der russisch-deutsche Antagonismus. Nicht nur in Deutschland war der gesellschaftliche Rückhalt für die traditionelle Freundschaft auf Regierungsebene erodiert. In tonangebenden Kreisen der russischen Gesellschaft herrschte gleichermaßen längst weit mehr Sympathie für ein Zusammengehen mit Frankreich als für das vom Zarenhof favorisierte deutsche Bündnis.

Österreich

Nationale Freund- und Feindbilder prägten auch das Verhältnis zwischen Deutschland und Österreich-Ungarn. Je mehr die Nationalitätenkonflikte innerhalb der Habsburgermonarchie eskalierten, desto stärker orientierten sich deutschnational gesinnte Kreise am Deutschtum, was wiederum die Gräben zu den übrigen Nationalitäten vertiefte. Großdeutsche Visionen fanden nach 1871 zunächst weniger im Deutschen Reich als vielmehr unter Deutschösterreichern Resonanz. Aus Sicht der Wiener Regierung war der deutsche Nationalismus zwar einerseits ein ebenso bedenklicher Sprengsatz für den Zusammenhalt der Doppelmonarchie wie derjenige der anderen Völker. Aber er bildete andererseits einen Kitt, der das dringend benötigte Bündnis mit dem Deutschen Reich stabilisierte. Sowohl in der deutschen als auch in der deutschösterreichischen Bevölkerung genoss der Zweibund von 1879 große Popularität, und er blieb vor allem dank dieses gesellschaftlichen Rückhalts die stabilste Achse in Bismarcks Bündnissystem, lange über 1890 hinaus.

Großbritannien

Während die Beziehungen zu Frankreich, Russland und Österreich-Ungarn in den Sog nationaler Freund- und Feindbilder gerieten, war das Verhältnis zur vierten Großmacht Großbritannien noch relativ offen. Zwar genoss das Deutsche Reich nicht allzu viele Sympathien seitens der englischen Öffentlichkeit. Vor allem in den ersten Jahren nach der Reichsgründung litt es unter einer eher schlechten Presse. Dasselbe gilt für andere liberal geprägte Gesellschaften Westeuropas: Preußen-Deutschland haftete zäh das Image des autoritär-militaristischen Machtstaats an, das sich oft in der Chiffre des mit Pickelhaube und Kürassierstiefeln bewehrten Junkers Bismarck verdichtete. „Englishmen don't like Germany", so fasste etwa der liberale Abgeordnete Arthur Russell im Jahr 1872 die Stimmung seiner Landsleute zusammen, „they like Paris". Und die Einstellung führender britischer Politiker resümierend fuhr er fort: „Gladstone doesn't like Germans – Salisbury hates them. Derby doesn't care for them."[85] Aber das war eine Zuspitzung, so geschlossen negativ war die Wahrnehmung Deutschlands gerade in der britischen Öffentlichkeit effektiv nicht, und vor allem war sie noch wandelbar. Dasselbe gilt für die deutschen Einstellungen gegenüber Großbritannien. Von einer nationalen Feindschaft zwischen Deutschen und Briten war vor 1890 noch kaum etwas zu spüren, der Antagonismus sollte sich erst mit der deutschen Flotten- und Weltpolitik um die Jahrhundertwende zuspitzen. Er kündigte sich allerdings bereits Mitte der 1880er Jahre an, als das Deutsche Reich von seiner viel beschworenen Saturiertheit abwich und erstmals nach überseeischen Kolonien griff.

Literatur

Zur deutschen Außenpolitik und ihrem europäischen Kontext:

Baumgart, Winfried: *Europäisches Konzert und nationale Bewegung. Internationale Beziehungen 1830-1878*. 2., erw. Aufl. Paderborn u.a. 2007. [Handbuch]

Canis, Konrad: *Bismarcks Außenpolitik 1870-1890. Aufstieg und Gefährdung*. 2. Aufl. Paderborn u.a. 2008.

Doering-Manteuffel, Anselm von: *Die deutsche Frage und das europäische Staatensystem 1815-1871*. München 1993.

Hildebrand, Klaus: *Das vergangene Reich. Deutsche Außenpolitik von Bismarck bis Hitler 1871-1945*. Stuttgart 1995. [TB Berlin 1999]

Hildebrand, Klaus/Kolb, Eberhard (Hg.): *Otto von Bismarck im Spiegel Europas*. Paderborn u.a. 2006.

Kolb, Eberhard (Hg.): *Europa und die Reichsgründung. Preußen-Deutschland in der Sicht der großen Europäischen Mächte 1860-1880*. München 1980.

Mommsen, Wolfgang J.: *Großmachtstellung und Weltpolitik. Die Außenpolitik des Deutschen Reiches 1870 bis 1914*. Frankfurt am Main 1993.

Schmid, Michael: *Der „Eiserne Kanzler" und die Generäle. Deutsche Rüstungspolitik in der Ära Bismarck (1871-1890)*. Paderborn u.a. 2003. [Voluminöse Studie, die vertiefte Einblicke in das Verhältnis von Militär- und Außenpolitik bietet]

Der Traum vom Kolonialreich 9.

Die Außenpolitik der europäischen Mächte betraf nicht nur den eigenen Kontinent und seine Peripherie. Im späten 19. Jahrhundert dynamisierte sich das Staatensystem immer mehr ins Globale, es transformierte sich zum imperialistischen Weltsystem. Die europäische Überseeexpansion reichte zwar schon Jahrhunderte zurück, aber seit den 1870er Jahren trat sie in eine neue Phase. In Bismarcks außenpolitischer Konzeption spielte der außereuropäische Raum zunächst nur indirekt eine Rolle, als Feld, auf dem sich die Rivalitäten zwischen den übrigen Mächten entzünden und austoben konnten, was die Gefahr antideutscher Koalitionen zu reduzieren versprach. Der Kanzler betonte wiederholt, dass das Reich selbst keine Kolonialambitionen hege, und das meinte er ernst: Auch in internen Gesprächen ließ er keinen Zweifel daran, dass er Kolonien für eine nutzlose Belastung hielt. Die 1870/71 zirkulierende Idee, von Frankreich doch überseeischen Besitz etwa in Indochina als Kriegsentschädigung zu nehmen, lehnte er entschieden ab. An seiner Haltung änderte sich während der 1870er Jahre nichts, obwohl in der Öffentlichkeit der Ruf nach deutschen Kolonien zunehmend Resonanz fand. Mitte der 1880er Jahre aber vollzog der Kanzler eine Wende: Das Deutsche Reich stellte innerhalb weniger Monate etliche afrikanische und pazifische Territorien unter seinen ‚Schutz' und avancierte damit zur Kolonialmacht. Wie kam es dazu?

Anfänge der Kolonialbewegung 9.1

Die deutschen Territorien waren keine traditionellen Kolonialmächte. An der überseeischen Expansion Europas seit dem 15. Jahrhundert hatten sie, abgesehen von kurzlebigen Experimenten, nicht partizipiert. Vorschläge und Projekte für ein koloniales Engagement waren sporadisch allerdings immer wieder aufgetaucht, schon während der Frühen Neuzeit und verstärkt im Lauf des 19. Jahrhunderts. Vor allem in den 1840er Jahren hatten Kolonisationspläne und Vereine, die sich um die Gründung deutscher Siedlungskolonien bemühten, schon einmal eine gewisse Bedeutung erlangt. Während der Revolution von 1848/49 war zudem der Ruf nach einer deutschen Flotte populär geworden. Nach der Jahrhundertmitte hatte die Frage der deutschen Einigung alle über Europa hinausreichenden Visionen vorerst zurückgestellt. Als diese erreicht war, begann die Forderung nach deutschen Kolonien aber wieder laut zu werden, seit den späten 1870er Jahren auf einer viel breiteren Basis und mit mehr Resonanz als je zuvor.

Imperialismus

Den internationalen Kontext bildete das anbrechende imperialistische Zeitalter. Der Begriff Imperialismus war schon früher nicht ganz unbekannt gewesen, er war bislang aber meist auf die innere Herrschaftsform eines Staates bezogen worden, so seit den 1850er Jahren gleichbedeutend mit Cäsarismus oder Bonapartismus auf das autoritär-prunkvolle Regime Napoleons III. Seit den 1870er Jahren begann sich seine Bedeutung zu verlagern, er meinte nun die in die Welt hinausgreifende, globale Dimension europäischer Dominanz. In diesem Sinn kam er zunächst vor allem in Großbritannien auf, im Zusammenhang mit der Krönung von Queen Victoria zur Kaiserin von Indien im Jahr 1876. Hier klang zwar noch die ältere, auf den Kaisertitel abzielende Bedeutung mit durch, zugleich aber der Aspekt des transkontinentalen Herrschaftsanspruchs. Seit den 1890er Jahren entwickelte sich der Begriff Imperialismus, ob nun positiv oder negativ konnotiert, zu einem festen Bestandteil des politischen und publizistischen Vokabulars. Im Lauf des 20. Jahrhunderts sollte eine Vielzahl von Imperialismus-Theorien entstehen, die das Phänomen genauer zu umreißen und zu erklären versuchten, aber im Kern blieb die Bedeutung des Begriffs nun konstant: Er bezeichnet den Willen und die Fähigkeit einer Handvoll industriekapitalistisch entwickelter und miteinander rivalisierender Mächte Europas, zu denen später die USA und Japan hinzukamen, ihre politischen, ökonomischen oder auch kulturellen Interessen weltweit zur Geltung zu bringen. Imperialismus ist Weltpolitik, unabhängig von der inneren Herrschaftsform der beteiligten Mächte.

Schon die frühneuzeitlichen Kolonialreiche hatten eine globale Ausdehnung besessen. Aber sie waren teils wieder untergegangen, teils hatten sie sich faktisch auf die Kontrolle der Meere und gewisser Küstenstriche reduziert. Im 19. Jahrhundert nahm die europäische Macht in der Welt ganz andere quantitative und qualitative Dimensionen an, was es rechtfertigt, von einer neuen Phase, der Phase des modernen Imperialismus zu sprechen. Zum einen dehnte sich die direkte europäische Herrschaft in der Fläche enorm aus. Zum anderen ermöglichten die Industrialisierung und die gewaltige ökonomisch-technische Überlegenheit Europas eine viel intensivere Durchdringung, Erschließung und wirtschaftliche Nutzbarmachung von fernen Erdteilen als je zuvor, ob diese nun zum eigenen Kolonialbesitz zählten oder nicht. Hinzu kommt, dass sich im Zeitalter der Nationalstaaten die ideologische Basis des Expansionsstrebens grundlegend veränderte: Es diente nun nicht mehr bloß dem Ruhm und Reichtum von Monarchen und schmalen Eliten, sondern der Macht, dem Wohlstand und dem Prestige der Nation.

Die führenden Imperialmächte des 19. Jahrhunderts waren Russland, das sich auf dem Landweg über weite Teile Asiens ausdehnte, sowie Großbritannien, das auf den Meeren dominierte, alte und neuere Kolonien auf allen Kontinenten besaß und seit der Jahrhundertmitte seine Herrschaft über den indischen Subkontinent konsolidierte. An dritter Stelle folgte Frankreich, das über seinen alten kolonialen Restbestand hinaus seit den 1830er Jahren Algerien und seit den 1850er Jahren Indochina unterwarf. Neben die traditionellen Kolonialmächte, zu denen weiterhin auch Spanien, Portugal und die Niederlande gehörten, begannen um 1880 neue Anwärter zu treten, namentlich Italien und der belgische König Leopold II. Die Begehrlichkeiten richteten sich nun zunehmend auf Afrika, den letzten Kontinent, der aus europäischer Perspektive noch ein weitgehend weißer Fleck auf der Weltkarte war. In sein Inneres waren bislang nur wenige Forschungsreisende vorgestoßen. Aber nun kündigte sich ein rascher Wandel an. Seit 1869 der Suezkanal eröffnet worden war, rückte Afrika näher an Europa heran. Großbritannien erwarb 1875 einen großen Teil der Aktien und besetzte 1882 Ägypten, nachdem Frankreich im Vorjahr Tunis okkupiert hatte. Der Wettlauf um das Afrika südlich der Sahara und damit die letzte Runde im großen Spiel um den Erdball stand unmittelbar bevor. Wer jetzt nicht zugriff, drohte bei der kolonialen Aufteilung der Welt definitiv leer auszugehen.

Argumente für deutsche Kolonien

Dieser Kontext verlieh der deutschen Kolonialagitation, die in den späten 1870er Jahren massiv einsetzte, einen besonders dringlichen Ton. Das Deutsche Reich müsse sich seinen Anteil am noch verfügbaren Rest der Welt sofort sichern, bevor andere ihm zuvor kämen. Warum aber sollte Deutschland überhaupt unter die Kolonialmächte treten? Die Befürworter führten eine Vielzahl von Argumenten an, in denen sich Bedrohungsszenarien mit lichten Zukunftsentwürfen mischten. Überwiegend handelte es sich um Argumente, die Kolonialisten anderer europäischer Nationen in ähnlicher Form erhoben. Der kolonialistisch-imperialistische Diskurs war transnational, und die Deutschen als Nachzügler mussten Begründungen nicht erst erfinden.

Vor dem Hintergrund der Wirtschaftskrise der späten 1870er Jahre sowie der internationalen Trendwende vom Freihandel zum

Protektionismus nahmen erstens ökonomische Argumente einen hohen Stellenwert ein: Kolonien würden der deutschen Industrie Absatzmärkte und die Versorgung mit Rohstoffen sichern, außerdem eine produktive Anlagemöglichkeit für überschüssiges Kapital bieten. Daran knüpften sich zweitens sozialpolitische Überlegungen: Mit der Expansion des deutschen Wirtschaftsraums werde der nationale Wohlstand wachsen, was wiederum soziale Spannungen dämpfen und das sittliche Niveau der Volksmassen heben würde.

Eng hiermit verbunden war drittens das Argument, Kolonien könnten als Ventil für den Bevölkerungsüberdruck dienen und insbesondere unzufriedene, die innere Sicherheit gefährdende Elemente aufnehmen. Ernst von Weber, ein sächsischer Rittergutsbesitzer, der selbst mehrere Jahre in Afrika gelebt hatte, sprach von einem „Massenexport des revolutionären Zündstoffes".[86] Er dachte primär an eine freiwillige Übersiedlung potentiell unruhiger Proletarier in Ackerbaukolonien, wo ihnen eine bessere Zukunft offen stehen würde. Manche Autoren erwogen jedoch auch den Zwangsexport von Straftätern. Ob die Verpflanzung nun freiwillig oder erzwungen erfolgte, jedenfalls würde sie der deutschen Nation zugute kommen, ganz im Gegensatz zur bisherigen Emigration, wie ein viertes wichtiges Argument lautete: Vielen Kolonialagitatoren war die Massenauswanderung in fremde Herrschaftsgebiete, die gerade um 1880 ihren Höhepunkt erreichte, ein Dorn im Auge. Diese Menschen, ihre Arbeitskraft und ihre Nachkommen gingen dem ‚Deutschtum' dauerhaft verloren, während sie ihm in deutschen Kolonien erhalten bleiben würden.

Hiermit klang schon das fünfte und letztlich zentrale Argument an: Der Erwerb von Kolonien erschien den meisten Kolonialpropagandisten vor allem deshalb unabdingbar, weil sonst der Status der Deutschen als großes Volk und des Reichs als Großmacht in Gefahr sei. Angesichts der Expansion aller anderen maßgeblichen europäischen Staaten bedeute der Verzicht auf eine aktive Überseepolitik unweigerlich relativen Machtverlust wenn nicht den nationalen Untergang. Nur diejenigen Nationen, so die Überzeugung, die über ihre kontinentale Basis hinauswüchsen, würden eine gewichtige Zukunft haben. Wie Heinrich von Treitschke verkündete, seien „die Völker Europas drauf und dran, weit über den Erdkreis eine Massenaristokratie der weißen Rasse zu schaffen." Wer bei diesem „gewaltigen Wettkampf" nicht mitwirke, werde „später einmal eine klägliche Rolle spielen".[87]

Sechstens schließlich argumentierte die Kolonialpropaganda mit ideellen Gründen, die eine überseeische Expansion geböten:

Die Deutschen seien besonders geeignet und deshalb ebenso berechtigt wie verpflichtet, rückständigen Völkern Kultur und zivilisatorischen Fortschritt zu bringen. In der Bismarckära war der Überlegenheitsdünkel gegenüber den älteren Kolonialmächten zwar noch verhalten. Kaum jemand zweifelte, dass die Deutschen bessere Kolonialherren als die Franzosen abgeben würden. Der Respekt vor den Briten war hingegen im Allgemeinen recht groß: Sie waren das Vorbild, von dem es zu lernen galt, jedenfalls in praktischen Fragen der Kolonialadministration. In kultureller Hinsicht aber, so waren viele überzeugt, könne und müsse Deutschland eine besonders wertvolle Leistung in der Welt vollbringen, und dies würde wiederum positiv auf den nationalen Geist und das deutsche Ansehen zurückwirken. Der Leiter der evangelischen Rheinischen Mission Friedrich Fabri, der 1879 eine einflussreiche Broschüre mit dem programmatischen Titel *Bedarf Deutschland der Colonien?* veröffentlichte, hielt eine solche ideelle Mission sogar für die Voraussetzung nationaler Macht: „Will das neue Deutsche Reich seine wieder gewonnene Machtstellung auf längere Zeiten begründen und bewahren, so wird es dieselbe als eine Cultur-Mission zu erfassen und dann nicht länger zu zögern haben, auch seinen *colonisatorischen Beruf* aufs Neue zu bethätigen.“[88] Ähnlich wie Treitschke glaubte auch er, dass der Verzicht auf Kolonien den nationalen Verfall einleiten würde. Aber er war zugleich überzeugt, dass die machtstaatliche Expansion von einer kulturellen Sendung getragen sein müsse, um Bestand haben zu können.

Vereinsgründungen

Wie diese Beispiele illustrieren, verbanden die Exponenten der Kolonialagitation ein ganzes Knäuel von recht diffusen Hoffnungen mit dem Kolonialerwerb. Sie variierten im Einzelnen ebenso wie die soziale Herkunft und der berufliche Werdegang der Autoren: Da standen Adlige neben Bürgern, Professoren neben Missionaren, Afrikareisende neben Publizisten, die die Heimat noch nie verlassen hatten. Einig waren sie sich darin, dass rasch zur Tat geschritten werden müsse, wenn Deutschland den Zug nicht endgültig verpassen wolle. Ihre Argumente fanden Resonanz: In den späten 1870er Jahren ging eine Gründungswelle von Vereinen, die sich die koloniale Idee auf die Fahne schrieben, durchs Land. An ihre Spitze trat 1882 der Deutsche Kolonialverein, der es innerhalb kurzer Zeit auf rund 10.000 Mitglieder brachte. Unter ihnen waren zahlreiche prominente Persönlichkeiten. Den Gründungsaufruf unterzeichneten etwa die führenden Nationalliberalen Johannes Miquel und Rudolf von Bennigsen; erster Präsident war der freikonservative Reichstagsabgeordnete Fürst Hermann zu Hohenlohe-Langenburg. Die Basis rekrutierte sich vornehmlich aus dem Besitz- und Bildungsbürgertum.

Während der Kolonialverein seine Tätigkeit auf die Öffentlichkeits- und Lobbyarbeit konzentrierte, wollte seine wichtigste Konkurrenz, die im Frühjahr 1884 gegründete Gesellschaft für deutsche Kolonisation, mehr: Sie wollte nicht nur werben, sondern praktische Kolonisation betreiben, also überseeische Territorien erwerben und erschließen. Ihre Initiatoren entstammten einer jüngeren Generation von Kolonialenthusiasten, und sie sammelte eine eher mittelständische Klientel. Maßgebliche Leitfigur war der Pastorensohn und promovierte Historiker Carl Peters, der wenig später eine führende Rolle bei der kolonialen Inbesitznahme Deutsch-Ostafrikas spielen sollte. Der Gründungsaufruf der Gesellschaft resümierte Argumente, die mittlerweile zum Kanon der Kolonialagitation gehörten, unter dezidiert nationalistischen Vorzeichen. Kolonialerwerb, so die Quintessenz, war unerlässlich für die deutsche Selbstbehauptung in einer feindlich gesinnten Welt.

Quelle

Aufruf der Gesellschaft für deutsche Kolonisation, 3. 4. 1884:

„Die deutsche Nation ist bei der Verteilung der Erde, wie sie vom Ausgang des 15. Jahrhunderts bis auf unsere Tage hin stattgefunden hat, leer ausgegangen. Alle übrigen Kulturvölker Europas besitzen auch außerhalb unseres Erdteils Stätten, wo ihre Sprache und Art feste Wurzeln fassen und sich entfalten kann. Der deutsche Auswanderer, sobald er die Grenzen des Reiches hinter sich gelassen hat, ist ein Fremdling auf ausländischem Grund und Boden. Das Deutsche Reich, groß und stark durch die mit Blut errungene Einheit, steht da als die führende Macht auf dem Kontinent von Europa: seine Söhne in der Fremde müssen sich überall Nationen einfügen, welche der unsrigen entweder gleichgültig oder geradezu feindlich gegenüberstehen. Der große Strom deutscher Auswanderung taucht seit Jahrhunderten in fremde Rassen ein, um in ihnen zu verschwinden. Das Deutschtum außerhalb Europas verfällt fortdauernd nationalem Untergang.

In dieser für den Nationalstolz so schmerzlichen Tatsache liegt ein ungeheurer wirtschaftlicher Nachteil für unser Volk! Alljährlich geht die Kraft von 200.000 Deutschen unserem

> Vaterland verloren! Diese Kraftmasse strömt meistens unmittelbar in das Lager unserer wirtschaftlichen Konkurrenten ab und vermehrt die Stärke unserer Gegner. Der deutsche Import von Produkten tropischer Zonen geht von ausländischen Niederlassungen aus, wodurch alljährlich viele Millionen deutschen Kapitals an fremde Nationen verloren gehen! Der deutsche Export ist abhängig von der Willkür fremdländischer Zollpolitik. Ein unter allen Umständen sicherer Absatzmarkt fehlt unserer Industrie, weil eigene Kolonien unserem Volke fehlen."[89]

In denselben Wochen gerieten die Dinge auf der politischen Ebene in Bewegung: Am 24. April 1884 stellte das Deutsche Reich erste überseeische Territorien in Südwestafrika unter seinen Schutz. Diese Koinzidenz darf allerdings nicht als kausale Beziehung missverstanden werden. Die Kolonialbewegung war bei weitem nicht so stark, dass sie die Politik zur Aktion hätte drängen oder gar zwingen können. Die koloniale Frage war in den frühen 1880er Jahren zwar zu einem festen Bestandteil der öffentlichen Debatte um die Zukunft der Nation geworden. Aber ihre Beantwortung fiel keineswegs einhellig aus. Mehrheitsfähig war die Forderung nach deutschen Kolonien effektiv noch nicht.

Schmale Basis der Kolonialbewegung

Von den im Reichstag vertretenen Parteien waren und blieben die Linksliberalen und die Sozialisten überwiegend antikolonial eingestellt. Im Zentrum und unter den Konservativen dominierte in den frühen 1880er Jahren ebenfalls die Skepsis, obgleich sich ihre Haltung später partiell änderte und namentlich die Freikonservativen ins befürwortende Lager wechselten. Selbst unter den Nationalliberalen, die am frühsten und eindeutigsten für eine aktive Kolonialpolitik plädierten, waren die Meinungen noch geteilt. War förmlicher Kolonialbesitz wirklich notwendig, um wirtschaftliches Wachstum zu gewährleisten und den nationalen Wohlstand zu mehren? Bestand nicht die Gefahr, dass deutsche Wirtschaftsinteressen im Gegenzug aus den überseeischen Einflusssphären anderer europäischer Mächte verdrängt würden? Das liberale Ideal eines freien Welthandels schien mit dem internationalen Trend zum Protektionismus zwar zunehmend infrage gestellt; die Sicherung von Märkten und Handelsprivilegien gewann demgegenüber an Relevanz. Ob aber eine teure und risikoreiche Kolonialherrschaft das effizienteste Mittel hierzu sei, schien doch reichlich ungewiss. Gerade in ökonomisch versierten Kreisen überwogen die Zweifel. Die im Überseehandel tätigen hanseatischen Kaufleute und die mit ihnen verbundenen Bankhäuser gehörten mehrheitlich nicht zu den Kolonialenthusiasten. Der Kongress deutscher Volkswirte distanzierte sich im Oktober 1880 ausdrücklich von kolonialen Abenteuern. Im April desselben Jahres lehnte der Reichstag die sogenannte Samoa-Vorlage ab, die eine Unterstützung des in der Südsee engagierten Hamburger Handelshauses Godeffroy aus Reichsmitteln vorsah. Selbst eine Förderung deutscher Wirtschaftspräsenz in Übersee konnte also mit keiner Mehrheit rechen. Bei den Reichstagswahlen von 1881 spielte die koloniale Parole noch kaum eine Rolle, vielmehr legten die kolonialkritischen Parteien zu. Ein starker öffentlicher Druck, die bisherige koloniale Abstinenz zu revidieren, bestand insgesamt nicht. Dass Bismarck dies dennoch tat, hatte andere, obgleich bis heute umstrittene Gründe.

9.2 Bismarcks Kolonialpolitik

Deutsche ‚Schutzgebiete'

In den Jahren 1884/85 vollzog sich die deutsche Überseeexpansion Schlag auf Schlag. Im April 1884 stellte das Reich die Niederlassungen des Bremer Kaufmanns Adolf Lüderitz in Südwestafrika, dem heutigen Namibia, unter seinen Schutz. Im Juli folgten Schutzerklärungen für westafrikanische Gebiete in Togo und Kamerun, im Februar 1885 für ostafrikanische Territorien im heutigen Tansania und im Mai 1885 für diverse Inseln in der Südsee, nämlich den als Kaiser-Wilhelms-Land getauften nordöstlichen Teil von Neuguinea und den benachbarten Bismarck-Archipel. Damit war der deutsche Überseebesitz, wie er bis zum Ersten Weltkrieg bestehen sollte, bereits in großen Teilen beisammen. Später kamen nur noch etliche weitere Inselgruppen im Südpazifik, das 1897 besetzte Kiautschou an der chinesischen Küste und schließlich 1911 eine territoriale Erweiterung Kameruns hinzu. Durch die Schutzerklärungen von 1884/85 waren die Ansprüche zwar vorerst mehr theoretisch als praktisch abgesteckt, die genaue Demarkation der Kolonien und ihre tatsächliche Inbesitznahme benötigten noch Jahre. Das Deutsche Reich war aber unübersehbar unter die Kolonialmächte getreten.

Die Berliner Afrika-Konferenz 1884/85

Seine neue Rolle auf der weltpolitischen Bühne demonstrierte das Reich auch anlässlich der internationalen Afrika-Konferenz, die vom 15. November 1884 bis zum 26. Februar 1885 in Berlin tagte. Dreizehn europäische Staaten, das Osmanische Reich und die USA nahmen teil, hingegen kein einziges afrikanisches Staatswesen. Über die Zukunft des Kontinents sollte ohne die betrof-

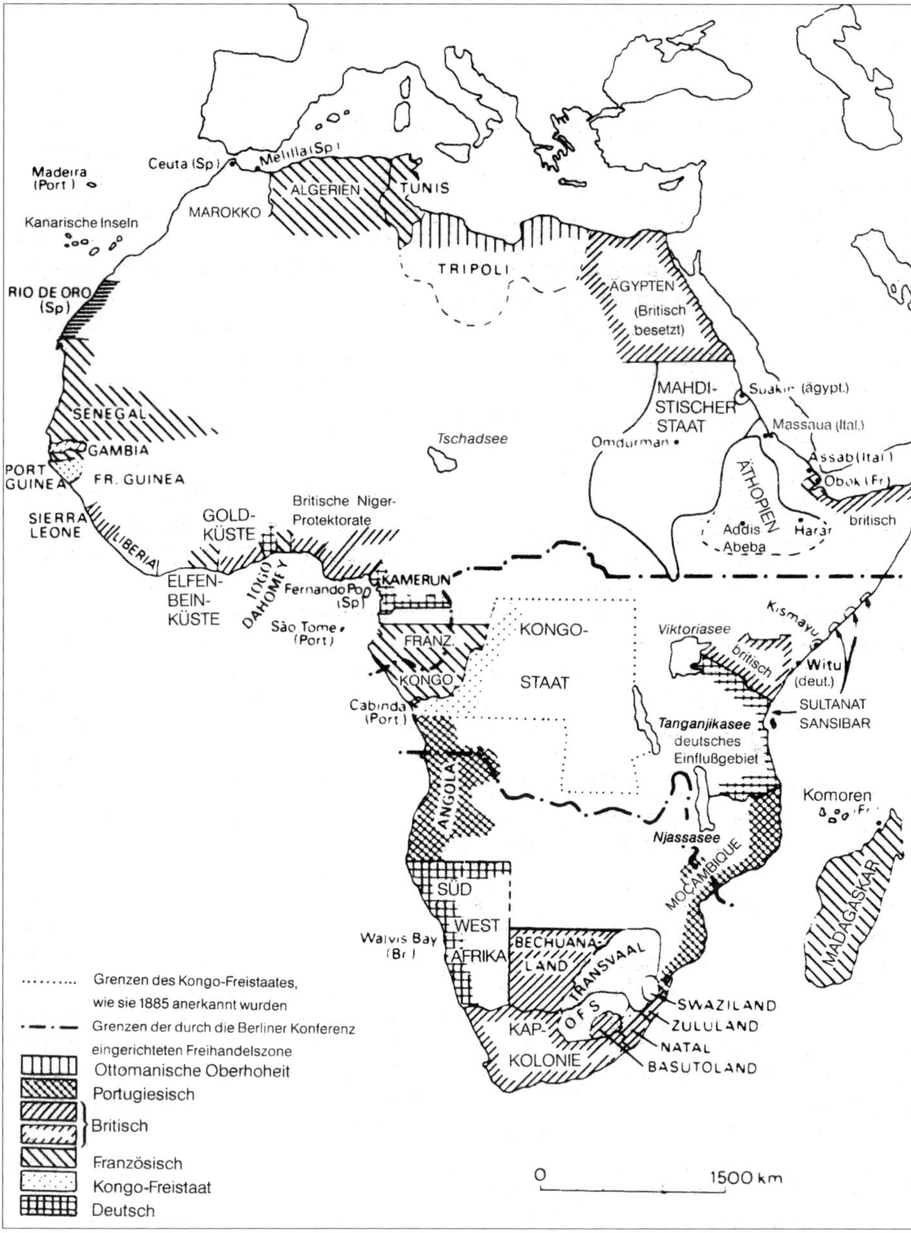

Karte 2: Afrika um 1887.

fenen Völker entschieden werden. Im Zentrum der Beratungen stand zunächst der Zugang zum zentralafrikanischen Kongogebiet. Er war zur Streitfrage geworden, weil England und Portugal, das über seine Kolonie Angola den Unterlauf des Kongo kontrollierte, einen Vertrag geschlossen hatten, durch den sich die übrigen Interessierten benachteiligt sahen. Die Konferenz vereinbarte freie Schifffahrt auf Kongo und Niger sowie eine große mittelafrikanische Freihandelszone. Weitere Beschlüsse betrafen die Missionsfreiheit und das Verbot des Sklavenhandels. Vor allem aber legte die Konferenzakte gewisse Kriterien für den Kolonialerwerb in Afrika fest. Bestehende europäische Besitzansprüche waren zu respektieren, und auch der bislang umstrittene Kongostaat des belgischen Königs Leopold II. wurde anerkannt. Künftig aber sollte das Prinzip der effektiven Okkupation gelten. Das heißt, beanspruchte Interessensphären würden erst dann völkerrechtlichen Bestand haben, wenn eine tatsächliche Inbesitznahme erfolgt und diese international angezeigt worden war. Damit gab die Konferenz ein Signal, das den Wettlauf um die noch nicht formell kolonisierten Gebiete Afrikas, den *Scramble for Africa*, anheizte. In der Folge setzte die fast flächendeckende Aufteilung des Kontinents unter den europäischen Mächten ein.

Bismarcks Motive

Nach dem Berliner Kongress von 1878 war die Afrika-Konferenz der zweite internationale Großanlass in der Reichshauptstadt, bei dem sich Bismarck als Gastgeber und Vermittler profilierte. Allerdings konnte er im Gegensatz zu 1878 nicht als ‚ehrlicher Makler' auftreten. Das Reich war nun selbst involvierte Partei, es setzte sich mit für das Prinzip der effektiven Okkupation ein und wollte offenkundig am Wettlauf um Afrika teilnehmen. Wie ist dieser Kurswechsel zu erklären, der mit Bismarcks Postulat der Saturiertheit und seiner oft betonten Abneigung gegen Kolonien augenfällig kollidierte? Über seine Motive ist in der Forschung viel gerätselt worden, zumal er schon im Lauf des Jahres 1885 das Interesse an den Überseegebieten wieder verlor. Was veranlasste ihn dazu, so sprunghaft auf die koloniale Karte zu setzen? Grob unterscheiden lassen sich Erklärungsversuche, die von einem Primat der Innenpolitik ausgehen, von solchen, die vorrangig mit außenpolitischen Konstellationen und Erfordernissen argumentieren.

Reichstagswahlen 1884

Eine mögliche innenpolitische Ursache waren die schwierigen Mehrheitsverhältnisse im Reichstag und die im Oktober 1884 anstehenden Wahlen. Bismarck könnte darauf spekuliert haben, dass sein energisches Auftreten auf der Weltbühne die Mandatsverteilung zugunsten der Konservativen und Nationalliberalen verändern würde. Tatsächlich hatten die ersten Schutzerklärungen eine kurzzeitige Kolonialeuphorie angeheizt, welche die rechten Parteien im Wahlkampf zu nutzen versuchten. Die frühere Skepsis in großen Teilen der Öffentlichkeit war abgeklungen, allerdings keineswegs verschwunden, und Bismarck war sich dessen durchaus bewusst. Falls er wirklich auf eine positive Beeinflussung des Wahlausgangs gehofft hatte, ging die Rechnung jedenfalls nur partiell auf: Die kolonialkritischen Linksliberalen erlitten zwar erhebliche Verluste, die Nationalliberalen und Konservativen legten etwas zu. Aber eine stabile regierungsfreundliche Mehrheit war nach wie vor nicht in Sicht.

Sozialimperialismus

Unter den diversen Ansätzen zur Erklärung der Bismarckschen Kolonialpolitik betont die These des Sozialimperialismus am stärksten den Vorrang innenpolitischer Faktoren. Sie ist vor allem von Hans-Ulrich Wehler in seiner Habilitationsschrift aus dem Jahr 1969 vertreten worden, und in etwas modifizierter Form hält er bis heute an ihr fest.[90] Diese These nimmt an, dass der Imperialismus in erster Linie eine Herrschaftstechnik gewesen sei, um von inneren Problemen abzulenken, gesellschaftliche Spannungen zu überspielen und die bestehende Ordnung zu stabilisieren. Bismarcks kolonialer Vorstoß sei demnach nur ein weiteres strategisches Instrument gewesen, das analog zur Schutzzollpolitik im Kontext von wirtschaftlicher Depression und konservativer Wende dem Machterhalt der traditionellen Eliten gedient habe. Das Konzept des Sozialimperialismus trat seinerzeit mit dem Anspruch auf, erstmals eine schlüssige und theoriegestützte Interpretation der Bismarckschen Kolonialpolitik zu liefern. Allerdings überwog von Beginn an die Kritik, und die neuere Forschung ist sich weitgehend einig, dass das Erklärungsmodell nicht haltbar weil zu eindimensional ist.

Kronprinzenthese

Ein Erklärungsansatz, der innenpolitische mit außenpolitischen Faktoren verknüpft und zudem Bismarcks ganz persönliche Situation mit ins Spiel bringt, ist die sogenannte Kronprinzenthese. Axel Riehl hat sie in einer umfassenden Studie zu belegen versucht.[91] Ihr zufolge ist die Kolonialpolitik der Jahre 1884/85 vor dem Hintergrund des für die nahe Zukunft erwarteten Thronwechsels zu verstehen. Mit dem Tod Wilhelms I. war jederzeit zu rechnen. Sein Sohn Friedrich und dessen Frau sympathisierten mit liberalen Ideen und Politikern, orientierten sich an britischen Vorbildern und waren Bismarck gegenüber seit jeher kritisch eingestellt. Bismarck musste befürchten, dass der Thronfolger einen innen- und außenpolitischen Kurswechsel vollziehen würde und damit zugleich seine eigene Machtstellung bedroht wäre. In England regierten obendrein gerade die Liberalen unter Gladstone, der Bismarck ausgesprochen verhasst war. Die Aussicht, dass der Thronwechsel in Berlin ein britisch beeinflusstes ‚Kabinett Gladstone' an die Macht bringen könnte, war für ihn eine Schreckensvision. Der kolonialpolitische Aktivismus der Jahre 1884/85 habe, so Riehl, darauf gezielt, Spannungen mit Großbritannien und daraus folgend eine antienglische Stimmung in Deutschland zu erzeugen. Damit sollte dem zukünftigen Kaiser ein proenglischer, und das heißt zugleich antirussischer, Kurswechsel verbaut und sein linksliberaler Anhang diskreditiert werden, letzteres auch im Hinblick auf die anstehenden Wahlen. Entsprechend lässt sich dann Bismarcks rasch erlahmendes Kolonialinteresse erklären: Mitte 1885 arrangierte er sich mit dem Kronprinzen, der zusicherte, keine grundlegenden politischen Änderungen einzuleiten. Außerdem lösten in London die Konservativen unter Salisbury die Regierung Gladstone ab. Damit hatte sich der Zweck, Konflikte mit Großbritannien zu provozieren, erledigt.

Zweifellos war Bismarcks Kolonialpolitik der Jahre 1884/85 dazu geeignet, London zu verärgern. Nicht nur die Schutzerklärungen tangierten ganz direkt britische Interessen in der jeweiligen Region. Auch das deutsche Vorgehen anlässlich der Afrika-Konferenz kam einer Provokation gleich. Bismarck initiierte sie in Abstimmung mit der französischen Regierung, die ihre kolonialen Ambitionen in den frühen 1880er Jahren erheblich intensiviert hatte und darüber in heftige Rivalität mit Großbritannien geraten war.

The „Irrepressible" Tourist.
B—sm—rck: „H'm! — Ha! — Where shall I go next.
(*Punch*, August 29, 1885.)

Abbildung 23: Der unbezähmbare Tourist. Punch, 29. August 1885. In britischen Darstellungen nahm Bismarck einen umso voluminöseren Umfang an, je mehr er britischen Überseeinteressen in die Quere kam.

Bismarck tat sich nun im Vorfeld der Afrika-Konferenz mit dem deutschen ‚Erbfeind' zusammen, um eine gemeinsame kolonialpolitische Front gegen das britische Empire zu bilden. Die Begünstigung französischer Überseeinteressen bot sich an, um das Verhältnis zum westlichen Nachbarland zu entkrampfen und es über den Verlust Elsass-Lothringens hinwegzutrösten. Großbritannien hingegen sah sich isoliert und mit der Konferenz gewissermaßen vor ein internationales Tribunal gezerrt. Ihre Einberufung war zudem von antienglischen Polemiken in der deutschen offiziösen Presse begleitet. Das deutsch-britische Verhältnis kühlte sich auf einen Tiefpunkt ab.

Vom europäischen zum globalen Gleichgewicht

Inwieweit der antibritische Konfrontationskurs des Jahres 1884/85 aus Bismarcks Sorge vor dem Thronwechsel zu erklären ist, bleibt in der Historiographie allerdings umstritten. Der Hauptstrom der Forschung neigt mit Lothar Gall eher dazu, den Schwerpunkt der Argumentation von diesem primär innenpolitischen Problemfeld auf außenpolitische Gesichtspunkte zu verlagern.[92] Dem Reichskanzler sei es in erster Linie darum gegangen, das alte Konzept des europäischen Gleichgewichts in globaler Perspektive zu verlängern. Angesichts des sich ausbildenden imperialistischen Weltsystems habe er versucht, mittels der Annäherung an Frankreich ein Widerlager gegen die britische Dominanz in Übersee aufzubauen. So sollte verhindert werden, dass das Deutsche Reich längerfristig zu einer zweitrangigen Macht absank, die als Juniorpartner entweder von Russland oder England abhängig werden müsste. Ziel sei es also gewesen, die europäische Mächtekonstellation so umzugruppieren, dass die relative Position des Reichs und sein Bewegungsspielraum gewahrt blieben. Nach dieser Deutung waren Überseeterritorien gewissermaßen Gewichte, die mit helfen sollten, die Balance zwischen den Europäern in einer zunehmend globalisierten Welt auszutarieren. Die Annäherung an Frankreich währte allerdings nur kurz, die Kooperation bröckelte bereits während der Konferenz, und mit dem Sturz des Ministerpräsidenten Jules Ferry im März 1885 war der Flirt schon wieder vorbei.

Nur flüchtiges Interesse an Kolonialpolitik

Wie immer Bismarcks Motive beurteilt werden, fest steht, dass sich seine Einstellung grundsätzlich nicht geändert hatte. Zum Kolonialenthusiasmus war er nicht konvertiert, den ökonomischen Nutzen von überseeischen Erwerbungen schätzte er nach wie vor gering ein, und außenpolitisch hatte die Situation in Europa für ihn stets Priorität. Nachdem sich manche seiner taktischen Kalküle erledigt, andere zerschlagen hatten, fuhr Bismarck das koloniale Engagement des Reichs auf ein Minimum zurück, und am liebsten wäre er die ‚Schutzgebiete' wieder losgeworden. Berühmt geworden ist sein Ausspruch gegenüber Eugen Wolf, einem Forschungsreisenden und Exponenten der Kolonialidee, aus dem Jahr 1888: „Ihre Karte von Afrika ist ja sehr schön, aber meine Karte von Afrika liegt in Europa. Hier liegt Rußland, und hier [...] liegt Frankreich, und wir sind in der Mitte; das ist meine Karte von Afrika."[93]

Enttäuschung der Kolonialbewegung

Die Kolonialbewegung verübelte Bismarck diese Haltung sehr, sie sah ihre großen Hoffnungen der Jahre 1884/85 enttäuscht. Ein Teil ihrer Anhänger schlug zunehmend radikalnationalistische Töne an. Im September 1886 organisierte die Gruppe um Carl Peters einen Allgemeinen Deutschen Kongress zur Förderung überseeischer Interessen in Berlin, um alle einschlägigen Kräfte zu sammeln. Der großbürgerliche Deutsche Kolonialverein, dem der Abenteurer Peters eher suspekt war, hielt sich zwar fern. Aber Abgesandte etlicher anderer nationaler Vereine und Verbände nahmen teil. Auf der Tagesordnung stand nicht nur die Kolonialpolitik, sondern auch die Verteidigung von deutscher Sprache und Kultur jenseits der Reichsgrenzen, also vor allem im östlichen Europa. Als Dachverband der bestehenden Einzelorganisationen konstituierte sich auf dem Kongress der Allgemeine Deutsche Verband zur Vertretung deutsch-nationaler Interessen. Damit war eine Allianz von kolonialer und völkisch-nationalistischer Bewegung angebahnt.

Im folgenden Jahr gewann die gemäßigte Richtung innerhalb der Kolonialbewegung nochmals die Oberhand. Carl Peters reiste nach Ostafrika, und in seiner Abwesenheit schlossen sich seine Gesellschaft für deutsche Kolonisation und der Deutsche Kolonialverein zur Deutschen Kolonialgesellschaft zusammen. Sie kam nun auf insgesamt etwa 15.000 Mitglieder. Großbürgerliche und wirtschaftsnahe Kreise, die über gute Kontakte zur Regierung verfügten, gaben den Ton an, und so unterblieb vorerst allzu laute Kritik an Bismarcks Kurs. Vielmehr entwickelte sich eine enge Zusammenarbeit, denn der Kanzler war seinerseits interessiert daran, dass private Initiativen die Entwicklung der nun einmal vorhandenen Schutzgebiete vorantrieben.

Helgoland-Sansibar-Vertrag

Die letzte große Enttäuschung bereitete Bismarck den Befürwortern einer expansiven Kolonialpolitik im Jahr 1890. Der Unmut traf allerdings nicht ihn, sondern seinen Nachfolger Leo von Caprivi, der den von Bismarck vorbereiteten Schritt vollzog: Am 1. Juli 1890 unterzeichneten das Deutsche Reich und Großbritannien den Helgoland-Sansibar-Vertrag. Mit ihm verzichtete das Deutsche Reich auf weitere koloniale Ansprüche in Ostafrika, unter anderem auf die vor der deutsch-ostafrikanischen Küste gelegene Insel Sansibar. Als Gegenleistung erhielt es von Großbritannien einen schmalen Landstreifen in Südwestafrika, den sogenannten Caprivizipfel, sowie die Insel Helgoland vor der Küste Schleswigs. Die Kolonialbewegung war empört, denn hiermit war der deutsche Besitzstand in Afrika für die Zukunft weitgehend festgeschrieben und der Traum von einem kolonialen Großreich, von einem ‚deutschen Indien' auf dem schwarzen Kontinent, ausgeträumt. Der kleine Nordseefelsen Helgoland wirkte demgegenüber wie eine geradezu lächerliche Entschädigung. Da half es auch nichts, dass anlässlich seiner feierlichen Übernahme am 9. August 1890 erstmals das *Lied der Deutschen* bei einem offiziellen Staatsanlass erklang. Hoffmann von Fallersleben war, als er das Lied im Jahr 1841 auf eben jener Insel Helgoland schrieb, von den Hoffnungen der frühen Nationalbewegung auf nationale Einheit inspiriert gewesen. Trotz seiner großdeutschen Vision – von der Maas bis an die Memel, von der Etsch bis an den Belt – war das eine Hoffnung aus längst vergangenen Tagen. Die expansiven Wünsche der neuen nationalen Bewegung gingen weit über Deutschland und Europa hinaus.

Effektiv hatte das Deutsche Reich mit dem Vertrag nur sehr hypothetische Ansprüche aufgegeben, und Helgoland war strategisch bedeutend. Auch entsprachen solche Kompensationsgeschäfte prinzipiell durchaus dem imperialistischen Denken der Zeit: Für Imperialisten waren Kolonien kein Selbstzweck, sondern Pfänder im globalen Machtpoker. Caprivi aber hatte in den Augen der nationalen Rechten die deutsche Stellung in der Welt leichtfertig verspielt. Eine direkte Folge ihrer Entrüstung war, dass die im Jahr 1886 schon einmal angebahnte, damals aber kurzlebig gebliebene Allianz der deutschnationalen Kräfte nun zustande kam: Im April 1891 konstituierte sich unter Mitwirkung etlicher führender Kolonialagitatoren der Allgemeine Deutsche Verband, der seit 1894 unter dem Namen Alldeutscher Verband firmierte. Er sollte zu einem der wichtigsten radikalnationalistischen Agitationsverbände der Wilhelminischen Ära werden.

Während Caprivi die Wut der Kolonialisten entzündete, avancierte Bismarck in der Rückschau zum gefeierten Schöpfer des deutschen Kolonialreichs. Dabei dachten die beiden Kanzler eigentlich ähnlich: Beide hielten nicht viel vom praktischen Nutzen formeller Kolonialherrschaft. Andererseits bedeutete der Helgoland-Sansibar-Vertrag keineswegs, dass das Deutsche Reich seine bestehenden Schutzgebiete aufgegeben hätte, im Gegenteil: Im selben Jahr 1890 signalisierten mehrere Schritte, dass es sich fortan verstärkt um deren Angelegenheiten kümmern wollte.

Gleich zum 1. April war im Auswärtigen Amt eine eigenständige Kolonialabteilung eingerichtet worden. Im Oktober folgte die Berufung eines Kolonialrates, der sich aus Delegierten der Kolonialgesellschaften und anderen Sachverständigen zusammensetzte. Vor allem aber stand die Person des jungen Wilhelm II. dafür, dass dem Wunsch national gesinnter Kreise nach einer ambitionierten Weltpolitik künftig mehr Rechnung getragen werden würde.

Wirtschaftliche Bilanz der Kolonien

Die Zweifel der Kolonialgegner, ob sich der Überseebesitz je rechnen würde, sollten sich allerdings bestätigen. Nur wenige Tausend Deutsche wanderten in die Schutzgebiete aus, am meisten noch nach Südwestafrika. Nur ein winziger Bruchteil des deutschen Außenhandels kam aus beziehungsweise ging in die Kolonien. Manche Privatunternehmen machten zwar profitable Geschäfte, aber für die Reichskasse und damit für die Steuerzahler erwiesen sie sich als ökonomisch weitgehend nutzlose und teuere Prestigeobjekte. Mit Ausnahme von Togo und Samoa, die sich in den letzten Jahren selbst trugen, blieben sie sämtlich auf finanzielle Zuschüsse angewiesen, bis sie mit dem Ersten Weltkrieg wieder verloren gingen.

Das bedeutet jedoch nicht, dass die Kolonien eine irrelevante Fußnote in der deutschen Geschichte wären. Ihre Inbesitznahme hatte nachhaltige Folgen. In die Bismarckära fielen nur zögerliche Anfänge, die Konsolidierung der Kolonialherrschaft folgte erst seit den 1890er Jahren. Trotzdem war der erste Schritt getan, und obgleich Bismarck wohl bald selbst nicht mehr recht einsah, warum er ihn getan hatte, ließ er sich nicht rückgängig machen. Deutschland war zur Kolonialmacht avanciert und hatte den Wettlauf um Afrika mit losgetreten. Die Kolonialbewegung kann dafür nicht als ursächlich angesehen werden, sie war noch relativ schwach. Aber Bismarck verhalf ihr durch seine Politik der Jahre 1884/85 gewollt oder ungewollt zu einer bislang unerreichten Resonanz. Er eröffnete einen neuen Erwartungshorizont, beflügelte Träume von einem deutschen Indien und einer Weltmachtstellung des Deutschen Reichs. Dass sich Bismarck dem imperialistischen Zeitgeist resolut entgegengestemmt hätte, lässt sich mit Blick auf seine Kolonialpolitik jedenfalls kaum behaupten, vielmehr gab er dem kolonialistischen Denken starken Auftrieb. Und so war es nicht bloß ein Missverständnis, wenn die Kolonialbewegung ihn nach 1890 rückblickend als ihre Galionsfigur feierte.

Inbesitznahmen 9.3

Die Historiographie hat sich ausgiebig mit Bismarcks kolonialpolitischen Motiven im Kontext des europäischen Mächtesystems und der deutschen Innenpolitik befasst. Aber wie sich die koloniale Frage aus der Perspektive des Kanzlers, verschiedener Gruppierungen der deutschen Gesellschaft und der europäischen Rivalen darstellte, ist nur die eine Seite der Geschichte. Viel interessanter ist eigentlich die Frage, was in jenen fernen afrikanischen und pazifischen Territorien geschah, die das Deutsche Reich zu Schutzgebieten erklärte. Wie lief die Inbesitznahme konkret ab, was für Menschen lebten in den fraglichen Regionen, wie reagierten sie auf die Ansprüche der Deutschen, wie gestaltete sich die Kolonialherrschaft in der Praxis und wie wirkte sie sich aus? Das sind Themen, die in jüngerer Zeit in zahlreichen Einzelstudien detailliert untersucht worden sind. Die Blickverlagerung vom europäischen Machtzentrum an die Peripherie wirft zugleich ein neues Licht auf die Motive: Denn über Kolonialpolitik entschied nicht das Zentrum allein, vielmehr entfaltete sie vor Ort beträchtliche Eigendynamiken. Schließlich sind auch die mentalen, kulturellen und alltagsweltlichen Rückwirkungen des Kolonialismus auf die europäischen Gesellschaften in den letzten Jahren verstärkt in den Fokus der Forschung gerückt. Denn nicht nur die kolonisierten Erdteile veränderten sich nachhaltig durch die europäische Expansion. Auch Europa veränderte sich durch die Aneignung des Fremden.

Internationale, transnationale, globale Geschichte

Die Geschichte der internationalen Beziehungen hat in den letzten Jahren neue Impulse erhalten durch eine Forschungsrichtung, die das Ziel verfolgt, den nationalstaatlichen und europazentristischen Tunnelblick der herkömmlichen Historiographie zu überwinden zugunsten einer Betrachtungsweise, die Vernetzungen und Interdependenzen zwischen den Weltregionen rekonstruiert. Diese Forschungsrichtung bezeichnet sich als transnationale Geschichte oder Globalgeschichte.[94] Ihre Postulate sind zwar nicht ganz so innovativ, wie es die neuen Etiketten suggerieren, die erst im Kontext der aktuellen Globalisierungsdebatten aufgekommen sind. So hat die Historiographie der europäischen Expansion bereits eine lange Tradition, und sie hat diese Geschichte keineswegs immer nur aus Perspektive der ‚Entdecker' und Eroberer erzählt, sondern auch nach Begegnungen, Wahrnehmungen, Konflikten und Transfers zwischen den Kulturen gefragt. Die Kritik an den nationalstaatlich-eurozentrischen Verengungen der Hauptströmungen innerhalb der deutschen Geschichtsschreibung und gerade der historischen Sozialwissenschaft der 1960er/70er Jahre ist ebenfalls nicht neu.[95] In den letzten Jahren hat sich das Interesse an den globalen Dimensionen der Geschichte jedoch merklich belebt, und in diesem Kontext ist unter anderem die deutsche Kolonialvergangenheit ins Blickfeld der Historiographie zurückgekehrt: Ihre Erforschung erlebt momentan einen Boom, wobei vielfach Ansätze der Kulturwissenschaften, der historischen Anthropologie, der Postcolonial und Gender Studies aufgegriffen werden.

Erkundungen

Deutsche waren schon seit Jahrhunderten an der europäischen Expansion beteiligt, vor allem als Auswanderer, die zu Millionen nach Übersee strömten. Aber auch als Wissenschaftler, Missionare, Kaufleute sowie als Beamte oder Militärs in fremden Diensten trugen sie zur Erschließung ferner Länder bei. Ihre Berichte weckten Neugier auf das Fremde, ebenso die archäologischen Funde und ethnologischen Artefakte, die sie in die Heimat zurückbrachten. Um nur wenige bekannte Namen aus der Zeit um 1870 zu nennen, als die deutsche Welterkundung eine auffällige Intensivierung erfuhr: Heinrich Schliemann grub in den 1870er Jahren das antike Troja aus; der Geograph Ferdinand von Richthofen bereiste von 1868 bis 1872 als einer der ersten Europäer weite Teile Chinas; der Arzt Gustav Nachtigal erforschte ab 1869 auf einer fünfjährigen Reise das nördliche Afrika; der aus Schlesien stammende Eduard Schnitzer alias Emin Pascha harrte seit 1876 als ägyptisch-britischer Gouverneur im südlichsten Sudan aus. Besonders der den Europäern in weiten Teilen noch völlig unbekannte afrikanische Kontinent übte in diesen Jahren eine enorme Faszination aus, und Forschungsreisende, egal welcher Nationalität, konnten mit großer öffentlicher Aufmerksamkeit rechnen. Ein internationales Medienereignis war etwa die Suche von Henry Morton Stanley nach dem verschollenen David Livingstone 1871, ein Erfolg, an den Stanley Ende der 1880er Jahre nochmals anknüpfte, als er zur ‚Rettung' von Emin Pascha vor dem Mahdi-Aufstand aufbrach.

Viele Forscher verfolgten rein wissenschaftliche Zwecke, zeigten teils erheblichen Respekt vor den einheimischen Kulturen und dachten nicht an eine territoriale Inbesitznahme der erkundeten Regionen. Dennoch bereiteten sie den Boden: Dem *Scramble for Africa* ging der Wettlauf der Expeditionen voraus, die denn auch oftmals von interessierten Regierungen mit finanziert waren. Deutsche mit Entdeckerdrang konnten vorerst nur mit begrenzter Unterstützung des Reichs respektive der deutschen Einzelstaaten rechnen. Manche reisten deshalb in ausländischem Auftrag. In den 1870er Jahren begann jedoch die Kolonialbewegung als Sponsor aufzutreten, so vor allem die 1873 gegründete Deutsche Gesellschaft zur Erforschung des äquatorialen Afrika, die sich 1878 zur Afrikanischen Gesellschaft in Deutschland erweiterte: Sie verstand sich zwar in erster Linie als geographische Gesellschaft, wollte aber darüber hinaus Vorarbeit auf potentiellen Kolonialfeldern leisten und finanzierte auch im Hinblick auf dieses Ziel Expeditionen. Etliche der berühmtesten deutschen Afrikareisenden wirkten nach ihrer Rückkehr in der Kolonialbewegung mit und stellten sich später in den Dienst der amtlichen Kolonialpolitik. Ihr Wissen und ihre praktischen Erfahrungen sollten sich als wichtige Ressource erweisen. Der unmittelbare Anstoß zu den ersten Schutzerklärungen des Reichs ging jedoch nicht von ihnen, sondern von deutschen Kaufleuten und, etwas indirekter, von Missionaren aus.

Deutsch-Südwestafrika

Am 24. April 1884 sandte Bismarck ein Telegramm an den deutschen Konsul in Kapstadt, wonach dieser gegenüber den britischen Behörden erklären solle, dass der Kaufmann Lüderitz und seine Niederlassungen unter dem Schutz des Reiches stünden. Dieses Telegramm eröffnete im Rückblick die deutsche Kolonialära. Der Bremer Tabakwarenhändler Adolf Lüderitz hatte seit 1883 durch Verträge mit einheimischen Häuptlingen im südwestlichen Afrika Land erworben, zunächst um die Bucht Angra Pequena, das er in der Folge laufend erweiterte. In der Region war außerdem die Rheinische Mission, eine der wichtigsten unter den evangelischen Missionsgesellschaften Deutschlands, tätig. Sie hatte bereits 1842/43 erste Missionare unter die Nama und Herero entsandt und in der Folge ein Netz von Stationen aufgebaut. Missionare halfen Lüderitz bei seinen Verhandlungen mit den Einheimischen. Angesichts von kriegerischen Konflikten unter den regionalen ethnischen Gruppen, die ihre Arbeit bedrohten, hatte sich die Missionsgesellschaft seit den späten 1860er Jahren wiederholt um staatlichen Schutz bemüht, zuerst bei den Briten, nach der Reichsgründung in Berlin. Ihr Leiter Friedrich Fabri war hierbei die treibende Kraft, blieb jedoch zunächst erfolglos. Lüderitz fand hingegen Gehör: Das Telegramm vom April 1884 reagierte auf seine Bitten um Protektion; es kam aber auch den Missionaren entgegen. Die Briten, die das ganze Gebiet nordwestlich der Kapkolonie als britische Interessensphäre betrachteten und sich bereits die Walfischbucht gesichert hatten, nahmen es verstimmt zur Kenntnis.

Ein Telegramm war allerdings noch keine sonderlich wirkmächtige Handlung, und die Reichsleitung hatte gar nicht vor, eine direkte Kolonialherrschaft in dem eher unwirtlichen Gebiet zu errichten. Bismarck beauftragte lediglich Gustav Nachtigal, der mittlerweile als deutscher Generalkonsul in Tunis amtierte, nach Angra Pequena zu fahren, um die Schutzerklärung amtlich zu machen. Noch vor ihm traf ein deutsches Kriegsschiff vor Ort ein, dessen Kapitän am 7. August die Reichsflagge hisste. Im Jahr 1885 reiste Reichskommissar Heinrich Göring mit gerade mal zwei weiteren Beamten an, um fortan die kaiserliche Macht zu repräsentieren. Hiermit hatte das staatliche Engagement vorerst sein Bewenden. Lüderitz, der sich mit seinen Unternehmungen übernommen hatte, musste seine Erwerbungen im selben Jahr der neu gegründeten Deutschen Kolonialgesellschaft für Südwestafrika überlassen. Bismarcks Vorstellungen zufolge sollten solche privaten Gesellschaften die administrative und wirtschaftliche Erschließung der Schutzgebiete übernehmen, so wie es etwa die britische Ostindische Kompanie vorgemacht hatte. Doch war dieses Modell der indirekten Kolonialherrschaft im britischen Fall längst gescheitert, und dasselbe zeichnete sich bald im deutschen Südwestafrika ab. Zusehends sah sich die Reichsleitung veranlasst, die staatliche Präsenz vor Ort über das ursprünglich intendierte Maß hinaus auszubauen. Den Anfang dieser Entwicklung markierten Unruhen, die 1888 unter den Herero ausbrachen. Reichskommissar Göring floh in die britische Walfischbucht, worauf Berlin Militär entsandte, um die Lage unter Kontrolle zu bringen. Anhaltende Widerstände der einheimischen Völker konnten erst Mitte der 1890er Jahre vorübergehend gebrochen werden.[96]

Togo und Kamerun

Ähnlich verlief der Prozess in Westafrika. Hier hatten hanseatische Handelshäuser wie C. Woermann und Jantzen & Thormälen seit den 1870er Jahren neben englischen Firmen eine führende Stellung im florierenden Küstenhandel errungen und diverse Faktoreien aufgebaut. Angesichts der Konkurrenz durch Kaufleute anderer Nationen, der Sorge, dass Großbritannien oder Frankreich zur kolonialen Annexion schreiten könnten, sowie wachsender Schwierigkeiten mit widerspenstigen Einheimischen bemühten auch sie sich um den Schutz des Reichs. Adolph Woermann, der als Großunternehmer und nationalliberaler Abgeordneter in Hamburg wie Berlin sehr einflussreich war, veranlasste 1883 die Hamburger Handelskammer zu einem entsprechenden Vorstoß: Sie plädierte in einer Eingabe an das Auswärtige Amt für die Errichtung einer Handelskolonie mit Flottenstation an der westafrikanischen Küste. Das Ersuchen hatte teilweise Erfolg: Bismarck beauftragte Nachtigal, auf seiner Fahrt nach Südwestafrika auch den Golf von Guinea anzulaufen. Der ehemalige Afrikaforscher traf Anfang Juli 1884 an der Küste von Togo ein und stellte ein Gebiet unter Reichsschutz; wenig später hisste er die Reichsflagge in Kamerun. Agenten der interessierten Handelshäuser hatten unterdessen Verträge mit lokalen Häuptlingen vorbereitet, durch die diese ihr Einverständnis erklärten. Auch hier blieb die staatliche Präsenz in den ersten Jahren äußerst

Abbildung 24: „Die Entfaltung der deutschen Flagge in Camerun an der afrikanischen Westküste. Nach einer Skizze von Lieutenant z. S. Mandt". Illustrirte Zeitung, 20. September 1884.

bescheiden in der Erwartung, dass die Handelsgesellschaften eine quasi-staatliche Funktion ausfüllen könnten. Ab 1885, als zunächst in Kamerun ein Gouverneur mit vier Beamten eintraf, übernahm das Reich dann schrittweise die direkte Kontrolle.

Ostafrika

In Ostafrika verlief die Inbesitznahme etwas anders. Zwar waren auch hier, namentlich auf Sansibar, bereits seit längerem Hamburger Handelshäuser präsent, aber diese sahen keinen Grund, das Reich zur Hilfe zu rufen. Zudem war das Sultanat Sansibar von den europäischen Mächten als souveränes Staatswesen anerkannt, das sich nicht so einfach vereinnahmen ließ. Das ostafrikanische Hinterland hingegen war aus europäischer Perspektive noch weitgehend Terra incognita. Es war die Gesellschaft für deutsche Kolonisation mit Carl Peters an ihrer Spitze, die hier die deutsche Herrschaft einläutete. Peters ging es weniger um Handelsinteressen, vielmehr um Abenteuer und Ruhm. Im Herbst 1884 brach er mit drei Begleitern zu einer Expedition auf, um die Region zu erforschen. Unterwegs schloss er Verträge mit einheimischen Führern, die der Gesellschaft Hoheitsrechte und privatrechtlichen Besitz überschrieben. Zurück in Berlin präsentierte Peters diese Verträge der Reichsleitung und bat um einen Schutzbrief, den er überraschend schnell am 27. Februar 1885 erhielt. Die im selben Frühjahr gegründete Deutsch-Ostafrikanische Gesellschaft (DOAG) sollte das Reich vor Ort repräsentieren, während Berlin keinerlei Pflichten übernahm und auch keinen Reichskommissar oder Gouverneur entsandte. Peters und die DOAG hatten zwar große Ambitionen, aber wenig Mittel und Fähigkeiten zur Leitung eines so großen Unternehmens. Sie verzettelten sich mit weiteren Expeditionen und Gebietserwerbungen, legten verstreute Stationen und diverse Plantagen an, was viel Geld verschlang. 1887 stand die Gesellschaft vor dem Ruin.

Im selben Jahr stieg der Elberfelder Bankier Carl von der Heydt als finanzkräftiger Investor ein und drängte den Einfluss Peters und seiner Gefährten zurück. Aber auch das Konzept der neuen Leitung scheiterte: Als sich die Gesellschaft weitgehende Rechte über den Küstenstreifen, der bislang dem Sultan von Sansibar unterstand, abtreten ließ, brach im September 1888 ein Aufstand unter der arabischen Küstenbevölkerung aus. Diese sah vor allem ihre etablierten Handelsbeziehungen durch die Deutschen bedroht. Die Revolte weitete sich rasch aus, es handelte sich um den mit Abstand heftigsten Konflikt, den die Schutzgebiete bis dahin erlebt hatten. Die DOAG erwies sich als völlig hilflos. Im Januar 1889 nahm der Reichstag das „Gesetz zur Bekämpfung des Sklavenhandels und zum Schutz deutscher Interessen“ an, das unter dem Schlagwort des Kampfs gegen den arabischen Sklavenhandel ein militärisches Eingreifen legitimierte. Die Reichsleitung entsandte Hermann Wissmann, einen erfahrenen Afrikareisenden und Offizier, der in den frühen 1880er Jahren unter anderem eine belgische Expedition ins Kongogebiet geleitet hatte. Wissmann verhängte nach seiner Ankunft das Kriegsrecht und schlug den Aufstand mithilfe angeworbener Askari bis Ende des Jahres nieder. In der Folge übernahm er als Reichskommissar die Verwaltung und baute eine kaiserliche Schutztruppe auf, 1890 erhielt er für seine Verdienste das Adelsprädikat. Zum 1. Januar 1891 gingen alle Hoheitsrechte von der DOAG förmlich auf das Reich über, womit auch in Ostafrika die Ära direkter Kolonialherrschaft begann.

Südsee

Im Südpazifik schließlich waren es wiederum hanseatische Handelshäuser, die die koloniale Inbesitznahme vorbereiteten. Vor allem in der polynesischen Inselwelt spielten sie schon seit den 1850er Jahren eine dominante Rolle. Das bedeutendste der dort tätigen Unternehmen, die Hamburger Firma Johann Cesar Godeffroy & Sohn, geriet 1879 in ökonomische Schwierigkeiten, was Anlass für die bereits erwähnte Samoa-Vorlage von 1880 war: Sie sollte das Unternehmen finanziell stützen, um zu verhindern, dass es in die Hände englischer Gläubiger fiel. Die Vorlage scheiterte zwar, dafür sprang ein Bankenkonsortium unter Führung Adolph von Hansemanns, Chef der Berliner Diskonto-Gesellschaft, ein. Hansemann, der auch in der Kolonialbewegung engagiert war, versuchte noch im selben Jahr, das Reich für den Erwerb des späteren Kaiser-Wilhelms-Landes auf Neuguinea zu gewinnen. Als das nicht gelang, bildete er 1882 mit weiteren Finanziers ein Neuguinea-Konsortium, das sich nun seinerseits um das Inselterritorium und den angrenzenden Archipel bemühte. Nachdem es sich zur Neu-Guinea-Kompanie umkonstituiert hatte, erhielt diese am 17. Mai 1885 einen kaiserlichen Schutzbrief für ihre Südsee-Erwerbungen. Freilich sollte auch sie sich bald überfordert mit der Administration zeigen, die ab 1889 schrittweise an das Reich überging.

Verträge mit Einheimischen

Das Grundmuster war somit stets dasselbe: Überall übernahmen zunächst private Gesellschaften die Hauptrolle, während das Reich lediglich seinen Schutz erklärte. Nach dem Schutzgebietsgesetz vom 17. April 1886 übte der Kaiser die Schutzgewalt im Namen des Reichs aus, war also oberster Herr über die Gebiete. Mit den Schutzbriefen delegierte er die Hoheitsrechte aber weitgehend an die Gesellschaften. Die Schutzbriefe bestätigten zudem die Verträge, die die Gesellschaften bereits mit einheimischen Autoritäten abgeschlossen hatten, und gaben ihnen freie Hand, ihr Territorium zu arrondieren, sei es mittels der Besetzung von ‚herrenlosem' Land, sei es durch weitere Vertragsabschlüsse mit Einheimischen. Bei diesen Verträgen handelte es sich in der Regel entweder um Kaufverträge, mit denen das jeweilige Gebiet samt allen darauf liegenden Rechten an die Gesellschaft überging, oder um Schutzverträge, mit denen sich die unterzeichnenden Herrscher der Oberhoheit des Deutschen Reichs beziehungsweise seiner Repräsentanten, also der Gesellschaft, unterstellten. Der rechtliche Status der Verträge war höchst problematisch, denn die einheimischen Völker kannten zumeist gar keine Herrschafts- und Eigentumsordnungen, die solche Abtretungen hätten begründen können. Zudem handelte es sich um sehr ungleiche Verträge, bei deren Abschluss die Deutschen List und Betrug nicht scheuten. Zwar waren auch die vertragsschließenden Häuptlinge teils durchaus gewieft und wussten die Fremden für eigene Zwecke zu instrumentalisieren. Aber in den bald aufbrechenden Konflikten zogen die einheimischen Bevölkerungen längerfristig den Kürzeren, spätestens mit dem Auftreten der Reichsmacht vor Ort.

Nachdem die Handels- und Kolonialgesellschaften an ihre Grenzen gestoßen waren, übernahm das Reich seit den 1890er Jahren in allen Schutzgebieten die Kontrolle. Nun erst begann der allmähliche Aufbau einer kolonialen Verwaltung und von Sicherheitstruppen. Nun erst setzte auch die große Zeit der evangelischen und katholischen Missionsgesellschaften ein, die teils in Kooperation mit, teils in Distanz zur Kolonialverwaltung eine äußerst gewichtige Stellung erlangten. Größere Erschließungsprojekte wie der Eisenbahnbau begannen ebenfalls erst in den 1890er Jahren. Von einer eigentlichen Kolonialherrschaft kann somit in der Bismarckära noch kaum die Rede sein. Das Engagement des Reichs reduzierte sich in den ersten Jahren auf eine eher symbolische Präsenz, und die Schutzerklärungen von 1884/85 bedeuteten somit nur bedingt eine Zäsur. Bismarck war zwar gewillt, deutsche Handelsinteressen zu schützen und zu verhindern, dass andere europäische Mächte die fraglichen Gebiete annektierten, nicht aber umfangreiche öffentliche Ressourcen zu investieren. Allerdings setzte er eine Dynamik in Gang, die sich später kaum noch stoppen ließ. Das Scheitern der privaten Gesellschaften bei der Etablierung geordneter Verhältnisse und Unruhen unter der einheimischen Bevölkerung zogen das Reich letztlich immer stärker in die Verantwortung.

Das Fremde zu Hause

Während sich die deutsche Herrschaft in Afrika und der Südsee allmählich konsolidierte, wehte ein Hauch von Exotik in die deut-

Abbildung 25: „Die Bismarcktage". Deutsche Illustrierte Zeitung, 25. April 1885. Eine Gruppe aus Kamerun zieht im Rahmen des Fackelzuges zu Ehren von Bismarcks 70. Geburtstag am Kanzlerpalais vorüber.

sche Gesellschaft zurück. Obwohl die Kolonialpolitik nie unumstritten war und immer wieder heftige Kritik auf sich zog, war die überseeische Welt doch populär. Sie bereicherte das Alltagsleben. Angesichts der rasanten Verdichtung der weltweiten Handelsbeziehungen wurden Überseeprodukte zusehends billiger und zum normalen Bestandteil des Konsums. Koloniale Sujets verbreiteten sich in der Werbung und in Illustrierten, in Gesellschaftsspielen, Romanen und Theaterstücken, in Panoramen und Lichtbildserien. Die ethnologischen Sammlungen expandierten rapide; in Berlin erhielten sie mit dem 1886 eingeweihten Königlichen Museum für Völkerkunde eine eigene große Institution. Die Ausstellung von exotischen Tieren hatte schon eine längere Tradition; seit den 1870er Jahren entwickelten sich darüber hinaus Präsentationen von exotischen Menschen zu Publikumsmagneten: sogenannte Völkerschauen, die oft im Rahmen von halbwissenschaftlichen Institutionen wie zoologischen Gärten stattfanden, aber auch in Theatern, Zirkussen oder Panoptiken. Manche Kritiker hielten die Zurschaustellung von Menschen zwar für geschmacklos, aber die Praxis fand namhafte Fürsprecher nicht zuletzt in Kreisen der Wissenschaft. Der renommierte Mediziner Rudolf Virchow etwa, führender Kopf der Berliner Gesellschaft für Anthropologie, Ethnologie und Urgeschichte, verteidigte sie ausdrücklich als wissenschaftlich wertvoll, trotz gelegentlicher Zweifel an der ‚Authentizität' der präsentierten Naturvölker. Die örtlichen Veranstalter von Völkerschauen waren teils selbst Mitglieder der Gesellschaft und stellten ihre Truppen gerne für wissenschaftliche Körper- und Schädelvermessungen zur Verfügung: Sie vermittelten den Anthropologen Untersuchungsmaterial, das sonst nur mittels aufwändiger Expeditionen zu beschaffen gewesen wäre.

Die meisten dieser Erscheinungen waren nicht direkt durch die Kolonialpolitik bedingt, die Kolonialwaren, ethnologischen Objekte und zur Schau gestellten Völker stammten nur zum geringeren Teil aus den deutschen Schutzgebieten. Sie fanden sich in ähnlicher Form auch in kleineren europäischen Staaten, die keine eigenen Kolonien besaßen. Dennoch gehören sie alle in den breiteren Kontext der imperialistischen Durchdringung und Aneignung fremder Welten durch die europäischen Mächte. Sie zeugten von einer Neugier an anderen Völkern und ihren Kulturen, aber auch vom Willen und der Fähigkeit, sie für eigene Zwecke verfügbar zu machen, sowie vom Gefühl zivilisatorischer Überlegenheit, die dies zu legitimieren schien.

Literatur

Zur Kolonialpolitik und zur Begegnung mit dem Fremden:

Altena, Thorsten: *„Ein Häuflein Christen mitten in der Heidenwelt des dunklen Erdteils". Zum Selbst- und Fremdverständnis protestantischer Missionare im kolonialen Afrika 1884-1918.* Münster u.a. 2003.

Conrad, Sebastian/Osterhammel, Jürgen (Hg.): *Das Kaiserreich transnational. Deutschland in der Welt 1871-1914.* Göttingen 2004.

Dreesbach, Anne: *Gezähmte Wilde. Die Zurschaustellung „exotischer" Menschen in Deutschland 1870-1940.* Frankfurt am Main/New York 2005.

Fiedler, Matthias: *Zwischen Abenteuer, Wissenschaft und Kolonialismus. Der deutsche Afrikadiskurs im 18. und 19. Jahrhundert.* Köln u.a. 2005.

Förster, Stig/Mommsen, Wolfgang J./Robinson, Ronald (Hg.): *Bismarck, Europe, and Africa. The Berlin Africa Conference 1884-1885 and the Onset of Partition.* Oxford 1988. [Enthält auch Beiträge zur afrikanischen Perspektive]

Gründer, Horst: *Geschichte der deutschen Kolonien.* 5., aktualisierte Aufl. Paderborn u.a. 2004. [Standardwerk, das verlässlich informiert]

Honold, Alexander/Scherpe, Klaus R. (Hg.): *Mit Deutschland um die Welt. Eine Kulturgeschichte des Fremden in der Kolonialzeit.* Stuttgart/Weimar 2004. [54 Essays]

Perras, Arne: *Carl Peters and German Imperialism 1856-1918. A Political Biography.* Oxford 2004.

Pesek, Michael: *Koloniale Herrschaft in Deutsch-Ostafrika. Expeditionen, Militär und Verwaltung seit 1880*. Frankfurt am Main/New York 2005. [Innovative Fallstudie]
Speitkamp, Winfried: *Deutsche Kolonialgeschichte*. Stuttgart 2005. [Aktueller Abriss im Reclam-Format]

Das Bismarckreich im Rückblick 10.

Bismarcks Entlassung

Am 18. März 1890 reichte Bismarck sein Entlassungsgesuch bei Wilhelm II. ein, das dieser zwei Tage darauf annahm. Tatsächlich handelte es sich eher um eine Absetzung als um einen freiwilligen Rücktritt, denn der Wunsch des jungen Kaisers, sich von dem übermächtigen Kanzler zu befreien, war schon längst unübersehbar geworden. Drei konkrete Konflikte hatten die Trennung zuletzt fast unvermeidlich gemacht: Da waren erstens die Auseinandersetzungen um das Sozialistengesetz und den Arbeiterschutz; zweitens die Meinungsverschiedenheiten betreffend den außenpolitischen Kurs vor allem gegenüber Russland; und drittens war es im März zu einem Streit um den Geschäftsgang zwischen preußischen Ministern, Ministerpräsident und König gekommen: Bismarck bestand auf einer altbewährten Kabinettsordre, wonach die Minister dem König nicht direkt die Angelegenheiten ihrer Ressorts unterbreiten sollten, sondern den Ministerpräsidenten, also Bismarck, vorab zu informieren hatten. Wilhelm war das lästig, er wollte stärker selbst in die Regierungsgeschäfte eingreifen. Entlassungsgesuche hatte der Kanzler im Lauf seiner Karriere etliche geschrieben, als Druckmittel, um seinen Willen durchzusetzen. Bei Wilhelm I. war ihm das stets gelungen. Wilhelm II. aber nahm nun das Entlassungsgesuch ohne weiteres an. Die Ära Bismarck war beendet.

Anbruch einer neuen Ära

Große Teile der deutschen Gesellschaft nahmen die Nachricht erleichtert auf. Fast dreißig Jahre hatte Bismarck die Politik Preußens und dann des Reichs maßgeblich gelenkt, und zuletzt hatte er zunehmend Überdruss erregt. In den Augen vieler Zeitgenossen hatte sich die Politik des ewigen Kanzlers überlebt, sie galt als nicht mehr zeitgemäß, nur noch auf Bewahrung des Erreichten und auf persönlichen Machterhalt fixiert. Wilhelm II. hingegen weckte Hoffnungen auf einen neuen Aufbruch. Er wirkte jugendlich, dynamisch und modern. Im Inneren versprach er die tiefen sozialen Gegensätze, die Bismarcks polarisierender Regierungsstil aufgerissen hatte, zu versöhnen. Auf dem außenpolitischen Feld verband sich mit ihm die Erwartung eines ehrgeizigeren Kurses, der Deutschlands Macht und Prestige mehren werde. Die Ungeduld, die in der ausgehenden Bismarckära vor allem viele Jüngere erfasst hatte, brachte wenig später der damals 31-jährige Max Weber exemplarisch auf den Punkt: „Wir müssen begreifen, daß die Einigung Deutschlands ein Jugendstreich war, den die

Nation auf ihre alten Tage beging und seiner Kostspieligkeit halber besser unterlassen hätte, wenn sie der Abschluß und nicht der Ausgangspunkt einer deutschen Weltmachtpolitik sein sollte."[97] Die von der Vätergeneration unter Bismarck vollbrachte Reichsgründung, so die Quintessenz, konnte noch nicht alles gewesen sein. Jetzt galt es, zu neuen Ufern aufzubrechen.

Obgleich die Öffentlichkeit Bismarcks Abtritt großteils als befreiend erlebte, vollzog sich doch rasch ein Stimmungswandel: Bald setzte eine beispiellose Verehrung des Reichsgründers ein. Um ihn entstand ein regelrechter Kult, der nach seinem Tod am 30. Juli 1898 immer bizarrere Züge annahm. Im Rückblick wuchs Bismarck zu einer Figur von übermenschlicher Größe. In diesem abschließenden Kapitel soll zunächst die Entfaltung des Bismarckmythos skizziert und dann kurz das historiographische Bild rekapituliert werden, das die Geschichtswissenschaft in den letzten Jahrzehnten vom Bismarckreich gezeichnet hat.

10.1 Bismarckmythos

Abschied und Andenken

Bismarcks Transformation von einem umstrittenen Staatsmann zu einem nationalen Mythos setzte mit seiner Entlassung ein. Schon als er am 29. März 1890 aus Berlin abreiste, spielten sich auf dem Weg zum Bahnhof Szenen eines Starkults ab: „Wie eine Sturmflut warf sich die Menge dem Wagen entgegen, ihn umringend, begleitend, aufhaltend, Hüte und Tücher schwenkend, rufend, weinend, Blumen werfend", notierte eine adlige Beobachterin, die Baronin von Spitzemberg.[98] Zu seinem 75. Geburtstag am 1. April 1890 erreichte ihn eine Lawine von Glückwunschadressen, die sich seither jährlich wiederholte und anlässlich seines 80. Geburtstags eine von der Post kaum noch zu bewältigende Dimension annahm. Zahllose Delegationen von Institutionen und Verbänden sprachen auf Gut Friedrichsruh bei Hamburg vor, wo er sich nun meist aufhielt. Etwa 450 Städte erkoren den Altkanzler zu ihrem Ehrenbürger. Mit seinem Tod griff die Verehrung noch weiter um sich. Überall im Reich strömten Tausende zu spontanen Trauerkundgebungen zusammen. Gedichte auf den Verstorbenen, Lieder und populäre Biographien fanden eine immense Verbreitung, ebenso Postkarten, Bildreproduktionen und Devotionalien aller Art. Bismarcks Grab auf Gut Friedrichsruh entwickelte sich zu einer nationalen Wallfahrtsstätte. Allerorten wurden Straßen, Plätze, Schulen nach ihm benannt, und in vielen Städten kümmerten sich besondere Bismarckvereine um sein Andenken.

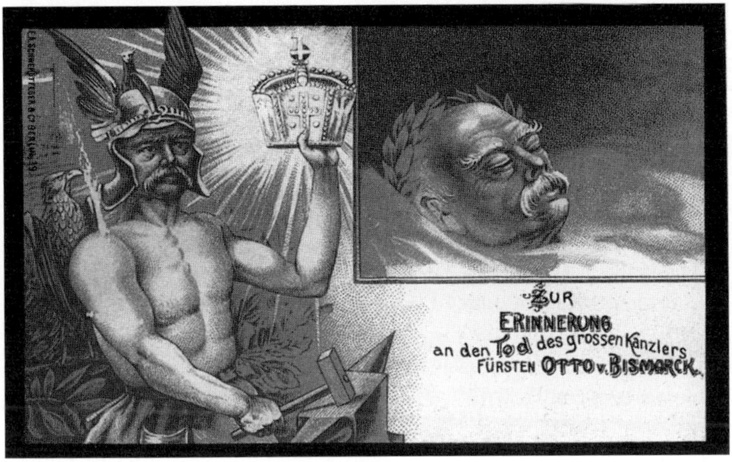

Abbildung 26: Postkarte zum Tode Bismarcks 1898, die an ihn als ‚Schmied' des Reichs erinnert.

Bismarckmonumente

Zugleich setzte eine Welle von Denkmalbauten ein. Bismarck figurierte zwar bereits seit den späten 1860er Jahren im Bildprogramm zahlreicher Sieges-, Reichsgründungs- und Kaiserdenkmäler, und ganz vereinzelt waren Standbilder speziell zu seinen Ehren schon zu seinen Lebzeiten entstanden. Nach seinem Tod aber entwickelten sie sich zum Massenphänomen. Bis 1914 wurden fast 700 Bismarckmonumente geplant und rund 500 vollendet, darunter neben eigentlichen Standbildern auch Büsten, Tafeln, Steine, Eichen, Brunnen, Obelisken, Türme. Sie verbreiteten sich über alle Teile des Reichs, selbst in ehemals so kritisch eingestellten Regionen wie Bayern, ebenso in den überseeischen Schutzgebieten.

Bismarckdenkmäler stellten ihren Protagonisten teils in traditioneller Manier in Kürassieruniform als preußisch-deutschen Staatsmann und Getreuen des Monarchen dar. Diesem Muster folgte etwa das offizielle, vom Reich finanzierte Monument in Berlin, das seit 1901 auf dem Königsplatz vor dem Reichstag stand. Einige wenige Denkmäler präsentierten Bismarck als Zivilisten, so als Gutsherrn begleitet von seiner geliebten Dogge. Ein ganz spezifischer und besonders weit verbreiteter Typus des Bismarckdenkmals waren jedoch die Türme, Warten oder Säulen. Dabei handelte es sich um begehbare Aussichtstürme, meist außerhalb der Städte in reizvoller Landschaft gelegen, auf deren Plattform eine Feuerschale installiert war. Erst die Flammensäule, die anlässlich von Gedenktagen in die Höhe schoss, machte diese Denkmäler komplett. Ein Aufruf der Deutschen Studentenschaft aus dem Jahr 1898 gab den Anstoß zu ihrer massenhaften Errichtung. Der Verzicht auf ein figürliches Bildprogramm und die Kombination mit dem Feuer verliehen diesem Denkmaltypus einen ausgesprochen unkonventionellen, modernen Charakter. Er entrückte Bismarck aus der Sphäre des konkret Historischen ins abstrakt Mythische.

Auch die figürlichen Bismarckmonumente tendierten zunehmend dazu, die historische Person in eine überzeitliche und beinahe übermenschliche Heldengestalt zu transformieren. Diesen Zug zeigt sehr eindrücklich das gigantische Standbild, das seit 1906 über dem Hamburger Hafen thronte und noch heute dort steht: Die Honoratioren der Hansestadt hatten einen Entwurf ausgesucht, der Bismarck als reckenhaften Ritter mit Rüstung, Umhang und Schwert darstellt, als den Roland der mittelalterlichen Sage. Die Kolossalfigur misst 15 Meter, einschließlich des Unterbaus ragt sie fast 35 Meter in die Höhe. Es handelte sich um das wohl teuerste und monströseste Bismarckdenkmal überhaupt.

Geschichtsschreibung

Die Historiker des Kaiserreichs taten wenig, um der unkritischen Verehrung Bismarcks entgegenzusteuern. Sie beteiligten sich vielmehr an seiner Verklärung. Maßgebliches Werk zur Reichsgründungsgeschichte war zunächst Heinrich von Sybels *Die Begründung des Deutschen Reiches durch Wilhelm I.*, das in erster Auflage zwischen 1889 und 1894 erschien.[99] Entgegen dem Titel figurierte nicht der Kaiser, sondern Bismarck im Zentrum dieser viel gelesenen Darstellung, die das bildungsbürgerliche Geschichtsbild stark prägte. Ihre Autorität schöpfte sie nicht zuletzt daraus, dass Sybel für lange Zeit der einzige Historiker blieb, der vollen Zugang zu den preußischen Staatsakten genoss. Sein Werk untermauerte nochmals die borussische Interpretation, wonach die preußisch-

Abbildung 27: Der Hamburger ‚Roland' von Hugo Lederer und Emil Schaudt, 1906 vollendet.

deutsche Geschichte mit der Reichsgründung zu ihrer Sinnerfüllung und einem krönenden Höhepunkt gelangt war. Jüngere Historiker bemängelten daran nicht eine übermäßige Machtstaatsbejahung und Heroisierung Bismarcks, sondern eher im Gegenteil, dass Sybel diesen zu vorsichtig und friedliebend, ja fast harmlos zeichnete. Das entsprach nicht mehr ganz dem Stil der Wilhelminischen Epoche; auch das historiographische Bild Bismarcks tendierte nun, ähnlich wie seine steinerne Repräsentation, zum exzeptionell Großen, ohne sich aber ansonsten wesentlich zu verändern. Zwar erlebte die Geschichtswissenschaft gerade um die Jahrhundertwende einen starken Schub der Professionalisierung und methodischen Erneuerung. Aber in Werken zur jüngsten Zeitgeschichte war davon wenig zu bemerken. Hier überwog weiterhin eine nationalliberal bis nationalkonservativ eingefärbte Wahrnehmung, die den deutschen Nationalstaat als Machtstaat und Bismarck als seinen Begründer fast noch emphatischer feierte, als es schon Sybel getan hatte.

Bismarck selbst war an der Konstruktion des Bildes, das die Nachwelt sich von ihm machte, maßgeblich beteiligt. Schon während seiner langen Amtszeit war er ein Meister der Selbstdarstellung gewesen, der die öffentliche Meinung durch Parlamentsauftritte, gezielte Indiskretionen und eine aktive Pressepolitik zu beeinflussen verstand. Auch nach seiner Entlassung meldete er sich immer wieder zu Wort, wobei er mit herber Kritik an seinen Nachfolgern nicht sparte. An Sybels großem Geschichtswerk schrieb er gewissermaßen mit, indem er dem Autor in langen Gesprächen Auskünfte erteilte und sein Manuskript redigierte. Und schließlich feilte der ‚Alte im Sachsenwald' jahrelang an seinen Memoiren, den *Gedanken und Erinnerungen*. Die ersten zwei Bände erschienen im Jahr seines Todes und entwickelten sich sofort zum Kassenschlager. Eine breite Leserschaft, aber auch die Historiker konnten sich hier aus erster Hand von der Genialität des Reichsgründers überzeugen. Der dritte Band, in dem er recht schonungslos mit Wilhelm II. abrechnete, ließ noch bis 1919 auf sich warten.

Galionsfigur der Nationalisten

Bismarcks Selbstinszenierung, Historiographie und Publizistik, Gedenkfeiern und Monumente, die allgegenwärtigen Bilder und Namensnennungen – dies alles zusammen entwickelte eine übermächtige Suggestionskraft. Bismarck avancierte nach dem Ende seiner Ära zu einem der populärsten Deutschen aller Zeiten. Freilich genoss er nicht in sämtlichen Sektoren der Gesellschaft dieselbe Wertschätzung. Auch kritische Stimmen meldeten sich zu Wort, vor allem in der ersten Phase nach seinem Abtritt. Dass

Bismarck weiterhin polarisierte, zeigte sich deutlich im Frühjahr 1895, als eine Reichstagsmehrheit aus Linksliberalen, Zentrum und Sozialdemokraten ihm eine Glückwunschadresse zum 80. Geburtstag versagte. Es waren vor allem das national bis nationalistisch gesinnte Bürgertum und die akademische Jugend, die den Bismarckkult trugen. Der Unmut der radikaleren Nationalisten über Bismarcks allzu statische Gleichgewichtsdiplomatie und halbherzige Kolonialpolitik war rasch verdrängt. Gerade sie erkoren ihn nun zu ihrer Galionsfigur. So pilgerte alljährlich eine Delegation des Alldeutschen Verbandes nach Friedrichsruh, um einen Kranz an seinem Grab niederzulegen. Im Rückblick galt er nicht nur als Begründer des Reichs, sondern auch der deutschen Weltpolitik, wie etwa die *National-Zeitung* anlässlich der Einweihung des Berliner Bismarckdenkmals 1901 verkündete: „Er hat die Schranke, die uns als Nation von dem Leben in der Welt, von der Theilnahme an den Weltangelegenheiten, von der Bethätigung unseres Volksthums in der Weltwirtschaft und dem Welthandel trennte, gebrochen. [...] Deutsche Schiffe bedecken die Meere, und der Nation der ‚Denker und Dichter' schreibt die Eifersucht und die Sorge der Nachbarn Welteroberungsgedanken zu."[100]

Kaiser und Kanzler

Für Wilhelm II. war der Nachruhm Bismarcks eine zwiespältige Angelegenheit, denn er drohte den Glanz des Kaiserhauses zu überstrahlen. Seine Versuche, Wilhelm I. zum eigentlichen Reichsgründer und zu ‚Wilhelm dem Großen' aufzuwerten, Bismarck hingegen zum bloßen Ratgeber und Diener zurückzustufen, misslangen jedoch nachhaltig. Im kollektiven Gedächtnis der Deutschen rangierte der erste Reichskanzler deutlich vor dem ersten Hohenzollernkaiser. Die ihm gewidmeten Denkmäler waren zahlreicher, die Historiographie schenkte und schenkt ihm bis heute weitaus mehr Aufmerksamkeit. So trug Bismarck letztlich den Sieg über Wilhelm II. davon. Da die Animositäten zwischen den beiden der Öffentlichkeit nicht verborgen geblieben waren, musste Wilhelm II. zudem befürchten, dass die demonstrative Verehrung für den entlassenen Kanzler eine unterschwellige Kritik an ihm selbst enthielt. Diese Sorge war nicht ganz unbegründet, denn in Relation zur Größe, die Bismarck im Rückblick annahm, konnten Wilhelm II. und seine Berater fast nur unzulänglich wirken. Sogar die politische Linke beurteilte Bismarck infolge des Vergleichs mit Wilhelm II. allmählich etwas milder. Dem tagespolitischen Richtungsstreit entrückt, entwickelte sich Ersterer mehr und mehr zu einem nationalen Übervater, auf den sich die unterschiedlichsten Ideale projizieren ließen. Für Wilhelm war das ärgerlich, allerdings stellte die Bismarckverehrung, trotz gewisser kritischer Untertöne, die Ordnung des Kaiserreichs prinzipiell keineswegs infrage, sondern trug im Gegenteil dazu bei, sie zu legitimieren. Dem Kaiser schien es denn auch ratsam, sich mit dem langen Schatten des verblichenen Kanzlers, den er doch nicht loswerden konnte, zu arrangieren. Endgültig und publikumswirksam tat er dies unmittelbar vor Beginn des Ersten Weltkriegs: Im Juni 1914 stand Wilhelm II. in Hamburg Pate bei der feierlichen Taufe des bis dahin größten Passagierschiffes der Welt auf den Namen Bismarck.

Erster Weltkrieg

Als Deutschland im August 1914 in den Krieg zog, erwies sich der Bismarckmythos als nützliche Ressource, die die mentale und physische Mobilmachung unterstützte. Die Erinnerung an den Krieg von 1870/71 diente nun als anspornendes Vorbild: Wieder musste die Nation gegen den Erbfeind zusammenstehen, um Bismarcks Werk zu bewahren und in seinem Geist einen neuen Sieg zu erringen. Anlässlich seines 100. Geburtstags am 1. April 1915 riefen ihn zahllose Gedenkfeiern und Presseerzeugnisse zum Schutzpatron der deutschen Truppen aus. Auf Feldpostkarten prangten sein Konterfei und Zitate aus seinen Reden, so insbesondere der Spruch: „Wir Deutsche fürchten Gott, aber sonst nichts in der Welt“. Die zweite Hälfte des Satzes – „und die Gottesfurcht ist es schon, die uns den Frieden lieben und pflegen läßt“ – blieb dabei wohlweislich unerwähnt.[101] Bismarck stand für nationale Einheit, Kampfbereitschaft und Siegesgewissheit. Dann kam die Niederlage, und alles, was sich in der kollektiven Erinnerung unauflöslich mit ihm verband, war verloren – die Machtstellung in Europa, das Kaisertum, Elsass-Lothringen, die Kolonien. Militärisch geschlagen und innerlich zerrissen, sah sich die deutsche Nation in eine tiefe Sinnkrise gestürzt. Ihre Delegierten mussten den demütigenden Friedensvertrag im Juni 1919 obendrein ausgerechnet an jenem Ort unterzeichnen, an dem Bismarck einst die Proklamation des Kaiserreiches inszeniert hatte.

Abbildung 28: „Deutsche Eichen“. Feldpostkarte mit Luther und Bismarck aus dem Ersten Weltkrieg.

Weimarer Republik

Der Untergang des Bismarckreiches bedeutete jedoch nicht das Ende des Bismarckmythos, im Gegenteil: Das Trauma der Niederlage ließ den Reichsgründer erst recht in einem gloriosen Licht erscheinen. Während viele Publizisten, Historiker und Politiker Wilhelm II. beziehungsweise seinen Beratern durchaus Fehler anlasteten, hoben sie Bismarck dagegen umso positiver ab. Gleichzeitig gewann der Bismarckmythos seit 1918/19 eine ganz neue politische Brisanz: Er implizierte nicht bloß rückwärtsgewandte Nostalgie, und er stand nicht mehr, wie noch in der Wilhelminischen Zeit, für eine grundsätzliche Bejahung der herrschenden Ordnung. Vielmehr wandelte er sich zu einer Zukunftshoffnung, die auf Überwindung des bestehenden Systems, das an der ganzen Misere Schuld zu sein schien, zielte. Am Bismarckmythos kristallisierte sich die Sehnsucht nach einem starken Führer, der die nationale Ehre wiederherstellen und ein neues mächtiges Reich, das dritte Reich, errichten würde. In dieser Funktion sollte er sich als folgenreich erweisen.

Der Bismarckmythos als Führersehnsucht

Die Beschwörung Bismarcks avancierte zu einer schlagkräftigen Waffe der nationalen Rechten im ideologischen Kampf gegen die ungeliebte Weimarer Republik. Zwar versuchten deren Verteidiger, einerseits Bismarck zu entzaubern und andererseits die Republik als legitime Erbin des Reichs von 1871 zu präsentieren. Aber beides blieb relativ erfolglos, es gelang ihnen nicht, der rechten Opposition die Deutungshoheit über Bismarck zu entwinden. Vielmehr gewann das mythisch aufgeladene, antirepublikanische Bismarckbild in den späten 1920er Jahren vor dem Hintergrund der sich zuspitzenden ökonomischen und politischen Krisen zusehends an Attraktivität. Die nationalsozialistische Bewegung wusste die Sehnsucht nach einem neuen Bismarck in ihrer Propaganda geschickt zu nutzen, und das war ein Faktor, der ihr half, das anfänglich noch skeptische nationalkonservative Bürgertum für sich einzunehmen. Die Nationalsozialisten erweckten den Eindruck, dass sie einen am Bismarckreich orientierten autoritären Staat anstrebten und Adolf Hitler wie einst Bismarck die Deutschen erneut zu Einheit, Macht und Ansehen führen könne. Obwohl Hitler in Wirklichkeit so gut wie gar nichts mit Bismarck gemeinsam hatte, gelang es ihm, nachdem Hindenburg diese Rolle vorübergehend eingenommen hatte, zur Projektionsfläche für all die Hoffnungen zu werden, die sich schon seit langem mit der idealisierten Figur des Reichsgründers verbanden.

Noch in der Phase nationalsozialistischer Machtkonsolidierung 1933/34 beschwor Hitler regelmäßig Bismarck und das Bismarcksche Reich, das nun in erneuerter Form wiederhergestellt werde, und die Öffentlichkeit griff diese Rhetorik dankbar auf. Allerorten war, wie 1871, von einer Wiedergeburt der deutschen Nation, die abermals glanzvollen Zeiten entgegensehe, die Rede. Je mehr sich das NS-Regime festigte, umso weiter ließ es Bismarck allerdings zurück: Der eiserne Kanzler figurierte nun nur noch als Vorläufer und Wegbereiter Hitlers, das Reich von 1871 als bloße Etappe auf dem Weg zum Dritten Reich. Die älteren nationalkonservativen Historiker, die noch im Kaiserreich sozialisiert worden waren, vollzogen diese Umdeutung mehr oder weniger klaglos nach. Die 1936 erschienene Reichsgründungsgeschichte von Erich Marcks etwa verband eine geradezu hymnische Bismarckverehrung mit dem Zugeständnis, dass das Werk des eisernen Kanzlers noch nicht den Höhepunkt der historischen Entwicklung, sondern eine Vorstufe zum NS-Staat markiert habe.[102] Bei jüngeren, von der nationalsozialistischen Ideologie überzeugten Fachvertretern ging die Distanzierung von der kaiserzeitlichen Vergangenheit teils deutlich weiter: Die kleindeutsche Reichsgründung, der es an einer völkischen Perspektive offenkundig gemangelt hatte, wollten sie höchstens noch als unvollkommene und in Teilen verfehlte Zwischenlösung gelten lassen. Trotzdem blieb Bismarck weiterhin ein insgesamt ehrenhafter Platz im NS-Geschichtsbild. So wurde kurz vor Beginn des Zweiten Weltkriegs, im Februar 1939, erneut in Hamburg ein großes Schiff auf seinen Namen getauft, diesmal ein Schlachtschiff und unter dem Patronat Hitlers.

Das NS-Regime erneuerte das Bismarckreich nicht, sondern zerstörte es endgültig. Als das ganze Ausmaß der Katastrophe 1945 nicht mehr zu verdrängen war, stellte sich für die deutsche Geschichtsschreibung das Kontinuitätsproblem: Konnte man, nachdem jahrelang eine Verbindungslinie zwischen Bismarck und Hitler behauptet oder ihr zumindest nicht laut widersprochen worden war, das Reich von 1871 als positiven Bezugspunkt der deutschen Geschichte noch retten? Oder war es nun dauerhaft als Vorstufe des Dritten Reichs diskreditiert?

Literatur

Zum Ende der Bismarckära und zum Bismarckmythos:

Frankel, Richard E.: *Bismarck's Shadow. The Cult of Leadership and the Transformation of the German Right, 1898-1945*. Oxford/New York 2005.

Gall, Lothar (Hg.): *Otto von Bismarck und Wilhelm II. Repräsentanten eines Epochenwechsels?* Paderborn u.a. 2000.

Gerwarth, Robert: *Der Bismarck-Mythos. Die Deutschen und der Eiserne Kanzler*. München 2007. [Zuerst englisch 2005]

Hardtwig, Wolfgang: *Der Bismarck-Mythos. Gestalt und Funktionen zwischen politischer Öffentlichkeit und Wissenschaft*. In: Ders. (Hg.): *Politische Kulturgeschichte der Zwischenkriegszeit 1918-1939*. Göttingen 2005, S. 61-90.
Machtan, Lothar (Hg.): *Bismarck und der deutsche National-Mythos*. Bremen 1994.
Machtan, Lothar: Bismarck. In: Etienne François/Hagen Schulze (Hg.): *Deutsche Erinnerungsorte*. 3 Bde. München 2001, Bd. 2, S. 86-104.

10.2 Von Bismarck zu Hitler?

Gesamtinterpretationen des Kaiserreichs waren über lange Zeit hinweg und sind teils bis heute eng mit der Debatte um einen ‚deutschen Sonderweg' verbunden. Diese Debatte stand nach 1945 im Zeichen der Frage, wie es zum Nationalsozialismus mit all seinen zerstörerischen Folgen hatte kommen können. Wo lagen die historischen Wurzeln dieser Fehlentwicklung? Bei der Suche nach einer Antwort lenkte die Geschichtswissenschaft ihren Blick auf verschiedene Epochen der preußisch-deutschen Geschichte, vor allem aber auf das Kaiserreich, denn 1871 war mit dem ersten deutschen Nationalstaat jenes politische Gebilde entstanden, das, nachdem es weite Teile Europas mit Krieg und Vernichtung überzogen hatte, 1945 selbst unterging.

Deutsche Sonderwegsideologie vor 1945

Die Vorstellung, dass mit der Reichsgründung ein besonderer Weg innerhalb Europas beschritten worden sei, reicht allerdings weiter zurück. In einer positiv aufgeladenen Variante prägte sie bereits die borussische Historiographie des 19. Jahrhunderts, die inspiriert war von einem Gefühl der kulturellen und verfassungspolitischen Überlegenheit der preußisch-deutschen gegenüber der westeuropäischen Entwicklung. Historiker wie Heinrich von Treitschke grenzten das Bismarcksche Reich mit seiner starken monarchischen Spitze vor allem gegenüber dem revolutionär-republikanischen Frankreich ab, aber auch gegenüber Großbritannien mit seiner parlamentarischen Parteienherrschaft. Die spezifisch deutschen politischen Ideale, so Treitschkes Überzeugung, seien die besten und einzigen, die wahre Freiheit ermöglichten. Deshalb würden sie im kommenden Jahrhundert den Ton angeben.

Quelle

Heinrich von Treitschke über das neue Jahrhundert, 1885:

„In fünf Jahren sind hundert Jahre vergangen seit dem Tage des Sturmes auf die Bastille, dann wird noch einmal in Paris

der große Phrasenschwall erschallen, noch einmal das alte Lied von der phrygischen Mütze ertönen; und wenn der Phrasenschwall vorüber und das Lied verklungen, dann wird das gesittete Europa einen großen Strich durch die Rechnung machen und wird sagen, daß jetzt die Zeit komme der deutschen politischen Ideale, daß das neue Jahrhundert, das ja jetzt schon langsam am Horizonte aufglüht, andere männlichere Ideale haben müsse, als jenes, das zu Ende geht.
Es ist wahrlich nicht das letzte Verdienst des Reichskanzlers, daß er der Welt gezeigt, daß die Freiheit nie besser gedeihen kann als unter einer starken Krone, daß keine Tyrannei fluchwürdiger ist als die Tyrannei der Partei, – und wie ein starker König von Gottes Gnaden darum gerechter sein kann und freier nach oben und nach unten als je eine herrschende Partei. Und es ist nicht minder das Verdienst unserer neuen deutschen Politik, daß die in Atheismus und Materialismus versunkene Welt sich anfängt, wieder zu bekehren zum christlichen Glauben.
Das neue Jahrhundert wird monarchisch sein und christlich, es wird ein königstreues, frommes, geordnetes Volk den Ton angeben in Europa, und daß das sein wird, das danken wir dem gewaltigen Manne, in dem der gute Geist der alten preußischen Königstreue und Tapferkeit sich verkörpert."[103]

Analoge Deutungen finden sich in zahlreichen Geschichtswerken des Kaiserreichs. Otto Hintze etwa ging in seinen verfassungshistorischen Studien von einem spezifisch preußisch-deutschen Typus des Konstitutionalismus aus, der das monarchische Prinzip wahre und sich so positiv vom westeuropäischen Parlamentarismus, aber auch von der zaristischen Autokratie abhebe. Im Ersten Weltkrieg erlebte dieses deutsche Sonderbewusstsein eine extreme Zuspitzung unter dem Schlagwort der ‚Ideen von 1914'. Ihre Propagandisten verstanden sie als eine Erneuerung der ‚Ideen von 1870' und als Antithese zu den ‚Ideen von 1789', also den Prinzipien der Französischen Revolution, die die Gesellschaften Westeuropas nachteilig geprägt hätten. Die deutschen Traditionen zeichneten sich demgegenüber durch ein überlegenes Verständnis von Freiheit und durch eine tiefere geistige Kultur aus. Der Krieg erschien in dieser Deutung als ein Kampf gegensätzlicher Systeme, und mit dem sicher erwarteten Sieg würde eine neue, von den deutschen Ideen bestimmte Epoche anbrechen.

Das Ende des Kaiserreichs bedeutete keineswegs eine generelle Absage an die Sonderwegsideologie. Die große Mehrheit der deutschen Historiker der Zwischenkriegszeit hielt an der Vorstellung prinzipieller Überlegenheit und zumal an einem überaus positiven Bild des Bismarckschen Kaiserreichs fest. In ihrer Interpretation war nicht die frühere Abweichung vom westeuropäischen Entwicklungspfad problematisch, sondern der Umstand, dass sich Deutschland mit dem System der Weimarer Republik diesem Entwicklungspfad angenähert hatte. Weimar war für sie ein Irrweg. Demgegenüber galt es, auf den überlegenen deutschen Weg des starken Obrigkeitsstaats zurückzukehren. Viele nationalkonservativ gesinnte Historiker, die dem Bismarckreich nachtrauerten, verbanden mit dem nationalsozialistischen Machtantritt die Erwartung, dass genau dies nun geschehen werde. Dass sie sich getäuscht hatten, merkten sie erst spät oder gar nicht.

Vorläufer der These vom negativen Sonderweg

Die These einer negativen Abweichung der deutschen Entwicklung vom gemeineuropäischen Pfad mit fatalen Konsequenzen geht ebenfalls bereits auf die Zeit vor dem Zweiten Weltkrieg zurück. Sie war zunächst vor allem aus ausländischer Perspektive formuliert worden, aber während der Weimarer Republik unternahmen auch einzelne deutsche Historiker eine kritische Revision der Kaiserreichsgeschichte. Zu ihnen gehörte Johannes Ziekursch. Er vermochte sich zwar nicht völlig von der zeittypischen Bismarckverehrung zu lösen. Aber er wagte doch die Behauptung, dass bereits mit der Reichsgründung Weichenstellungen erfolgt seien, die die kurze Lebensdauer der Bismarckschen Schöpfung erklärten. Während Treitschke die von Bismarck verkörperten politischen Ideale für die der Zukunft hielt, sah Ziekursch sie als überholt und zukunftslos an: Das Kaiserreich sei gewaltsam gegen den demokratischen Geist der Zeit errichtet worden, und deshalb hätte es nur Bestand haben können, wenn es noch rechtzeitig auf den Weg der politischen Reform gebracht worden wäre. Mit dieser am Nimbus des Reichsgründers kratzenden und die positive Sonderwegsideologie ins Negative umkehrenden Interpretation blieb Ziekursch jedoch weitgehend isoliert unter seinen Historikerkollegen.

Quelle

Johannes Ziekursch über Bismarcks Niederlage gegen die Zeit, 1925:

„Dem Geist der Zeit entgegen wurde die stolze Burg des neuen deutschen Kaiserreiches erbaut, [...] durch List und

> Gewalt, in schwerem Ringen mit seinen Gegnern im Ausland wie im Inland, unter Verfassungsbruch und Bürgerkrieg, über den Kopf seines widerstrebenden Königs hinweg und gegen den Willen eines großen Teiles des deutschen Volkes, der Bismarcks Wege nicht wandeln wollte. [...] An den unausgeglichenen Widersprüchen zwischen dem alten Preußen und dem neuen Deutschland, zwischen den unerfüllbaren Aufgaben, die dem Herrscher die Verfassung stellte, und der Leistungsfähigkeit der Dynastie, zwischen der bevormundenden Verfassung und dem die Welt erfüllenden demokratischen Zeitgeist ist Bismarcks Reich, nur ein halbes Jahrhundert nach seiner Begründung, durch Blut und Eisen, dem es seinen Ursprung verdankte, in einem Heldenkampfe sondergleichen wieder zugrunde gegangen. Bismarcks Werk lehrt, was der politische Genius im Widerspruch mit seiner Zeit zu leisten vermag, aber auch, wie die Zeit den Stärksten überwindet."[104]

Nach der Katastrophe

Nach einem weiteren Weltkrieg ließen sich kritische Fragen an die deutsche Geschichte nicht mehr verdrängen, und unter dem unmittelbaren Eindruck der Katastrophe äußerten etliche prominente Kommentatoren ähnliche Gedanken wie einst Ziekursch. So urteilte beispielsweise Thomas Mann im Mai 1945: „Durch Kriege entstanden, konnte das unheilige Deutsche Reich preußischer Nation immer nur ein Kriegsreich sein. Als solches hat es, ein Pfahl im Fleische der Welt, gelebt, und als solches geht es zugrunde."[105] Der Historiker Friedrich Meinecke schrieb wenig später, bereits „in der unmittelbaren Leistung Bismarcks selbst" sei etwas gewesen, „das auf der Grenze zwischen Heilvollem und Unheilvollem lag" und später mehr zum Unheilvollen tendierte.[106] Damit war die These einer kausalen Verbindungslinie zwischen Bismarckreich und Drittem Reich in den Raum gestellt. Sie sollte die deutsche Geschichtswissenschaft während mehrerer Jahrzehnte intensiv beschäftigen.

Gerhard Ritter

Zunächst taten sich die Historiker der Nachkriegszeit allerdings schwer damit, ältere Deutungsmuster und Werthaltungen abzustreifen. Während in der DDR unter dem Diktat des Marxismus eine fundamentale Neuinterpretation des Kaiserreichs erfolgte, dominierte in der frühen Bundesrepublik die Tendenz, Bismarcks Schöpfung von den späteren Fehlentwicklungen strikt abzukoppeln, um sie so vor der Verdammung zu bewahren. Dass der Nationalsozialismus ein Irrweg gewesen sei, bestritt kaum jemand, wohl aber, dass er in preußisch-deutschen Traditionen wurzle. Als exemplarisch hierfür kann Gerhard Ritter gelten. Noch zu Bismarcks Zeiten 1888 geboren, war er stark vom nationalkonservativen Denken der Wilhelminischen und Weimarer Epoche geprägt. Die Weimarer Republik hatte er abgelehnt und vermochte den Nationalsozialisten deshalb zunächst einiges abzugewinnen, näherte sich in der Schlussphase des Krieges jedoch dem Widerstand an. Diese Haltung sicherte ihm eine einflussreiche Stellung in der Geschichtswissenschaft der Nachkriegszeit. Sein Werk *Staatskunst und Kriegshandwerk*, dessen erster Band 1954 erschien, stand unter der Leitfrage, wo die Ursprünge des Militarismus lagen, der im frühen 20. Jahrhundert so katastrophale Folgen zeitigte.[107] Unter Militarismus verstand Ritter ein Überwiegen der militärischen über die zivil-diplomatischen Kräfte in der Staatsführung, namentlich in der Außenpolitik. Die Wurzeln dieser unguten Entwicklung verortete er nicht in der preußisch-deutschen Tradition, sondern in der Französischen Revolution. Bismarck habe sie noch aufgehalten und den Primat der Staatskunst über das Kriegshandwerk gewahrt, aber seinen Nachfolgern sei das immer weniger gelungen. Ritter versuchte also, die preußische Geschichte bis Bismarck von dem Vorwurf einer Mitschuld an den Weltkriegen zu rehabilitieren, den Militarismus als etwas geradezu Undeutsches von ihr abzutrennen und damit zugleich die ältere These eines positiven deutschen Sonderwegs ein Stück weit zu reaktivieren.

Umbruch der 1960er Jahre

Noch während Ritter an seinem vierbändigen Werk schrieb, geriet das Bild der preußisch-deutschen Vergangenheit nachhaltig in Bewegung: In den 1960er Jahren setzte eine rasche und radikale Umdeutung ein, die nun auch vor Bismarck nicht mehr haltmachte, ja gerade ihn zur Quelle vieler Übel erklärte. Aus „Bismarck-the-good-genius" wurde „Bismarck-the-bad-genius", wie Otto Pflanze diese Kehrtwende ironisch beschrieben hat.[108] Sie prägte nicht nur die wissenschaftliche Historiographie, sondern ebenso das öffentliche und quasi amtliche Geschichtsbild. Bekannte sich die politische Klasse der Bonner Republik 1965 anlässlich seines 150. Geburtstags noch mit einem Staatsakt, Kranzniederlegungen, Bismarck-Briefmarken und Bismarck-Gedenkmünzen demonstrativ zu Bismarck, so verkündete Bundespräsident Heinemann nur sechs Jahre später anlässlich des 100. Jahrestags der Reichsgründung, dass Bismarck nicht in die Ahnenreihe derjenigen gehöre, die ein freiheitliches Deutschland befördert hätten. Zwischen den beiden Jahrestagen lagen unter anderem die Studentenbewegung und zwei Regierungswechsel.

Fischer-Kontroverse

Auf dem Feld der Geschichtswissenschaft, aber mit Resonanz weit über die Historikerzunft hinaus, markierte die Fischer-Kontroverse den Beginn einer grundlegenden Neubewertung des Kaiserreichs. Sie entzündete sich zunächst an Fritz Fischers Buch *Griff nach der Weltmacht* aus dem Jahr 1961, in dem es um die Kriegsschuldfrage und die deutsche Kriegszielpolitik im Ersten Weltkrieg ging. Von ihrem ursprünglichen, eher konventionell diplomatiegeschichtlichen Fokus verlagerte sich die Debatte jedoch bald auf die Frage der tiefer liegenden Kriegsursachen. In diesem Kontext geriet die von Eckart Kehr in der Zwischenkriegszeit entwickelte These des ‚Primats der Innenpolitik' wieder in den Blick. Fischer selbst griff sie auf, vor allem aber jüngere Historiker wie Helmut Böhme oder Hans-Ulrich Wehler: Die Fischer-Kontroverse wurde für sie zum Anstoß, den herkömmlichen politikgeschichtlichen Ansatz hinter sich zu lassen und stattdessen eine Sozialgeschichte der Politik zu betreiben, die die sozioökonomischen Grundlagen des politischen Systems und von politischen Entscheidungen analysiert. Ein solcher Zugriff sollte zugleich die längerfristigen Kontinuitätslinien aufdecken, die von der Entstehungsphase des Kaiserreichs bis in den Nationalsozialismus führten.

Modernisierungstheorie und Sonderwegsthese

Abgesehen von der Fischer-Kontroverse war diese Neuorientierung der Kaiserreichsforschung von dem kritischen Gestus der 68er-Bewegung, von einer Renaissance marxistischen Denkens und von diversen sozialwissenschaftlichen Theorieimporten inspiriert. Vor allem die Rezeption amerikanischer Modernisierungstheorien wurde zentral für die bundesrepublikanische Sozialgeschichte der 1960er/70er Jahre. Diese Modernisierungstheorien gehen im Kern davon aus, dass die zeitliche Taktung von Entwicklungen in verschiedenen funktionalen Teilbereichen einer Gesellschaft entscheidend sei für deren Fähigkeit, die im Modernisierungsprozess auftretenden Krisen zu bewältigen. Im Zentrum der radikal ins Negative gewendeten Sonderwegsthese, wie sie die deutsche Sozialgeschichte seit den 1960er Jahren formulierte, stand das Argument, dass die deutsche Geschichte des 19. Jahrhunderts von einem fatalen Auseinanderklaffen zwischen wirtschaftlicher und politisch-gesellschaftlicher Modernisierung belastet gewesen sei: Während sich Deutschland rapide zum Industriestaat entwickelte, sei es den vormodernen agrarisch-adeligen Eliten gelungen, ihre politische und gesellschaftliche Machtstellung zu konservieren. Diese Beharrungskraft der alten Eliten und die korrespondierende Schwäche des liberalen Bürgertums hätten einen vom normalen westeuropäischen Entwicklungspfad verhängnisvoll abweichenden Sonderweg konstituiert, der in die Katastrophen des 20. Jahrhunderts mündete.

Eine komprimierte Gesamtdarstellung dieses neuen Kaiserreichbildes lieferte Hans-Ulrich Wehler in einem Buch aus dem Jahr 1973, das trotz oder gerade wegen seiner scharf zugespitzten Thesen mit dünner empirischer Fundierung äußerst anregend wirkte. Wie der folgende Textauszug andeutet, interpretierte Wehler die Reichsgründungszeit als entscheidende Phase für die Entwicklung des deutschen Sonderwegs in die Moderne: Nachdem Deutschland im ausgehenden 18. Jahrhundert keine bürgerliche Revolution erlebt hatte und diejenige von 1848 gescheitert war, habe die militärische Reichsgründung von oben die Dominanz der vormodernen Eliten und die Schwäche des Bürgertums erneut zementiert. Hinzu sei dann noch die konservative Wende von 1878/79 gekommen, die die Modernisierung des politischen Systems und somit seine Problemlösungskapazität endgültig blockiert habe.

Quelle

Hans-Ulrich Wehler über den deutschen Sonderweg, 1973:

Die erkenntnisleitenden Interessen der Studie „sind mit dem Fundamentalproblem der modernen deutschen Geschichte seit den Revolutionen des ausgehenden 18. Jahrhunderts verknüpft, mit der Erklärung des verhängnisvollen Sonderwegs der Deutschen, vor allem seit dieser Zeit. [...] Ohne eine kritische Analyse dieser historischen Bürde, die namentlich im Kaiserreich immer schwerer geworden ist, läßt sich der Weg in die Katastrophe des deutschen Faschismus nicht erhellen. [...] Man wird es ja verstehen können, daß einer älteren Generation das kleindeutsche Großpreußen von 1871 als Erfüllung nationaler Wünsche galt; daß nach 1918 für viele ein kritisches Urteil so bald schwer möglich war; daß auch ein starkes psychisches Bedürfnis nach 1945 bestand, die Epoche der kaiserlichen Reichseinheit zu idealisieren und von der ‚Verfallsgeschichte' seit 1918, zumindest des ‚Dritten Reiches' scharf abzuheben. Die Folgen dieser Haltungen sind jedoch nachweisbar unheilvoll gewesen. Heute tritt in einem kritischen Rückblick die Kontinuität von 1871 bis 1945 – auf einigen Gebieten auch noch darüber hinaus – klar hervor." Es stand „am Eingang zum neuen Staatsgebäude kein ursprünglicher Emanzipationsakt der politisch mündigen

> Volksschichten, sondern der autoritäre preußische Obrigkeitsstaat expandierte mit blendenden Erfolgen zum Deutschen Reich von 1871. [...] Bis 1945, ja in manchen Bereichen darüber hinaus, wirkte sich, durch ältere historische Traditionen und neue Erfahrungen begünstigt, der fatale Erfolg der kaiserlichen Machteliten aus."[109]

Einwände gegen die Sonderwegsthese

Das an der Sonderwegsthese orientierte Kaiserreichbild war in den 1970er/80er Jahren sehr einflussreich, erregte aber auch sofort Widerspruch, keineswegs nur seitens konservativer Historiker der älteren Generation. Gerade Forscher, die selbst nach neuen Wegen der Geschichtsschreibung suchten, erhoben Einwände. Zu den polemischsten und zugleich konstruktivsten Kritikern zählten die britischen Historiker David Blackbourn und Geoff Eley. Sie verstanden sich ebenfalls als Sozialhistoriker, meinten damit aber etwas ganz anderes als die von Wehler angeführte ‚Bielefelder Schule'. In einem Büchlein aus dem Jahr 1980 zerpflückten sie die neuen *Mythen deutscher Geschichtsschreibung*, wie sie die Sonderwegsthese nannten, woraus sich ein heftiger Schlagabtausch entspann. Im Grunde ganz ähnliche Einwände erhob Thomas Nipperdey. Sie lassen sich in fünf Punkten zusammenfassen.

Erstens beanstandeten die Kritiker die teleologische Ausrichtung der deutschen Geschichte auf den Fluchtpunkt 1933. Statt das Kaiserreich nur als Vorgeschichte zum Nationalsozialismus zu betrachten, müsse es als eigenständige Epoche ernst genommen werden, deren Zeitgenossen von der Zukunft noch nichts wissen konnten. Das sollte keine Plädoyer dafür sein, die zentrale Bedeutung des Nationalsozialismus zu relativieren, wohl aber dafür, die Perspektiven zu erweitern und zu flexibilisieren.

Zweitens bemängelten die Kritiker der Bielefelder Schule deren Staats-, Eliten- und Preußenfixiertheit. Sie betreibe effektiv eine sehr konventionelle politische Sozialgeschichte von oben und von den Machtzentren her, während die gewöhnliche Bevölkerung nur als manipuliertes Objekt in den Blick gerate, nicht aber als Subjekt der Geschichte. Zudem würden die viel beschworenen vormodernen Machteliten als zu kompakter Block dargestellt. Insgesamt fehle ein Gespür für die regionale, kulturelle und soziale Differenziertheit der deutschen Gesellschaft, ihr Bild gerate viel zu schematisch.

Ein dritter Kritikpunkt zielte auf den internationalen Vergleichsmaßstab. Die Sonderwegsthese setzt einen westlichen Normalpfad voraus, den es aber so nicht gebe. Das, was die Sonderwegsverfechter für westliche Normalität hielten, sei ein idealisiertes Zerrbild, das mit den historischen Gegebenheiten Großbritanniens oder Frankreichs wenig zu tun habe. Darüber hinaus müsse das Urteil auch anders ausfallen, wenn anstelle dieser beiden bevorzugten Vergleichsgrößen andere Staaten betrachtet würden. Bei näherem Hinsehen entpuppe sich letztlich jede Gesellschaft als Sonderfall.

Viertens werde nicht nur die Modernität der angeblichen westlichen Normalität überschätzt, sondern diejenige des Kaiserreichs unterschätzt. Das Bürgertum sei keineswegs so schwach gewesen, wie von der Sonderwegsthese unterstellt. Vielmehr habe es in vielen gesellschaftlichen Bereichen eine ausgesprochen starke Durchsetzungsfähigkeit und Ausstrahlungskraft entfaltet. Die These einer anhaltenden Dominanz der alten adeligen Eliten lasse sich kaum pauschal aufrechterhalten, und auch im Vergleich zu anderen europäischen Ländern könne man von keinem spezifisch deutschen Defizit an Bürgerlichkeit sprechen.

Fünftens schließlich neigten die Sonderwegsverfechter zu der irrigen Annahme, dass bürgerlich, modern und liberal natürlicherweise zusammengingen, ebenso wie adelig, vormodern und reaktionär. Alle illiberalen oder sonst irgendwie bedenklichen Erscheinungen der kaiserzeitlichen Gesellschaft wie Radikalnationalismus, Antisemitismus, Imperialismus oder sozialer Militarismus würden einem vormodernen Überhang angelastet. Damit werde verkannt, dass gerade auch spezifisch moderne Entwicklungen höchst ambivalente und gefährliche Nebeneffekte haben können. Die Dichotomie modern/gut gegen vormodern/schlecht sei jedenfalls viel zu simpel.

Insgesamt, so lässt sich die Kritik an der Sonderwegsthese zusammenfassen, presse sie die deutsche Geschichte in ein starres Korsett, das der Komplexität, Heterogenität und Widersprüchlichkeit der deutschen wie europäischen Entwicklung nicht gerecht werde. Im Schlusswort zu seiner Gesamtdarstellung des Kaiserreichs hat Thomas Nipperdey das Kontrastprogramm einer differenzierenden und vorsichtig abwägenden Geschichtsschreibung formuliert, die freilich niemals zu einem so eingängigen und klar umrissenen Bild gelangen kann wie Wehlers Variante von 1973.

Quelle

Thomas Nipperdey über die Farbe der Geschichte, 1992:

„Die Geschichte einer Welt, und so unsere Geschichte der deutschen Welt zwischen 1866 und 1918, ist ein Ensemble

> von Geschichten, die wir erzählen, von Wirklichkeiten, die wir beschreiben und analysieren. Das Ganze des Lebens erschließt sich in der Fülle seiner Bereiche, seiner Abfolge. Und so haben wir am Ende auch keine Formel oder These, auf die sich alles bringen läßt. Wir stehen vor dem Panorama der vielen Ergebnisse und Teilbereiche. [...]
> Historiker, die sich darum mühen, der Vergangenheit gerecht zu werden, die Urgroßväter nicht apologetisch zu loben und nicht kritisch zu verdammen, ergeben sich dem Abwägen, dem Einerseits/Andererseits, dem entgegensetzenden Aber-doch, dem einschränkenden Freilich, dem zwiespältigen Sowohl-als-auch, sie betonen die Uneindeutigkeiten, die Ambivalenzen der Wirklichkeit und der vermeintlichen Wirklichkeitssysteme. Das gilt auch für unseren Fall, damit müssen wir den Leser wieder strapazieren. [...]
> Die Menschen unterscheiden sich nicht in gute und böse, das Kaiserreich war nicht gut und nicht böse oder nach Gutem und Bösem deutlich unterscheidbar: Die Grundfarben der Geschichte sind nicht Schwarz und Weiß, ihr Grundmuster nicht der Kontrast eines Schachbretts, die Grundfarbe der Geschichte ist grau, in unendlichen Schattierungen.“[110]

Auffächerung der Themenfelder und methodischen Ansätze

Mittlerweile ist die Debatte um die Sonderwegsthese abgeklungen, sie hat sich tendenziell überlebt, obgleich sie noch nicht definitiv ad acta gelegt ist. Wehler und andere Exponenten haben ihre früheren Positionen modifiziert, differenziert und relativiert, aber nicht völlig fallen lassen. Die Kritik an den ursprünglich zu einfach gestrickten Annahmen hat mit den Anstoß zu intensivierten Forschungsanstrengungen gegeben. So hat ein großer Bielefelder Sonderforschungsbereich seit Mitte der 1980er Jahre das empirische Wissen über das deutsche und europäische Bürgertum des 19. Jahrhunderts erheblich erweitert, womit nun viel fundierter über seine relativen Schwächen und Stärken verhandelt werden kann.[111] Neben die strukturgeschichtlich ausgerichtete Sozialgeschichte sind, mit den üblichen anfänglichen Abgrenzungskämpfen, vielfältige neue methodische Ansätze und Forschungsfelder wie die Alltags-, Geschlechter- oder neuere Kulturgeschichte getreten. Die international vergleichende und transnationale Geschichte ist vorangetrieben worden, ebenso auf der anderen Seite die Regional- und Lokalgeschichte, so dass sich die ehemalige Fixierung auf den nationalstaatlichen Rahmen aufgelockert hat.

Die Geschichtsschreibung zum ausgehenden 19. Jahrhundert hat sich insgesamt enorm aufgefächert. Das Bild ist nicht grau geworden, wie Nipperdey meinte, sondern eher bunt, aber das macht es nicht einfacher, zu generalisierenden Schlussfolgerungen zu kommen. Ein stringentes Fazit der Epoche ist kaum noch möglich. Übergreifende Erzählmuster wie die borussische Erfolgsgeschichte oder die Unheilsgeschichte der Sonderwegsthese haben ihre Plausibilität jedenfalls verloren. Allerdings ist auch der Bedarf an einer solch übergreifenden Rahmenerzählung, die der Geschichte einen Sinn verleiht, geschwunden, denn mit der wachsenden zeitlichen Distanz ist die Bismarckära zu einer Epoche unter vielen geworden, sie hat sich historisiert und berührt das deutsche Selbstverständnis nicht mehr so unmittelbar wie noch bis in die 1960er Jahre.

Neues von der Bismarckforschung

Damit ist zugleich das Bild von Bismarck als Person nüchterner geworden. Er ist nicht mehr der Heros, aber auch nicht mehr der Dämon der deutschen Geschichte. Trotzdem interessiert sich die Forschung noch immer in erstaunlichem Ausmaß für ihn. Zwar rangiert er bei weitem nicht mehr so prominent in der Historiographie zum sogenannten Bismarckreich wie noch vor wenigen Jahrzehnten; aber die Faszinationskraft des ‚großen Mannes' hält doch an, ja man kann sogar von einer gewissen Renaissance der Bismarckforschung sprechen. Zwischen 1980 und 1990 sind gleich drei dickleibige Biographien von Lothar Gall, Ernst Engelberg und Otto Pflanze erschienen. Im Sommer und Herbst 1990 fand, zeitgleich mit der deutschen ‚Wiedervereinigung', eine große Bismarck-Ausstellung in Berlin statt. Zu seinem hundertsten Todestag 1998 ist die vom Bund getragene Otto-von-Bismarck-Stiftung ins Leben getreten, die seither zahlreiche wissenschaftliche Studien und Tagungsbände publiziert und außerdem eine Neuausgabe von Bismarcks gesammelten Werken eingeleitet hat, welche die zwischen 1924 und 1935 erschienene Friedrichsruher Ausgabe ergänzen soll.

Diese intensivierte Beschäftigung mit Bismarck ist jedoch kein Zeichen eines neuen Bismarckkults. Vielmehr hat die neuere Forschung viel dazu beigetragen, den Reichsgründer auf eine normalmenschliche Dimension zurückzustutzen. Er war nicht der überragende Stratege und Manipulator, der sämtliche Strippen zog, wie es in älteren Werken manchmal den Anschein hat. In einem gewissen Kontrast zu dieser Entzauberung steht, obgleich in kritischer Absicht, ein Vorschlag von Hans-Ulrich Wehler: Hatte er Bismarcks Regierungsstil 1973 noch als bonapartistisches Diktorialregime bezeichnet, so ordnet er ihn im dritten Band seiner Gesellschaftsgeschichte von 1995 dem Typus der charismatischen Herrschaft zu. Damit ist im Anschluss an Max Webers Herrschaftssoziologie eine Herrschaftsform gemeint, die sich dadurch begründet und erhält, dass eine außergewöhnlich befähigte Führungspersönlichkeit existentielle Krisen erfolgreich meistert und so eine treue Gefolgschaft gewinnt, die an sie glaubt und ihr wiederum außergewöhnliche Eigenschaften zuschreibt. Dieser Deutungsvorschlag hat allerdings kaum Akzeptanz gefunden. Bismarck avancierte, so die vorherrschende Meinung der neueren Forschung, erst nach seinem Abtritt von 1890 zu einer charismatischen Führerfigur; während seiner Amtszeit hingegen war er dies höchstens in Ansätzen.[112] Das unterschied ihn im Übrigen nicht zuletzt vom ‚Führer'. Auch in dieser Hinsicht gibt es keine direkte Verbindungslinie von Bismarck zu Hitler.

Literatur

Zur Historiographiegeschichte und zur Sonderwegsdebatte:

Blackbourn, David/Eley, Geoff: *Mythen deutscher Geschichtsschreibung. Die gescheiterte bürgerliche Revolution von 1848.* Frankfurt am Main u.a. 1980. [Erweiterte englische Fassung: *The Peculiarities of German History. Bourgeois Society and Politics in Nineteenth-Century Germany.* Oxford/New York 1984]

Faulenbach, Bernd: *Die Reichsgründungsepoche als formative Phase des deutschen „Sonderweges"? Zu Hans-Ulrich Wehlers „Deutscher Gesellschaftsgeschichte".* In: Archiv für Sozialgeschichte 38 (1998), S. 368-384.

Frie, Ewald: *Das Deutsche Kaiserreich.* Darmstadt 2004. [Einführung in einige zentrale Forschungskontroversen]

Gall, Lothar (Hg.): *Das Bismarck-Problem in der Geschichtsschreibung nach 1945.* Köln/Berlin 1971. [Versammelt zentrale Aufsätze prominenter Historiker der Nachkriegszeit]

Grebing, Helga u.a.: *Der „deutsche Sonderweg" in Europa 1806-1945. Eine Kritik.* Stuttgart u.a. 1986.

Kocka, Jürgen: *Nach dem Ende des Sonderwegs. Zur Tragfähigkeit eines Konzepts.* In: Arnd Bauerkämper u.a. (Hg.): *Doppelte Zeitgeschichte. Deutsch-deutsche Beziehungen 1945-1990.* Bonn 1998, S. 364-375.

Spenkuch, Hartwin: *Vergleichsweise besonders? Politisches System und Strukturen Preußens als Kern des „deutschen Sonderwegs".* In: Geschichte und Gesellschaft 29 (2003), S. 262-293. [Gehört zu den letzten entschiedenen Verfechtern der Sonderwegsthese]

Anmerkungen

1 So z. B. Langewiesche, Dieter: Die Reichsgründung 1866/1871. In: Hans-Ulrich Wehler (Hg.): Scheidewege der deutschen Geschichte: von der Reformation bis zur Wende 1517-1989. München 1995, S. 131-145; Siemann, Wolfram: Reichsgründung 1871: die Schaffung des ersten deutschen Nationalstaates. In: Alexander Gallus (Hg.): Deutsche Zäsuren. Systemwechsel seit 1806. Köln u.a. 2006, S. 105-130; Winkler, Heinrich August: 1866 und 1878: Der Liberalismus in der Krise. In: Carola Stern/Heinrich August Winkler (Hg.): Wendepunkte deutscher Geschichte 1848-1990. Überarbeitete und erweiterte Neuausgabe Frankfurt am Main 1994 [zuerst 1979], S. 43-70.

2 August Ludwig von Rochau in der Wochenschrift des Nationalvereins vom 3. 10. 1862, zitiert nach Biermann, Harald: Ideologie statt Realpolitik. Kleindeutsche Liberale und auswärtige Politik vor der Reichsgründung. Düsseldorf 2006, S. 140.

3 Allgemeine Zeitung, 22. 7. 1870, zitiert nach Buschmann, Nikolaus: Einkreisung und Waffenbruderschaft. Die öffentliche Deutung von Krieg und Nation in Deutschland 1850-1871. Göttingen 2003, S. 328.

4 Sie sowie zahlreiche weitere zentrale Quellen finden sich in Huber, Ernst Rudolf (Hg.): Dokumente zur deutschen Verfassungsgeschichte, Bd. 2: Deutsche Verfassungsdokumente 1851-1900. 3. Aufl. Stuttgart u.a. 1986.

5 Wiedergegeben nach Toeche-Mittler, Th[eodor]: Die Kaiserproklamation in Versailles am 18. Januar 1871. Berlin 1896, S. 18-22.

6 Brief an Ludwig II. vom 2. 2. 1871, in: Deuerlein, Ernst (Hg.): Die Gründung des Deutschen Reiches 1870/71 in Augenzeugenberichten. Düsseldorf 1970, S. 308.

7 Kaiser Friedrich III.: Das Kriegstagebuch von 1870/71, hg. v. Heinrich Otto Meisner. Berlin/Leipzig 1926, S. 341 f.

8 Bismarck, Otto von: Die gesammelten Werke. 15 Bde. Berlin 1924-1935, hier Bd. 14,2. Berlin 1933, S. 810: Brief vom 21. 1. 1871 [Accoucheur = Geburtshelfer].

9 Heinrich von Sybel an Hermann Baumgarten, 27. 1. 1871, in: Heyderhoff, Julius (Hg.): Deutscher Liberalismus im Zeitalter Bismarcks. Eine politische Briefsammlung, Bd. 1: Die Sturmjahre der preußisch-deutschen Einigung 1859-1870. Bonn 1925, S. 494.

10 Gründungsprogramm der Nationalliberalen Partei, 12. 6. 1867, in: Mommsen, Wilhelm (Hg.): Deutsche Parteiprogramme. München 1960, S. 147-151.

11 Politische Correspondenz. In: Preußische Jahrbücher 17 (1866), S. 569-578, hier S. 574.

12 Vgl. Langewiesche, Dieter: „Revolution von oben"? Krieg und Nationalstaatsgründung in Deutschland. In: Ders. (Hg.): Revolution und Krieg. Zur Dynamik historischen Wandels seit dem 18. Jahrhundert. Paderborn 1989, S. 117-133.

13 So der Zentrumsabgeordnete Peter Reichensperger in der Debatte über die Bewilligung weiterer Kriegsmittel am 26. 11. 1870, zitiert nach Fenske, Hans (Hg.): Der Weg zur Reichsgründung 1850-1870. Darmstadt 1977, S. 428-430.

14 Das große Neujahr. In: Historisch-politische Blätter für das katholische Deutschland, redigiert von Edmund Jörg und Franz Binder. Bd. 67. München 1871, S. 1-15.

15 Der Leipziger Hochverratsprozeß vom Jahre 1872, neu hg. von Karl-Heinz Leidigkeit. Berlin 1960, S. 256 f.

16 Rede vom 1. 4. 1871, in: Fenske, Hans (Hg.): Im Bismarckschen Reich 1871-1890. Darmstadt 1978, S. 43-46.

17 Rede vom 9. 2. 1871, zitiert nach Stürmer, Michael: Die Reichsgründung. Deutscher Nationalstaat und europäisches Gleichgewicht im Zeitalter Bismarcks. 4. Aufl. München 1993, Dokumentenanhang, S. 164.

18 Der vollständige Verfassungstext ist wiedergegeben in Huber (Hg.): Dokumente, Bd. 2, S. 385-402 (wie Anm. 4).

19 Lepsius, M. Rainer: Parteiensystem und Sozialstruktur: zum Problem der Demokratisierung der deutschen Gesellschaft. In: Gerhard A. Ritter (Hg.): Die deutschen Parteien vor 1918. Köln 1973, S. 56-80 [Erstdruck 1966].

20 Diese Formel ist geprägt worden von Böhme, Helmut: Deutschlands Weg zur Großmacht. Studien zum Verhältnis von Wirtschaft und Staat während der Reichsgründungszeit 1848-1881. Köln/Berlin 1966.

21 Wehler, Hans-Ulrich: Das Deutsche Kaiserreich 1871-1918. 5. Aufl. Göttingen 1983, S. 63. Ähnlich zugespitzt urteilt Stürmer, Michael: Regierung und Reichstag im Bismarckstaat 1871-1880. Cäsarismus oder Parlamentarismus. Düsseldorf 1974.

22 Mommsen, Wolfgang J.: Das deutsche Kaiserreich als System umgangener Entscheidungen. In: Helmut Berding u.a. (Hg.): Vom Staat des Ancien Régime zum modernen Parteienstaat. München/Wien 1978, S. 239-265.

23 Rede vom 28. 3. 1867, in Bismarck, Otto von: Die gesammelten Werke, Bd. 10. Berlin 1928, S. 356.

24 Vgl. hierzu Kirsch, Martin: Monarch und Parlament im 19. Jahrhundert. Der monarchische Konstitutionalismus als europäische Verfassungsform – Frankreich im Vergleich. Göttingen 1999, der auch die deutsche Entwicklung eingehend diskutiert.

25 Einen guten Überblick zur aktuellen Debatte, die sich allerdings mehr auf die Wilhelminische Epoche bezieht, bietet Kühne, Thomas: Demokratisierung und Parlamentarisierung: Neue Forschungen zur politischen Entwicklungsfähigkeit Deutschlands vor dem Ersten Weltkrieg. In: Geschichte und Gesellschaft 31 (2005), S. 293-316. Hier auch zahlreiche weitere Literaturangaben.

26 Dieser Begriff wurde geprägt von Anderson, Benedict: Imagined Communities. Reflections on the Origin and Spread of Nationalism. London 1983, auf Deutsch erschienen unter dem Titel: Die Erfindung der Nation. Zur Karriere eines folgenreichen Konzepts. Erw. Neuausg. Frankfurt am Main/New York 1996.

27 Alle Gesetze, die im Folgenden erwähnt werden, sind publiziert im Bundes-Gesetzblatt des Norddeutschen Bundes bzw. im Reichsgesetzblatt. Die jeweiligen Debatten des Reichstags lassen sich nachlesen in den ebenfalls veröffentlichten Protokollen: Stenographische Berichte über die Verhandlungen des Reichstages des Norddeutschen Bundes bzw. des Deutschen Reichstags; sie sind auch vollständig im Internet greifbar: http://mdz1.bib-bvb.de/cocoon/reichstag/start.html.

28 Vgl. beispielsweise Grebing, Helga: Arbeiterbewegung. Sozialer Protest und kollektive Interessenvertretung bis 1914. München 1985, S. 50 f.

29 Zitiert nach Alings, Reinhard: Monument und Nation. Berlin/New York 1996, S. 171.

30 Zum Hermannsdenkmal vgl. Tacke, Charlotte: Denkmal im sozialen Raum. Nationale Symbole in Deutschland und Frankreich im 19. Jahrhundert. Göttingen 1995.

31 Zu populären Bildmedien der Zeit vgl. Leonhardt, Nic: Piktoral-Dramaturgie. Visuelle Kultur und Theater im 19. Jahrhundert (1869-1899). Bielefeld 2007.

32 Vgl. z. B. Becker, Frank: Umkämpfte Erinnerung? Sedantage in Münster und Minden (1870-1895). In: Westfälische Forschungen 51 (2001), S. 211-233.

33 Wiedergegeben nach Heinen, Ernst (Hg.): Staatliche Macht und Katholizismus in Deutschland, Bd. 2: Dokumente des politischen Katholizismus von 1867 bis 1914. Paderborn 1979, S. 68 f.

34 Hardtwig, Wolfgang: Bürgertum, Staatssymbolik und Staatsbewußtsein im Deutschen Kaiserreich 1871-1914. In: Geschichte und Gesellschaft 16 (1990), S. 269-295, hier S. 285. Vgl. auch Wehler, Hans-Ulrich: Deutsche Gesellschaftsgeschichte, Bd. 3. München 1995, S. 881 f.

35 Vgl. etwa Ziemann, Benjamin: Sozialmilitarismus und militärische Sozialisation im deutschen Kaiserreich 1870-1914. Desiderate und Perspektiven in der Revision eines Geschichtsbildes. In: Geschichte in Wissenschaft und Unterricht 53 (2002), S. 148-164; Becker, Frank: Strammstehen vor der Obrigkeit? Bürgerliche Wahrnehmung der Einigungskriege und Militarismus im Deutschen Kaiserreich. In: Historische Zeitschrift 277 (2003), S. 87-113.

36 Nation, 22. 9. 1888, zitiert nach Winkler, Heinrich August: Vom linken zum rechten Nationalismus. Der deutsche Liberalismus in der Krise von 1878/79. In: Geschichte und Gesellschaft 4 (1978), S. 5-28, hier S. 5. Vgl. auch Vogel, Barbara: Vom linken zum rechten Nationalismus. Bemerkungen zu einer Forschungskontroverse. In: Bernd J. Wendt (Hg.): Vom schwierigen Zusammenwachsen der Deutschen. Nationale Identität und Nationalismus im 19. und 20. Jahrhundert. Frankfurt am Main u.a. 1992, S. 97-110.

37 Lagarde, Paul de: Ueber die gegenwärtige Lage des deutschen Reichs [1875]. In: Ders.: Deutsche Schriften. 5. Aufl. Göttingen 1920, S. 106-182, hier S. 121-123.

38 Treitschke, Heinrich von: Politik. Vorlesungen gehalten an der Universität zu Berlin, hg. v. Max Cornicelius, Bd. 1. Leipzig 1897, S. 121-124. Es handelt sich um eine Vorlesungsreihe, die Treitschke seit Antritt seiner Berliner Professur 1874 regelmäßig hielt.

39 Stenographische Berichte über die Verhandlungen des Preußischen Hauses der Abgeordneten 1872/73, S. 630-634.

40 Einen Eindruck hiervon vermittelt z. B. Lill, Rudolf (Hg.): Der Kulturkampf. Paderborn u.a. 1997, Einleitung S. 24 f. Lill attestiert aus einer katholischen Perspektive heraus nicht nur den Kulturkämpfern des 19. Jahrhunderts eine prä-totalitäre Geisteshaltung, die direkt ins Dritte Reich geführt habe. Er bezichtigt darüber hinaus Historiker wie Hans-Ulrich Wehler oder Wolfgang Schieder, die den damaligen Katholizismus kritisch bewerten, Erben dieser Geisteshaltung zu sein.

41 Reichsgesetz vom 10. 12. 1871, zitiert nach Lill (Hg.): Der Kulturkampf, S. 84 f. (wie Anm. 40). Alle im Folgenden genannten Gesetze sind hier leicht zugänglich.

42 Hartmann, Eduard von: Der Rückgang des Deutschthums. In: Die Gegenwart 27 (1885), 3. und 10. Januar, S. 1-3, 19-22, hier S. 22.

43 Vgl. hierzu Neubach, Helmut: Die Ausweisungen von Polen und Juden aus Preußen 1885/86. Ein Beitrag zu Bismarcks Polenpolitik und zur Geschichte des deutsch-polnischen Verhältnisses. Wiesbaden 1967.

44 So in einem Referat aus dem Jahr 1893, mit dem er die Ergebnisse der Enquete vorstellte: Weber, Max: Die ländliche Arbeitsverfassung. In: Ders.: Gesamtausgabe, Abt. 1, Bd. 4,1: Landarbeiterfrage, Nationalstaat und Volkswirtschaftspolitik: Schriften und Reden 1892-1899. Tübingen 1993, S. 165-198, hier S. 176, 183, 196. Zum agrarhistorischen Kontext vgl. Reif, Heinz (Hg.): Ostelbische Agrargesellschaft im Kaiserreich und in der Weimarer Republik. Agrarkrise – junkerliche Interessenpolitik – Modernisierungsstrategien. Berlin 1994.

[45] So etwa Wippermann, Wolfgang: Das „ius sanguinis" und die Minderheiten im Deutschen Kaiserreich. In: Hans Henning Hahn/Peter Kunze (Hg.): Nationale Minderheiten und staatliche Minderheitenpolitik in Deutschland im 19. Jahrhundert. Berlin 1999, S. 133-143. Diese Auffassung korrigiert Gosewinkel, Dieter: Einbürgern und Ausschließen. Die Nationalisierung der Staatsangehörigkeit vom Deutschen Bund bis zur Bundesrepublik Deutschland. Göttingen 2001.

[46] Treitschke, Heinrich von: Was fordern wir von Frankreich? In: Preußische Jahrbücher 26 (1870), S. 367-409, hier S. 371.

[47] Erklärung der Polnischen Fraktion im Reichstag, 1. 4. 1871, zitiert nach Fenske (Hg.), Im Bismarckschen Reich, S. 44 (wie Anm. 16).

[48] Zitiert nach Reinke, Andreas: Geschichte der Juden in Deutschland 1781-1933. Darmstadt 2007, S. 91. Die Artikelserie erschien auch als Buch.

[49] Zu Bleichröder, der wie kaum ein anderer Jude bis in die höchsten Kreise aufgestiegen und 1872 sogar geadelt worden war, vgl. Stern, Fritz: Gold und Eisen. Bismarck und sein Bankier Bleichröder. Frankfurt am Main/Berlin 1978 [englisch 1977].

[50] Diese Bezeichnung war nicht zeitgenössisch, sondern wurde geprägt von Boehlich, Walter (Hg.): Der Berliner Antisemitismusstreit. Frankfurt am Main 1965.

[51] Treitschke, Heinrich von: Unsere Aussichten. In: Preußische Jahrbücher 44 (1879), S. 559-576, hier S. 572-576.

[52] Zitiert nach Krieger, Karsten (Bearb): Der „Berliner Antisemitismusstreit". München 2003, Bd. 2, S. 551-554.

[53] Krieger: Antisemitismusstreit, S. 579-583 (wie Anm. 52).

[54] Der Begriff stammt von Rostow, Walt Whitman: Stadien des wirtschaftlichen Wachstums. Eine Alternative zur marxistischen Entwicklungstheorie. Göttingen 1960 [zuerst englisch 1960].

[55] Rosenberg, Hans: Große Depression und Bismarckzeit. Wirtschaftsablauf, Gesellschaft und Politik in Mitteleuropa. Berlin 1967 [3., erw. Aufl. 1976].

[56] Thun, Alphons: Die Industrie am Niederrhein und ihre Arbeiter. Erster Theil: Die linksrheinische Textilindustrie. Leipzig 1879, S. 35, 71.

[57] Vgl. Berghoff, Hartmut: Aristokratisierung des Bürgertums? Zur Sozialgeschichte der Nobilitierung von Unternehmern in Preußen und Großbritannien 1870 bis 1918. In: Vierteljahrschrift für Sozial- und Wirtschaftsgeschichte 81 (1994), S. 178-204.

[58] Böhme: Deutschlands Weg zur Großmacht (wie Anm. 20); Wehler: Kaiserreich, bes. S. 100-105 (wie Anm. 21). Zur Kritik vgl. beispielsweise Pflanze, Otto: „Sammlungspolitik" 1875-1886. Kritische Bemerkungen zu einem Modell. In: Ders. (Hg.): Innenpolitische Probleme des Bismarck-Reiches. München/Wien 1983, S. 155-193.

[59] Rehbein, Franz: Das Leben eines Landarbeiters, hg. v. Karl Winfried Schafhausen. Darmstadt/Neuwied 1973, S. 63. Der Autor dieses autobiographischen Berichts lebte von 1867 bis 1909.

[60] Stursberg, H.: Die Vagabundenfrage. 2. Aufl. Düsseldorf 1882, S. 6, 26 f.

[61] Gesetz gegen die gemeingefährlichen Bestrebungen der Sozialdemokratie vom 21. Oktober 1878. In: Stenographische Berichte über die Verhandlungen des Deutschen Reichstags, Bd. 55, S. 133-135. Die Bandzählung folgt hier und im Weiteren stets der Internetedition (wie Anm. 27).

[62] Begründung des ersten Gesetzentwurfes zur Unfallversicherung, 8. 3. 1881. In: Stenographische Berichte, Bd. 68, S. 228 (wie Anm. 27).

[63] Allerhöchste Botschaft Kaiser Wilhelm I. zur Eröffnung der I. Session des 5. Reichstags, 17. 11. 1881. In: Stenographische Berichte, Bd. 71, S. 1-3 (wie Anm. 27).

64 Vgl. Althammer, Beate/Gordon, Michèle: Integrierende und fragmentierende Effekte von kommunaler Armenfürsorge in Köln und Glasgow (1880-1914). In: Archiv für Sozialgeschichte 46 (2006), S. 61-85.

65 Armen-Ordnung für die Stadt Köln. Köln 1888: Geschäftsanweisung für die Armen-Bezirksvorsteher und Armenpfleger der Stadt Köln, S. 20 f.

66 Vgl. etwa die überraschend positive Wertung von Wehler: Deutsche Gesellschaftsgeschichte, Bd. 3, S. 1191-1209 (wie Anm. 34), der Daten allerdings teils missverständlich wiedergibt.

67 Zitiert nach Schaser, Angelika: Frauenbewegung in Deutschland 1848-1933. Darmstadt 2006, S. 41.

68 Dohm, Hedwig: Der Frauen Natur und Recht. Zur Frauenfrage. Zwei Abhandlungen über Eigenschaften und Stimmrecht der Frauen. Berlin 1876 [Reprint Neunkirch 1986], S. 162, 183.

69 Bebel, August: Die Frau und der Sozialismus. Bonn 1994 [zuerst Zürich 1879].

70 Zu einer denkwürdigen Kontroverse mit deren Protagonisten kam es anlässlich des dritten deutschen Historikerinnentreffens 1981 in Bielefeld. Sie ist dokumentiert in Geschichtsdidaktik 6 (1981), S. 312-315, und 7 (1982), S. 99-109, 325-337.

71 Kuhn, Thomas S.: Die Struktur wissenschaftlicher Revolutionen. 2., erg. Aufl. Frankfurt am Main 1976 [zuerst englisch 1962]; Fleck, Ludwik: Entstehung und Entwicklung einer wissenschaftlichen Tatsache. Einführung in die Lehre vom Denkstil und Denkkollektiv. Frankfurt am Main 1980 [zuerst Basel 1935].

72 Siemens-Helmholtz, Ellen von (Hg.): Anna von Helmholtz. Ein Lebensbild in Briefen, Bd. 2. Berlin 1929, zitiert nach Glatzer, Ruth (Hg.): Berlin wird Kaiserstadt. Panorama einer Metropole 1871-1890. Berlin 1993, S. 140. Anna von Helmholtz war die Frau von Hermann von Helmholtz, Physiologe und Physiker, 1882 geadelt, seit 1887 Präsident der Physikalisch-Technischen Reichsanstalt. Der englische Chirurg Joseph Lister gehörte zu den wichtigsten Vorreitern antiseptischer Desinfektionsverfahren.

73 Antwortadresse auf die Thronrede des Kaisers, 30. 3. 1871, zitiert nach Fenske (Hg.): Im Bismarckschen Reich, S. 43 (wie Anm. 16).

74 Reichstagssitzung vom 16. 2. 1874, Stenographische Berichte, Bd. 35, S. 82.

75 Reichstagssitzung vom 9. 2. 1876, Stenographische Berichte, Bd. 43, S. 1330 (wie Anm. 27).

76 Peschel, Oskar F.: Rückblick auf die jüngste Vergangenheit. In: Das Ausland. Ueberschau der neuesten Forschungen auf dem Gebiete der Natur-, Erd- und Völkerkunde 39 (1866), S. 866-874, zitiert nach Faber, Karl-Georg: Die nationalpolitische Publizistik Deutschlands von 1866 bis 1871. Eine kritische Bibliographie. Düsseldorf 1963, Bd. 1, S. 40.

77 Wiedergegeben nach Die Große Politik der Europäischen Kabinette 1871-1914. Sammlung der Diplomatischen Akten des Auswärtigen Amtes, hg. v. Johannes Lepsius/Albrecht Mendelssohn Bartholdy/Friedrich Thimme. 40 Bde. Berlin 1922-1927, Bd. 2, S. 153 f.

78 Reichstagssitzung vom 19. 2. 1878, Stenographische Berichte, Bd. 51, S. 98, abgedruckt in Fenske (Hg.): Im Bismarckschen Reich, S. 186 (wie Anm. 16).

79 Wehler: Deutsche Gesellschaftsgeschichte, Bd. 3, S. 977 (wie Anm. 34).

80 Hildebrand, Klaus: Das vergangene Reich. Deutsche Außenpolitik von Bismarck bis Hitler 1871-1945. Stuttgart 1995, bes. S. 864-866, 880.

81 Zitiert nach Baumgart, Winfried: Europäisches Konzert und nationale Bewegung. Paderborn u.a. 1999, S. 417.

82 Kehr, Eckart: Der Primat der Innenpolitik. Gesammelte Aufsätze zur preußisch-deutschen Sozialgeschichte im 19. und 20. Jahrhundert, hg. von Hans-Ulrich Wehler. Berlin 1965.

83 Aufzeichnung Caprivis vom 22. 5. 1890, in: Die Große Politik, Bd. 7, S. 32 (wie Anm. 77).

84 Reichstagssitzung vom 19. 2. 1878, Stenographische Berichte, Bd. 51, S. 102 f., zitiert nach Fenske (Hg.): Im Bismarckschen Reich, S. 190 (wie Anm. 16).

85 Brief vom 10. 12. 1872 an seinen Bruder Odo, Botschafter in Berlin, zitiert nach Hildebrand, Klaus: Großbritannien und die deutsche Reichsgründung. In: Eberhard Kolb (Hg.): Europa und die Reichsgründung. München 1980, S. 9-62, hier S. 41.

86 Weber, Ernst von: Die Erweiterung des deutschen Wirthschaftsgebiets und die Grundlegung zu überseeischen deutschen Staaten. Ein dringendes Gebot unserer wirthschaftlichen Nothlage. Leipzig 1879, S. 60 f., zitiert nach Fröhlich, Michael: Imperialismus. Deutsche Kolonial- und Weltpolitik 1880-1914. München 1994, S. 143 f.

87 Treitschke: Politik. S. 121 (wie Anm. 38).

88 Fabri, Friedrich: Bedarf Deutschland der Colonien? Eine politisch-ökonomische Betrachtung. 3. Aufl. Gotha 1884, S. 109-112, zitiert nach Deutsche Geschichte in Quellen und Darstellung, Bd. 8: Kaiserreich und Erster Weltkrieg 1871-1918. Stuttgart 2000, S. 256 f. Zu Fabri vgl. Bade, Klaus J.: Friedrich Fabri und der Imperialismus in der Bismarckzeit. Revolution – Depression – Expansion. Freiburg 1975.

89 Wiedergegeben nach Deutsche Geschichte in Quellen und Darstellung, S. 258 f. (wie Anm. 88).

90 Wehler, Hans-Ulrich: Bismarck und der Imperialismus. Köln/Berlin 1969. Vgl. Ders.: Deutsche Gesellschaftsgeschichte, Bd. 3, S. 985-990 (wie Anm. 34).

91 Riehl, Axel T.G.: Der „Tanz um den Äquator“. Bismarcks antienglische Kolonialpolitik und die Erwartung des Thronwechsels in Deutschland 1883 bis 1885. Berlin 1993.

92 Gall, Lothar: Bismarck. Der weiße Revolutionär. München 2002 [zuerst Frankfurt am Main/Berlin/Wien 1980], S. 708-718.

93 Gespräch vom 5. 12. 1888, in Bismarck, Otto von: Die gesammelten Werke, Bd. 8. Berlin 1926, S. 646.

94 Vgl. als aktuelle Überblicke Budde, Gunilla/Conrad, Sebastian/Janz, Oliver (Hg.): Transnationale Geschichte. Themen, Tendenzen und Theorien. Göttingen 2006; Conrad, Sebastian/Eckert, Andreas/Freitag, Ulrike (Hg.): Globalgeschichte. Theorien, Ansätze, Themen. Frankfurt am Main/New York 2007.

95 Vgl. etwa Reinhard, Wolfgang: „Sozialimperialismus“ oder „Entkolonialisierung der Historie“? Kolonialkrise und „Hottentottenwahlen“ 1904-1907. In: Historisches Jahrbuch 97/98 (1978), S. 384-417.

96 Vgl. als interessante Quelle aus dieser Frühphase kolonialer Herrschaft: Witbooi, Hendrik: Afrika den Afrikanern! Aufzeichnungen eines Nama-Häuptlings aus der Zeit der deutschen Eroberung Südwestafrikas 1884 bis 1894, hg. von Wolfgang Reinhard. Berlin 1982.

97 Weber, Max: Der Nationalstaat und die Volkswirtschaftspolitik. Akademische Antrittsrede (Freiburg 1895). In: Ders.: Gesamtausgabe, Abt. I, Bd. 4,2: Landarbeiterfrage, Nationalstaat und Volkswirtschaftspolitik. Schriften und Reden 1892-1899. Tübingen 1993, S. 542-574, hier S. 571.

98 Vierhaus, Rudolf (Hg.): Das Tagebuch der Baronin Spitzemberg, geb. Freiin v. Varnbüler. Aufzeichnungen aus der Hofgesellschaft des Hohenzollernreiches. 4. Aufl. Göttingen 1976, S. 275.

99 Sybel, Heinrich von: Die Begründung des Deutschen Reiches durch Wilhelm I. Vornehmlich nach den preußischen Staatsacten, 7 Bde. München/Leipzig 1889-1894.

100 National-Zeitung, 16. 6. 1901, zitiert nach Rausch, Helke: Kultfigur und Nation. Öffentliche Denkmäler in Paris, Berlin und London 1848-1914. München 2006, S. 401 f.

101 Er stammt aus einer Reichstagsrede vom 6. 2. 1888, Stenographische Berichte, Bd. 113, S. 733 (wie Anm. 27).

102 Marcks, Erich: Der Aufstieg des Reiches. Deutsche Geschichte von 1807-1871/78. 2 Bde. Stuttgart/Berlin 1936.

103 Treitschke, Heinrich von: Zur Vorfeier des siebenzigsten Geburtstages des Fürsten Bismarck. Ansprache vor Studenten in Berlin am 27. Februar 1885. In: Ders.: Historische und Politische Aufsätze, Bd. 4. Leipzig 1897, S. 397-400, hier S. 398 f.

104 Ziekursch, Johannes: Politische Geschichte des neuen deutschen Kaiserreiches. 3 Bde. Frankfurt am Main 1925-1930, hier Bd. 1 [2. Aufl. von 1932], S. 3 f.

105 Mann, Thomas: Deutschland und die Deutschen (Mai 1945). In: Ders.: Essays, hg. von Hermann Kurzke u. Stephan Stachorski, Bd. 5. Frankfurt am Main 1996, S. 260-281, hier. S. 277.

106 Meinecke, Friedrich: Die deutsche Katastrophe. Betrachtungen und Erinnerungen. Wiesbaden 1946, S. 26.

107 Ritter, Gerhard: Staatskunst und Kriegshandwerk. Das Problem des „Militarismus" in Deutschland, Bd. 1: Die altpreußische Tradition (1740-1890). München 1954. Die weiteren drei Bände, die die Zeit bis 1918 behandeln, folgten 1960, 1964 und 1968.

108 Pflanze, Otto: Bismarck, Bd. 1. Princeton 1990, S. XXVII.

109 Wehler: Kaiserreich, S. 11 f., 16, 40, 238 (wie Anm. 21).

110 Nipperdey, Thomas: Deutsche Geschichte 1866-1918, Bd. 2: Machtstaat vor der Demokratie. München 1992, S. 877, 891, 905.

111 Vgl. Lundgreen, Peter (Hg.): Sozial- und Kulturgeschichte des Bürgertums. Eine Bilanz des Bielefelder Sonderforschungsbereichs (1986-1997). Göttingen 2000; Mergel, Thomas: Die Bürgertumsforschung nach 15 Jahren. In: Archiv für Sozialgeschichte 41 (2001), S. 515-538.

112 Vgl. zur Kritik etwa Jansen, Christian: Otto von Bismarck: Modernität und Repression, Gewaltsamkeit und List. Ein absolutistischer Staatsdiener im Zeitalter der Massenpolitik. In: Frank Möller (Hg.): Charismatische Führer der deutschen Nation. München 2004, S. 63-83.

Datengerüst

1870

18.	Juli:	Das Vatikanische Konzil beschließt die päpstliche Unfehlbarkeit in Fragen der Glaubens- und Sittenlehre
19.	Juli:	Kriegserklärung Frankreichs an Preußen
1.-2.	September:	Schlacht bei Sedan, Gefangennahme Napoleons III.
18.	September:	Beginn der Belagerung von Paris
15.-25.	November:	Einigungsverträge zwischen dem Norddeutschen Bund und den süddeutschen Staaten
31.	Dezember:	Eröffnung des Bombardements auf Paris

1871

18.	Januar:	Kaiserproklamation im Schloss von Versailles
28.	Januar:	Waffenstillstandskonvention
26.	Februar:	Vorfriede von Versailles
3.	März:	Wahlen zum ersten Deutschen Reichstag
18. 28.	März- Mai:	Aufstand der Pariser Commune
21.	März:	Eröffnung des ersten Deutschen Reichstags
14.	April:	Verabschiedung der Reichsverfassung
10.	Mai:	Friedensvertrag von Frankfurt am Main
8.	Juli:	Aufhebung der katholischen Abteilung im preußischen Kultusministerium
10.	Dezember:	‚Kanzelparagraph'

1872

11.	März:	Gesetz über die staatliche Schulaufsicht in Preußen
4.	Juli:	Jesuitengesetz

1873

9.	Mai:	Börsenkrach in Wien
11.-14.	Mai:	Preußische Maigesetze verschärfen den Kulturkampf
22.	Oktober:	Dreikaiserabkommen zwischen Österreich-Ungarn, Russland und dem Deutschen Reich

1874

10.	Januar:	Wahlen zum zweiten Reichstag

1875

April-Mai:	Krieg-in-Sicht-Krise
22.-27. Mai:	Gothaer Kongress, Vereinigung von ADAV und SDAP zur Sozialistischen Arbeiterpartei (SAP)

1876

15.	Februar:	Gründung des Centralverbandes deutscher Industrieller
24.	Februar:	Gründung der Vereinigung der Steuer- und Wirtschaftsreformer als Interessenverband der Großagrarier

1877

10.	Januar:	Wahlen zum dritten Reichstag

1878

18.	Januar:	Gründung der Christlich-Sozialen Arbeiterpartei des Hofpredigers Adolf Stoecker
7. bzw. 20.	Februar:	Tod von Papst Pius IX. und Wahl von Kardinal Pecci zum neuen Papst Leo XIII.
11. 2.	Mai, Juni:	Attentate auf Kaiser Wilhelm I.
13. 13.	Juni- Juli:	Berliner Kongress
30.	Juli:	Vorgezogene Neuwahlen zum vierten Reichstag
19.	Oktober:	Verabschiedung des Sozialistengesetzes

1879

12.	Juli:	Verabschiedung des Schutzzolltarifs
7.	Oktober:	Zweibund zwischen Deutschem Reich und Österreich-Ungarn

1880

14.	Juli:	Erstes preußisches Milderungsgesetz zum Abbau des Kulturkampfs

1881

13.	April:	Bismarck nimmt die Antisemitenpetition entgegen
18.	Juni:	Dreikaiservertrag zwischen Österreich-Ungarn, Russland und dem Deutschen Reich
27.	Oktober:	Wahlen zum fünften Reichstag
17.	November:	‚Kaiserliche Botschaft' zur Sozialpolitik

1882

24.	März:	Robert Koch stellt den Nachweis des Tuberkulosebazillus vor
20.	Mai:	Dreibundvertrag zwischen Österreich-Ungarn, Italien und dem Deutschen Reich

1883

31.	Mai:	Annahme des Krankenversicherungsgesetzes im Reichstag
30.	Oktober:	Bündnis zwischen Österreich-Ungarn, Rumänien und dem Deutschen Reich

1884

24.	April:	Schutzerklärung des Reichs für die südwestafrikanischen Erwerbungen des Kaufmanns Adolf Lüderitz: Beginn deutscher Kolonialpolitik
27.	Juni:	Annahme des Unfallversicherungsgesetzes im Reichstag
5.-14.	Juli:	Flaggenhissungen in Togo und Kamerun durch Reichskommissar Gustav Nachtigal
28.	Oktober:	Wahlen zum sechsten Reichstag
15.	November:	Eröffnung der Internationalen Afrika-Konferenz in Berlin

1885

27.	Februar:	Kaiserlicher Schutzbrief für die ostafrikanischen Erwerbungen der Gesellschaft für deutsche Kolonisation
26. 26.	März, Juli:	Preußische Erlasse zur Ausweisung ausländischer Polen und Juden
17.	Mai:	Kaiserlicher Schutzbrief für die Erwerbungen der Neu-Guinea-Kompanie

1886

7.	Januar:	General Boulanger wird französischer Kriegsminister, Anwachsen der antideutschen Revanche-Stimmung
26.	April:	Preußisches Gesetz zur Förderung deutscher Ansiedlungen in den Provinzen Westpreußen und Posen

1887

21.	Februar:	Vorgezogene Neuwahlen zum siebten Reichstag (‚Kartell-Reichstag')
29.	April:	Zweites preußisches Friedensgesetz zur Beilegung des Kulturkampfs
18.	Juni:	Geheimer ‚Rückversicherungsvertrag' des Deutschen Reichs mit Russland

1888

9.	März:	Tod Wilhelms I., Friedrich III. wird König von Preußen und Deutscher Kaiser
15.	Juni:	Tod Friedrichs III., Wilhelm II. wird König von Preußen und Deutscher Kaiser

1889

25.	April:	Beginn des Bergarbeiterstreiks im Ruhrgebiet
24.	Mai:	Annahme des Gesetzes über die Alters- und Invaliditätsversicherung im Reichstag

1890

25.	Januar:	Verlängerung des Sozialistengesetzes scheitert im Reichstag
4.	Februar:	Februarerlasse Wilhelms II. zum Arbeiterschutz

20.	Februar:	Wahlen zum achten Reichstag
15.-29.	März:	Internationale Arbeiterschutzkonferenz in Berlin
20.	März:	Wilhelm II. nimmt Bismarcks Entlassungsgesuch an, Leo von Caprivi wird dessen Nachfolger
27.	März:	Nichtverlängerung des Rückversicherungsvertrags
1.	Juli:	Helgoland-Sansibar-Vertrag zwischen dem Deutschen Reich und Großbritannien
30.	September:	Auslaufen des Sozialistengesetzes

Verzeichnis der Karten, Abbildungen und Tabellen

Karte 1: Die deutsche Einigung 1964-1871 [aus: Fisch, Jörg: Europa zwischen Wachstum und Gleichheit 1850-1914. Stuttgart 2002, S. 79].
Karte 2: Afrika um 1887 [aus: Reinhard, Wolfgang: Geschichte der europäischen Expansion, Bd. 4: Dritte Welt Afrika. Stuttgart/Berlin/Köln 1990, S. 55].

Abb. 1: Wilhelm Camphausen, „Vergeltung. 1807; 1870", Aquarell [aus: Granier, Herman: Die Aquarell-Sammlung Kaiser Wilhelms I. Ein Beitrag zu seiner Lebensgeschichte (III). In: Hohenzollern-Jahrbuch 14 (1910), S. 73-116, hier S. 101].
Abb. 2: Anton von Werner, Entwurf zu dem Gemälde „Die Proklamierung des Deutschen Kaiserreiches", 1871 [aus: Bartmann, Dominik (Hg.): Anton von Werner, Geschichte in Bildern. Ausstellung des Berlin-Museums und des Deutschen Historischen Museums Berlin, Zeughaus, 7. Mai bis 27. Juli 1993. München 1993, S. 336].
Abb. 3: „Der erste deutsche Reichstag". Ueber Land und Meer, 1871, Nr. 36, S. 21 [aus: Biefang, Andreas: Bismarcks Reichstag. Das Parlament in der Leipziger Straße. Düsseldorf 2002, S. 59].
Abb. 4: „Auf der Reichstagstribüne". Daheim, 22. 2. 1879, S. 345 [aus: Biefang, Andreas: Bismarcks Reichstag. Das Parlament in der Leipziger Straße. Düsseldorf 2002, S. 72].
Abb. 5: „Busy Bismarck Piping To The Reptile Press". Punch, 19. 1. 1889 [aus: Walther, K.: Bismarck in der Karikatur. Stuttgart [1898], Teil 2: Bismarck in der englischen Karikatur, S. 16].
Abb. 6: „Zur Erinnerung an den 2. September 1873. Das Siegesdenkmal im Augenblicke der Enthüllung". Fotografie von Ed May, Berlin, Märkisches Museum [aus: Bartmann, Dominik (Hg.): Anton von Werner, Geschichte in Bildern. München 1993, S. 176].
Abb. 7: Erinnerungsblatt zum Jahrestag des Friedensschlusses von Frankfurt am Main, 10. Mai 1871. Die Gartenlaube, 1881, Nr. 19 [aus: Alings, Reinhard: Monument und Nation. Das Bild vom Nationalstaat im Medium Denkmal – zum Verhältnis von Nation und Staat im deutschen Kaiserreich 1871-1918. Berlin/New York 1996, Bildanhang, Abb. 1].
Abb. 8: „In Liebe verbunden". Ulk, 17. 2. 1887 [aus: Epkenhans, Michael/Seggern, Andreas von: Leben im Kaiserreich. Deutschland um 1900. Stuttgart 2007, S. 39].
Abb. 9: „Noch ist Polen nicht verloren!". Humoristische Blätter (Wien), 7. 2. 1886 [aus: Neubach, Helmut: Die Ausweisungen von Polen und Juden aus Preußen 1885/86. Ein Beitrag zu Bismarcks Polenpolitik und zur Geschichte des deutsch-polnischen Verhältnisses. Wiesbaden 1967, S. 245].

Abb. 10: „Selbsterhaltung“. Kladderadatsch, Jg. 23, Nr. 41, 4. 9. 1870.
Abb. 11: Der deutsche Pavillon auf der Weltausstellung in Wien, 1873 [aus: Epkenhans, Michael/Seggern, Andreas von: Leben im Kaiserreich. Deutschland um 1900. Stuttgart 2007, S. 94].
Abb. 12: Die Baracken der Obdachlosen in Berlin, von G. Koch. Ueber Land und Meer, 1872, S. 4 [aus: Jacobeit, Sigrid und Wolfgang: Illustrierte Alltagsgeschichte des deutschen Volkes 1810-1900. Köln 1987, S. 24].
Abb. 13: Die Obdachlosen Berlins vor dem Asyl, Illustration nach Ernst Hosang. Die Gartenlaube, 1887, S. 813 [aus: Jacobeit, Sigrid und Wolfgang: Illustrierte Alltagsgeschichte des deutschen Volkes 1810-1900. Köln 1987, S. 96].
Abb. 14: „Der Sieg ist unser, trotz alledem!“ Lithographie aus dem Hamburger Verlag Jean Holze, 1890. Internationaal Instituut voor Sociale Geschiedenis, Amsterdam [aus: Mommsen, Wolfgang J.: Das Ringen um den nationalen Staat. Die Gründung und der innere Ausbau des Deutschen Reiches unter Otto von Bismarck 1850 bis 1890. Berlin 1993, Tafel vor S. 625].
Abb. 15: „Patrimonium der Enterbten“. Wahrer Jacob, Januar 1884 [aus: Quellensammlung zur Geschichte der deutschen Sozialpolitik 1867 bis 1914. II. Abt., 1. Bd. Darmstadt 2003, S. XIV].
Abb. 16: „Die Ausstandsbewegung im rheinisch-westfälischen Industriebezirk: Jugendliche Arbeiter bedrohen eine Militärpatrouille“, Zeichnung von Th. Rocholl. Illustrirte Zeitung, 1889, S. 520 [aus: Streik. Realität und Mythos. Eine Ausstellung des Deutschen Historischen Museums 21. Mai – 28. Juli 1992. Berlin 1992, S. 45].
Abb. 17: „Pandora“. Die Gartenlaube, 1891, S. 621 [aus: Jacobeit, Sigrid und Wolfgang: Illustrierte Alltagsgeschichte des deutschen Volkes 1810-1900. Köln 1987, S. 78].
Abb. 18: „Ein Wohlthäter der Menschheit“. Ulk, 14. 11. 1890 [aus: Gradmann, Christoph: „Auf Collegen, zum fröhlichen Krieg“. Popularisierte Bakteriologie im Wilhelminischen Zeitalter. In: Medizin, Gesellschaft und Geschichte 13 (1994), S. 35-54, hier S. 52].
Abb. 19: „Working the Points“. Punch, 4. 5. 1878. [aus: Walther, K.: Bismarck in der Karikatur. Stuttgart [1898], Teil 2: Bismarck in der englischen Karikatur, S. 10].
Abb. 20: Anton von Werner, „Der Berliner Kongress, 1878“, Ölgemälde 1881 [aus: Rosenberg, Adolf: A. von Werner. 2. Aufl. Bielefeld/Leipzig 1900, S. 66].
Abb. 21: „Die dreizehnte Arbeit des Herkules“. Kladderadatsch, Jg. 41, Nr. 32, 8. 7. 1888.
Abb. 22: „Dropping the Pilot“. Punch, 29. 3. 1890 [aus: Walther, K.: Bismarck in der Karikatur. Stuttgart [1898], Teil 2: Bismarck in der englischen Karikatur, S. 19].
Abb. 23: „The ‚Irrepressible‘ Tourist.“ Punch, 29. 8. 1885 [aus: Walther, K.: Bismarck in der Karikatur. Stuttgart [1898], Teil 2: Bismarck in der englischen Karikatur, S. 14].

Abb. 24: „Die Entfaltung der deutschen Flagge in Camerun an der afrikanischen Westküste. Nach einer Skizze von Lieutenant z. S. Mandt“. Illustrirte Zeitung, 20. 9. 1884 [aus: Epkenhans, Michael/Seggern, Andreas von: Leben im Kaiserreich. Deutschland um 1900. Stuttgart 2007, S. 47].
Abb. 25: „Die Bismarcktage. Die Kamerungruppe zieht vor dem Kanzlerpalais vorüber“. Deutsche Illustrierte Zeitung, 25. 4. 1885 [aus: Leonhardt, Nic: Piktoral-Damaturgie. Visuelle Kultur und Theater im 19. Jahrhundert (1869-1899). Bielefeld 2007, S. 240].
Abb. 26: Postkarte zum Tode Bismarcks, 1898. Altmärkisches Museum Stendal [aus: Breitenborn, Konrad: Bismarck. Kult und Kitsch um den Reichsgründer. Aus den Beständen des früheren Bismarck-Museums in Schönhausen (Elbe) und dem Archiv der ehemaligen Stendaler Bismarck-Gesellschaft. Frankfurt am Main 1990, S. 146].
Abb. 27: Das Hamburger Bismarckdenkmal von Hugo Lederer und Emil Schaudt, 1906 [aus: Alings, Reinhard: Monument und Nation. Berlin/New York 1996, Bildanhang, Abb. 37].
Abb. 28: Feldpostkarte mit Luther und Bismarck aus dem Ersten Weltkrieg. Altmärkisches Museum Stendal [aus: François, Etienne/Schulze, Hagen (Hg.): Deutsche Erinnerungsorte. München 2001, Bd. 2, S. 89].

Tab. 1: Ergebnisse der Reichstagswahlen 1871-1890 (Anteil der abgegebenen Stimmen und Mandatszahl), zusammengestellt nach Ritter, Gerhard A.: Wahlgeschichtliches Arbeitsbuch. Materialien zur Statistik des Kaiserreichs 1871-1918. München 1980, S. 38-40.

Ortsregister

T

V

W

Z

Personenregister

S

T

V

W

Z

Sachregister

M

N

O

P

R

S